UTB 8348

Eine Arbeitsgemeinschaft der Verlage

Böhlau Verlag · Köln · Weimar · Wien
Verlag Barbara Budrich · Opladen · Farmington Hills
facultas.wuv · Wien
Wilhelm Fink · München
A. Francke Verlag · Tübingen und Basel
Haupt Verlag · Bern · Stuttgart · Wien
Julius Klinkhardt Verlagsbuchhandlung · Bad Heilbrunn
Lucius & Lucius Verlagsgesellschaft · Stuttgart
Mohr Siebeck · Tübingen
C. F. Müller Verlag · Heidelberg
Orell Füssli Verlag · Zürich
Verlag Recht und Wirtschaft · Frankfurt am Main
Ernst Reinhardt Verlag · München · Basel
Ferdinand Schöningh · Paderborn · München · Wien · Zürich
Eugen Ulmer Verlag · Stuttgart
UVK Verlagsgesellschaft · Konstanz
Vandenhoeck & Ruprecht · Göttingen
vdf Hochschulverlag AG an der ETH Zürich

Martina Löw
Silke Steets
Sergej Stoetzer

Einführung in die Stadt- und Raumsoziologie

2., aktualisierte Auflage

Verlag Barbara Budrich
Opladen & Farmington Hills 2008

Bibliografische Informationen der Deutschen Nationalbibliothek
Die Deutsche Nationalbibliothek verzeichnet diese Publikation in der Deutschen
Nationalbibliografie; detaillierte bibliografische Daten sind im Internet über
http://dnb.d-nb.de abrufbar.

Gedruckt auf säurefreiem und alterungsbeständigem Papier.

Alle Rechte vorbehalten.
© 2008 Verlag Barbara Budrich, Opladen & Farmington Hills
Verlags-ISBN 978-3-86649-962-1
www.budrich-verlag.de

ISBN 978-3-8252-8348-3

Das Werk einschließlich aller seiner Teile ist urheberrechtlich geschützt. Jede Verwertung außerhalb der engen Grenzen des Urheberrechtsgesetzes ist ohne Zustimmung des Verlages unzulässig und strafbar. Das gilt insbesondere für Vervielfältigungen, Übersetzungen, Mikroverfilmungen und die Einspeicherung und Verarbeitung in elektronischen Systemen.

Satz: Beate Glaubitz Redaktion und Satz, Leverkusen
Umschlaggestaltung: Atelier Reichert, Stuttgart
Druck: Ebner & Spiegel GmbH, Ulm
Printed in Germany

Inhalt

Vorwort 7

1. Stadt und Raum: Gegenstandsbestimmung 9

1.1 Stadt definieren 11

1.2 Stadt und Raum in historischer Perspektive 14
1.2.1 Wo das Wissen beginnt 14
1.2.2 Wenn Städte gegründet werden 17
1.2.3 Wann die Moderne beginnt 21
1.2.4 Wie die Soziologie entsteht 29
1.2.5 Stadt- und Raumsoziologie heute 36

1.3 Räumliche Differenzierungen 39
1.3.1 Theoretischer Hintergrund der Segregations- und Ungleichheitsforschung . 43
1.3.2 Geschlechtsspezifische Differenzierung und Segregation 46

2. Räume 51

2.1 Raumkonzeptionen 51
2.1.1 Auf den Spuren marxistischer Raumsoziologie 52
2.1.2. Handlungstheoretische Konzeptionen 58
2.1.3 Vorschlag für eine raumsoziologische Konzeption 63

2.2 Nationalstaatlicher Raum, Globalisierung und Lokalisierung 66
2.2.1 Mapping the World 67
2.2.2 Ströme und Orte 71

2.3 Virtuelle Räume 78
2.3.1 Die Konvergenz zwischen virtuellen und realweltlichen Räumen 81
2.3.2 Virtuelle Ökonomie 88
2.3.3 Räumliche Kontrolllogiken 89

3. Städte 93

3.1 Stadtmodelle 93
3.1.1 Europäische Stadt 94
3.1.2 Funktionelle Stadt 97
3.1.3 Sozialistische Stadt 102
3.1.4 Zwischenstadt 108
3.1.5 Global City 112
3.1.6 Postkoloniale Stadt 118

3.2	*Ökonomie und Kultur der Stadt*	123
3.2.1	(Stadt)Ökonomische Forschungsansätze	123
3.2.2	Stadt und die Ökonomie der Symbole	128
3.2.3	Stadtkultur heute	138
3.3	*(Un)Sicherheiten*	142
3.3.1	Disziplinierung und (Video)überwachung	143
3.3.2	Unsicherheit, Kriminalität und Raum	151
4.	**Stadt und Raum: Empirische Studien**	157
4.1	*Die Arbeitslosen von Marienthal (1931-33)*	158
4.1.1	Ein soziografischer Versuch über die Wirkung lang andauernder Arbeitslosigkeit	159
4.1.2	Vier Haltungstypen	162
4.1.3	Arbeitslosigkeit und Zeitverwendung	163
4.1.4	Auswirkungen der Arbeitslosigkeit auf Kinder	164
4.2	*Die Wolfsburgstudien (1959-2000)*	165
4.2.1	Wolfsburg – die junge Industriestadt	166
4.2.2	Die erste Studie: „Wolfsburg. Soziologische Analyse einer jungen Industriestadt"	168
4.2.3	Die zweite Studie: Eine „Stadt im Wandel"	171
4.2.4	Die dritte Studie: Eine „Stadt am Wendepunkt"	175
4.3	*Leben für den Ring (1988-1991)*	178
4.3.1	Die Straße und das gym	180
4.3.2	Die Herausbildung des boxerischen Habitus	181
4.3.3	Das Ghetto im postfordistischen Amerika	183
5.	**Tipps für Studierende**	187
5.1	*Studienmöglichkeiten*	187
5.2	*Literaturrecherche*	189
5.3	*Empirische Forschung*	191
5.4	*Berufseinstieg: Verbände, Organisationen und Institutionen*	193
Literaturverzeichnis		195
Verzeichnis der Abbildungen		212
Verzeichnis der Tabellen		214

Vorwort

Das vorliegende Buch entstand im Arbeitskontext des Lehr- und Forschungsschwerpunktes „Stadt, Raum und Ort" am Institut für Soziologie der TU Darmstadt. Es reflektiert die Forschungsperspektive der Darmstädter Stadtsoziologie und soll sie für Studierende nachvollziehbar machen. Das Buch richtet sich vor allem an Studierende der Soziologie, Architektur, Geografie, Raumplanung, Politologie, Philosophie und Stadtgeschichte im Hauptstudium. Wir verfassen das Buch mit dem Anspruch, zentrale Themenfelder und Debatten einführend zu erläutern und gleichzeitig durch viele Literaturhinweise einen Überblick über das Forschungsfeld aus soziologischer Perspektive zu bieten. Es ist ein Arbeitsbuch in dem Sinne, dass Studierende (und sonstige Neulinge in der soziologischen Stadt- und Raumforschung) eine Orientierung darüber bekommen, was derzeit die virulent debattierten und leidenschaftlich erforschten Themenfelder der Soziologie in Bezug auf Stadt und Raum sind. Sie können das Buch als Ausgangspunkt nehmen, um sich – mit zahlreichen Literaturhinweisen ausgestattet – in das Studium der Stadtentwicklung und der Raumtheorie zu vertiefen. Im Literaturverzeichnis sind zur besseren Orientierung die Hauptwerke fett markiert. Um die Verständlichkeit der vorgestellten Theorieansätze zu erhöhen, sind die einzelnen Kapitel mit zahlreichen Abbildungen, mit Diagrammen und beispielhaften Darstellungen versehen. Die Lesbarkeit des Buches wird zusätzlich durch Marginalien, die schlagwortartig die wichtigsten Aspekte des jeweiligen Textabschnitts benennen, erhöht.

Der Band führt erstmals gleichzeitig in die Stadtsoziologie und in die Raumsoziologie ein. Die enge Verzahnung von Stadtanalyse und Raumtheorie war in den Anfängen der Stadtforschung noch selbstverständlich. Die Konfrontation mit der aggressiven Raumpolitik der Nationalsozialisten brachte es in den Jahren nach dem zweiten Weltkrieg mit sich, dass Raum zunächst – als reaktionär assoziiert – rein auf die Beschreibung der materiellen Substanz reduziert wurde. Heute existiert jedoch wieder eine elaborierte Raumtheorie, die Raum als Organisationsform zeitgleicher – und damit heterogener – Platzierungen diskutiert. Daraus gewinnt die Stadtsoziologie neue Perspektiven.

Das vorliegende Buch gibt einen Überblick über sozialwissenschaftliche Raumtheorien und stellt erstens die systematischen Bezüge zwischen Raumdenken, Platzierungen, relationalen Verknüpfungen von sozialen Gütern und Lebewesen zu Räumen sowie zweitens Stadtentwicklung bzw. die soziologische Reflexion über städtische Praxis in den Vordergrund. Städte, städtischer Alltag und Stadtpolitik werden als ein soziologisches Feld vorgestellt, das sowohl lokale, als auch nationale, globale und virtuelle Raumerfahrungen und -konstruktionen mit sich bringt. Diese Verbindung zwischen räumlicher Strukturierung und städtischer Praxis aufzuzeigen, ist uns ebenso ein Anliegen, wie Städte in einer Perspektivenvielfalt historisch, modellhaft, ökonomisch und kulturell zu beleuchten. Das Buch ist aus soziologischer Perspektive geschrieben. Was uns relevant erscheint, strukturiert sich nach drei Polen: gesellschaftliche Handlungsabläufe, Strukturbildungen und Sinnprojektionen. Das heißt, wir fragen nach dem sozialen Handeln von Menschen, nach der Strukturierung der Handlungsprozesse durch Gesellschaft und nach den Sinnzusammenhängen, die im Handeln entstehen. Darüberhinaus bietet das Buch an vielen Stellen einen interdisziplinären Zugang zu Stadt und Raum. Ausgehend von einem Erkenntnisinteresse, das auf Gesellschaft – welche in der Moderne als urbanisierte Gesellschaft verstanden werden muss – gerichtet ist, blicken wir in benachbarte Disziplinen, um ein disziplinübergreifendes Verständnis gesellschaftlicher Entwicklungen zu ermöglichen, das die Fachidentität jedoch nicht leugnet.

Das Buch ist folgendermaßen gegliedert. Das erste Kapitel zeigt im historischen Vergleich die Besonderheiten der modernen Stadt, des modernen Raumverständnisses und der urbanisierten Gesellschaft auf. Es vermittelt grundlegend einen Einblick in Soziologiegeschichte und soziologische Perspektiven auf Stadt und Raum. Das zweite Kapitel vertieft die Raumdimensionen. Es erklärt zentrale Raumkonzepte unter der soziologischen Perspektive der Wechselwirkung von Struktur und Handeln. Darauf aufbauend wird die allseits virulente Debatte um Globalisierung bei gleichzeitig zu beobachtenden Lokalisierungsbemühungen (Imagekampagnen der Städte, historisierendes Bauen etc.) in ihren räumlichen Auswirkungen und Strukturierungen diskutiert. Da nicht nur der so genannte realweltliche Raum, sondern auch Erfahrungen im Umgang mit virtuellen Räumen Handeln heute prägen, schließt das Kapitel mit einer Einführung in dieses Themenfeld. Das dritte Kapitel schließlich konzentriert sich auf die Stadt und die Frage, wie die Soziologie und benachbarte Disziplinen versuchen Städte zu verstehen, welche Modelle die Wissenschaften entwickelt haben und wie wir städtischen Alltag durch Kultur und Ökonomie gleichzeitig beeinflusst begreifen müssen. In der Annahme, dass die Frage von Sicherheit und Unsicherheit eine der zentralen Auseinandersetzungsfelder in Bezug auf das Leben in Städten heute ist, mündet dieses Kapitel in eine Einführung in das Themenfeld Kriminalität, Überwachung und Raum unter Berücksichtigung geschlechtsspezifischer Artikulationsformen. Der detaillierte Einblick in die empirischen Studien im vierten Kapitel soll Studierende zur Entwicklung eigener Forschungsprojekte anleiten und nicht zuletzt Lust auf Stadtforschung machen. Das Buch schließt mit Tipps für das Studium. Wir haben uns bemüht, die Kapitel so zu schreiben, dass sie auch einzeln gelesen werden können. Die komplexen Zusammenhänge werden sich – selbstverständlich – nur in der Lektüre des ganzen Buches entschlüsseln.

Für wichtige Hinweise und die Korrektur des Manuskripts danken wir Meherangis Bürkle sowie Caroline Fritsche, Richard Händel und Gunter Weidenhaus. Mit Helmuth Berking, Sybille Frank und Peter Noller arbeiten wir seit Jahren eng zusammen. Ohne die fruchtbare, kollegiale und freundschaftliche Diskussion wäre das Buch anders geworden. Wer wann welche Idee formuliert hat, wie sie entfaltet wurde, wer welchen Hinweis auf welches Buch gegeben hat, all das lässt sich kaum noch zuordnen. So stecken in dieser Einführung viele Ideen, die im gemeinsamen Gespräch entwickelt wurden. Unser Dank für die zahlreichen Anregungen und die stets konstruktive Zusammenarbeit lässt sich nur schwer in Worte fassen.

1. Stadt und Raum: Gegenstandsbestimmung

Von Anbeginn an hat die Stadtsoziologie sich darum bemüht, Raumtheorien für die Analyse städtischer Phänomene nutzbar zu machen. Stadt und Raum werden – wenn auch in unterschiedlichen historischen Phasen mit verschiedener Intensität – auf allen drei soziologisch in der Regel relevant gemachten Ebenen als eng verwoben betrachtet:

1. Städte befinden sich in Konkurrenzsituationen und organisieren inneren Zusammenhalt über die *Identifikation* der BewohnerInnen mit dieser Stadt bzw. über ihren Attraktionswert für Unternehmen und Tourismus. Diese Identifikation mit der Stadt vollzieht sich über die räumliche Gestalt.
2. Die moderne, urbanisierte Gesellschaft basiert wesentlich auf der Herrschaft über Raum. Die Strukturen der Gesellschaft manifestieren sich in *räumlichen Anordnungen*.
3. Wahrnehmungen, Handeln und Kommunikation werden durch *raumbezogene Unterscheidungen* strukturiert. „Hier" sowie „dort", „nah" und „fern", „global" wie „lokal" dienen als Orientierungsmuster und Kommunikationsmittel.

„Raumfragen" haben deshalb – fachübergreifend – stark an Bedeutung gewonnen. Aktuelle raumtheoretische Ansätze verändern die Stadtsoziologie. Wesentlicher Bezugspunkt theoretischer Bemühungen in der Vergangenheit war es, die tiefe Spaltung der Forschungsliteratur in „absolutistische" und „relativistische" (von Weizsäcker 1986, 256ff.) raumtheoretische Standpunkte zu überwinden, welche aus der Physik und Philosophie kommend, das Denken zu Raum aller Disziplinen und auch die Alltagsvorstellungen zu Raum beeinflusst haben. Zur absolutistischen Tradition zählt der Physiker und Philosoph Carl Friedrich von Weizsäcker in seinen raumtheoretischen Überlegungen zum Beispiel Ptolemäus, Kopernikus, Kepler, Galilei, Newton, zur relativistischen Cusanus, Bellarmin, Leibniz, Mach u.a. Diese Positionen unterscheiden sich vor allem in der Einschätzung des Verhältnisses von Materie und Raum. Während Absolutisten einen Dualismus annehmen, das heißt, es existieren ihnen zufolge Raum *und* Körper, sind relativistische Traditionen der Auffassung, dass Raum sich aus der Struktur der relativen Lagen der Körper ergibt. Raum ist relativistisch gesehen das alleinige Ergebnis der Beziehungsverhältnisse. *Relationale* (nicht relativistische!) Konzepte von Raum verzichten heute in der Regel auf die Konstruktion eines umschließenden Raumbehälters als wissenschaftliche Setzung vorab und untersuchen stattdessen, wie Raum in Kommunikationen relevant gemacht wird (z.B. Pott 2002) bzw. wie Raum in Wahrnehmungs-, Erinnerungs- oder Vorstellungsprozessen hergestellt wird und sich als gesellschaftliche Strukturen manifestiert (zusammenfassend z.B. Kessl u.a. 2005, ausführlich Kapitel 2.1, zur Geschichte der Raumbegriffe siehe Sturm 2000; Löw 2001a).

Absolutismus und Relativismus

Relationale Raumbegriffe

Indem Raum gedanklich aus der starren Behälterförmigkeit gelöst wurde, öffnete sich der Weg für die Vorstellung vieler Räume (auch am selben Ort), die gleichzeitig das Denken und Handeln von Menschen und Menschengruppen beeinflussen. Man stelle sich einen ganz normalen Platz in einer Stadt vor. Er muss nicht im Zentrum liegen. Man richte das Augenmerk auf den Zeitungsstand, der Printmedien aus aller Welt vertreibt, schaue nach links oder rechts auf die Objekte im öffentlichen Raum. Dort auf dem Briefkasten klebt ein Plakat, das zur Solidarität mit den palästinensischen Flüchtlingen in Jordanien aufruft. Im Eingang des italienischen Cafés befindet sich eine Werbung für einen Flamenco-Abend im internationalen Kulturzentrum. Ein kleiner Shop daneben verkauft Lebensmittel aus Asien. Der Zeitungsverkäufer nimmt Kontakt auf, indem er über amerikanische Interventionspolitik zu schimpfen beginnt usw. Globalisierung ist kein Phänomen, das „draußen in der Welt" geschieht oder das Raumbezüge aufzulösen vermag. Umgekehrt gilt vielmehr, dass sich lokale Formationen mit globalen Prozessen verzahnen und an Orten sicht- und beobachtbar werden (siehe auch Berking 1998). Was für wen relevant wird, wer welche Objekte beobachtet und auf welche Gespräche eingeht, hängt von Milieus, Ethnizität, Geschlecht und Klassenverhältnissen ab. Insofern entstehen am gleichen Ort zuweilen für unterschiedliche Personengruppen verschiedene Räume (ausführlich z.B. Löw 2001a: 231ff.). Diese Einsicht hat Auswirkungen auf die Gestaltung von Räumen, da Raum nicht länger als (leeres) zu gestaltendes Territorium betrachtet werden kann, sondern Wahrnehmen systematisch berücksichtigt werden muss. Diese Einsicht hat auch Konsequenzen für das Verständnis von Stadt. So wie die globale Welt an Orten unterschiedlich anwesend ist, so unterscheiden

Einzigartigkeit der Städte

sich auch Städte deutlich voneinander (vgl. Berking/Löw 2005). Städte haben eine jeweils einzigartige Geschichte (ein „Stadtschicksal"), sie unterscheiden sich in der Materialität, im Klima, in der Bebauung, sie weisen unterschiedliche politische Kulturen auf und befinden sich in zum Teil gravierend verschiedenen ökonomischen Situationen. Sie sind manchmal in regionale Netzwerke eingebunden, sie haben sich unterscheidende geografische Lagen, ihre Größe und Einwohnerzahl beeinflusst vieles. Obwohl gesellschaftliche Strukturen (z.B. Arbeitsteilung oder die Trennung in öffentlich und privat) ortsunabhängig existieren, gibt es sehr unterschiedliche Interpretationen und Praktiken, durch die diese Strukturen gelebt werden. Für (stadt)soziologische Forschungen interessant ist deshalb, wie gesellschaftliche Themen, Probleme und Ereignisse eingebettet sind in:

a) lokal spezifische Wahrnehmungs- und Thematisierungsmuster und
b) die spezifischen materiellen und sozialen Konstellationen einer Stadt.

Gerade weil heute Städte sich in vielen europäischen Ländern nicht mehr eklatant vom Land unterscheiden, kann sich der Blick soziologischer Forschung für die Differenz zwischen Städten öffnen. In seinem biografischen Rückblick schreibt der Literaturkritiker Marcel Reich-Ranicki über Berlin:

> „Über die Stadt, der ich mich nun ungeduldig näherte, hatte ich schon allerlei gehört: Angeblich fuhren dort die Züge unter der Erde oder über den Häusern, dort verkehrten, hatte man mir erzählt, Autobusse mit Sitzbänken auf dem Dach, es gab dort Treppen, die sich pausenlos bewegten, so daß man nur auf ihnen zu stehen brauchte, um nach oben oder nach unten zu kommen" (Reich-Ranicki 1999: 25).

Ungleichzeitigkeiten

Derlei Ungleichzeitigkeiten technologischer, baulicher und sozialer Entwicklungen sind heute nicht mehr Gegenstand der Städtebeschreibungen. Zwar existieren Unterschiede zwischen Stadt und Land, zwischen Kleinstädten und Großstädten, aber diese Differenzen sind eher Phänomene zeitlicher Verschiebungen als grundsätzlich unterschiedlicher Vergesellschaftungsformen. Vielmehr ist eine urbane Lebensweise im Sinne einer tendenziell anonymen, rationalisierten und normierten, aber auch demokratisierten und am technologischen Fortschritt wie an individueller Freiheit orientierten Lebensweise zum allgemeinen Prinzip der Lebensgestaltung geworden. Allerdings lassen sich nach wie vor aktuelle Entwicklungen am schnellsten und am prägnantesten in den Städten beobachten. So wie sich Menschen, die von den jeweils gültigen Normen abweichen, eher in Städten niederlassen, um nicht diskriminiert zu werden, so sind soziale Proteste von Einwanderjugendlichen selten in Dörfern zu beobachten und auch die architektonische Avantgarde verwirklicht sich öfter in Städten als auf dem Land. Die Stadt ist damit stets ein hochaktueller und spannungsreicher Untersuchungsgegenstand.

Im Folgenden wird zunächst erörtert, wie Stadt heute definiert werden kann, um darauf aufbauend Stadtentwicklung in ihren historischen Dimensionen zu erläutern. Es wird deutlich werden, dass die Disziplin der Stadt- und Raumsoziologie eng mit gesellschaftlichen Problemlagen und ihrer je spezifischen Thematisierung verbunden ist. Differenzierungstheoretische Hintergründe der Stadt- und Raumforschung sollen die soziologische Perspektive auf den Gegenstand „Stadt und Raum" verdeutlichen.

1.1 Stadt definieren

Der Chicagoer Soziologe Louis Wirth prägt das wissenschaftliche Denken über die Stadt nachhaltig mit folgender Minimaldefinition: „Für soziologische Zwecke kann die Stadt definiert werden als eine relativ große, dicht besiedelte und dauerhafte Niederlassung gesellschaftlich heterogener Individuen" (Wirth 1974, orig. 1938: 48). Die Merkmale „Dichte, Größe und Heterogenität" bilden bis heute den Kern des soziologischen Verständnisses der Stadt (dazu ausführlich Friedrichs 1995; Häußermann/Kemper 2005). Allerdings ist Größe eine sehr ungenaue Bestimmung, weil sie nur in Abhängigkeit zu den landesüblichen Größen eine Aussagekraft hat (in Israel ist eine Stadt mit 400.000 EinwohnerInnen groß, in China mit 10 Millionen) und weil die Größe nicht immer etwas über die soziale Bedeutung einer Stadt aussagt. München beispielsweise hat zwar doppelt so viel EinwohnerInnen wie Frankfurt, wird jedoch weder ökonomisch noch kulturell als doppelt so bedeutend wahrgenommen. Schon Georg Simmel schreibt 1903:

Dichte, Größe, Heterogenität

> „Das bedeutsamste Wesen der Großstadt liegt in dieser funktionellen Größe jenseits ihrer physischen Grenzen (…) Wie ein Mensch nicht zu Ende ist mit den Grenzen seines Körpers oder des Bezirkes, den er mit seiner Tätigkeit unmittelbar erfüllt, sondern erst mit der Summe der Wirkungen, die sich von ihm aus zeitlich und räumlich erstrecken: so besteht auch eine Stadt erst aus der Gesamtheit der über ihre Unmittelbarkeit hinausreichenden Wirkungen" (Simmel 1984: 201).

Mit anderen Worten: Städte können verstanden werden als Kristallisationsorte sozialer und damit ästhetischer, räumlicher, politischer etc. Entwicklungen, die Auswirkungen auf umgebende und vernetzte Orte haben (vgl. dazu auch die Debatte um global cities und mega cities, Kapitel 3.1.5 und 3.1.6). Dichte, das heißt, die Konzentration von Menschen, Dingen, Institutionen und Formen, sowie die damit zusammenhängende Anonymität und Heterogenität der BewohnerInnen prägen das Handeln der Bewohner deutlich (Häußermann/Siebel 1995), allerdings partizipieren gerade in dicht besiedelten Ländern alle an dem vielfältigen Leben der Städte, insbesondere der Großstädte. „Für den Erwachsenen ist die Großstadt das, was für das Kind der Rummelplatz ist", schreibt György Konrad (1986: 267) und führt weiter aus: „Warum geht der Kleinstädter in die Großstadt? Weil er sich in der Kleinstadt langweilt." Ash Amin und Nigel Thrift (2002) heben hervor, dass Städte heute nicht mehr essentialistisch behandelt werden können in

Kristallisationsorte

dem Sinne, dass ihre Ränder klar bestimmbar sind und irgendeine allgemeingültige Aussage über das Wesen der Stadt getroffen werden kann. Stephen Graham und Simon Marvin (2001) argumentieren ferner, dass – nach einer Phase der Standardisierung moderner Städte in den Jahren zwischen 1850 und 1960 nach einheitlichen technologischen Normen, Planungskonzepten sowie homogenisierter Produktion und Konsumption – die Konstruktion in sich geschlossener Einheiten kollabiert sei. Privatisierung, Liberalisierung, Globalisierung und neue technologische Netzwerke brächten es mit sich, dass Städte zunehmend als (verkehrstechnisch und computertechnologisch) vernetzte Gebilde mit sich überlagernden Eigentumsverhältnissen unter globalen Einflüssen betrachtet werden. Auch David Harvey (1989: 66) betont den Bruch, dass städtische Planungen für die ganze Stadt, technisch rational und effizient in der Anlage, heute kaum noch Überzeugungskraft haben (zusammenfassend Läpple 2005). Gleichzeitig zeigen die in vielen Städten geführten Debatten um historische Rekonstruktionen (z.B. Schlossbauten) eine neue Begeisterung für die Gestaltung einzigartig empfundener Orte. Städte sind ausstrahlende Zentren der Gesellschaft, welche jedoch trotz ausufernder räumlicher Strukturen, sich überlagernder Anordnungen zwischen Vorstadt und Stadt mit mehreren Zentren, trotz Kommunikations- und Transfernetzwerken weiterhin als sich unterscheidende soziale und räumliche Formationen wahrgenommen und mit einzigartigen Images versehen werden (zum Imagebegriff Löw 2006a). Das heißt, trotz einer Heterogenisierung der Planung, infrastruktureller Vernetzung und Agglomerationsbildung verlieren Städte in der Erfahrung von EinwohnerInnen, PolitikerInnen, TouristInnen etc. nicht den Charakter unverwechselbarer Orte. Auch Amin/Thrift stellen fest: „Urban sprawl and the urbanization of social life thus do not negate the idea of cities as distinct spatial formations or imaginaries" (Amin/Thrift 2002: 2). Mag z.B. die niederländische Randstad die Territorien von Amsterdam, Rotterdam und Den Haag umfassen, niemand käme auf die Idee nicht drei einzelne Städte wahrzunehmen (Sudjic 1992: 296).

Städte, so wollen wir zusammenfassen, sind strategische Orte der Gesellschaft. Sie bilden Zentren der Produktion und Konsumption. Die Strukturen des Arbeitsmarktes oder der Kulturproduktion stehen nicht als Abstraktion einer konkreten Örtlichkeit gegenüber, sondern werden im Handeln am konkreten Ort der Stadt realisiert. Städte sind durch dieses Erfahrenwerden des Ortes immer auch gedeutete und wahrgenommene Formen. Als solche können sie je nach Perspektive und Kontext als abgegrenzte eigene Formationen oder als heterogene, widersprüchliche Anordnungen erlebt und gelebt werden.

Je nach Skalierung der Perspektive (zum Begriff der Skalierung ausführlich Kapitel 2.2.2) sind Städte Knotenpunkte in einer vernetzten räumlichen, zeitlichen, technologischen, politischen und wirtschaftlichen Landschaft (z.B. Randstad) oder von anderen Städten unterschiedene, imaginär verknüpfte Einheiten (z.B. Amsterdam) oder schließlich eine (An)Ordnung heterogener Orte (Einkaufsstraße, Museum, Wohnquartier).

Dirk Baecker (2002) argumentiert, dass sich die Bewachung der Stadt, die sich bis zum Mittelalter in ihrer Ummauerung ausdrückt, tief ins kollektive Gedächtnis eingeschrieben hat (vgl. Kapitel 1.2.2 und 3.3), mit der Folge der kognitiven, emotionalen und ästhetischen Konstruktion eines Innen und Außen (damit eines abgegrenzten Gebildes Stadt). „Denn bewachen kann ich nur, wenn ich weiß, wie ich das zu Bewachende von dem Angreifenden unterscheiden kann. Deswegen ist die Stadt auf uns kaum noch nachvollziehbare Weise tief in unserem Gemütshaushalt verankert" (Baecker 2002: 13). Die Stadt ist deshalb, so Baecker, ein emotional hoch besetzter eigener Ort und gleichzeitig der Ort, an dem die Übergänge zwischen Vertrautsein und Unvertrautsein entwickelt und erprobt werden. Es ist der Raum, wo man im Vertrauten auf Unvertrautes stößt. Deshalb ist die Stadt genauso systematisch wie sie als eine abgegrenzte Einheit wahrgenommen wird, auch eine in vertraut-unvertraut sich aufgliedernde Ansammlung von Räumen. Städte sind also:

1. relativ große, dicht besiedelte und dauerhafte Niederlassungen gesellschaftlich heterogener Individuen
2. strukturelle, strategische Knoten- und Kristallisationsorte der Arbeitsorganisation und Konsumption einer Gesellschaft
3. wahrgenommene, über Erfahrung zugängliche Räume im Deutungsfeld „innen und außen" sowie „vertraut und fremd".

Unter Wahrnehmung verstehen wir den Prozess, soziale Wirklichkeit zu erfahren und zu interpretieren. Es ist in der Moderne, die dominant über das Sehen Wirklichkeit erschließt, ein deutlich über den Blick geprägter Handlungszusammenhang, meint aber die Interpretation sozialer Realität mit allen Sinnen. Wahrnehmung ist kein unmittelbarer Vorgang, sondern aus der Vielfalt des möglich Wahrnehmbaren wird ausgewählt, so dass Wahrnehmung immer ein selektiver und konstruktiver Prozess ist (also eine Aktivität). Während die Kategorie des Handelns stets die Interaktion mit anderen Menschen betont, sprechen wir von Wahrnehmung (bzw. vom Wahrnehmen), um Welterfahren als konstruktiven, multisinnlichen Akt zu beschreiben.

Wahrnehmung

Es gehört zu den großen wissenschaftlichen Fortschritten Wahrnehmungsperspektiven systematisch zu reflektieren. So wie die Literaturwissenschaft anfing, den Akt des Lesens und die verschiedenartigen Reaktionen der Lesenden bei der Textanalyse zu bedenken (vgl. Suleiman/Crosman 1980) und die Kunstwissenschaft die Rezeption der Werke unter dem Titel „Der Betrachter ist im Bild" systematisch zu berücksichtigen (Kemp 1992), so hat auch die Raumtheorie die Wahrnehmungsperspektive z.B. durch die Arbeiten von Maurice Merleau-Ponty (1966, orig. 1945) und Henri Lefèbvre (1991, orig. 1974) zunehmend in das Denken über Räume integriert (ausführlich Kapitel 2.1). Auch für Städte gilt: Sie sind sowohl avantgardistische Orte, an denen sich gesellschaftliche Strukturen exemplarisch erheben lassen, als auch erfahrene, er- und gelebte Orte, deren Einzigartigkeit sowie deren Grenze und Vernetzung Resultat sozialer Praxis ist. In psychologischer Forschungstradition konfrontiert Kevin Lynch (2001, orig. 1960) Planer und Planerinnen damit, dass das Image einer Stadt sich als mentales Bild fixiert. Ein Image ist nach Lynch eine Komplexität reduzierende, gruppenspezifische Leistung, welches jedoch durch Gestalt- und Strukturelemente vom Planer (oder der Planerin) vorbereitet und beeinflusst werden kann. Im Image kumulieren Wahrnehmungen der Stadt zu einem verdichteten Bild. In der Soziologie des Tourismus (vgl. z.B. Urry 2002[2]) wird vielfach belegt: Nur, wenn ein Stadtraum ein Image hat, lockt er Menschen an. Brüssel z.B. verfügt über keinen sprachlich-bildlichen Fokus.

Image

> „Wo Amsterdam seine Grachten, Prag seine vielhundert Türme, Venedig seine Kanäle habe, habe Brüssel, so klagen die Stadtväter, nichts oder zumindest nichts anständig Gleichwertiges. Zudem fehle Brüssel ein kennzeichnender Slogan, ein Schlagwort, in dem sich seine Essenz zusammenfassen ließe: es ist weder ein »Venedig des Nordens« noch eine »Ewige« und auch nicht die »Goldene Stadt«" (Weich 1999: 37).

In der Literatur (zusammenfassend z.B. Doetsch 1999: 202f.) wird die Figur des Flaneurs erfunden, um die Sinnstruktur, die bei Paris an den Eiffelturm und beim Eiffelturm an die Liebe denken lässt, mit gefühlter Wahrnehmung zu flankieren. Der Flaneur schafft Wirklichkeit durch die Auswahl seiner Wanderungen, durch Blicke, Gerochenes und Gehörtes. Die Soziologie zieht mit dem Raumbegriff eine Reflexionsebene in die

Stadtsoziologie ein, die das Denken einer vielfältigen Praxis systematisch ermöglicht und Handeln an soziale wie auch materielle Bedingungen knüpft.

1.2 Stadt und Raum in historischer Perspektive

Jeder Versuch, die moderne Gesellschaft zu verstehen, setzt am Prozess der Urbanisierung an. Mit der industriellen Revolution geht eine grundlegende Neustrukturierung der Arbeit sowie des Alltags und damit des gesamten Gefüges der Gesellschaft einher. Den Fabrikgründungen folgen im 19. Jahrhundert Ströme von Menschen. Es kommt zum explosionsartigen Bevölkerungswachstum in den Städten und zu deren Neugründungen. Die Bedingungen der Existenz sind fortan an die Stadt geknüpft. Diese für die Soziologie als moderne Wissenschaft zentrale Ursprungsphase darf jedoch nicht darüber hinwegtäuschen, dass Städte seit mindestens 10.000 Jahren existieren. Ihre Geschichte kann im Folgenden nicht auf wenigen Seiten zusammengefasst werden, gleichwohl gibt es markante historische Eckpunkte, die das Nachdenken über die Stadt kanalisieren (für die ausführliche Darstellung vgl. z.B. Mumford 1979; Benevolo 2000[8]).

1.2.1 Wo das Wissen beginnt

Die Geschichte der Stadt zu schreiben ist nicht nur kompliziert, weil archäologische Funde begrenzt sind, sondern auch, weil definiert werden muss, wann eine Siedlung als Stadt bezeichnet werden kann. In seinem historischen Rückblick spricht Leonardo Benevolo (2000[8]: 19) dann von einer Stadt, wenn zwei Faktoren gegeben sind:

1. eine umfassend ausgestattete Ansiedlung mit einem baulich-symbolischen Machtzentrum und
2. Arbeitsteilung (meist wird Landwirtschaft vom Handwerk getrennt).

Damit unterscheidet sich die Stadt vom Land durch eine Ausdifferenzierung der Gesellschaft (vgl. zur Differenzierung Kapitel 1.3) in soziale Gruppen mit unterschiedlichen Machtpotentialen, die sich nicht nur sozial, sondern auch räumlich manifestiert.

Ferner gilt als Merkmal der Stadt, dass sie sich im Vergleich zum Land schneller verändert, was Benevolo auf die Dynamik der ökonomischen Strukturen zurückführt. „Die Stadt als Motor dieser Entwicklung unterscheidet sich vom Dorf nicht dadurch, dass sie größer ist als das Dorf, sondern auch dadurch, dass sie sich wesentlich schneller entwickelt" (Benevolo 2000[8]: 22). Andere Autoren, z.B. Mirko Novak (1999), ergänzen, dass zur Klassifikation als Stadt auch herausragende geistig-kulturelle Leistungen ihrer BewohnerInnen zählen muss.

Mesopotamien   Aidan Southall (1998) zufolge belegen archäologische Ausgrabungen die Existenz von Städten seit etwa 10.000 Jahren. Ein wichtiger rekonstruierbarer Ursprungsort ist der vordere Orient, vor allem Mesopotamien, das Schwemmland zwischen Euphrat und Tigris. So geht man davon aus, dass die sumerische Stadt Uruk bereits zu Beginn des 3. Jahrtausends vor christlicher Zeitrechnung eine Ausdehnung von 100 ha umfasst und ca. 10.000 BewohnerInnen aufweist (vgl. auch Nissen 1986). Bis zur Mitte des 3. Jahrtausends ist jede Stadt in Mesopotamien zugleich ein eigener unabhängiger Staat. Die Städte bekämpfen sich gegenseitig, z.B. um Territorien auszuweiten und Land urbar zu machen. Als jedoch einzelne Herrscher in Städten ihre Machtpotentiale soweit ausdeh-

Stadt und Raum in historischer Perspektive   15

nen, dass sie andere Städte unterwerfen können, beginnt um 2500 vor unserer Zeitrechnung die Reichgründungsphase (vgl. Benevolo 2000[8]). Damit entsteht eine Hierarchie unter den Städten im Reich. Residenzstädte und Hauptstädte werden gegründet, die häufig nicht nur Macht-, sondern auch Handels- und Verwaltungszentren werden. Eva Cancik-Kirschbaum (2002; 2005) erläutert, wie konstitutiv Städte für das Selbstverständnis der Gesellschaften an Euphrat und Tigris bereits sind. In den mythologischen Erzählungen werde die Stadt als Lebensform unmittelbar an die Legitimation politischer Institutionen gebunden. „Im Mittelpunkt der ‚Stadtbilder', die in der keilschriftlichen Überlieferung konstruiert werden, steht die Ordnung der Stadt als Abbild eines geordneten Kosmos der ungeordneten, chaotischen Steppe gegenüber" (Cancik-Kirschbaum 2005: 229). Babylon ist eine der berühmtesten Städte dieser Epoche.

Abbildung 1.2.1a: Szenen aus dem städtischen Leben, dargestellt in assyrischen Basreliefs (Quelle: Benevolo 2000: 29; Abb. 49).

Der Ruhm Babylons geht auf die vielen mythologischen Beschreibungen vom Alten Testament bis zu Überlieferungen von mesopotamischen Herrschern zurück, die sich bemühen, Babylon eine ruhmreiche Vergangenheit zu erschaffen, indem sie eine möglichst lange Vorgeschichte erfinden und niederschreiben lassen (ausführlich auch hier Cancik-Kirschbaum 2005). Typisch städtisch ist dabei, die Aufwertung des eigenen Lebens- oder Wirkungsorts im Konkurrenzkampf der Städte auch symbolisch zu forcieren.

Abbildung 1.2.1b: Ansicht des Hauses in der Nähe des Tempels der Istar
(Quelle: Benevolo 2000: 34; Abb. 67)

Griechische Polis

Geometrisch gedachter Raum

Etwa zweitausend Jahre vor der christlichen Zeitrechnung bilden sich städtische Kulturen auch in den Gebieten zwischen dem Mittelmeer und dem Persischen Golf, also z.B. in Indien oder in China heraus. Wichtigster Bezugspunkt westlicher Demokratien in ihrer Wertschätzung städtischer Lebensweise ist jedoch die griechische Polis. Aufbauend auf der Trennung zwischen Griechen und Barbaren etablierte sich die Vorstellung, dass Kultur auf dem städtischen Leben basiert, welches wohl geordnet ist (nicht zu groß, geplant und ästhetisch geformt) sowie auf dem Konzept der Selbstbestimmung und politischer Vereinigung fußt (vgl. Arendt 1981, orig. 1958; Sennett 1995). Das Gegenbild zur griechischen Polis ist die Barbarenhorde, welche als flüchtig, unorganisiert und unästhetisch beschrieben wird. Wesentliches Merkmal der griechischen Städte ist die Funktionstrennung in private Bereiche mit Wohnhäusern (oikos), heilige Gegenden mit Tempeln für die Götter und öffentliche Gegenden für politische Versammlung (agora) (vgl. zur geschlechtsspezifischen, binären Konstruktion dieser Orte: Terlinden 2002). So findet die moderne Unterscheidung in privat und öffentlich in der Antike ihren kognitiven Bezugspunkt. Und noch eine weitere raumkonstituierende Vorstellung gewinnt in der Antike an Kontur: die Idee von der Welt als konsequent geometrisch gedachtem Raum. Mit der Aufteilung der Welt in eine Nord- und eine Südhälfte, die als Europa und Asien entworfen werden (vgl. Gehrke 2006), wird gleichzeitig ein „Gesamtraum" zum sinnstiftenden Muster des Denkens, welcher in der christlich-jüdischen Mythologie in der Vorstellung des Weltgerichts oder der Idee, dass Gott die Welt im leeren Raum geschaffen hat, ihren erfolgreichen Reverenzpunkt findet (Freudenthal 1982). Solche Deutungsmuster sind nicht nur die Grundlage dafür, dass eine Politik der Globalisierung denk- und durchführbar ist, es ist auch der Ausgangspunkt des modernen Raumdenkens. Raum wird nicht länger körperbezogen begriffen, sondern wird als abstraktes, homogenes Konstrukt relevant. Die alten anthrozentrischen Raummaße „Fuß" oder „Elle" zeigen stets die Distanzangabe zur eigenen Position (Bollnow 1989, orig. 1963). Typisch für das moderne Denken ist nun das Bild vom Raum, welcher wie eine Schachtel oder ein Behälter die Dinge, Lebewesen und Sphären umschließt. So ist zum Beispiel die aristotelische Vorstellung die eines endlichen, durch die Fixsterne begrenzten Raumes. Dieser Raum ist überall dicht gefüllt. Sein geometrisches Zentrum bildet die unbewegliche, kugelförmige Erde. Um sie herum befinden sich bis hin zum Mond die Elemente Wasser, Luft und Feuer, welche in konzentrischen Kreisen angeordnet sind. Jenseits des Mondes bewegen sich die übrigen Planeten im endlichen Raum (vgl. Sturm 2000; Gehrke 2006). Einstein hat diese Raumvorstellung mit der Kurzformel „Container" (Einstein 1960, XIII) verbildlicht, was in der deutschen Rezeption mit „Behälterraum" übersetzt wird.

Wenn heute die Demokratie als Staatsform, die Stadt als kulturelle Hochburg, die Trennung von Öffentlichkeit und Privatheit, die Ästhetik des athletischen Körpers oder das Bild vom einen, unbeweglichen Raum charakteristisch für die moderne Gesellschaft ist, so liegt das weder an der Jahrtausende alten ungebrochenen Tradition noch an der Überlegenheit dieser Formen, sondern an einer Rückbesinnung auf die klassische Antike, ihre Philosophie, ihre Kunst, ihre Politikform in jener Epoche, die die Kunstgeschichte deshalb „Renaissance" nennt. Renaissance

Dazwischen liegt der Aufstieg und Fall des römischen Reiches, die Islamisierung von Teilen des Mittelmeerraumes mit ihren jeweils eigenen stadtästhetischen und stadtpolitischen Vorstellungen, der Verfall anderer Regionen des Mittelmeerraumes. In jeder Epoche existieren Städte und spielen für Handelswege und Machtdemonstrationen eine entscheidende Rolle. Die kulturelle und politische Rolle Roms zum Beispiel ist – wie der Name schon markiert – mit der Entwicklung des römischen Reiches untrennbar verbunden. Der machtpolitische Höhepunkt des römischen Reichs findet in der Stadt seinen symbolisch-materiellen Ausdruck: Nur jene Künstler werden mit dem Errichten öffentlicher Bauten betraut, die im ganzen Land als die besten gelten. Antike Städte wie Athen, Rom oder Konstantinopel sind Metropolen. Auf die Gesamtbevölkerung bezogen, lebt jedoch nur ein kleiner Prozentsatz der Menschen in den Städten. Im Unterschied zur modernen Stadt basiert die wirtschaftliche Grundlage der Aristokratie auf Ländereien, also auf Produktionsformen außerhalb der Stadt. Die Stadt ist Symbol, Zentrum für Handel, Kunst und Kultur, aber *nicht die ökonomische Grundlage der Reproduktion der Gesellschaft*. Stadt und Land unterscheiden sich fundamental.

1.2.2 Wenn Städte gegründet werden

Nach einer Phase der Verländlichung, in der die eher geringe Bedeutung von Städten im heutigen *Europa* noch mal drastisch abnahm, kommt es gegen Ende des 10. Jahrhunderts mit einem wirtschaftlichen Aufschwung zu zahlreichen Neugründungen, erstens durch einen als Gründer auftretenden König, Kaiser, Abt/Äbtissin oder zumindest durch entscheidende Impulse durch diese (Isenmann 1988) oder zweitens durch die Herausbildung autonomer Stadtstaaten, die sich selbst verteidigen und meist in Stadtbünden organisieren (am berühmtesten die norddeutsche Hanse) (Benevolo 2000[8]: 337ff.)

Deutliches Kennzeichen der mittelalterlichen und später auch der frühneuzeitlichen Stadt ist es, dass die Rechte ihrer BewohnerInnen und die sozialen Hierarchien von der Stadtform abhängen. Ob der Gründungskern ein Königshof, eine Domburg bzw. eine Klosterburg ist oder ob der Markt und die Ansiedlung der Kaufleute das Zentrum bildet, bringt verschiedene gesellschaftliche Lebensformen hervor. Ein zentrales Merkmal dieser Zeit im Vergleich zum 20./21. Jahrhundert ist, dass die Städte nicht durch einen als Territorialstaat organisierten Nationalstaat zusammengebunden und homogenisiert werden (vgl. Treue 1970). Städte wirken deshalb als eigene Vergesellschaftungseinheiten. So kommt es, dass in den einen Städten die BürgerInnen den Landesherrschern hörig sind, während in den Civitas imperialis dagegen, in den Reichsstädten, die bis heute prägende Formel, dass Stadtluft frei mache, zum Kennzeichen wird. In ihrer Verpflichtung nicht dem Landesherren, sondern dem König zu huldigen, militärisch zu dienen und an ihn Steuern zu zahlen, erlangen diese Bürger im Gegenzug Bündnis-, Verteidigungs- und Fehderecht. Mittelalterliche Stadtgründungen

Abbildung 1.2.2: Die wichtigsten Städte und Straßenverbindungen in Deutschland zu Beginn des 13. Jahrhunderts (Quelle: Benevolo 2000: 339; Abb. 553).

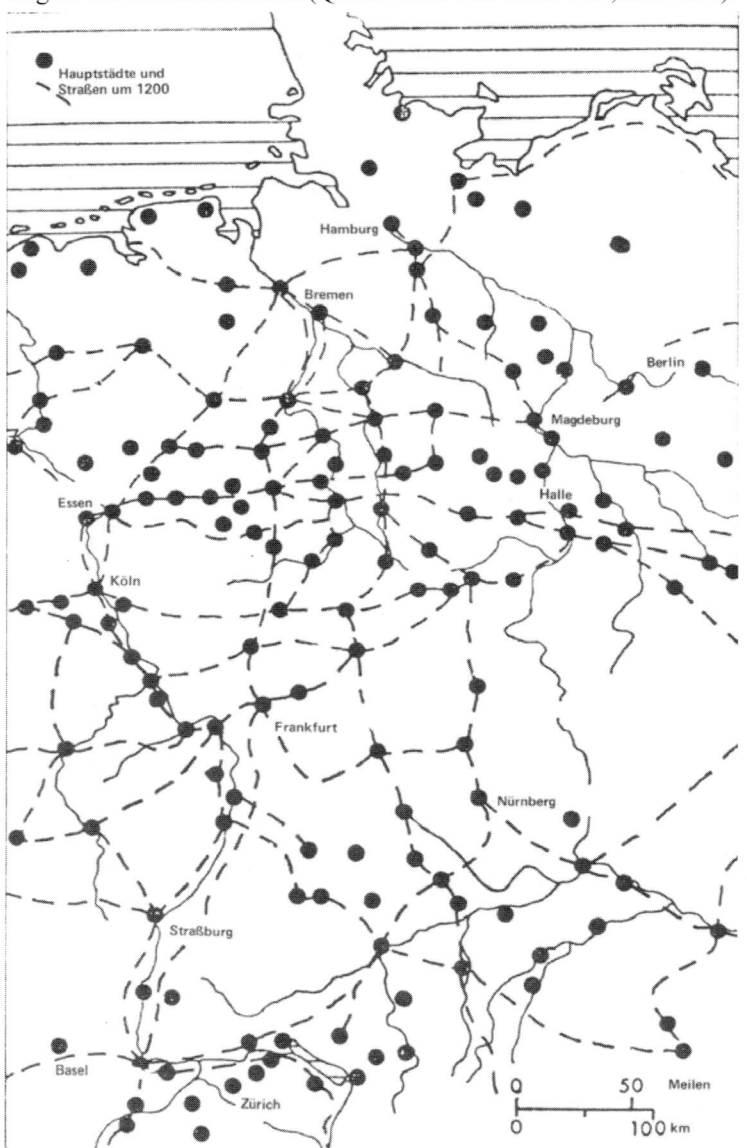

Stadtmauer

Anders als die antiken griechischen Städte werden die Städte im Mittelalter als baulich und zuweilen auch sozial geschlossene Gebilde entworfen. In der Gestaltung existieren nicht wie in der Antike formale Modelle für ein einheitliches ästhetisches Stadtbild. Mit unregelmäßig verlaufenden Straßennetzen gleichen sie islamischen Stadtgründungen. Durch eine Stadtmauer begrenzt, deren Verschiebung und Neubau ein aufwendiger, teurer Akt ist, wird zunächst jeder freie Fleck bebaut, bevor man territorial sich ausdehnt.

Stadt und Raum in historischer Perspektive

So entsteht die dichte, nach Höhe strebende Besiedlung. Eine bis heute für viele Städte wirksame Struktur bildet sich in der Anordnung der Gebäude heraus.

> „Die wohlhabenderen Einwohner lebten im Zentrum, die ärmeren am Stadtrand. Im Zentrum wurden auch die höchsten Bauwerke der Stadt errichtet; sie prägten meist die Silhouette der Stadt und verliehen so dem gesamten Stadtbild auch in der dritten Dimension einen einheitlichen Ausdruck: der Turm des Rathauses, der neben der Kirche errichtete Glockenturm oder der Kirchturm" (Benevolo 2000^8: 354).

Öffentlichkeit und Privatheit sind – anders als z.B. in der antiken Polis – kein durchgreifendes Organisationsprinzip (ausführlich Bahrdt 1961: 36ff.). Das Haus ist Wohn- und Arbeitsstätte zugleich. Häufig sind Geschäftsräume und Werkstätten im Erdgeschoss und zur Straße hin ausgerichtet, nach hinten verborgen liegen Aufenthalts- und Wohnräume. Eine Funktionstrennung von Lebensbereichen im städtischen Territorium existiert nicht. Selbst Kirchen sind nie nur Sakralbauten, sondern oft auch politische Versammlungsorte und Gerichtsgebäude (vgl. Isenmann 1988).

In der Grundstruktur sind selbst die freien Städten hierarchisch. Die mittelalterlichen Städte stufen Bürgerrechte ab. Ein die Exklusivität des Adels nachahmendes Patriziat, bei dem sich politische Gestaltungsmacht an Reichtum bindet, setzt sich von minderberechtigten Gruppen ab (z.B. Juden, ärmere Handwerker etc.), welche zwar verpflichtet sind, Steuern zu zahlen und Verteidigung zu leisten, jedoch nur selten volle Bürgerrechte zugeschrieben bekommen. Neben sozialen und rechtlichen Gliederungen ist die Differenzierung in Berufsgruppen und Zünfte ein wesentliches Organisationsprinzip. Nach wie vor sind Städte zwar wichtige Macht- und Handelszentren, jedoch lebt nur ein geringer Prozentsatz der Gesamtbevölkerung in städtischen Räumen. Zwar nimmt die Produktion von Waren in der Stadt im Vergleich zur antiken Stadt zu, jedoch sind selbst die mittelalterlichen Stadtstaaten abhängig von den auf dem Land produzierten Waren und streben deshalb nach Kontrolle der ländlichen Regionen (vgl. zum Unterschied zwischen Mittelalter und Neuzeit auch Huizinga 1969 und le Goff 1984).

Macht- und Handelszentren

Gängigen Epocheneinteilungen zufolge geht das Mittelalter mit dem starken Bevölkerungsrückgang, ausgelöst durch die „Pest", Agrarkrisen und Kriege zu Ende. Die Städtebünde zerfallen. Neue Militärtechnologien wie die Entwicklung mauerdurchbrechender Schusswaffen erschweren die Verteidigung von Städten erheblich (Stoob 1970), Stadtneugründungen werden selten. Nun schlägt die große Stunde der italienischen Städte. Die rasante Entwicklung der Geldwirtschaft mit Florenz als Zentrum des Banken- und Kreditwesens, die katholische Geld- und Ausbeutungspolitik mit Rom als Mittelpunkt sowie die neuen Handelswege in den „Orient", die Italiens Kunsthandwerk und Textilindustrie gedeihen lassen, führen zum ökonomischen, architektonischen und künstlerischen Erstarken und Beleben der italienischen Städte. Diese Entwicklung paart sich mit der zeitgleichen Eroberung von Byzanz durch die Türken, was zur Folge hat, dass zahlreiche griechische Gelehrte nach Florenz fliehen. So werden die italienischen Stadtstaaten, allen voran Florenz, zu Zentren des Humanismus. Ihre Leidenschaft für die antike Formensprache und Farbgebung in Kunst und Städtebau (Burke 1987; Burckhardt 1958, orig. 1904), ihre Relektüre der griechischen Philosophie und Literatur und ihre Rückbesinnung auf die griechische Körperkultur (dazu ausführlich Sennett 1995) gibt den Städten ein neues Aussehen und eine neue Identität. Die Rückbesinnung auf die klassische Antike bringt mit der „Entdeckung" der linearperspektivischen Konstruktion durch Filippo Brunelleschi die moderne Logik der Visualisierung als Logik der Raumkonstitution hervor. Auf der Basis mathematischer und geometrischer Erkenntnisse dient die Zentralperspektive gleichermaßen als Mittel für eine „realitätsgetreue" Abbildung der Wirklichkeit wie als Anleitung zum „richtigen" Sehen (Jay 1993; Kemp 1990). Der

Italienische Städte

Zentralperspektive

durch die Zentralperspektive geschulte Blick basiert darauf, mit einem Auge zu schauen und dabei unbewegt bzw. distanziert die Welt zum Objekt werden zu lassen. Folglich wird in der Durchsetzung der Zentralperspektive auch eine moderne Form des Strebens nach Weltbeherrschung gesehen (Crary 1993). Es ist die auf Gesetzmäßigkeiten basierende Abbildungskraft, die es ermöglicht, den starren, unbeweglichen, homogenen Raum gleichzeitig zu konstruieren und zu naturalisieren (Löw 2005; Panofsky 1992). Die Entdeckung des Raumes bzw. der Räumlichkeit der sinnlich wahrnehmbaren Welt ist untrennbar mit der (Wieder)Entdeckung des Körpers verbunden. Die Abbildung der Körper im Gemälde, seine Rekonstruktion in der Skulptur, seine Berücksichtigung in der Stadtplanung wird begleitet vom so genannten Naturstudium – der Rekonstruktion der Physiognomie in der Skizze – sowie von der Anatomie mit dem Sezieren des menschlichen Leichnams.

Bereits 1550 bezeichnet Giorgio Vasari diese Phase als Renaissance (vgl. Vasari 2000). Städte wie Florenz, Rom, Venedig und Mailand werden zu Zentren eines andauernden Kunstwettbewerbs (Burckhardt 1958, orig. 1904). Wenn heute die Besonderheit der europäischen Stadt gegenüber der amerikanischen betont wird (z.B. Häußermann 2001; Kaelble 2001, ausführlich Kapitel 3.1.1), dann ist es zumeist die italienische Piazza, die als Inbegriff des sozial und ästhetisch idealen Stadtzentrums fungiert. Es ist jene andere Globalisierung, über die selten jemand schreibt oder spricht, jene Homogenisierung der Welt durch die Imitation der als „südländische Lebensweise" assoziierten Kultur der Espressobars und Marktplatzbestuhlung, welche an die italienische Stadtkultur anknüpft und diese auf vielfältige Weise reproduziert.

Kolonialismus   Eine weitere umwälzende gesellschaftliche Veränderung wird mit dem 15. Jahrhundert verbunden: der Kolonialismus. Mit der Eroberung des marokkanischen Ceuta 1415 und der Errichtung von Stützpunkten an der afrikanischen Küste, um Gold- und Sklavenhandel zu betreiben, startet Portugal die europäische Expansionsoffensive. Den eigentlichen Beginn des neuzeitlichen Kolonialismus wird jedoch mit der Entdeckung Amerikas durch Kolumbus von Spanien (1492) und die Erschließung des Seeweges nach Indien durch den Portugiesen Vasco da Gama (1498) verknüpft. Damit beginnt eine Epoche, die raumsoziologisch den Beginn der totalen Vermessung der Welt markiert – im Vertrag von Tordesillas teilen Spanien und Portugal die noch unerschlossenen Teile der Erde unter sich auf – und die stadtsoziologisch den Beginn eines großangelegten Urbanisierungsprojektes bezeichnet. Neben wirtschaftlichen und machtpolitischen Zielen verfolgen die Kolonialisten, darunter später auch Großbritannien, Frankreich und die Niederlande, sehr spät und nur kurz auch Deutschland, u.a. siedlungspolitische Bestrebungen. Bereits die ersten Eroberer, die spanischen und portugiesischen Konquistadoren, besetzen die Städte in den unterworfenen Gebieten, z.B. Tenochtitlan, das heutige Mexico-City oder Cuzco und verändern die Siedlungsweise ihren eigenen Ordnungsvorstellungen entsprechend. Über das Land verteilte Siedlungen zerstören sie und zwingen damit die „native people", sich in den Städten niederzulassen.
Benevolo beschreibt diesen Prozess:

> „Die Anlage der neuen Städte folgte einem einheitlichen Modell: Die Grundstruktur bildete ein schachbrettartig angelegtes Straßennetz und zwischen den einzelnen Straßen befand sich eine Vielzahl – meist quadratischer – Häuserblocks. In der Mitte der Stadt wurden einige Häuserblöcke weggelassen oder in ihrer Größe reduziert, um Raum für einen freien Platz zu schaffen, um den die bedeutendsten Gebäude gruppiert wurden: die Kirche, das Rathaus, die Häuser der Kaufleute und die der reichsten Kolonisten" (Benevolo 2000[8]: 674).

In den kolonialisierten Städten (vgl. auch Kapitel 1.3.1 zu Segregation) wiederholt sich die europäische Grundidee von Planung und Architektur. Kerstin Dörhöfer und Ulla Terlinden fassen sie wie folgt zusammen:

„Nach ihrem Selbstverständnis sind sie ordnende Disziplinen. Sie gehen davon aus, daß die vorfindliche Struktur ‚unordentlich' und nach den Prinzipien einer kultivierten Zivilisation neu zu gestalten sei. Dies hat seine Wurzeln in der abendländischen, anthrozentrischen Denktradition, die in der Baukunst die Zähmung der Natur sah" (Dörhöfer/Terlinden 1998: 21).

Die schachbrettförmige Anlage (grid) wird im 17. und 18. Jahrhundert für die Kolonisierung Nordamerikas übernommen (vgl. zum grid Kaufmann 2005). Ende des 19. Jahrhunderts befinden sich 90,4 % der afrikanischen, 98,9% der polynesischen, 100% der australischen und immerhin noch 56,6% der asiatischen Gebiete unter Kolonialherrschaft (Lenin 1960, orig. 1916: 189ff.). Unter dem Stichwort des Postkolonialismus (King 1990; Jacobs 1996; Riemenschneider 2004) wird heute hervorgehoben, dass die Zeit des Kolonialismus nicht nur die „Städte in der Welt", sondern auch die „Städte zu Hause" verändert. Die Entwicklung Londons oder Manchesters z.B. kann überhaupt nicht verstanden werden, so Anthony King, wenn man nicht gleichzeitig den Einfluss von Indien, Afrika und Lateinamerika berücksichtigt. Angefangen von den Größenphantasien, die durch die Eroberungen ausgelöst werden und die die Kleinteiligkeit des eigenen Landes provinziell erscheinen lassen, bis hin zur Kultur des Teetrinkens, die mit England untrennbar verbunden scheint, obwohl in Großbritannien kein Tee wächst, verändert sich der Eroberer mit der Eroberung (vgl. dazu auch Kapitel 3.1.6).

Grid

1.2.3 Wann die Moderne beginnt

Den langsamen Beginn der Moderne datiert man mit der Seefahrt und den Überseeeroberungen, mit den global zirkulierenden Produkten aus der „neuen Welt", mit der durch Vermessung, Eroberung und Abstraktion einhergehenden Herrschaft über den Raum (vgl. Lefèbvre 1991, orig. 1974, ausführlich Kapitel 2.1) sowie mit der Rückbesinnung auf die Antike und der damit einhergehenden Wiederentdeckung von Körpern, zunächst als Objekt künstlerischer Auseinandersetzung (vgl. Wundram 2004), dann auch als anatomischer Forschungsgegenstand, später als Zielpunkt der Gesundheitsfürsorge (Rodenstein 1988). Es entwickelt sich eine fortschreitende naturwissenschaftliche Durchdringung der Welt und ein wachsendes Interesse an der individuellen Persönlichkeit (vgl. Burckhardt 1959, orig. 1904; Wundram 2004). Mit der Abspaltung der ProtestantInnen von der katholischen Kirche durch Martin Luther und John Calvin im 16. Jahrhundert wird in der Idee der Askese und damit in der freiwilligen Beschränkung des Konsums, wie Max Weber (1993, orig. 1904/1905) prägnant herleitet, die Voraussetzung dafür geschaffen, dass der Profit aus Unternehmen nicht verbraucht wird, sondern für Investitionen zur Verfügung steht. Noch ist Europa politisch stark vom Absolutismus und einer für natürlich erachteten Ständeordnung geprägt. Als unter der Regentschaft Philipps von Orléans die Residenz von Versailles nach Paris verlegt wird, verliert der Hof seine Vorreiterposition als Ort der Öffentlichkeit und „die Stadt", sprich Paris, beginnt diese Rolle einzunehmen (ausführlich Habermas 1962: 46ff.). „Eine Frau, die Paris verlässt, um ein halbes Jahr auf dem Land zu verbringen, kommt so altmodisch von dort zurück, als ob sie 30 Jahre verloren hätte", schreibt Charles Lois de Secondat de la Brède et de Montesquien in den Persischen Briefen (1721, 99. Brief). Das Zitat ist ein typisches Beispiel für ein Denken, das Avantgarde nur in der (Groß)stadt vermutet. Auch in Deutschland fangen die absolutistischen Herrscher im 18. Jahrhundert an, Residenzstädte zu kulturellen Zentren auszubauen.

Kritische Öffentlichkeit

Es sind neben der Zeitungspresse die Kaffeehäuser der Stadt, die zwischen 1680 und 1730 (zunächst nur für Männer) eine kritische Öffentlichkeit entstehen lassen, welche später von den Salons in der französischen Revolution abgelöst werden. Sie ermöglichen nicht nur eine tendenziell offene Zusammenkunft, sondern auch eine symbolische Einschreibung. Mit dem Konsumieren von Produkten der großen weiten Welt wie Kaffee, Tee oder Schokolade macht man sich selbst (oder die anderen) glauben, weltmännisch zu sein. Aber auch auf dem Land professionalisiert sich das Gaststättengewerbe und Wirtshäuser werden neben Kirchenräumen und Rathäusern zu Orten partieller Öffentlichkeit (vgl. Rau/Schwerhoff 2004).

Unter *Öffentlichkeit* wird in der Soziologie vielfach ein Deutungsmuster verstanden, dass auf Räume bezogen wird, die interaktiv und kommunikativ profiliert sind, eine soziale Durchmischung fördern und Prozesse der Meinungsbildung vorantreiben (vgl. Rau/Schwerhoff 2004; umfassender Habermas 1962). Mit Öffentlichkeit wird ferner ein stilisierendes Handeln jedes Einzelnen verbunden, das zwei Aufgaben gleichzeitig erfüllen soll: „einerseits zu verhüllen, was der nur beschränkt kalkulierbaren sozialen Umwelt vorenthalten werden soll, andererseits ihr all das, was für sie bestimmt ist, deutlich genug zu zeigen, damit auch im flüchtigen Kontakt ein Arrangement gelingt" (Bahrdt 1961: 43; vgl. auch Arendt 1981, orig. 1958; vgl. Kapitel 3.1.1 und 3.2.3).

Das besitzende Bürgertum, das in der ständisch organisierten Stadt Mitbestimmungsrechte hat, später auch das Bildungsbürgertum, orientiert sich an der Idee von Öffentlichkeit. An sie wird die Möglichkeit und Notwendigkeit von politischem Meinungsaustausch bzw. -streit geknüpft. Bildung und Kultur erscheinen als Voraussetzung für aktive Teilhabe an Öffentlichkeit. Beides, die Investition in Bildung und Kultur sowie die Produktion öffentlicher Orte ist an eine städtische Lebensweise gebunden. Sie bedarf der Kaffeehäuser und Printmedien ebenso wie der Theater- und Bildungseinrichtungen.

Während auf der einen Seite die Bauern immer mehr verarmen, wächst auf der anderen Seite die Spannung zwischen den verschiedenen Gruppen des Bürgertums und dem Adel. Das Bürgertum akzeptiert die als gottgegeben erklärte Standesordnung mit der Vorherrschaft der Adligen nicht länger, sondern orientiert sich an der Idee der **Aufklärung** Selbstbestimmung. Die ProtagonistInnen der Aufklärung treten dafür ein, dass die göttliche Legitimation der Herrscher durch eine Herrschaft der Vernunft ersetzt werde und hoffen auf die Kritikfähigkeit aller Menschen durch Bildung. Die „Aufklärung" wird zu einer gesamteuropäischen Bewegung der Rationalität und Humanität. Mit Bezug auf den menschlichen Verstand wird Freiheit statt Absolutismus, Gleichheit statt Ständeordnung und wissenschaftliche Erkenntnis statt Aberglauben gefordert und verteidigt. Die Idee der Bildung (vgl. Löw 2003) und damit die Vorstellung, Menschen über die Verhältnisse aufklären zu können bzw. eine vernunftgeleitete Perspektive auf die Welt einnehmen zu können, rückt ins Zentrum des Interesses. Die Frage, was denn eigentlich „Aufklärung" sei, wird in der Zeitschrift „Berlinische Monatsschrift" 1783/84 diskutiert, ausgelöst durch eben jene lediglich in einer Fußnote gestellte provozierende Frage eines relativ unbekannten Berliner Pfarrers und Gegners der Aufklärungsbewegung, Joahnn Friedrich Zöllner: „Diese Frage, die beinahe so wichtig ist, als: was ist Wahrheit, sollte doch wohl beantwortet werden, ehe man aufzuklären anfange!" (Zöllner 1783: 516). Aufgegriffen wurde diese Frage unabhängig voneinander durch Moses Mendelssohn (1784) und Immanuel Kant (1784), dessen Aufsatz „Beantwortung der Frage: Was ist Aufklärung?" mit der berühmt gewordenen Definition beginnt:

> „Aufklärung ist der Ausgang des Menschen aus seiner selbstverschuldeten Unmündigkeit. Unmündigkeit ist das Unvermögen, sich seines Verstandes ohne Leitung eines anderen zu bedienen. Selbstverschuldet ist diese Unmündigkeit, wenn die Ursache derselben nicht am

Mangel des Verstandes, sondern der Entschließung und des Mutes liegt, sich seiner ohne Leitung eines andern zu bedienen. Sapere aude!" (Kant 1784: 481).

Mit dem Horaz-Zitat „Sapere aude" zeigt sich gleichzeitig die Idee von Bildung im Rückbezug auf die Antike als auch die Grundidee der Aufklärung „Wage es, weise zu sein!". Das Bürgertum verfolgt die Vorstellung, über Bildung (und Beruf), sich vom müßiggängerischen Adel absetzen zu können. Die Karriere des Bildungsbegriffs als theoretisch gefüllte Idee, nicht einfach nur im Sinne der Wortgeschichte „behauhen" oder „einer Sache Gestalt und Wesen geben", beginnt im ausgehenden 18. Jahrhundert. Gerichtet gegen den Utilitarismus, das Effektivitätsdenken und die Berufsorientierung der Ausbildung setzt das Bürgertum einen emphatischen Bildungsbegriff. Das klassische Bildungsideal des Neuhumanismus ist eine Vorstellung von der Einverwandlung der Welt durch das Individuum, welches dadurch zum Höchsten gelangt. Vordenker sind zum Beispiel Johann Christoph Friedrich von Schiller, Johann Gottfried von Herder und Wilhelm Freiherr von Humboldt. Der Gebildete sucht nach Wilhelm von Humboldt „soviel Welt als möglich zu ergreifen und so eng als er nur kann mit sich zu verbinden" (Humboldt 1960, orig. 1794: 235). Bildung soll Perfektibilität im Sinne der Selbständigkeit im Denken und Handeln und die Freiheit zu Urteil und Kritik ermöglichen. Das griechische Konzept der Paideia, der Formung des Menschen zur Vollkommenheit an Leib und Seele, wird heute mit Bildung übersetzt. Die Paideia ist der Akt der Menschenformung, welcher jedoch schon damals nicht nur als individuelle Prägung, sondern auch als Notwendigkeit für das Gemeinwesen betrachtet wird. Über Bildungsprozesse lernt das Individuum die gesellschaftlich relevanten Inhalte kennen. Es bekommt das notwendige Wissen, um sich in der Gesellschaft zu orientieren. In der Bildungsidee steckt gleichzeitig die Vorstellung von individueller Entfaltung durch Wissens- und damit auch Entscheidungszuwachs sowie von der Begrenzung durch Beeinflussung auf gesellschaftliche Ziele hin. [Bildung]

Diese neu etablierte Vorstellung von Städten als Bildungszentren und damit als Kristallisationspunkte bürgerlicher Öffentlichkeit verschränkt sich mit einer zunehmenden Zentralisierung von Arbeit in Städten. Beides zusammen lässt die Bedeutung von Städten deutlich anwachsen. Bereits in der vorindustriellen Stadt steigt – im Unterschied zur antiken Stadt – die Bedeutung der Erwerbsarbeit (Weber 1980^5, orig. 1920). Mit der Industrialisierung verändert sich nun die gesamte Sozialstruktur der Stadt. Nach dem Sieg Englands über Frankreich 1763 im Siebenjährigen Krieg, in dem es vor allem um die Beherrschung des Welthandels geht, ist der Weg für die industrielle Revolution, die in England ihren Ausgangspunkt findet, frei. Die EngländerInnen verfügen nun weltweit über Absatzmärkte und gleichzeitig über das Kapital, Fabriken aufzubauen. Technische Neuerungen, wie die Erfindung der Dampfmaschine durch James Watt 1765, stellen erstens die Energie her, die in den Fabriken benötigt wird, produzieren jedoch zweitens eine *lokal gebundene* Energie, die die Konzentration der ArbeiterInnen in den Fabriken notwendig macht. Die Zunahme der Bevölkerung insgesamt und die stetige Zunahme der Arbeitsplätze in den Fabriken führen zu einem explosionsartigen Anwachsen der Städte. Der Prozess der Verstädterung und Urbanisierung der Gesellschaft nimmt seinen Lauf. [Industrielle Revolution]

Tabelle 1.2.3: Die Verstädterung im 19. und 20. Jahrhundert. Anteil der Bevökerung in Orten über 5000 Einwohnern in % (Quelle: Zimmermann 2000: 16).

	Europa	England	Frankreich	Deutschland	Niederlande	Spanien	Russland/ Sowjetunion
1800	12	23	12	9	37	18	6
1850	19	45	19	15	39	18	7
1910	41	75	38	49	53	38	14
1950	51	83	48	53	75	55	34
1980	66	79	69	75	82	73	61

Verstädterung/ Urbanisierung

Es ist eine für Europa einzigartige Phase der massenhaften Zuwanderung in die Städte, welche nicht mehr durch individuelle Merkmale der Stadt motiviert ist, sondern ganz allgemein dem Arbeitsplatzangebot der neu entstandenen Industrien folgt, die sich in den Städten und in deren Umland niederlässt. Während der *Begriff der Verstädterung* den quantitativen Aspekt der Massenzuwanderung bezeichnet, wird *Urbanisierung* begrifflich davon abgegrenzt – bleibt aber inhaltlich auf Verstädterung bezogen – und meint die Verbreitung der Lebensweise, die sich in den Städten ausgebildet hat, zur gesamtgesellschaftlichen Form (zum Begriff der Urbanisierung in unterschiedlichen gesellschaftlichen Kontexten vgl. auch die Kapitel 3.1.3 und 3.1.6). Das Leben in dörflichen und suburbanisierten Gebieten orientiert sich fortan am Lebensstil der Städter. Zu dieser Lebensweise gehören neben Anonymisierung und Rationalisierung (Simmel 1984, orig. 1903) auch Bürokratisierung, Demokratisierung, Technisierung (Hård 1994; Schott 1995) und die Verbreitung der Massenkommunikation (Reulecke 1985; Lenger 1999).

Verstädterung und Urbanisierung setzen in Deutschland erst relativ spät, das heißt, mit Beginn der zweiten Hälfte des 19. Jahrhunderts ein. Die Emanzipationsbestrebungen des Bürgertums und bürokratische Reformen bereiten die Urbanisierung vor. In der Folge der politischen Revolutionen in Amerika und Frankreich sowie der industriellen Revolution in England werden traditionelle Beschränkungen aufgehoben und damit räumliche und soziale Mobilität ermöglicht. Äußeres Zeichen ist die „Entfestigung" (Reulecke 1985: 15) der Stadt durch das Schleifen der Stadtmauern oder das Auffüllen der Gräben. Städte sollen nicht länger exklusiv wirken (vgl. Vinken 2005: 132). „Eine Situation wie die, daß ein Reisender abends nach Toreschluß vor einer Stadt ankam, der Torwächter ihn aber nicht hereinlassen konnte, weil der Bürgermeister den Schlüssel schon mitgenommen hatte, so daß er die ganze Nacht im strömenden Regen vor dem Stadttore (...) verbringen mußte, gehörten der Vergangenheit an" (Reulecke 1985: 15). In der Folge der französischen Revolution verbreitet sich die Idee der Nation, als alle Schichten verbindendes, auf den Ideen der Volkssouveränität und Selbstbestimmung basierendes, Staatsmodell. Staaten operieren auf der Basis einer territorialen Verfügungsmacht und mit der Legitimation eines als Nation konstruierten Volkes.

Entfestigung

Industriestädte

Deutschland gelingt die Nationalstaatsgründung erst spät, am 18. Januar 1871, mit der „Kaiserproklamation von Versailles" durch die deutschen Fürsten von 25 Einzelstaaten (ausführlich Gall 1997; Schöllgen 1986). Die wesentlich durch Bismarck organisierte Schließung des Bundes realisiert eine zentrale Forderung des Bürgertums. Die Städte als Orte der industriellen Produktion treten längst nicht mehr – wie zuvor die freien Städte – als eigenständige politische Akteure auf. Stattdessen bringt die Nationalstaatsgründung das Bürgertum näher an die Möglichkeit der Mitbestimmung heran und erhöht die Chance, im wirtschaftlichen Konkurrenzkampf mit anderen Nationalstaaten mithalten zu können. Eine Folge ist, dass nicht nur die traditionellen Städte wachsen, sondern dass ganz neue Städte – z.B. im Ruhrgebiet in Folge des Ausbaus der Kohle-

und Stahlindustrie – entstehen. Für diesen Prozess gibt Friedrich Engels 1845 eine plastische Beschreibung:

> „Die Bevölkerung wird ebenso zentralisiert wie das Kapital (...) Sie haben Bedürfnisse und zur Befriedigung derselben andere Leute nötig; Handwerker, Schneider, Schuster, Bäcker, Maurer und Schreiner ziehen sich hin (...) und die Ansiedlung neuer Fabrikanten ist die Folge davon. So wird aus dem Dorf eine kleine Stadt, aus der kleinen Stadt eine große. Je größer die Stadt, desto größer die Vorteile der Ansiedlung. Man hat Eisenbahnen, Kanäle und Landstraßen; die Auswahl zwischen den erfahrenen Arbeitern wird immer größer; man kann neue Etablissements wegen der Konkurrenz unter den Bauleuten und Maschinen-Fabrikanten, die man gleich bei der Hand hat, billiger anlegen als in einer entfernteren Gegend (...) Daher die wunderbare Vermehrung der großen Fabrikstädte" (Engels 1972, orig. 1845: 254f.).

Mit der Verstädterung/Urbanisierung verändert sich die Gesellschaft grundlegend. Zwei ganz wesentliche Neustrukturierungen sind erstens die Ablösung der Ständeordnung durch ein *Klassensystem* und zweitens das Konzept eines bürgerlichen Familienlebens mit einem scharf konturierten *Geschlechterdualismus*.

Zunächst zur Entstehung der Klassengesellschaft: Der Begriff der sozialen Klasse bezieht sich in der Soziologie in besonderem Maße auf die Theorien Karl Marx' und Max Webers. Marx versteht unter einer Klasse eine Gruppe, die eine gemeinsame Beziehung zu den Produktionsmitteln hat, also zu den Mitteln, mit denen sie ihren Lebensunterhalt verdient. In der Industriegesellschaft sind die beiden wichtigsten Klassen die Arbeiterklasse bzw. das Proletariat auf der einen Seite und die Kapitalisten bzw. die Bourgeoisie auf der anderen Seite. Sie unterscheiden sich vor allem darin, dass die einen (die Minderheit) über die Produktionsmittel verfügen, wohingegen die anderen (die Mehrheit), da sie keine Produktionsmittel (mehr) besitzen, gezwungen sind, ihre Arbeitskraft zu verkaufen. Das Verhältnis zwischen den Klassen ist Marx zufolge eines von Ausbeutung, da der Kapitalist mehr Geld für die Produkte erzielt, als er für deren Produktion aufwendet (Marx 1977, orig. 1867: 192ff.). Der so genannte Mehrwert ist der Profit des Kapitalisten, den dieser zur Stabilisierung des asymmetrischen Machtverhältnisses nutzen kann, welchen er jedoch nur durch die Ausbeutung der Arbeit des Proletariats erzielt. Das Klassenverhältnis ist somit sowohl ein ökonomisches Verhältnis als auch ein politisches Herrschaftsverhältnis. Der Begriff der Klasse ist für Marx folglich gleichzeitig eine analytische Kategorie und ein politischer Begriff im Sinne der Gesellschaftskritik.

[Marginalie: Begriff der Klasse]

Max Weber bezieht sich auf den Klassenbegriff bei Marx und geht mit diesem soweit konform, dass auch er die Klassenbildung auf wirtschaftliche Bedingungen zurückführt. „Wir wollen da von einer ‚Klasse' reden, wo 1. einer Mehrzahl von Menschen eine spezifische ursächliche Komponente ihrer Lebenschancen gemeinsam ist, soweit 2. diese Komponente lediglich durch ökonomische Güterbesitz- und Erwerbsinteressen und zwar 3. unter den Bedingungen des (Güter- oder Arbeits-)Markts dargestellt wird (‚Klassenlage')" (Weber 1980^5, orig. 1920: 531; Hervorhebung im Original). Jedoch erweitert Weber das Klassenkonzept von Marx erheblich. In seinen unter dem Titel „Wirtschaft und Gesellschaft" (Weber 1980^5, orig. 1920) versammelten Arbeiten argumentiert er, dass Klassenunterschiede nicht nur auf Verfügungsgewalt über Produktionsmittel basieren, sondern im Besonderen auch auf Leistungsqualifikationen und damit auf Bildungsprozessen (Weber 1980^5, orig. 1920: 177ff.). Weber unterscheidet zwischen der Erwerbsklasse und der Besitzklasse. Menschen, die zur Erwerbsklasse gezählt werden können, sind auf Erwerb angewiesen und müssen folglich arbeiten gehen. Die anderen verfügen über Besitz und können davon leben.

Die modernen kapitalistischen Industriestädte sind gleichzeitig Orte, an denen *die kulturellen und politischen Leistungen des Bürgertums* bestaunt werden können als

Arbeiterquartiere auch Orte der *Ausbeutung und sozialer Verelendung*. Das sich ausdifferenzierende Kultur- und Warenangebot wird von Slums konterkariert. In den Arbeitervierteln kommt es zur ungeplanten Verdichtung. Wohnungen sind überbelegt, häufig dunkel und Trinkwasserversorgung, Kanalisation und Müllabfuhr nur bedingt geregelt. Die Zustände sind vielfach und plastisch beschrieben und analysiert worden. Besonders prominent ist Friedrich Engels' Darstellung der Lage der arbeitenden Klasse in England, z.B.:

> „(...) die Häuser oder vielmehr Cottages sind in schlechtem Zustande, nie repariert, schmutzig, mit feuchten und unreinen Kellerwohnungen versehen; die Gassen sind weder gepflastert noch haben sie Abzüge, dagegen zahlreiche Kolonien von Schweinen, die in kleinen Höfen und Ställen abgesperrt sind oder ungeniert an der Halde spazieren gehen. Der Kot auf den Wegen ist hier so groß, dass man nur bei äußerst trockenem Wetter Aussicht hat durchzukommen, ohne bei jedem Schritt bis über die Knöchel zu versinken" (Engels 1972, orig. 1845: 286).

Abbildung 1.2.3: Die Dudley Street in einem Armenviertel Londons; Stich von Gustave Doré 1872. (Quelle: Benevolo 2000: 793, Abb. 1156).

Lebendige Beschreibungen liefern auch Charles Booth (1889; 1967; 1969, orig. 1902) und Henry Mayhew (1967, orig. 1861), welche die prekäre Lage der Arbeiterklasse in den (Groß)städten verdeutlichen und dabei gleichzeitig ihre bürgerlichen Norm- und Moralvorstellungen implizit, zum Teil auch explizit, zum Maßstab erheben (ausführlich Lindner 2004). Der Schock, den diese Beschreibungen in der bürgerlichen Öffentlichkeit auslösen, die Verbreitung von Krankheiten wie der Cholera und auch die kommunistische Politik, die sich u.a. der Gesundheit und der Wohnbedingungen der ArbeiterInnen thematisch annimmt, bewirken, dass Gesundheit zum Thema des Städtebaus wird (ausführlich Rodenstein 1988). Die daraus folgenden stadt- und sozialplanerischen Kampagnen und Restrukturierungen, so nötig Interventionen sind, sind zugleich Herstellungsakte einer bürgerlich-patriarchalen Ordnung, weil sich das Proletariat stets in seiner Lebensweise den bürgerlichen Normen anpassen soll.

Susanne Frank (2003) zeigt eindringlich, wie sich z.B. der bürgerliche Diskurs um den Schmutz auf der Straße mit Maßnahmen zur Bekämpfung der Prostitution verbindet. Gleichzeitig mit Kampagnen zur Reinlichkeit der Straße und zu einer kontrollierten/kontrollierbaren Stadtentwicklung wird auch auf symbolischer Ebene für Reinlichkeit gekämpft – durch den Versuch Kontrolle über weibliche Sexualität zu erzielen. In detaillierter Analyse verdeutlicht Frank für die Entwicklung der Großstädte des 19. und 20. Jahrhunderts den Einfluss vergeschlechtlichter Imaginationen auf die Raumgestaltung und Stadtentwicklung. An Kernfeldern der Stadtentwicklung wie unstrukturiertem Wachstum, Kanalisation oder Suburbanisierung zeigt Frank, dass die Dimension des Geschlechts eine ebenso das gesellschaftliche Handeln durchziehende Kraft ist, wie zuvor für Klasse nachgewiesen wurde. Fürsorge und Kontrolle gehen so Hand in Hand, wenn Arbeiterinnen und Arbeiter dem neu entstandenen Idealbild der bürgerlichen Familie unterworfen werden sollen. Die Entstehung der industriellen Stadt basiert demnach nicht nur auf einer spezifischen Form der industriellen Produktion, sondern auch auf der Abspaltung der Reproduktion der Arbeitskraft in der Familie. Dazu gehört die Übertragung des Deutungsmusters „öffentlich-privat" auf die nun vollzogene Trennung von Erwerbsarbeit und Familie, die Neustrukturierung des Geschlechterverhältnisses, die Entdeckung der Kindheit und die Emotionalisierung der privaten sozialen Beziehungen.

[Marginalie: Reinlichkeit]

Damit ist die zweite Neustrukturierung, die mit der Urbanisierung einhergeht, bereits angesprochen: die *Entstehung der Kleinfamilie* mit Kontext einer *dualen Geschlechterordnung*. Mit dem protestantisch geprägten Berufsverständnis existiert für bürgerliche Männer eine Praxis außerhäuslicher Erwerbsarbeit, die ihre Tätigkeit gleichzeitig von der repetitiven Fabrikarbeit proletarischer Männer und von der routinisierten Hausarbeit bürgerlicher Frauen erfolgreich abgrenzt. Das Berufsverständnis grenzt alle Tätigkeiten aus, die ohne (Aus)Bildung durchgeführt werden können, monotone Handarbeiten oder diffuse Hausarbeiten bzw. als unehrenhaft klassifiziertes Gewinnstreben folgen (vgl. Beckmann 1991). Die heutige Differenzierung und Bewertung von Berufen, über die auch Einkommensunterschiede legitimiert werden, basiert auf diesem bürgerlichen Arbeitsethos, demzufolge über Bildung berufliche Selbstverwirklichung ermöglicht wird, sowie Leistung und Erfolg auf Bildungsformen zurückgeführt werden. Diese Konstruktion der Erwerbsarbeitssphäre, bei der Frauenarbeit, Fabrikarbeit und Handel aufgrund historisch gewachsener Interessen des Bildungsbürgertums abgewertet werden, ist ein Stabilisator sozialer Ungleichheit (vgl. dazu auch Rabe-Kleberg 1993). In der Industrialisierung/Urbanisierung entsteht eine binäre Gesellschaftsordnung, welche die Erwerbsarbeit als kalte Welt, die auf ökonomischem Kalkül, auf Entlohnung und Entfremdung basiert, der Familie als emotional-warmer Welt, die auf Gefühlen, unbezahlter Arbeit und sozialer Nähe gründet, entgegen stellt. Die „private" Familie wird als komplementär zur „öffentlichen" Erwerbsarbeit konzipiert und Zuständigkeiten geschlechtsspezifisch verteilt (Terlinden 1990). Die Frauen übernehmen die Haus- und Gefühlsarbeit, die Männer die außerhäusliche Erwerbsarbeit. Um diese Entwicklung sozial zu legitimieren, entsteht das Konstrukt der Geschlechtscharaktere (Hausen 1976). Männer und Frauen werden als grundsätzlich verschiedene, sich aber komplementär ergänzende Wesen beschrieben. Während dem Mann (genauso wie der Erwerbsarbeit) Rationalität zu-

[Marginalien: Beruf; Binäre Geschlechterordnung]

geschrieben wird, gilt die Frau als emotional. Der Mann scheint natürlich die für das öffentliche Leben notwendigen Eigenschaften wie Tapferkeit, Willenskraft und Selbständigkeit mitzubringen, die Frau als sein Pendant wird dementsprechend als bescheiden, wankelmütig und anhänglich beschrieben (ausführlich Gildemeister/Wetterer 1992; Löw 2004).

Bürgerliche Familie — Gleichzeitig mit der Entstehung der bürgerlichen Familie als ein „Ort unabdingbarer affektiver Verbundenheit" (Ariès 1975, orig. 1960: 48) unter der Zuständigkeit von Frauen wird das Kind als zu Erziehendes neu entdeckt. Die Frau erhält die Aufgabe der familiären Kindererziehung. Dieses Modell der bürgerlichen Familie gilt zunächst nur für jene, deren Einkommensverhältnisse eine Emotionalisierung und eine Freisetzung der Frauen aus der Erwerbsarbeit zulassen. Es entwickelt sich jedoch zunehmend zum normativen Ideal, dem auch proletarische Familien nachstreben und das in der neu entstehenden Sozialarbeit vermittelt wird. Die familiäre Erziehung durch die Mütter wird ergänzt durch die Institutionalisierung öffentlicher Bildung in den Schulen. Mit der allmählichen Verbreitung des bürgerlichen Erziehungsgedanken bilden sich zunächst zur Kompensation von Erziehungsschwächen im proletarischen Milieu auch erste Einrichtungen der öffentlichen Kleinkinderziehung heraus.

Kindheit — Die heutige Vorstellung von Kindheit als Lebensphase, als eigene Welt neben der Erwachsenenwelt, ist historisch neuartig. Phillipe Ariès (1975, orig. 1960) zeigt in seiner Geschichte der Kindheit, dass noch im 16. und frühen 17. Jahrhundert Kinder nicht in pädagogisch kontrollierten Institutionen aufwachsen, sondern wie kleine Erwachsene behandelt werden, die – indem sie in alle Lebensbereiche der Erwachsenen integriert werden – in die Erwachsenenanforderungen einsozialisiert werden. Erst im 17./18. Jahrhundert setzt ein Prozess ein, der als „Entdeckung der Kindheit" bezeichnet wird. Hierin ausgedrückt wird nicht, dass es vorher überhaupt keine Übergangsphase zwischen Kindheit und Erwachsenenalter bzw. keine altersgebundenen Rechte und Pflichten gibt (vgl. Hardach-Pinke/Hardach 1981: 10), sondern dass sich mit dem Übergang von der feudalen zur bürgerlichen Gesellschaft Kindheit gravierend verändert. In der feudalen Gesellschaft wächst die große Mehrheit der überwiegend aus ländlichen Kontexten stammenden Kinder in der Erwachsenenwelt auf, ohne speziell an schulischen oder außerschulischen Bildungsangeboten zu partizipieren. Lediglich einem kleinen Kreis von Jungen steht im Kontext der Kirche eine Ausbildung in Fächern wie Grammatik, Rhetorik, Arithmetik, Geometrie, Musik oder Astronomie offen. In weltlichen Kreisen, zum Beispiel im Ritterstand, wird auf körperliche Fähigkeiten in der Ausbildung gesetzt (vgl. Blankertz 1982). In der urbanisierten Gesellschaft wird der Bildungsanspruch verallgemeinert. Dass die steigende Bedeutung nun, die Bildung in den Reproduktionsstrategien aller Klassen einnimmt, für einzelne Gruppen nicht nur nicht hilfreich, sondern sogar schädlich sein kann – so die These von Pierre Bourdieu u.a. – zeigt sich z.B. an der Si-

Klasse der Bauern — tuation von Bauern und Bäuerinnen (vgl. Bourdieu u.a. 1981: 62ff.). Durch die Sekundarschulerziehung der Kinder unterwerfen sich die Bauern bzw. die Bäuerinnen der symbolischen Herrschaft der StädterInnen. Da die Schule verspricht, die auch auf einem modernen Bauernhof dringend notwendigen Fertigkeiten wie Hochsprache und Wirtschaftsrechnung zu vermitteln, widersetzen sich die Bauern/Bäuerinnen nicht der fremden Kultur, sondern akzeptieren diese als einen auch für ihre Kinder notwendigen Schritt. Mit dieser „freiwilligen" Unterwerfung werden jedoch auch sukzessive die Werte der städtischen Kultur übernommen: „Der gesellschaftliche Raum des Dorfes, ein geschlossener Mikrokosmos mit eigenen Hierarchien (…), wird dabei durch ein weiteres gesellschaftliches Feld ersetzt, in dem die Bauern und Bäuerinnen sich allesamt »irgendwo weit unten« wiederfinden" (Bourdieu u.a. 1981: 64). Die lokale Anbindung, auch deutlich im Dialekt, geht durch das Studium verloren. Die Bauern und Bäuerinnen begeben sich in eine Konkurrenzbeziehung zu Angestellten und Arbeitern. Sie lernen die gleichen Dinge wie LohnempfängerInnen und unterwerfen sich den gleichen zeitlichen Rhythmen. Damit entfremden sie sich von der Bauernklasse und verlieren das Interesse am Bauernberuf. Die Klasse der Bauern eliminiert sich, so Bourdieu u.a., auf diese Weise selbst.

1.2.4 Wie die Soziologie entsteht

Vor dem Hintergrund der beschriebenen Veränderungen in Arbeit, Bildung und Lebensformen entsteht die Soziologie, um genau jene Themen des Umbruchs zu bearbeiten. Für die Stadtsoziologie fällt der Startschuss in Berlin und Chicago. Georg Simmel hat mit seinen Aufsätzen „Die Großstädte und das Geistesleben" (1984, orig. 1903) und „Soziologie des Raumes" (1992^4a, orig. 1903) bzw. „Der Raum und die räumliche Ordnung der Gesellschaft" (1995b, orig. 1908) bis heute grundlegende Beiträge zur Soziologie der Stadt und des Raumes verfasst. Simmel geht von der Annahme aus, dass die Großstädte mit ihrem „raschen und ununterbrochenen Wechsel äußerer und innerer Eindrücke" (Simmel 1984: 192) das „Nervenleben" in hohem Maße steigern. In diesem Prozess stecken Chancen und Risiken. Auf der Seite der Gewinne steht, so Simmel, eine intellektuelle Förderung des großstädtischen Menschen, die sich aus den schnellen, abwechslungsreichen und immer wieder irritierenden Wahrnehmungen ergibt. Verloren werde die gefühlsmäßige Bindungsfähigkeit, die das Leben in Kleinstädten prägt.

Georg Simmel

> „So schafft der Typus des Großstädters – der natürlich von tausend individuellen Modifikationen umspielt ist – sich ein Schutzorgan gegen die Entwurzelung, mit der die Strömungen und Diskrepanzen seines äußeren Milieus ihn bedrohen: statt mit dem Gemüte reagiert er auf diese im wesentlichen mit dem Verstande" (Simmel 1984, 193).

Der Großstädter wird blasiert. Er ist nicht tolerant, sondern er hat aufgehört, sich für die Unterscheidungen zu interessieren. „Blasiertheit ist die Abstumpfung gegen die Unterschiede" schreibt Simmel (1984: 196). Diese verstandesgemäße Reaktion passe gut in die gesellschaftliche Struktur der Großstädte, welche dadurch geprägt sind, dass sie zum Sitz der Geldwirtschaft geworden seien. Geld und Verstand sei gemeinsam, dass sie die „reine Sachlichkeit in der Behandlung von Menschen und Dingen" (Simmel 1984: 193) akzentuieren. Wer emotional reagiert, mag formal ungerecht handeln, orientiert sich aber am Einzelfall. Wer Waren tauscht, wechselt nicht immer exakt die gleichen Werte, bekommt aber das, was er/sie braucht. Im Gegensatz dazu werden Beziehungen in Großstädten unpersönlich. Wen interessiert es, wo der Bäcker sein Brot herbekommt und wie es ihm heute psychisch geht? „Alle Gemütsbeziehungen zwischen Personen gründen sich auf deren Individualität, während die verstandesmäßigen mit den Menschen wie mit Zahlen rechnen, wie mit an sich gleichgültigen Elementen, die nur nach ihrer objektiv abwägbaren Leistung ein Interesse haben" (Simmel 1984: 194). In der industrialisierten Großstadt kennen sich Produzent und Kunde in der Regel nicht. Man produziert arbeitsteilig für einen abstrakten Markt. Im Konkurrenzkampf um den Absatz der Produkte und im Angebot von Dienstleistungen ist der Einzelne gefordert, immer spezieller und einzigartiger in seinem Angebot zu werden und immer wieder neue Bedürfnisse bei den KonsumentInnen hervorzurufen. Diese Spezialisierung wiederum treibt – so Simmel – die Arbeitsteilung immer weiter voran, durchaus mit der Gefahr, dass die einseitige Leistung die Gesamtpersönlichkeit verkümmern lasse, aber

Gemütsbeziehungen

auch mit der Chance, dass sich Subkulturen in vielfältiger Form entfalten. Die Sachlichkeit, die die sozialen Beziehungen in der Großstadt prägt, wird häufig als Anonymität skandalisiert. Sie kann jedoch nicht ohne ihre Gegenseite betrachtet werden. Die anonyme Großstadt „gewährt nämlich dem Individuum eine Art und ein Maß persönlicher Freiheit, zu denen es in anderen Verhältnissen keine Analogie gibt" (Simmel 1984: 198).

<small>Simmels Raumverständnis</small>

Mit der Entfaltung der Geldwirtschaft verändert sich – so Georg Simmel – das soziale Gefüge auch in Bezug auf Raum, da Nähe und Distanz neu ausgehandelt werden. Raum ist für Simmel eine für sich wirkungslose Form, denn nicht die Form schaffe besondere soziale Phänomene, sondern die menschliche Gliederung und Zusammenfassung habe gesellschaftliche Bedeutung. Als soziologisch relevant entwirft Simmel demzufolge die „Inhalte". Wo Anthony Giddens (1988, vgl. Kapitel 2.1.2) sein Konzept der Regionalisierung ansetzt, hebt Simmel die durch menschliches Handeln geschaffenen Grundqualitäten des Raumes, zum Beispiel seine Ausschließlichkeit sowie seine Zerleg- und Fixierbarkeit, hervor. Davon grenzt Simmel „Raumgebilde", zum Beispiel eine Kirche oder eine Stadt, als Ergebnis sozialer Prozesse ab.

Das Interesse der Menschen gelte der besonderen Gestaltung der Dinge, nicht dem allgemeinen Raum. Er wendet sich damit gegen alle Versuche, ausgehend von der Konstruktion eines homogenen Raumes Herschaftsansprüche zu formulieren (vgl. später die NS-Ideologie vom Volk ohne Raum, ausführlich Löw 2001a). In einer 1905 an der Berliner Universität gehaltenen Kant-Vorlesung schreibt Simmel zum Raumbegriff: „Was bedeutet dieses unendliche Gefäß um uns herum, in dem wir als verlorne Pünktchen schwimmen und das wir doch samt seinem Inhalt vorstellen, das also ebenso in uns ist, wie wir in ihm sind?" (Simmel 1905: 52). Nicht ohne Ironie beginnt er seine sechste Vorlesung mit der Vorstellung von der Welt als Gefäß für verlorene Pünktchen, um kurz darauf diese Idee heftig zu kritisieren: „Angesichts jener Gewöhnung, uns und die Dinge innerhalb eines vor allem einzelnen bestehenden Raumes vorzustellen, ist es ein schwieriger Gedanke, daß – mit etwas paradoxer Kürze ausgedrückt – der Raum selbst nichts Räumliches ist: grade so wenig wie die Vorstellung des Roten selbst etwas Rotes ist" (Simmel 1905: 55).

Simmel stellt in dieser Vorlesung seine Lesart von Kants Raumvorstellungen dar. Seine Zustimmung zu vielen Gedanken wird durch den Nachdruck, mit dem er Kants Originalität betont, deutlich. Der unendliche, leere Raum, die Vorstellung eines Behälters, sei eine bloße Abstraktion. Räumlichkeit entstehe nur dadurch, dass Menschen sie in ihrer Vorstellung generieren. Außerhalb menschlicher Empfindungen habe der Raum keine Realität, allerdings bedeute dies eben nicht, dass er nur subjektiv oder irreal sei, da die menschlichen Empfindungen die Welt bilden: „ … der Raum hat alle Realität, von der innerhalb unsrer Erkenntnis überhaupt die Rede sein kann, eben dadurch, daß er die Form und Bedingung unsrer empirischen Vorstellung ist. Die räumlichen Dinge sind dadurch und insoweit real, als sie unsere Erfahrung bilden" (Simmel 1905: 57).

Raum ist demnach für Simmel eine an sich wirkungslose Form, vergleichbar der Form, durch die Holz zu einem Schrank wird, die aber außerhalb des Materials keine eigenständige Existenz führt (vgl. Simmel 1905: 55). Unter „Raum" versteht Simmel sowohl die wissenschaftliche Abstraktion eines unendlichen leeren Raumes als auch, und das ist der seiner Meinung nach wesentliche Aspekt, die Form, die Menschen im konkreten Empfinden den Dingen geben. Mit der Verstädterung und Industrialisierung verändert sich der Raum, weil sich das Seelenleben in den Großstädten verändert: „In dem Erfordernis spezifisch seelischer Funktionen für die einzelnen geschichtlichen Raumgestaltungen spiegelt es sich, daß der Raum überhaupt nur eine Tätigkeit der Seele ist, nur die menschliche Art, an sich unverbundene Sinnesaffektionen zu einheitlichen Anschauungen zu verbinden" (Simmel 1995b: 688f.).

Unter der Frage nach den Vergesellschaftungsformen beschäftigt sich Simmel dann auch mit der Bedeutung der räumlichen Formen für die Vergesellschaftung. Dabei nimmt er einen einheitlichen Raum an, der von „der Seele her" gegliedert werde. Aufbauend auf der absolutistischen Grundannahme (vgl. zum Begriff „absolutistisch" die Einführung zu Kapitel 1.2) definiert er als Grundqualitäten des Raumes die Ausschließlichkeit, die Zerlegbarkeit, die Fixierung, die Nachbarschaft und die Bewegungsmöglichkeiten von Ort zu Ort. Simmel gelingt es zwar in seinen Schriften noch nicht, die binäre Denktradition zwischen Handeln auf der einen Seite und Raum auf der anderen Seite zu durchbrechen (vgl. Kapitel 2.1), er rückt jedoch die Relevanz des einen, abstrakten, unbeweglichen Raumes der Moderne in den Hintergrund zugunsten vielfältiger räumlicher Kontexte, die sich aus der besonderen Gestaltung der Dinge ergeben. Bereits hier deutet sich an: So wie Räume als Territorien, Zimmer oder Landstriche, das heißt, als materiell vorzufindende Objekte bestimmbar sind, so bedarf es für diese Materialisierung auch einer individuellen und kollektiven Verknüpfungsleistung, die die gesellschaftlich vorstrukturierten Formen produziert.

<small>Raumqualitäten</small>

Simmels Überlegungen prägen neben anderen theoretischen Einflüssen einen Studenten namens Robert Ezra Park, der später in Chicago die Soziologie aufbauen wird. William Isaac Thomas und Robert E. Park gelten als die Leitfiguren der so genannten Chicagoer Schule. Park und Thomas suchen nach einer soziologischen Erklärung für die Phänomene sozialer Ungleichheit in den Städten, vor allem in Chicago. Diese versuchen sie erstens durch eine theoretische Ableitung sowie zweitens – und darin liegt eine historische Neuerung – in der Interpretation quantitativer und vor allem qualitativer Daten zu gewinnen. Sie widmeten sich der biografischen Verarbeitung des Übergangs von der traditionalen, von der Farmarbeit geprägten Gesellschaft zur modernen Industriegesellschaft und der Entstehung sozialer Ungleichheit in diesem Prozess.

<small>Chicagoer Schule</small>

Park und Thomas stimmen darin überein, dass sie ethnische und klassenspezifische Differenzen als wesentliche soziologische Themenfelder definieren und – beide – diese nicht auf biologische, sondern auf soziale Ursachen zurückführen. Thomas betont als dritte Dimension soziologischer Theoriebildung darüber hinaus die Geschlechterdifferenz. Im Laufe seiner wissenschaftlichen Arbeit entfernt sich Thomas auch in Bezug auf das Geschlechterverhältnis immer mehr von der Annahme biologisch begründeter Differenzen und hebt die soziale Herstellung der geschlechtsspezifischen Unterschiede hervor (z.B. Thomas 1907; 1925; Thomas/Znaniecki 1918-1920). Park interessiert sich kaum für Geschlechterverhältnisse wohl aber für den Feminismus als kollektive Bewegung. Er fördert und beeinflusst jedoch eine Reihe von Arbeiten, die sich mit der Herausbildung geschlechtsspezifischen Verhaltens beschäftigen (z.B. Taft 1921; Trasher 1927).

Als 1918 Thomas vom FBI verhaftet wird, während er sich zusammen mit einer Frau, die nicht seine Ehegattin ist, unter falschem Namen in ein Hotel einträgt, wird er aus dem Hochschuldienst entlassen. Auf dem Boden der von Thomas maßgeblich entwickelten biografischen Herangehensweise baut Park die community studies der Chicagoer Schule auf. Er verfolgt die Vorstellung, durch Reihen aufeinander bezogener Untersuchungen gesellschaftliche Aushandlungsprozesse erklären zu können (vgl. Park/Burgess 1921; Park 1974, orig. 1925; Park/Burgess/McKenzie 1984, orig. 1925). Park entwickelt community studies, im Rahmen der damaligen methodischen Möglichkeiten, als Interpretation milieuspezifischer Wirklichkeitskonstruktionen in Relation zu strukturanalytischen Auswertungen amtlicher Statistiken sowie sozialpolitischer Dokumente und somit als allgemeines Kernstück der Soziologie.

Robert E. Park konzeptionalisiert die Soziologie als Gemeindesoziologie auf der Basis folgender Überlegungen:

1. Soziologie ist Wissenschaft von sozialen Gruppen.
2. Soziologie ist empirisch orientierte Wissenschaft.
3. Soziologie ist sozialpolitische Intervention.

Unter dem Eindruck des schnellen Anwachsens von Chicago und damit einer Wahrnehmung der Stadt als Massenansammlung (im Vergleich zum überschaubaren Land) setzt sich Park mit dem Transformationsprozess zur Industriegesellschaft auseinander, indem er zwei Zukunftsoptionen theoretisch herleitet: die *Massengesellschaft* versus die reflexive, heterogene *Publikumsgesellschaft*. Während in der Masse das individuelle Moment verloren gehe, so Park, wird beim Publikum die öffentliche Meinung von verschiedenen Personen unterschiedlich interpretiert (Park 1904: 79). Das Publikum suche das Gemeinsame in Beratung und Diskussion, löse aber die Differenz nie in einem kollektiven Standpunkt auf. In der zusammen mit Ernest W. Burgess verfassten Einführung definieren die beiden Autoren die Soziologie als Wissenschaft vom kollektiven Verhalten oder als Wissenschaft der sozialen Gruppen (Park/Burgess 1921: 42). Die Frage, die Park zeitlebens verfolgt, lautet, wie ist Integration in einer Gesellschaft möglich, die sich aus unterschiedlichen Gemeinden zusammensetzt. Unter „Gemeinden" bzw. „communities", so die Originalbezeichnung, versteht Park soziale Gruppen gemeinsamer ethnischer oder milieuspezifischer Zugehörigkeit. Diese sammeln sich im Chicago der 20er Jahre an einem gemeinsamen Ort (im italienischen Viertel, in Chinatown, im Quartier einer Straßengang), so dass die Erforschung eines Milieus oft zugleich eine Stadtteilanalyse ist. In seinen Reflexionen über die Stadt schlägt Park vor, zwei Typen sozialer Ordnung analytisch zu unterscheiden: die *moralische Ordnung* – entsprechend der als Gesamtwille bezeichneten Einigung auf kollektive Werte, Normen und Sitten – und die *ökologische Ordnung* im Sinne eines Konkurrenzverhältnisses um knappe Ressourcen (Park 1925). Moralische Ordnung und ökologische Ordnung werden von Park als zwei Aspekte des einen gesellschaftlichen Prozesses verstanden, nämlich das gewollte und das ungewollte Resultat des sozialen Handelns. Park geht von der Gleichzeitigkeit kommunikativ-integrativer und konkurrent-differenzierender Prozesse innerhalb einer Gesellschaft aus (vgl. Joas 1988: 433f.). Entsprechend der beiden Ordnungstypen gibt es zwei Formen der Interaktion: Kommunikation und Konkurrenz.

Die Gemeindestudie ist für Park und seine Mitarbeiterinnen und Mitarbeiter nicht nur eine Methode neben anderen, sondern prinzipiell der soziologische Zugang zum Feld. Untersuchungsgegenstand ist die Alltagswelt sozialer Gruppen in Städten. Die Chicagoer SoziologInnen greifen dabei auf die Vorarbeiten von William I. Thomas zurück. Obwohl die zusammen mit Florian Znaniecki veröffentlichte Migrationsstudie „The Polish Peasant in Europe and America" (Thomas/Znaniecki 1918-1920) gern als Anfang der Biografieforschung zitiert wird (vgl. dazu kritisch Fischer-Rosenthal 1995[2]), handelt es sich, entsprechend der literaturwissenschaftlichen Grundausbildung von Thomas in erster Linie um eine Dokumentenanalyse. An autobiografischen Dokumenten, z.B. Briefen, zeichnen die beiden Autoren die „persönliche Desorganisation" der Einwanderer in der Großstadt nach, an Gerichtsakten und Pfarreiunterlagen die „soziale Desorganisation" in der Einwandererkultur in den USA. Dabei geht es ihnen nicht um Einzelschicksale, sondern um das Studium des Alltagslebens sozialer Gruppen im Kontext gesellschaftlicher Bedingungen. Das Interesse der Forscher ist auf die subjektive Perspektive der Akteure gerichtet.

Es versteht sich von selbst, dass die Protokolle von Thomas und Znaniecki nicht mit den heutigen Verfahren der interpretativen Textanalyse, der Diskursanalyse oder

der Narrativistik verglichen werden können. Trotz der methodischen Beschränkungen bietet die Studie jedoch einen wenig normativen Einblick in die Vielfalt möglicher Lebenswege vom Land in die Stadt, die damals wissenschaftlich einmalig ist. Die Autoren suchen und ebnen der Soziologie einen Weg zum städtischen Alltag gesellschaftlicher Teilgruppen und ihrer biografischen Erfahrung. Gerade durch „The Polish Peasant in Europe and America" wird begründet, dass die Perspektive der Handelnden Einsichten in die Wirklichkeit ermöglicht, die ohne Empirie oder nur mit quantitativen Verfahren nie erreicht werden können. Wenn Menschen eine Situation als real definieren, dann ist sie real in ihren Konsequenzen, das berühmte Thomas-Theorem (z.B. wenn Menschen glauben, dass man von einem Windzug eine Erkältung bekommen kann, dann werden sie sich nicht in den Wind setzen oder bei einer Erkältung überlegen, wann sie im Windzug gesessen haben; dass Wind als Erreger von Erkältungen im medizinischen Sinne widerlegt wurde, spielt keine Rolle) wird nicht nur zum Leitgedanken der Chicagoer Schule, sondern auch zum Kernelement eines Forschungsprogramms, das unter dem Namen „Symbolischer Interaktionismus" bis heute weiter verfolgt wird. Gegenstand ist, wie Menschen die Welt sehen/interpretieren/sie handelnd erschließen, nicht wie sie „objektiv" ist.

Thomas leitet das Interesse der soziologischen Forscherinnen und Forscher auf die krisenhaften gesellschaftlichen Prozesse durch Urbanisierung. Bereits in der Einleitung seines 1907 zusammengestellten Text- und Lehrbuchs „Source Book of Social Origins" begründet Thomas ein Handlungsmodell, wonach die gewöhnlichen Handlungsroutinen, genannt „habit", durch gesellschaftliche und biografische Veränderungen in die Krise gelangen. Die Orientierung an gesellschaftlich als altmodisch oder überholt definierten Normen begreift er als Festhalten an bislang erfolgreichen Situationsdefinitionen. Thomas entwickelt den Begriff der „life-organisation", der subjektiven Gestaltung des Lebenslaufs. Durch Aufmerksamkeit auf das eigene Handeln und durch das Überprüfen der Situationsdefinitionen werde die Bewältigung der Krise möglich, sofern gesellschaftliche Umstände, das heißt, auch familiäre Konfigurationen, dies nicht unmöglich machen. Thomas bemüht sich, nicht nur die Desorganisation einer Gesellschaft zu betrachten, sondern auch die Chancen, die in der Veränderung enthalten sind.

Robert E. Park übernimmt von Thomas die Einsicht, dass, nur wenn die milieuspezifischen Lebenswelten verstanden werden und sie ins Verhältnis zu den politischen Aktivitäten sowie den institutionellen Bedingungen gesetzt werden, es möglich ist, erstens theoretisch das gesellschaftliche Gefüge in amerikanischen Städten und damit die Strukturen der amerikanischen Gesellschaft zu verstehen und zweitens anwendungsorientiert, sozialpolitisch zu agieren, ohne moralisch zu werten. Wichtigstes Ziel von Park und seinen Kollegen und Kolleginnen vom Institut für Soziologie wie Ernest W. Burgess, Louis Wirth, William Ogburn und in Forschungsprojekten wie Pauline Young, Frederic Trasher, Nels Anderson oder Jessie Taft wird es, eine Soziologie zu gründen, die ihr Wissen weder nur aus dem Studium von Büchern noch aus normativ gefärbten Weltansichten bezieht. Die Soziologie soll auf Tatsachen gründen, die mittels wissenschaftlicher Methoden erhoben werden (vgl. auch Nelissen 1973: 519; Lindner 1990: 118). Park hat, wie Sighard Neckel es ausdrückt, faktisch einen „Ehrenkodex soziologischer Forschung verfasst, wonach nur jene Aussagen über die Wirklichkeit als valide gelten könnten, die auf eigener Beobachtung basieren" (Neckel 1997: 76). Dazu erweitern sie die Dokumentenanalyse um die teilnehmende Beobachtung. Auch offene Interviews werden verstärkt durchgeführt. Wer ein Quartier untersuchen will, wird aufgefordert, dort eine Zeitlang zu wohnen; wer eine Jugend-Gang erforschen will, soll eine Weile mit dieser herumziehen. Neben der teilnehmenden Beobachtung wird ausgewer-

Robert Ezra Park

tet, was zur Verfügung steht: Tagebücher, Briefe, Zeitungsartikel, Dokumente von Behörden, Berichte sozialer Einrichtungen. ExpertInnen werden ebenso interviewt wie Betroffene. Die community studies entstehen als soziologische Feldforschung (vgl. ausführlich Kapitel 4).

Park u.a. folgen dabei einem interaktiven und fremdverstehenden Grundmodell. Zur lebenslangen Referenz wird für Park ein Vortrag von William James betitelt „A Certain Blindness of Human Beings". Die Blindheit, von der James spricht, ist das fehlende Wissen um die Alltagswelt anderer Menschen (vgl. Park 1950: VI). Um diese Blindheit zu überwinden, werden die Forscherinnen und Forscher direkt in den Forschungsprozess eingebunden. Sie haben die Aufgabe, die Perspektive der untersuchten Gruppe einzunehmen und verstehend nachzuvollziehen. Auf diese Weise sollen Konstruktionen von Normalität und Abweichung verhindert werden. Das symbolische Universum der community wird als ein mögliches neben anderen möglichen angesehen.

Alltagswelt verstehen

Neben der gruppensoziologischen und der empirischen Herangehensweise ist die dritte Basisannahme der Chicagoer Gemeindesoziologie eine Orientierung an sozialpolitischen Fragen und Problemen. Die sozialwissenschaftliche Forschung kann Park zufolge nicht aus dem gesellschaftspolitischen Kontext gelöst werden. Ihre Aufgabe sei es (auch), an der Weiterentwicklung der Demokratie mitzuwirken. Zentral ist dabei die Vorstellung, dass jede marginalisierte Gruppe, die eigene Rechte einfordert, damit die Demokratie vorantreibt:

> "Democracy is not something that some people in a country can have and others not have, something to be shared and divided like a pie – some getting a small and some getting a large piece. Democracy is an integral thing. If any part of the country doesn't have it, the rest of the country doesn't have it. The Negro, therefore, in fighting for democracy for himself is simply fighting the battle for our democracy" (Robert E. Park zu Horce Cayton. Zitiert nach W. Raushenbush 1979: 177).

Die genaue Kenntnis der communities soll, Park zufolge, die Basis bilden für Strategien zur Unterstützung sozial benachteiligter Gruppen jenseits normativer Vorurteile sowie für zeitdiagnostische Informationen zu sozialpolitischen Entwicklungen der amerikanischen Gesellschaft und damit langfristig zur Verfestigung der Demokratie (vgl. Neckel 1997: 71).

Parks Projekt, durch verschiedene Gemeindestudien eine facettenreiche Analyse des Großstadtlebens vorzulegen, ist gleichzeitig ein Projekt über soziale Ungleichheit im Prozess rapider Industrialisierung und Urbanisierung. Es ist der Versuch einer Analyse der sich verändernden multiethnischen Konstellationen in Verquickung mit der sich neu herausbildenden Klassenstruktur. Zur Verwirklichung dieses Projektes ist für Park und seine MitstreiterInnen von Anbeginn an die Stadtentwicklung nicht ohne die Raumnutzungsanalyse denkbar. Park, Burgess und McKenzie begründen in „The City" (1984, orig. 1925) eine sozialökologische Stadtforschung. Hier wie in anderen Publikationen entwickeln sie ihre Vorstellung, dass Überlegungen der Tier- und Pflanzenökologie auf die menschliche Gesellschaft übertragbar seien. Der – zu Recht häufig kritisierte – Grundgedanke ist, dass Menschen sich ihrer natürlichen Umwelt anpassen. Verschiedene Stadträume erscheinen in dieser Perspektive als Anpassungsformen der Menschen an ihre Umwelt (natural areas). Durch jeweils spezifische Selektionsformen versuchen die einzelnen Gruppen, basierend auf Ethnizität oder Schichtzugehörigkeit, in sich homogene Gemeinschaften aufzubauen, eben wie auch „verschiedene Pflanzenarten dazu neigen, permanente Gruppen zu bilden" (Park 1974, orig. 1925: 90). Wenn also Parks Sozialökologie auf der Bedeutung von Raum aufbaut, dann wendet er sich gegen den Blick auf die bloße Verteilungsstruktur (geografische Struktur) und betont die Gleichheit im Viertel und die Differenz in der Stadt:

Sozialökologie

Stadt und Raum in historischer Perspektive

> „Die Humanökologie, wie sie die Soziologen verstehen, betont nicht so sehr die geografische Struktur, sondern den Raum. In der Gesellschaft lebt man nicht nur zusammen, sondern lebt gleichzeitig getrennt (…). Lokale Gemeinschaften, im folgenden Gemeinde genannt, können einmal in bezug auf die Gebiete, die sie einnehmen, verglichen werden und zum zweiten bezüglich der relativen Dichte der Bevölkerungsverteilung innerhalb der Gebiete" (Park 1974, orig. 1925: 91).

Für Park ist die Einführung des Raumbegriffs ein Versuch, sich von der bloßen Betrachtung von geografischen Grenzen und physikalischen Entfernungen zu distanzieren und stattdessen das Gesamtgebilde, welches sich durch Immigrationswellen immer neu verändern muss, in den Blick zu nehmen. Park definiert die einzelnen Gemeinden über Größe und Dichte, den Gesamtkomplex Stadt gleichzeitig über das Verhältnis von Heterogenität und Gleichheit (vgl. die darauf aufbauende Definition von Stadt bei Wirth 1974, vgl. die Kapitel 1.1 und 3.2.3). Raum ist für Park wie für die anderen VertreterInnen der Sozialökologie insofern von Bedeutung, als sie Gleichheit und Differenz auf der Basis verschieden großer und gegeneinander abgegrenzter Gebiete mit dem Raumbegriff bestimmen wollen.

Parks Raumbegriff

So geht zum Beispiel auch Ernest Burgess von den „physiologischen Tatsachen" Größe und Dichte aus, wenn er die Ausdehnung der Stadt und die damit einhergehenden räumlichen Strukturierungen untersucht. Burgess entwickelt das idealtypische Modell der konzentrischen Kreise, welches die Stadtsoziologie langfristig prägen wird. Diesem konzentrischen Modell zufolge teilt sich Stadt vom Zentrum ausgehend in verschiedene Zonen auf.

Abbildung 1.2.4: The Growth of the City (Quelle: Burgess 1974, orig. 1925: 51).

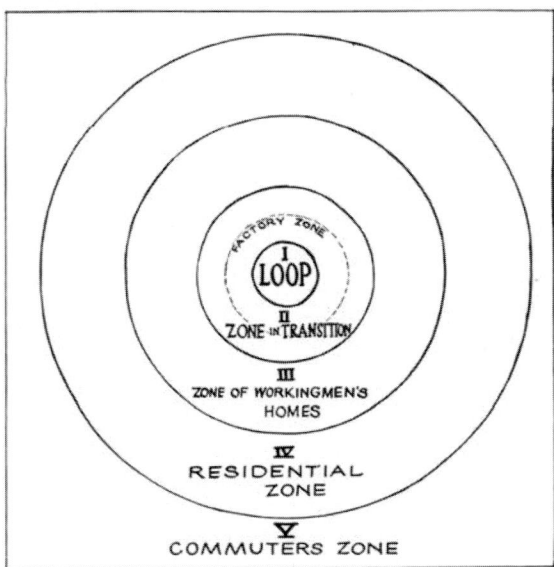

Dieses Modell ist seitdem verändert, verfeinert und widerlegt worden. Es stellt sich heraus, dass es kein universelles Muster städtischer Entwicklung ist, sondern nur für nordamerikanische Städte der 1920er zutrifft (vgl. zum Modell: Burgess 1974, orig. 1925; zur Kritik: Hamm 1982).

Es ist häufig darauf hingewiesen worden, dass die Sozialökologie der Chicagoer Schule „trotz" ihrer evolutionstheoretischen Grundlagen wesentliche Grundbegriffe der Stadtsoziologie bereitgestellt hat (Friedrichs 1977; Krämer-Badoni 1991; Häußermann/ Siebel 1994). Dazu zählt vor allem: „Segregation als die Konzentration bestimmter Gruppen in spezifischen Stadtvierteln; Invasion als das Eindringen von Gruppen in ein Gebiet, in dem vormals andere Gruppen segregiert waren; Sukzession für die Beschreibung eines vollständigen Nutzungswandels in bestimmten Stadtvierteln" (Krämer-Badoni 1991: 20).

Den Raum jedoch behandeln die Sozialökologen der Chicagoer Schule mehrheitlich – anders als Simmel – als natürlich gegebene Gebiete, die zu unterschiedlich großen Behältern abgesteckt werden. Diese führte dazu, dass über die „Inhalte" der Behälter viel gestritten wurde, der Prozess der Konstitution von Raum jedoch aus den Augen verloren wird (vgl. dazu auch Löw 2002; vgl. Berking/Löw 2005).

1.2.5 Stadt- und Raumsoziologie heute

An dieser Stelle ist die Geschichte nicht zu Ende, sondern es ist der Beginn weiterer Ausdifferenzierungen, auch in der Soziologie. Heute wird man aufgrund der Urbanisierung der Gesellschaft die scharfen Stadt-Land-Differenzen nicht mehr finden, wie sie Simmel beschreibt, aber Simmels Analysen der nun weitgehend zu verallgemeinernden Umgangsform der Gleichgültigkeit unter StädterInnen ermöglicht auch heute noch die Einsicht, dass nicht etwa Akzeptanz des Fremden, sondern einfach nur Ignoranz gegenüber dem Fremden viele Handlungen motiviert (vgl. zu Frage der Integration/Desintegration von MigrantInnen in Simmelscher Perspektive: Häußermann/Siebel 1995). Befindet Simmel noch, dass Menschen in einer arbeitsteilig organisierten Gesellschaft ihre Gesamtpersönlichkeit nicht mehr entfalten können, so ist heute eine so genannte „Biografisierung des eigenen Lebens" zu beobachten. Durch routinierte Erzählungen können Menschen zum Teil widersprüchliche Erfahrungen in sehr unterschiedlichen Feldern in einer Gesamterzählung zusammenfügen (vgl. Nassehi 1999: 115). Eine „Biografie" zu haben, ist nicht selbstverständlich, sondern eine moderne Gewohnheit. Die biografische Erzählung, so weiß man heute, fügt zusammen, was in der arbeitsteiligen Gesellschaft als getrennte Erfahrungsbereiche erlebt wird. Auch Robert E. Parks duales Muster von moralischer versus ökologischer Ordnung scheint zu einfach, um die komplexe moderne Gesellschaft zu erklären. Gerade in einer Phase aber, in der die Stadtsoziologie sich nicht mehr darüber legitimieren kann, dass sie Prozesse untersucht, die nur für die Stadt und nicht für das Land gelten, lehrt die Chicagoer Schule, die differenten Lebenswelten soziologisch ernst zu nehmen und damit auch die Frage nach der Differenz zwischen Städten ernsthaft zu stellen.

Differenz zwischen Städten

Heute ist es für die soziologische Analyse eines Phänomens nicht nur bedeutend, dass ein Phänomen deutlich beobachtbar in Städten auftaucht, sondern auch, ob es in unterschiedlichen Städten verschiedene Praktiken hervorruft. Die Gesetze zur Professionalisierung der Prostitution z.B. werden in Duisburg anders ausgelegt als in München. Nicht nur Karneval wird in Köln anders gefeiert als in Berlin, sondern auch US-amerikanische Exportschlager wie die Schwulen- und Lesbenparade „Christopher-Street-Day" (CSD) geraten am Berliner Kudamm zur Konsumdemonstration, im Berliner Kreuzberg zur politischen Kundgebung, in Frankfurt setzt die Trauer um AIDS-Tote deutliche Akzente und in Köln herrscht ein zweites Mal der Karneval. Amin/Thrift sprechen deshalb davon, dass auch Städte „Lebensläufe" (Amin/Thrift 2002: 4) haben und Martyn Lee (1997) und Rolf Lindner (2005) übertragen sogar das von Pierre Bourdieu entwickelte Konzept des Habitus – kurz die Einverleibung sozialer Strukturen (vgl. Krais/Gebauer 2002) – auf städtische Gebilde (vgl. Kapitel 3.2.3).

Aber nicht nur städtische Kulturen produzieren Differenz. Die Frage, wie Handlungs- und Wahrnehmungsmuster durch Bebauungsformen und Architekturen, durch geologische und klimatische Differenzen oder durch materialisierte soziale Figurationen beeinflusst werden, ist noch lange nicht beantwortet. Prägt eine norddeutsche Backsteinsiedlung die – selbstverständlich durch kulturelle Deutungsmuster hervorgegangene – Wahrnehmung des städtischen Lebens in anderer Weise als Berliner Mietskasernen, fränkische Fachwerkhäuser oder sächsische Plattenbausiedlungen? Ändert sich das Empfinden einer Stadt, wenn der Blick auf den Bildschirm des Geldautomaten der Berliner Sparkasse dem Kunden die Option eröffnet, Beträge ab 20 Euro abzuheben, in Frankfurt oder München jedoch die geringste Summe 50 Euro beträgt? In einer komparativen Studie über New York, Chicago und Los Angeles hat Janet Abu-Lughod den Versuch unternommen, die Produktion des Lokalen und damit „the unique ‚personalities'" dieser Städte zu rekonstruieren (Abu-Lughod 1999: 423). Mit der historischen Analyse der geologischen, klimatischen und räumlichen Ausgangsbedingungen sowie dem migrationsspezifischen Wandel der Infra- und Bevölkerungsstruktur und der Ökonomie, Politik und Kultur dieser Städte beginnend, mündet ihre Forschung in der Beschreibung dreier lokaler Kulturen, deren räumliche Gestalt, Lebensstile und Politikformen völlig verschieden sind. Abu-Lughod ist überzeugend in der Lage zu zeigen, dass und in welcher Weise New York, Chicago und Los Angeles lokalspezifische Antworten auf gesellschaftliche Herausforderungen finden (ausführlich Berking/Löw 2005). Das Ende der Industriegesellschaft trifft Chicago anders als Los Angeles und New York. Die sozialräumliche Konzentration der Latinos in Los Angeles zum Beispiel ermöglicht ethnische Bündnisse und identitätspolitische Mobilisierungen, die in New York wegen der ethnischen Diversität und in Chicago aufgrund der tief im kollektiven Gedächtnis verankerten rassistischen „color line" nicht möglich sind. Es sind lokalspezifische Strukturierungen, die den Charakter der Städte, ihre Atmosphären, aber auch ihre Handlungs- und Problemlösungskapazitäten bestimmen.

Ulf Hannerz hat deshalb bereits 1980 gefordert, eine „Anthropology *of* the City" zu beginnen statt stets „Anthropology *in* the City" zu betreiben. Die soziologische Forschung wird immer die Stadt als Feld ihrer Analysen benötigen, aber sie nimmt zunehmend stärker auch die Einzigartigkeiten der Städte und deren Wahrnehmung in den Blick. Ein Forschungsprojekt über Armut z.B., durchgeführt in München, wird sich die Frage stellen müssen, welche Ergebnisse für die Bundesrepublik Deutschland verallgemeinerbar sind und was in die „Biografie" Münchens in spezifischer Form eingeschrieben ist (vgl. zur Umsetzungen der Hannerz'sche Forderung Burawoy u.a. 2000; Abu-Lughod 1999; Davis 1999; Smith 2000; Byrne 2001, Rabinowitz 1997).

Anthropologie der Stadt

Die Gesellschaft ist nicht statisch und so hat die jüngere Geschichte zu zahlreichen Veränderungen geführt, die zum Teil im Folgenden noch besprochen werden, zum Teil aber auch den Rahmen eines einzelnen Buches sprengen: Angefangen von den politischen Umwälzungen, Erfolgen und Katastrophen der Weimarer Republik, des Nationalsozialismus, des Wiederaufbaus, der deutschen Spaltung in Ost und West, der Entstehung sozialer Bewegungen (Studentenrevolten, Frauenbewegung, Ökologiebewegung und Schwulen- und Lesbenbewegung) und der (Wieder)Vereinigung von DDR und BRD, über die stadtbaulichen Umwälzungen des Hochhausbaus, des U-Bahnbaus, der autogerechten Stadt, der Suburbanisierung bis hin zu sozialen Veränderungen, die alle in den (Groß)Städten ihren Anfang nehmen wie die Entstehung von Kaufhäusern als halböffentliche Räume, die Frauen den Weg in städtische Öffentlichkeit bahnen, die

Rationalisierung der Haushaltstechnik nach dem Vorbild der Industrie, z.B. durch funktional organisierte Küchen (vgl. Kapitel 3.1.2), die Entstehung von Singlehaushalten, die Legalisierung von Prostitution und deren Auswirkung auf die Stadtgestalt, die Erfindung des Internets und ihre Konsequenzen für den öffentlichen Raum (vgl. Kapitel 2.3) etc; schließlich auch wirtschaftliche Veränderungen, allen voran der Umbau der Gesellschaft von der Industrie- zur Dienstleistungsgesellschaft (vgl. Kapitel 3.2). All das sind Themen der Stadtsoziologie, weil sich in Städten zuerst und besonders deutlich die gesellschaftliche Veränderung zeigt. Diese Neuerungen dürfen aber nicht darüber hinweg täuschen, dass grundlegende, das heißt, die Strukturen der modernen Gesellschaft verändernde Entwicklungen selten sind. Noch heute wird das gesellschaftliche Leben durch jene Prozesse strukturiert, die sich in den letzten Jahrhunderten, insbesondere mit der Industrialisierung und Urbanisierung, durchgesetzt haben:

Konstanz sozialer Strukturen

- die bürgerliche Idee, dass Arbeit als „Beruf" Sinn gebend ist, weswegen Arbeitslosigkeit als Katastrophe erfahren wird,
- die Durchsetzung der bürgerlichen Kleinfamilie als (juristisch festgeschriebene) Norm der Lebensführung mit Kindern, mit den beschriebenen Folgen der Intimisierung privater Beziehungen (und der Entstehung der Psychoanalyse und Psychotherapie als Heilungsinstitution der engen Abhängigkeiten und problembeladenen Dreieckskonstellationen von Vater-Mutter-Kind sowie mit der Folge einer gerade in (West-)Deutschland hoch emotionalisierten Idee von Mutterschaft, die einer öffentlichen Förderung von Kindern entgegensteht und Frauen damit die Teilhabe am Arbeitsmarkt erschwert,
- einem scharfen Geschlechterdualismus, der grundlegend die Wahrnehmung prägt,
- einem Deutungsmuster von öffentlich-privat, welches räumliche (An)Ordnungen strukturiert und emotionale Zuschreibungen evoziert (z.B. Schutz in der Privatsphäre – Angst im öffentlichen Raum),
- eine soziale Differenzierung entlang von Klassen und Milieus, die nicht länger biologisch begründet wird, sondern in der sozialen Reproduktion sich subtil herstellt, aber immer wieder zum politisierbaren Thema in der Auseinandersetzung um soziale Ungleichheit wird,
- der Glaube an das humanistische Erbe als identitätsbildender Faktor, der spezifische Lektüren für alle gemeinsam in den Bildungsinstitutionen vorschlägt/vorschreibt und damit die Vergesellschaftung aller in spezifischer Weise prägt,
- eine nationalstaatliche Organisationsweise, die die Städte als Körperschaften zwar politisch entmachtet, aber dennoch auf die hohe symbolische Bedeutung von Städten in der Präsentation gegenüber anderen Nationalstaaten ebenso angewiesen ist wie auch auf ein lebendiges städtisches Leben als Motor für Innovation.

Wenn über Veränderungen gesprochen wird, z.B. den Bedeutungsverlust der Nationalstaaten im Globalisierungsprozess (vgl. Kapitel 2.2.2), der Auflösung der traditionellen Familien durch neue Lebensformen, der Angleichung der Geschlechter oder auch der Intimisierung des öffentlichen Lebens durch Talkshows, dann verweist das auf stetigen Wandel und immer neue Aushandlungsprozesse. Bislang kann jedoch noch nicht empirisch bewiesen werden, dass eines der o.g. Strukturmuster sich dadurch auflöst oder seine normative Kraft als Schablone verliert, die die Wahrnehmung des Neuen prägt und einzuordnen hilft.

1.3 Räumliche Differenzierungen

Städte unterscheiden sich nicht nur untereinander, sie sind auch in sich räumlich gegliedert: „Natürlich ist es schwer, sich zu integrieren, wenn man im Ghetto lebt. Aber woran liegt es, dass so viele Türken in einem Ghetto leben? Weil sie als Gastarbeiter in ganz bestimmten Vierteln, in der Nähe der Fabriken untergebracht wurden. Nicht, weil sie sich abschotten wollten" (Feridun Zaimoglu in der Zeitschrift „Der Spiegel" vom 20. November 2000). Türkische Ghettos in Deutschland? Der Ghettobegriff lässt die Lesenden aufmerken. Er impliziert einen Skandal, eine Unrechtssituation, Missstände. Gleichzeitig benennt der Ausspruch des deutsch-türkischen Schriftstellers Zaimoglu ein gesellschaftliches Faktum: die residenzielle Segregation von Einwanderergruppen in Deutschland und deren Wahrnehmung als Problemgebiete. Der Begriff der Segregation bezeichnet die Konzentration von Bevölkerungsgruppen in gesellschaftlichen Feldern (z.B. Arbeitsteilung) oder an städtischen Orten. Insbesondere mit dem Zusatz „residentiell" wird die Quartiersbildung von Menschen der gleichen sozialen Stellung, gleicher ethnischer Zugehörigkeit, gleicher Lebensform oder Altersgruppe bezeichnet. Obwohl es vereinzelt Studien gibt, die sich mit Segregation nach sexueller Präferenz, z.B. die Produktion von gay communities in spezifischen Stadtteilen mit eigener Kneipen-, Kultur- und Boutiquenstruktur sowie vielen schwulen und lesbischen AnwohnerInnen (vgl. Brown 2000; Binnie/Skeggs 2004) oder mit der Quartiersbildung nach Religionsgemeinschaft, z.B. orthodoxer Juden in Israel (Fenster 2004) auseinandersetzen, dominiert doch die Beobachtung von Ethnizität und Segregation sowie von Armut und Segregation in der Forschung. Der Segregationsbegriff bezeichnet jedoch prinzipiell alle Formen der Herstellung homogener Räume. Während die Existenz von segregierten Gebieten zwar in Nordamerika wesentlich stadtstrukturierender ist als in anderen Ländern (vgl. Kapitel 4.3.3), so ist eine Ausdifferenzierung der Gesellschaft nach räumlichen Kriterien auch für Deutschland, bzw. Europa, unbestritten; es variieren aber die sozialwissenschaftlichen Deutungen und Bewertungen dieses Phänomens.

Segregation

In zahlreichen Studien ist seither die These bestätigt worden, dass viele Stadtteile dominant von Gruppen ähnlicher sozialer Herkunft oder ähnlichem sozialem Status bewohnt werden (vgl. auch Hamm/Neumann 1996: 205f.). Pierre Bourdieu betont deshalb, dass „der von einem Akteur eingenommene Ort und sein Platz im angeeigneten physischen Raum hervorragende Indikatoren für seine Stellung im sozialen Raum abgeben" (Bourdieu 1991b: 25). Mit anderen Worten: Aus der Tatsache, ob jemand im reichen Vorort oder im armen Bahnhofsviertel wohnt, lässt sich ableiten, über wieviel ökonomisches Kapital er verfügt und welche Stellung er in der Gesellschaft einnimmt. Da die Erforschung der sozialen Ungleichheit eines der Hauptthemen der Soziologie ist (Kreckel 1992), hat die Stadtsoziologie Segregation dann als Problem erachtet, wenn von Armut bedrohte oder betroffene Menschen in einem Stadtteil isoliert leben. Für Jürgen Friedrichs ist deshalb Segregation auch „Ergebnis sozialer Ungleichheit, das heißt, ungleicher Chancen und Präferenzen einzelner Bevölkerungsgruppen" (Friedrichs 1995: 79; vgl. zum Thema von sozialer Ungleichheit und Segregation auch Alisch/Dangschat 1993; Friedrich 1999).

Soziale Ungleichheit

Segregation kann das Ergebnis von gruppenbezogenen Siedlungspraktiken oder von gezielter Stadtplanung sein. In beiden Formen wird Segregation zumeist unter der Perspektive Kontrollgewinn/Kontrollverlust beobachtet. Der Planungsakt folgt dem Bestreben nach sozialer Kontrolle, wie im Folgenden an der Studie von Andreas Eckert gezeigt werden kann. Die ungeplante Herausbildung segregierter Gebiete wird, sofern es sich um arme Stadtteile handelt, häufig als Bedrohung und Kontrollverlust wahrge-

Koloniale Stadtplanung

nommen (vgl. z.B. die Debatte um die Konzentration oder die Auflösung von Rotlichtvierteln in fast allen Städten). Andreas Eckert untersucht die koloniale Stadtplanung in Afrika zwischen circa 1880 und 1960. Dabei arbeitet er bei aller Verschiedenheit der Strategien in den einzelnen Ländern bestimmte Grundmuster heraus. Besonders deutlich ist hier die Durchsetzung einer Segregation nach Hautfarbe, das heißt, körperbezogene Merkmale werden zur Grundlage gezielter Siedlungsmuster. Da diese Sortierung in der kolonialen Politik nicht unmittelbar auf Akzeptanz in der Bevölkerung stößt, wird der weiße und schwarze Körper noch mit einem weiteren Deutungsmuster belegt. So wird zur Durchsetzung einer räumlichen Trennung und damit zur Kreation eigener Räume eine Argumentationsfigur von krank versus gesund bedient. Ausgangspunkt ist zunächst eine tropenhygienische Argumentation im Kontext der Malaria-Prophylaxe. Anfangs noch nehmen die Europäer an, Malaria werde durch giftige Ausdünstungen bestimmter Böden verursacht. So ziehen sie in kleine Siedlungen in höheren Lagen, die ihnen nicht nur gute Aussicht und frische Brise versprechen, sondern auch Abstand von den Einheimischen und den giftigen Böden. Um 1900 ergeben bakteriologische Untersuchungen jedoch, dass Malaria eine parasitär verursachte Krankheit, übertragen durch Stechmücken ist. Nun gelten die Einheimischen selbst als Zwischenwirte für die Erreger und daher als Krankheitsträger und -bringer. Fortan meidet man nicht länger bestimmte Naturräume, sondern Menschengruppen (vgl. Eckert 1996: 5; Wirz 1980: 222) – an der Praxis der ethnischen residentiellen Segregation ändert der Wechsel der Argumentationsbasis jedoch nichts. In vielen Städten wird eine ethnische Segregation als Malariaprophylaxe durchgesetzt. Z.B. darf sich im Viertel der Weißen von Sierra Leone kein Schwarzer mehr aufhalten. Es ist der Kameruner Regierungsarzt Hans Ziemann, der bereits 1900 vor dem Internationalen Medizinischen Kongress in Paris als erster empfiehlt, Einheimischensiedlungen nur im Abstand von mindestens 1200 Metern zu den Vierteln der weißen Kolonialherren und -damen zu errichten. Seine Begründung beruht allein auf der Eindämmung der Malariaverbreitung. 1,2 Kilometer hält man für die maximale Flugweite der Anophelesmücke (vgl. Eckert 1996: 10). Für die faktisch unter deutscher Kolonialherrschaft stehende Kameruner Stadt Douala wird 1910 ein Projekt geplant, demnach innerhalb von fünf Jahren die flussnahen Stadtteile in eine reine Europäerstadt umgewandelt werden sollen. Einheimische BewohnerInnen sollen durch eine geringe Summe entschädigt werden, das heißt, nahezu enteignet und umgesiedelt werden. Zwischen dem europäischen und den afrikanischen Quartieren ist eine freie Zone von einem Kilometer geplant. Trotz der angeblichen großen Angst vor den kranken Schwarzen ist vorgesehen, dass jede weiße Familie immerhin drei schwarze Bedienstete mit in ihrer Siedlung aufnehmen darf. Alle anderen sollen die europäische Siedlung nur tagsüber betreten dürfen, was wiederum damit gerechtfertigt wird, dass die Mücken vor allem nachts stechen.

Die Einheimischen werden in vielen Städten zwangsweise umgesiedelt und zwar in die sumpfigen Überschwemmungsgebiete, bevor überhaupt nur die nötige Wasserversorgung errichtet wird. Überflüssig zu sagen, dass diese Maßnahmen nicht verhindern, dass Weiße im gleichen, in manchen Städten in höherem Maße an Malaria erkranken. Eine 1910 von Ziemann ausgearbeiteten Expertise zur Malariagefahr endet mit den Worten:

> „Dies alles drängt mit zwingender Notwendigkeit diejenigen, die die eigentlichen Träger der Blutparasiten sind, aber von ihnen relativ wenig zu leiden haben, von denen zu trennen, die hier die eigentlichen Träger der Kultur sind und das Land erschließen. Ganz abgesehen wird hierbei noch von dem Vorteil, den die räumliche Trennung der oft johlenden und schreienden, jedenfalls unruhigen Eingeborenen für das Nervensystem der Europäer bringen wird" (Ziemann 1910, zit. nach Eckert 1996: 10f.).

Wiewohl Malaria am häufigsten zur Begründung von Segregation herangezogen wird, so finden sich doch auch andere Krankheiten zur Legitimation, z.B. die Pest, die 1914 in Dakar ausbricht. Sofort werden mehrere Tausend AfrikanerInnen in ein neu geschaffenes Viertel umgesetzt. Über die Konstruktion des fremden, kranken Körpers und über die Produktion eigener und fremder Räume verhindern die Kolonialherren so weit als möglich eine Durchmischung der Bevölkerung (Mischehen, gemeinsame Kinderspiele etc.) und damit eigenen Machtverlust. Indem sie jedoch nicht nur sich selbst von den Einheimischen trennen, sondern auch noch die schwarze Mehrheitsbevölkerung in ethnisch definierte Gruppen einteilen, die wiederum in „Stammesviertel" eingewiesen werden, schaffen sie urbane ethnische Identitäten, die bis heute wirksam bleiben (vgl. dazu Barnes 1988; Vail 1989). Sie produzieren somit eine „Re-Afrikanisierung" der Afrikaner. Bestrebungen, den europäischen Lebensstil zu übernehmen, werden hiermit zunächst unterbunden. Dies ändert sich erst nach dem Zweiten Weltkrieg, als in einer Phase der Urbanisierung und Industrialisierung in afrikanischen Ländern ArbeiterInnen gebraucht werden, die nach europäischen Normen und Werten arbeiten sollen (vgl. z.B. Cooper 1983). Ähnliche Mechanismen der Verknüpfung von körperbezogenen Vorurteilen, Segregation und sozialer Kontrolle zeigen auch die frühen sozialwissenschaftlichen Studien zur Armut bzw. zu den Quartieren der Armen. Charles Booth (1969, orig. 1902) untersucht das Leben und die Arbeitsbedingungen von Menschen in London. Durch Gruppenbildung, Kartierung und Beschreibung der Armut legt er die Grundlage für die sozialpolitische und sozialwissenschaftliche Forschung. Er versucht einen möglichst genauen Einblick in das Leben der armen Londoner zu geben und damit auf soziale Missstände hinzuweisen. Doch seine Beschreibungen von betrunkenen, kranken und dreckigen Menschen appellieren gleichzeitig an die bürgerlichen Zeitgenossen, in die Verwahrlosung einzugreifen und „zivilisierend" zu wirken (eine ausführliche Würdigung von Booth Werk findet sich in Lindner (2004); andere Arbeiten zur sozialen Kontrolle durch Stadtplanung z.B. Harvey 1973; Castells 1976; Rodenstein 1988; Yiftachel 1998).

<small>Re-Afrikanisierung</small>

Segregation heute wird sehr viel differenzierter diskutiert und bewertet (exemplarisch zu Bremen und Bielefeld vgl. Farwick 2001, zur Segregation in Form bewachter Wohnkomplexe Glasze 2003, zum Prozess der Herausbildung von Segregation das Beispiel Sao Paulo Caldera 2000). Empirisch am umfassendsten wird der Prozess der Hierarchisierung von Räumen und der Wechsel von homogen armen Quartieren über Durchmischung zu homogen reichen Stadtteilen unter dem Stichwort *gentrification* (zuweilen auch Gentrifizierung) diskutiert (vgl. Kapitel 3.2.2). Damit gemeint ist die sozio-ökonomische Aufwertung städtischer Arbeiterwohngebiete durch den Zuzug mittelständischer Milieus (ausführlich Smith/Williams 1986; Zukin 1989; Blasius/Dangschat 1990). Es handelt sich in der Regel um Gebiete mit guter Verkehrsanbindung, alter Bausubstanz sowie niedrigen Bodenpreisen und Mieten. Die Umwertung vollzieht sich oft über klar voneinander unterscheidbaren und aufeinander aufbauenden Phasen (vgl. Friedrichs 1995: 122ff.). Zu Beginn ziehen so genannte Pioniere in das Viertel. Es handelt sich um Studierende, Künstler und andere Gruppierungen, die den billigen Wohnraum ebenso suchen wie die kreativen Möglichkeiten der Raumgestaltung (z.B. leere Lofts). Zug um Zug erhöht sich der Anteil an Kulturangeboten, Second-Hand-Läden, Plattenlabels, Bioläden, Kneipen etc. Mit der Aufwertung des Viertels durch die subkulturelle Szene wird das Quartier für die so genannten Gentrifizierer interessant. Hier handelt es sich um wohlhabende Personengruppen des Mittelstands, häufig doppelverdienend, oft im mittleren Alter, z.T. kinderlos, die die Citylage genauso schätzen wie das breite kulturelle Angebot und die Wohnungen mit flexiblen Grundrissen. In dieser

<small>Gentrification</small>

Phase werden die Wohnungen modernisiert, die Mietpreise steigen, viele Wohnungen werden in Eigentumswohnungen umgewandelt. Bald können sich die ehemaligen BewohnerInnen die Mietpreise nicht mehr leisten. Nach der kurzen Phase der Durchmischung der Schichten müssen sie nun das Viertel verlassen. Häufig gibt es in den Innenstädten keine Alternative, so dass die GeringverdienerInnen, darunter viele MigrantInnen, immer weiter an den Stadtrand ziehen – eine Segregation in reich und arm ist die Folge.

Hartmut Häußermann und Walter Siebel (2002) haben die Argumente für und gegen Segregation zusammengetragen.

Nachteile der Segregation sind:

- ökonomische Nachteile durch schlechteres Angebot, kaum informelle Beschäftigungsmöglichkeiten in haushaltsbezogenen Dienstleistungen und geringe Instandsetzung und Modernisierung im Stadtteil
- politische Nachteile durch negative Etikettierung und Stigmatisierung
- soziale Nachteile, da keine für den Aufstieg hilfreichen Kontakte im Viertel geschlossen werden können, Vorurteile durch fehlende Berührungspunkte zwischen Klassen und Gruppen.

Aber auch Vorteile von Segregation fallen auf:

- ökonomische Vorteile durch Wohngelegenheiten und Verdienstmöglichkeiten in Gemeinschaften von Zugewanderten
- politische Vorteile durch gemeinsame Interessensbildungs- und Verständigungsprozesse
- soziale Vorteile durch Gefühle von Vertrautheit, Netzwerke und eine ethnische Infrastruktur.

Häußermann/Siebel schlussfolgern aus dieser Konstellation von Vor- und Nachteilen, dass Segregation nur im Verlauf sinnvoll bewertet werden kann: „Für die erste Zeit nach der Zuwanderung bietet eine ethnische Kolonie Hilfe und Orientierung, stabilisiert die eigene Identität und gibt Sicherheit für die ersten Schritte in der Fremde. Bleiben aber die Verkehrskreise der Individuen langfristig auf die Kolonie beschränkt, wirkt dies isolierend und ausgrenzend" (Häußermann/Siebel 2002: 62).

Raumbegriff der Segregationsforschung

Die Segregationsforschung bleibt jedoch nicht ohne Einwände. Andreas Pott (2002) kritisiert sie dahingehend, dass die Konzentration von Einwanderern in städtischen Gebieten viel zu häufig nur als misslungene Integration wahrgenommen wird. In einer qualitativen Studie richtet er den Fokus auf den Bildungsaufstieg in der *zweiten* MigrantInnengeneration. Dadurch wird die scheinbar homogene Einwanderergemeinde im generativen Verhältnis wahrgenommen. Gleichzeitig beanstandet Pott den Raumbegriff der Segregationsforschung als geodeterministisch. Er hinterfragt die unterstellte „Kongruenz von ethnischer Gemeinschaft und erdräumlicher Konzentration der MigrantInnengruppe" (Pott 2002: 41). In administrativ festgelegten „Behälterräumen" würden quantitativ erhebbare, sozialstrukturelle Ungleichheiten auf Daten über Wohnraumausstattung, Bildungs- und Gesundheitseinrichtungen bezogen und daraus pauschale Schlussfolgerungen für alle MigrantInnen und den ganzen Raum gezogen. Um den Fallstricken eines Behälterraumes zu entkommen (zusammenfassend Löw 2001a), analysiert Pott die räumlichen Arrangements der MigrantInnen. Entscheidend ist, dass er Raum als „Beobachtungsform" konzeptualisiert. Empirisch innovativ untersucht er nun, wie Raum biografische Beschreibungen strukturiert und Raumbezüge als Ressource im Lebenslauf eingesetzt werden können.

Dabei stellt er fest, dass das Aufwachsen in einem ethnisch segregierten Viertel von dem einen als identitätsbildend erlebt wird, für andere jedoch das gleiche Viertel nur nebensächlicher Bezugspunkt sein kann. Raum wird wie Ethnizität (vgl. auch Breckner/Strum 2002) zur Handlungsressource, die mobilisiert werden kann, aber nicht muss.

1.3.1 Theoretischer Hintergrund der Segregations- und Ungleichheitsforschung

Die Soziologie kennt verschiedene Grundformen gesellschaftlicher Differenzierung. Segregation ist der Hauptbegriff eines Differenzierungsverständnisses, das die Aufgliederung der Gesellschaft entlang einer räumlich strukturierten Ordnung untersucht. Die Differenzierung von Menschen nach Kriterien sozialer Ungleichheit und die Differenzierung in Ordnungen sind die beiden wichtigsten theoretischen Konzepte der Soziologie. Unter Differenzierung kann in einem ganz allgemeinen Sinn hier eine Luhmannsche Definition aufgegriffen werden, welche Differenzierung als „zugemutete Ungleichheit" (Luhmann 1988: 220) bestimmt. Die hierarchische Differenzierung umfasst zunächst Klassen, dann Schichten und heute ebenso Milieus sowie – mittlerweile relativ unbestritten – auch Geschlechter-, Ethnizitäts-, Rassen- und zunehmend Altersverhältnisse als Strukturprinzipien. Die Versuche, die polyzentrischen, ungleichartigen Ordnungen begrifflich zu fassen, variieren dagegen enorm. Während Durkheim von arbeitsteiliger Differenzierung schreibt, rückt Simmel die Rollendifferenzierung, die sich aus der Kreuzung sozialer Kreise ergibt, in den Vordergrund; Max Weber analysiert Wertsphären und Talcott Parsons sowie später Niklas Luhmann schlagen ein Konzept systemischer Differenzierung vor.

Differenzierung

Vor allem Emile Durkheim, Georg Simmel und Max Weber zählen zu den Autoren, die den Differenzierungsgedanken am nachhaltigsten im soziologischen Denken verankert haben (vgl. Schimank 1996). Ihre Theorien sind gleichzeitig das klassische Gedankengut, aus dem sich die Stadtsoziologie entwickelt hat. Durkheim unterscheidet zwei Differenzierungsformen der Gesellschaft: die „einfache" bzw. „segmentäre" und die „höhere, arbeitsteilige". Durkheims Erkenntnisinteresse richtet sich auf die Erklärung der modernen Gesellschaft. So dient ihm das Bild der segmentären Gesellschaft in erster Linie als Kontrastfolie zur Analyse der Arbeitsteilung. Wie viele seiner Zeitgenossen nimmt Durkheim eine zunehmende Spezialisierung in der Arbeitswelt wahr. Damit geht seiner Analyse zufolge (Durkheim 1999³, orig. 1893) einher, dass die Teile der Gesellschaft nicht mehr gleichartig sind wie die Stämme, Familien, Horden oder Clans der „einfachen" Gemeinschaften. Vielmehr entsteht eine Ungleichartigkeit durch die spezifischen Funktionen, die in Teilbereichen für das Gesamtsystem geleistet werden (Durkheim 1999³, orig. 1893: 237). Die arbeitsteilige Gesellschaft ist gleichzeitig leistungsfähiger und störanfälliger, da eine hohe Abhängigkeit der Teilbereiche voneinander entsteht. Das Aussterben eines Stammes gefährdet die anderen Stämme nicht, der Zusammenbruch eines Gliedes in der Kette der Arbeitsteilung bedroht dagegen den gesamten Prozess. Genau diese gegenseitige Abhängigkeit produziert, so Durkheim, eine „organische Solidarität", welche systemimmanent die Integration der Teile zu einem Ganzen leistet. Die Ursache für die Entstehung einer arbeitsteiligen Differenzierung sieht Durkheim in der zunehmenden „dynamischen oder moralischen Dichte" (Durkheim 1999³, orig. 1893: 315ff.) und damit explizit in der Bildung der Städte. Arbeitsteilige Differenzierung schmälert, so erläutert er in Anlehnung an den Soziobiologen

Arbeitsteilige Differenzierung

Charles Darwin, den Konkurrenzkampf, der aus dem dicht besiedelten Raum erwächst. Die wissenschaftlichen Akteure der Chicagoer Schule bauen das Konzept der „Dichte" mit Bezug auf Durkheim, Spencer und Darwin zu einem stadttheoretischen Konzept aus (vgl. zum Konzept der Dichte auch Rodenstein 1988: 196; vgl. zur Chicagoer Schule Löw 2001b). Bei zunehmender Dichte, schreibt Robert E. Park (1974, orig. 1925), steigt sowohl der Grad an arbeitsteiliger Differenzierung als auch die Notwendigkeit der Segregation. Unter dem Eindruck sich verstärkender Klassenkonflikte im Zuge der Industrialisierung und sich verschärfender ethnischer Konflikte durch neue Einwanderungsgruppen analysieren Robert E. Park u.a. die Ausgestaltung unterschiedlicher räumlicher Lebenswelten der Gruppen. Besonders Louis Wirth betont dabei, dass mit steigender Siedlungsdichte die Differenzierung im Sinne der Spezialisierung von Lebensformen, Berufsrollen und Tätigkeitsbereichen zunimmt (Wirth 1974, orig. 1938: 54). Die vorherrschende Vorstellung ist also die, dass es eine Aufteilung des als Grund und Boden gedachten Raumes, genannt Segregation, und eine Differenzierung quer zu diesen Räumen in den Städten gibt, die sich in unterschiedlichen Lebensformen, neu entstehenden Berufen etc. artikuliert.

Räumliche Differenzierung

Georg Simmel teilt mit Durkheim die Einsicht, dass sich über die Verstädterung der Gesellschaft und, wie er besonders deutlich herausarbeitet, über die Entfaltung der Geldwirtschaft eine arbeitsteilige Differenzierung entwickelt (Simmel 1958, orig. 1903; 1984, orig. 1900). Gleichzeitig macht er jedoch auf eine weitere Folge der arbeitsteiligen Differenzierung aufmerksam. Mit der Arbeitsteilung einher gehe eine zunehmende Ausdifferenzierung der Gruppen, in denen sich die Akteure bewegen. Simmel spricht hier von der „Kreuzung sozialer Kreise" (Simmel 1995a^2, orig. 1908). Jeder Einzelne ist zur Individualisierung gezwungen, welche sich darin ausdrückt, dass er oder sie „verschiedene relative Stellungen" (Simmel 1995a^2, orig. 1908: 476) in unterschiedlichen Gruppen einnimmt. So entstehen spezifische Handlungssets, die sich von den Praktiken und Gewohnheiten anderer unterscheiden. Durch diese spezifisch verknüpften „Rollen" sowie durch die spezifische Einflusskonstellation, der jeder Einzelne in der „Kreuzung sozialer Kreise" ausgesetzt ist, entsteht – so Simmel – das, was wir als Individualität jedes Einzelnen bezeichnen. Differenzierung schafft demzufolge nicht nur eine Vielfalt und Abhängigkeit der Berufssparten, sondern auch vielfältige und widersprüchliche Konstruktionen der Biografie. Eine Folge dieser Differenzierung ist die berühmte Blasiertheit des Großstädters, jene auf den Verstand konzentrierte Indifferenz gegenüber der Mannigfaltigkeit und Schnelligkeit des städtischen Lebens (Simmel 1984, orig. 1903, vgl. auch Kapitel 1.2.4).

Kreuzung sozialer Kreise

Für Max Weber schließlich steht die Herausbildung teilsystemischer Sinnhorizonte im Vordergrund des Interesses. Diese sind für ihn eng mit der Rationalisierung von Wertorientierungen verknüpft. Mit der Entstehung der Moderne kommt es durch die Säkularisierung zu einer Freisetzung aus den religiös determinierten Rahmenbedingungen. Die Religion wird zu einer „Wertsphäre" neben anderen. Die Akteure bewegen sich nun je nach Rolle in unterschiedlichen Wertsphären. Weber zufolge basiert die grundlegende Struktur der modernen westlichen (okzidentalen) Gesellschaft auf dem Prinzip des Rationalismus. Dieser Rationalismus nimmt aber eine bereichsspezifische Ausprägung an. Er unterscheidet zwischen dem Rationalismus des Rechts, der Wissenschaft, der Wirtschaft, der Politik, der Kunst etc. (vgl. 1972^6, orig. 1920: 536ff.). Stephen Kalberg erläutert das Webersche Differenzierungsverständnis sehr treffend: „Für jede Lebenssphäre läßt sich mindestens ein in einem Wertpostulat begründeter Gesichtspunkt angeben, auf den ihre Rationalität bezogen ist. Jede Sphäre ‚verteidigt' ihre Wertpostulate und läßt die Gesichtspunkte aller anderen Lebensbereiche als ‚irrational' erscheinen" (Kalberg 1981: 17). Weber diskutiert als einer der ersten die Gliederung

Wertsphären

der Gesellschaft in autonome Teilbereiche, die einen eigenen Sinnhorizont produzieren. Neben diesem wesentlichen soziologiegeschichtlichen Strang, die Differenzierung der Gesellschaft in gleichrangige, aber ungleichartige Teile zu untersuchen, existiert eine ebenso lange und ausführliche Tradition, jene Strukturierungen zu untersuchen, die z.B. Niklas Luhmann (1977: 33) als stratifikatorische Differenzierung bezeichnet. Für Luhmann ist diese Form der Differenzierung in Klassen die primäre Differenzierungsform der Vormoderne und eine sekundäre Differenzierung der modernen Gesellschaft (vgl. auch Luhmann 1994). Diese theoretische Setzung ist jedoch sehr umstritten. Für die kritische Soziologie von Karl Marx, der Frankfurter Schule, Ralf Dahrendorf oder Pierre Bourdieu ist Klasse nach wie vor das gesellschaftliche Differenzierungsprinzip. Diesem werden in den letzten Jahren vor allem Geschlecht und Rasse/Ethnizität als vergleichbare Differenzierungsdimensionen theoretisch zur Seite gestellt, sodass das Feld der sozialen Ungleichheit als „theoretisches Schlüsselthema für die Analyse heutiger sozialer Strukturen" (Kreckel 1992: 21) gilt.

Funktionale Differenzierung meint nach Luhmann eine Systemdifferenzierung im Sinne eines Emergenzprozesses (wie bei Weber). Für Niklas Luhmann ist Differenzierung nicht ein Vorgang der Zerlegung von etwas ursprünglich Einheitlichem in seine Einzelteile bzw. in spezialisierte Einheiten, wie Talcott Parsons es in seinem Konzept von vier Teilsystemen vorgibt, von denen jedes eine grundlegende Funktion im Prozess der gesellschaftlichen Reproduktion übernimmt. Systemdifferenzierung meint bei Luhmann vielmehr die Entstehung von „Zugriffsweisen" auf die Welt. Für Luhmann sind Systemgrenzen Bedeutungsgrenzen (vgl. z.B. Luhmann 1993: 34ff.). Luhmann geht von der Annahme aus, dass sich die zunehmende Komplexität der Gesellschaft darin ausdrückt, dass die Gesellschaft sich vom Typus der stratifikatorischen Differenzierung in der Neuzeit in den der funktionalen Differenzierung gewandelt habe. *Funktionale Differenzierung*

Viele AutorInnen gehen von der Gleichzeitigkeit und dem Ineinandergreifen unterschiedlicher Differenzierungsformen aus, also von hierarchischer Differenzierung und Differenzierung in Ordnungen (funktional, aber auch räumlich). Pierre Bourdieu z.B., wiewohl er die klassenförmige Differenzierung in den Vordergrund der Analysen stellt, sucht nach Beschreibungen der modernen Gesellschaft, die multizentrale Ordnungsmuster berücksichtigen und findet diese in dem theoretischen Werkzeug der Felder oder sozialen Räume. Seine soziologische Konzeption beruhe, so erklärt er, auf der Erkenntnis, dass sich die soziale Welt in einem fortschreitenden Differenzierungsprozess befinde (vgl. Bourdieu 1994: 148). Im Gespräch mit Loïc Wacquant erläutert er dies: *Klassenförmige Differenzierung*

> „In hochdifferenzierten Gesellschaften besteht der soziale Kosmos aus der Gesamtheit dieser relativ autonomen sozialen Mikrokosmen, dieser Räume der objektiven Relationen, dieser Orte einer jeweils spezifischen Logik und Notwendigkeit, die sich nicht auf die für andere Felder geltenden reduzieren lassen. Zum Beispiel unterliegen das künstlerische, das religiöse oder das ökonomische Feld einer jeweils anderen Logik" (Bourdieu/Wacquant 1996: 127).

Felder sind für Bourdieu relativ autonome Gebilde, die durch kein transhistorisches Gesetz in eine bestimmte Hierarchie gebracht werden. Zwar räumt er ein, dass in der Industriegesellschaft die Effekte, die vom ökonomischen Feld ausgehen, besonders stark sind, sie führen aber nicht zu einer Determinierung durch dieses Feld (vgl. Bourdieu 1991a: 32). Felder folgen einer eigenen Logik, einem nomos, nach dem das Geschehen im Feld beurteilt wird. Dieser feldspezifische nomos erlangt einen subjektiven Ausdruck in der „illusio", der stillschweigenden Anerkennung der Interessensobjekte eines Feldes und ihrer Bewertung. Eine Pointe in der Bourdieuschen Theorie ist es, diese gesellschaftlichen Felder als soziale Räume zu denken, welche nicht nur metaphorisch gesellschaftliche Gefüge bezeichnen, sondern sich auch materiell als gebauter Raum nie-

Sozialer Raum — derschlagen. Damit entwickelt Bourdieu eine gedankliche Figur weiter, die bereits in den Arbeiten des 1923 aus Russland in die USA emigrierten Soziologen Pitirim Alexandrowitsch Sorokin vorkommt. Sorokin prägt als einer der ersten den Begriff des „sozialen Raumes" (Sorokin 1959, orig. 1927: 3). Er unterscheidet zwischen sozialem und geometrischem Raum. König und Diener, so erklärt er, können sich im geometrischen Sinn sehr nah stehen, sozial existiert die größtmögliche Distanz. Auch könne ein Mensch Tausende von Kilometern hinter sich lassen, ohne seine Position im sozialen Raum zu verändern. Der soziale Raum definiere sich durch die Relationen zwischen Menschen bzw. Menschengruppen oder zwischen sozialen Phänomenen. Der soziale Raum sei prinzipiell vielfach differenziert – so Sorokin – nach Staatsangehörigkeit, Religion, Beruf, ökonomischem Status, Parteizugehörigkeit, Geschlecht, Alter etc., lasse sich aber in zwei Haupt-Differenzierungslinien einteilen: der vertikalen und der horizontalen (Sorokin 1959: 7). Horizontal sieht er die Differenzierung in Gruppen, vertikal in Positionen, die die einzelnen in den Gruppen einnehmen. Sorokin gelingt es noch nicht, wie später Bourdieu in seiner Soziologie, Hierarchie zwischen den Gruppen zu denken. Bei ihm gewinnt die Hierarchie nur in den Gruppen Bedeutung. Er ist ferner noch nicht in der Lage, die Prinzipien, die die Wahl einer Gruppe vorstrukturieren, zu erkennen, aber er legt den Grundstein dafür, Gesellschaft als relationalen Raum zu denken, der zwei Differenzierungen aufweist, nämlich Gruppendifferenzierung und hierarchische Differenzierung. Einen anderen theoretischen Weg, Raum als eine Form der Differenzierung zu denken, schlägt Anthony Giddens (1988) ein. Er nutzt in direkter Abgrenzung von systemtheoretischen Argumentationen den Systembegriff, um das Geflecht raum-zeitlicher, routinisierter und institutionalisierter Handlungen zu beschreiben. Über dieses Geflecht werde Raum als an-sich-existierende Dimension in Regionen eingeteilt. Diese Regionalisierung sei eine Form gesellschaftlicher Differenzierung. Zusammenfassend bedeutet das, dass sich neben einer elaborierten systemtheoretischen Forschungsliteratur in den letzten Jahren auch zahlreiche eher handlungstheoretisch argumentierende Arbeiten finden, die die Frage verfolgen, ob jenseits des Theorems von strukturell-funktionalen Systemen Formen vertikaler Differenzierung für moderne Gesellschaften diagnostizierbar sind. Bourdieu und Giddens verfolgen die Frage, ob eine solche Differenzierung als eine räumliche zu denken ist.

1.3.2 Geschlechtsspezifische Differenzierung und Segregation

Die räumlichen Differenzierungen in Städten gehen in der Regel mit geschlechtsspezifischen Differenzierungen einher – ausgehend von der geschlechtsspezifischen Arbeitsteilung. Marianne Rodenstein charakterisiert den Zusammenhang von Differenzierung und Segregation für die Gender-Forschung wie folgt:

> „Neben der Differenzierung von Lebenslagen und Erwerbschancen von Frauen in west- und ostdeutschen Großstädten werden auch die diesbezüglichen räumlichen Differenzierungen innerhalb der Großstädte thematisiert. Man spricht von geschlechtsspezifischer Segregation in den Städten, wo durch die Trennung von Wohnen und Arbeit bei der traditionellen Arbeitsteilung mit dem Mann als Hauptverdiener tagsüber eine räumliche Trennung der Geschlechter entsteht: die Frau mit den Kindern draußen am Stadtrand, der Mann an seinem Arbeitsplatz in der Stadt" (Rodenstein 1998: 51f.; vgl. auch Frank 2003: 275ff.).

Krise der Reproduktionsarbeit — Die Muster geschlechtsspezifischer Arbeitsteilung und damit die Reproduktionsarbeit geraten jedoch, so führt Marianne Rodenstein zusammen mit Susanne Heeg und Stephanie Bock (1997; siehe auch Rodenstein 1998) weiter aus, zunehmend in die Krise.

Räumliche Differenzierungen

Abbildung 1.3.2: Elternzeit in den ersten beiden Lebensjahren des Kindes
(Quelle: Die soziale Situation in Deutschland 2005: 55).

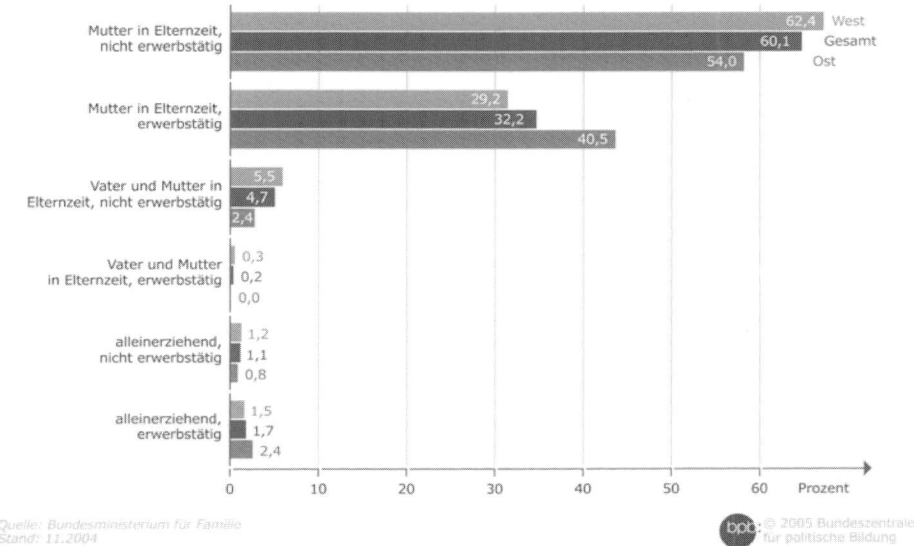

Wie die Abbildung zeigt, teilen sich nur 4,7% der Väter mit der Mutter den Erziehungsurlaub. Der Anteil der Männer, der allein den Erziehungsurlaub in Anspruch nimmt, ist so verschwindend gering, dass er grafisch nicht darstellbar ist. Obwohl Frauen heute bessere schulische Leistungen aufweisen als Männer, obwohl sie genauso regelmäßig wie Männer über eine abgeschlossene Berufsausbildung verfügen, ist die Teilnahme an der Erwerbsarbeit ab dem Zeitpunkt ungesichert, wenn Frauen Kinder gebären. Gleichzeitig zeigen Zeitbudgetstudien, dass Frauen heute – selbst wenn beide Partner berufstätig sind – mehr Hausarbeiten erledigen als Männer (vgl. Gille/Marbach 2004). Auch der Gender-Datenreport des Bundesministeriums für Familie, Senioren, Frauen und Jugend (2005) zeigt auf, dass bereits Mädchen im Vergleich zu Jungen unter 18 Jahren mehr zu Hausarbeiten verpflichtet werden. Diese Tendenz, sich für Haushalts- und Familienaktivitäten zu engagieren, nimmt nach dem 25. Lebensjahr deutlich zu. Zwischen dem 25. und dem 65. Lebensjahr ist das Kochen der Mahlzeiten, das Reinigen und Pflegen des Hauses und der Wohnung sowie Kinderbetreuung ganz überwiegend Aufgabe der Frauen. Männer kümmern sich, wenn überhaupt, dann um Gartenarbeit und Einkauf. Das Wäschewaschen ist eine absolute Frauendomäne.

Hausarbeit

Dieses „eingespielte", aber von vielen Frauen als ungerecht empfundene Muster der Verteilung von Arbeit führt langfristig, so die These von Boch/Heeg/Rodenstein, in die „Krise der Reproduktionsarbeit", das heißt, in eine ungeregelte Zuständigkeit für die gesellschaftlich notwendigen Haus- und Erziehungsarbeiten. Deutlich wird dies bereits in der Delegierung der Hausarbeiten an Angehörige ethnischer Minderheiten aus einkommensschwachen Schichten. Die „neuen Hausangestellten" arbeiten in den privaten Haushalten schlecht bezahlt und rechtlich schlecht abgesichert. Die Machtverhältnisse zwischen den Geschlechtern, die sich in der Ungleichverteilung der Arbeit

Geschlechtlich-räumliche Differenzierung

zeigen, werden verlagert und die „Frauenarbeit" an Frauen mit geringen sozialen Chancen weitergegeben (vgl. Häußermann/Siebel 1995; Friese 2002). Aber auch neue Muster geschlechtlich-räumlicher Differenzierung können u.a. als Folgen der Reproduktionsarbeitskrise gelesen werden: die Zunahme kinderloser, doppelt verdienender Paare sowie das Alleinerziehen von Frauen als Folge der Nichtbeteiligung der Männer an der Erziehungsarbeit. Alleinerziehende gehören in Deutschland zur Personengruppe, die am stärksten von Armutsrisiken betroffen sind. Dies ist u.a. darauf zurückzuführen, dass sie durch fehlende öffentliche Kleinkinderziehung und unzureichende Öffnungszeiten von Schulen Erwerbsarbeit und Erziehungspflichten nur unzureichend verbinden können. Arbeitslosigkeit und Armut zwingt viele allein erziehende und arme Frauen, an den Stadtrand umzusiedeln. Dem entgegen lassen sich in den Innenstädten immer mehr gut verdienende Frauen und Familien nieder und beteiligen sich damit aktiv an der Gentrifizierung der Wohngebiete (vgl. Borst 1990; Alisch 1993; zu Singlehaushalten von Frauen Löw 1993). Diese Entwicklungen zeigen, dass das Geschlechterverhältnis nicht nur dann die räumliche Differenzierung der Städte prägt, wenn dominant von Frauen oder von Männern belebte Bereiche in den Blick rücken, sondern auch in der Verteilung der Ansiedlung zwischen Gruppen von Frauen (oder von Männern). Frauen in unterschiedlichen Lebensformen wohnen an unterschiedlichen Orten infolge unterschiedlicher finanzieller Möglichkeiten, welche auf die Struktur des Geschlechterverhältnisses der Gesellschaft zurückgehen. Prinzipiell weisen städtische Gebiete das Merkmal auf, für beide Geschlechter zugänglich zu sein. Während die Forschung über Ethnizität und Migration, wie oben dargestellt, den Schluss erlaubt, Räume zuweilen nach MigrantInnen und Einheimischen zu differenzieren, ist eine Analogie mit Geschlecht nur bedingt möglich. Geschlechtshomogene Räume sind in der Gesellschaft nur noch in Relikten vorhanden (Toiletten, Umkleidekabinen, Frauencafés etc.).

Geschlecht als Strukturprinzip

Vielfach ist jedoch belegt, dass *Geschlecht* als Strukturprinzip jede Handlung und damit das Wahrnehmen von Räumen und Städten wie auch die Platzierung in Städten durchzieht. Jeder Handlungsakt ist gleichzeitig ein Akt der Herstellung von Geschlechtlichkeit und wird auf der Folie einer kulturellen Konstruktion von Zweigeschlechtlichkeit interpretiert. Geschlecht benennt, gesellschaftsstrukturell betrachtet, gleichermaßen Sortierungs- und Differenzierungsprozesse, welche auf der Individualebene als geschlechtsspezifische Identitätsanforderung gelebt werden. Der Begriff des *Geschlechterverhältnisses* betont den Beziehungscharakter zwischen Männern und Frauen.

Sortierung nach Geschlecht

Die geschlechtsspezifische Differenz in ihrer scheinbar objektiven Natur in Form von zwei eindeutig unterscheidbaren Körpern, Charaktermerkmalen oder spezifischen Emotionen erweist sich im historischen und kulturellen Vergleich als gesellschaftsspezifische Herstellungsleistung auf zwei Ebenen. Es handelt sich zunächst um einen sozial überaus komplexen *Sortierungsvorgang*. Bei Neugeborenen ausgehend von den Genitalien, bei LeistungssportlerInnen ausgehend von den Chromosomen, im Alltag durch Kleidung, Gestik, Mimik oder Sprache werden Menschen in zwei Gruppen eingeteilt und müssen sich selbst handelnd als das richtige Geschlecht zu erkennen geben. Dieser Sortierungsvorgang basiert zunächst auf unterschiedlichen biologischen Gegebenheiten, die aber sozial vereinheitlicht werden müssen, um eine eindeutig zweigeschlechtliche Aufteilung zu ermöglichen. Das Kontinuum zwischen weiblich und männlich, welches sich durch die Variationsbreite von Anatomie, Chromosomen und Hormonen ergibt, wird zu einer zweipoligen Einteilung vereinfacht (vgl. Gildemeister/Wetterer 1992). Die eigentliche Aufgabe jedes Einzelnen besteht darin, das eigene Geschlecht angemessen darstellen zu lernen und die Inszenierungen anderer entschlüsseln zu können, ohne dass die Kleidungsstücke entfernt werden müssen.

Der Sortierungsvorgang entsprechend den Prinzipien der Zweigeschlechtlichkeit wird durch Strukturen vorgegeben (z.B. Namensrecht, Geschlechtszuweisung bei der Geburt). Diese Strukturen werden, so betonen diskurstheoretisch orientierte AutorInnen (z.B. Butler 1991), im performativen Akt der Rede stets aufs Neue wiederholt. „Es ist ein Mädchen", sagt die Krankenschwester, und gibt dabei nicht nur die Geschlechtszugehörigkeit wieder, sondern konstruiert sie auf diese Weise. Stärker handlungstheoretisch argumentierende AutorInnen untersuchen die Reproduktion im Alltagshandeln. Gerade in der Transsexuellenforschung zeigt sich, welchen Aufwand Menschen betreiben (müssen), um als das „richtige" Geschlecht erkannt zu werden (vgl. z.B. Lindemann 1993). Dies beginnt mit der Art, die Zigarette zu halten, geht über die Wahl der Getränke und Speisen, den Gang, die Körperhaltung, die Kleidung, Mimik (die Art des Lächelns), Gestik bis hin zur Wahl des Autos oder der Lieblingslektüre.

Auf diese Weise geht das Geschlecht in die Alltagshandlungen ein. Dieser Prozess ist jedoch nicht für alle Menschen einer Genusgruppe gleich. Vielmehr erkennt man Frauen unabhängig von der Schicht als Frauen (sie unterscheiden sich prinzipiell von den Inszenierungsakten der Männer) und dennoch sind die Prinzipien der Darstellung der Geschlechtszugehörigkeit schicht- und milieuspezifisch verschieden (vgl. z.B. Frerichs/Steinrücke 1997).

Über diese Praxis des Handelns wird jedoch nicht nur die zweigeschlechtliche Sortierung reproduziert, sondern darüber hinaus – und das ist die zweite Ebene – eine *hierarchische Differenzierungsform* geschaffen und bestätigt. Ein typisches Beispiel hierfür ist der geschlechtsspezifisch segmentierte Arbeitsmarkt. Arbeit selbst wird vergeschlechtlicht und verselbständigt sich zu weiblich und männlich assoziierten Bereichen (Wetterer 1995), welche in Bezahlung, Rang und Aufstieg etc. unterschiedliche Chancen und Verhinderungen mit sich bringen. Diese Differenzierung des Arbeitsmarkts findet ihr Pendant in der Verteilung von bezahlter und unbezahlter Arbeit, also von Erwerbs- und Reproduktionsarbeit, zwischen den Geschlechtern. Pierre Bourdieu konzeptualisiert deshalb Geschlecht als „geschlechtliche Differenzierung" (z.B. Bourdieu 1997: 174), welche in der Form des Erkennens, organisiert über den vergeschlechtlichenden und vergeschlechtlichten Habitus, zum Ausdruck kommt. Er spricht in diesem Zusammenhang auch vom Prinzip der „Di-vision" der Gesellschaft. Damit bezeichnet er den Einklang zwischen der Verfassung des Seins und den Formen des Erkennens (der Vision). Die Strukturierung der sozialen Welt entlang des institutionalisierten Geschlechterverhältnisses, mit dem ihm eigenen Herrschafts- und Ausbeutungsverhältnis, habe zur Folge, „dass alle Gegenstände der Welt und alle Praktiken nach Unterscheidungen klassifiziert werden, die auf den Gegensatz von männlich und weiblich zurückgeführt werden können" (Bourdieu 1997: 161).

Hierarchische Differenzierung

Das Geschlechterverhältnis verweist als sozialwissenschaftliche Kategorie darauf, dass der geschlechtsspezifische Sortierungsprozess auf der Gegensatzkonstruktion von weiblich und männlich, von Frau und Mann basiert. Beide Geschlechter sind in das Sinnsystem einer binären Codierung eingebunden, in der ein Teil stets auf das andere verweisen muss. Mit dem Begriff des Geschlechterverhältnisses wird ferner auf das Prinzip der geschlechtsspezifischen Differenzierung im Sinne einer hierarchischen binären Gegensatzkonstruktion von Mann und Frau verwiesen. Eine „asymmetrische Geschlechterkultur" (Müller 2000) begünstigt strukturell Männer als Gruppe.

Asymmetrische Geschlechterkultur

Jedoch werden nicht nur Menschen, sondern ganze Berufszweige, Schiffe, Wetterlagen etc. vergeschlechtlicht, so dass Geschlecht als grundlegendes Differenzierungsmuster gelten kann (vgl. z.B. Gildemeister/Wetterer 1992; Rodenstein 1990; Rodenstein 1994). Auch die Stadt wird in zahlreichen Beschreibungen als Hure oder als Mutter imaginiert (vgl. ausführlich Frank 2003). Die Herausforderung, vor der eine Forschung über zeitgenössische Raumstrukturen und Machtverhältnisse, inklusive der geschlechtsspezifischen Hierarchisierungen, heute steht, ist, dass Macht subtil und in Aushandlungsprozessen zur Wirkung gelangt. Repräsentationen durch gesellschaftliche Teilgruppen wären insbesondere dann, wenn sie auf pompöse Inszenierungen setzen würden, schnell als Selbstrepräsentationen entlarvbar. Vielmehr sind Machtverhältnisse in Routinen eingelagert (z.B. Dörhöfer/Terlinden 1998; Breckner 2005). Männer sitzen anders als Frauen (Henley 1988), Beamte essen anders als Arbeiter (Frerichs/Steinrücke 1997) und Nonnen bewegen sich anders als Tänzerinnen (Gugutzer 2002). Die Vergeschlechtlichung der Räume geschieht über die Organisation der Wahrnehmungen, insbesondere der Blicke, und mit ihnen korrespondierender Körpertechnologien (vgl. Löw 2005; Löw 2006b). Die Vergeschlechtlichung der Wahrnehmung führt im Sinne der Somatisierung sozialer Ordnung zu einer Ortswahl und einer Platzierungspraxis, die gesellschaftliche Strukturprinzipien (so auch Geschlecht) reproduziert. Das Geschlechterverhältnis ist somit über die körperliche Praxis in die Produktion von Räumen, die Reproduktion räumlicher Differenzierungen und in die Wahrnehmung von Städten eingeschrieben. Räume werden über körperliche Praktiken in vergeschlechtlicher Weise hervorgebracht. So, wie Andreas Eckert (1996) zeigt, dass durch die koloniale Raumpolitik in Afrika eine Ethnisierung der Körper produziert wird, so wirken auch räumliche Differenzierungen auf die geschlechtsspezifisch unterschiedenen Körper zurück.

Vergeschlechtlichung der Räume

2. Räume

Die wissenschaftliche Aufmerksamkeit für Raumphänomene ist derzeit groß. Auf allen skalierbaren Ebenen werden Raumkonstitutionsprozesse beobachtet: die Veränderungen territorial gebundener Nationalstaaten, die Verdoppelung der Realitätserfahrung durch elektronische Netze sowie die alltäglichen Platzierungskämpfe im Stadtteil, der Wohnung etc. Die Soziologie hat in den letzten Jahrzehnten ihren Raumbegriff langsam erneuert. Wie im einleitenden ersten Kapitel bereits dargestellt, arbeiten die meisten AutorInnen heute nicht mehr mit der Annahme, Raum sei der materielle Hinter- oder erdgebundene Untergrund sozialer Prozesse. Vielmehr wird Raum selbst als sozial produziert, damit sowohl Gesellschaft strukturierend als auch durch Gesellschaft strukturiert und im Prozess sich verändernd begriffen. Der Behälterraum wird mehrheitlich als möglicher Spezialfall einer räumlichen Anordnung begriffen und nicht als Normalfall vorausgesetzt. Da der Raumbegriff ein überaus komplexer soziologischer Begriff ist, beginnen wir mit einer Einführung in die Raumtheorie. Darauf aufbauend werden zwei soziologische Thematisierungsformen von Raum erläutert: die handlungstheoretische und die marxististische. Da handlungstheoretische Raumarbeiten selten Raumstrukturen untersuchen, marxistische Werke dagegen kaum bis zur Handlungsebene vordringen, mündet die Auseinandersetzung in einen eigenen Vorschlag zur raumtheoretischen Konzeption. Aktuelle Formen der Raumbildung werden darauf aufbauend in den Dimensionen global, national, lokal und virtuell erläutert.

2.1 Raumkonzeptionen

Mit dem Begriff des Raumes wird eine Organisationsform des Nebeneinanders beschrieben, ebenso wie man mit dem Begriff der Zeit eine Formation des Nacheinanders benennt. Räume bezeichnen somit eine Relation zwischen gleichzeitigen Platzierungen. Dieses Platzierte (auch im Sinne von Gewachsenem, Gebautem, Gepflanztem) muss, um als Raum wahrgenommen zu werden, im Plural auftreten. Nicht das Objekt ist Raum, sondern Raum spannt sich zwischen Objekten auf. Raum ist deshalb der Inbegriff für Gleichzeitigkeiten (vgl. dazu auch die Überlegungen von Massey 1999a/b, dargestellt in Kapitel 2.2.2). Wer Räume analysiert, richtet das Augenmerk stets auf die Differenz, die gegenseitigen Verflechtungen und ihre Veränderungen. Dies gilt gleichermaßen für Makroräume wie Nationalstaaten als auch für die Mikroräume des Alltags. Trotz des breiten Einverständnisses in den verschiedenen Raumwissenschaften, banalisierende Container-Raumbegriffe als Erkenntnismittel zurückzuweisen, unterscheiden sich die Vorschläge, Raum nun neu zu konzeptualisieren, je nach theoretischer Position deutlich. Es lohnt sich demnach, sie im Einzelnen zu betrachten.

2.1.1 Auf den Spuren marxistischer Raumsoziologie

Henri Lefèbvre

Henri Lefèbvre gilt als soziologischer Pionier der modernen Raumsoziologie. Mit seinem 1974 in Frankreich erschienenen Werk „Production de l'espace" (hier zitiert nach der englischen Ausgabe von 1991) legt er nicht nur die Spur zu einem relationalen Raumbegriff, sondern bindet diesen auch in Kapitalismuskritik ein. „(Social) space is a (social) product" (Lefèbvre 1991, orig. 1974: 30) schreibt Lefèbvre zu Beginn seiner raumtheoretischen Überlegungen. Ähnlich wie Marx, der die Produkte der Industrie nicht in ihrer dinglichen Gestalt, sondern als Resultat eines gesellschaftlichen Produktionsprozesses untersucht hat, entwickelt Lefèbvre eine kritische Analyse von Raum, die diesen als gesellschaftlich hergestellten Raum zu erforschen vermag. Lefèbvre unterscheidet zwar zwischen sozialem und physischem/natürlichem Raum, betont jedoch, dass letzterer immer mehr verschwindet (ebd). Natürlicher Raum habe heute den Charakter eines Hintergrundbildes. Menschen erinnern sich an natürliche Räume, besetzen sie mit Phantasien, finden sie jedoch nicht mehr in ihrer Praxis vor. Raum ist demzufolge heute immer sozialer Raum und als solcher ist er nicht nur Produkt des Gesellschaftlichen, sondern jede Gesellschaft oder – in der marxistischen Terminologie Lefèbvres formuliert – jede Produktionsweise bringt ihren jeweils spezifischen Raum hervor (ebd: 31).

Theorie des Alltags

Auf der Grundlage seiner Theorie des Alltags entwickelt Lefèbvre seine raumtheoretischen Überlegungen. Seinen Blick auf das Alltagsleben begründet Lefèbvre erstens mit dem (erkenntnistheoretischen) Reichtum, der in der Welt der Trivialität steckt. Zweitens betont er, dass sich im Alltagsleben die Geschichte der Entfremdung beobachten lässt und sich damit der Blick auf das Erlittene öffnet (vgl. Lefèbvre 1977: II, 43; Sünker 1989: 69). Allerdings vertritt Lefèbvre auch die Auffassung, dass sich das Alltagsleben als Ort der tätigen und werkschaffenden Menschen unter den Bedingungen von Kapitalismus in den Zustand der Alltäglichkeit gewandelt hat. Alltag wird „zum sozialen Ort einer hochentwickelten Ausbeutung und einer sorgfältig überwachten Passivität" (Lefèbvre 1972: 149). Alltäglichkeit meint die durch Vergesellschaftungsprozesse normierte Lebensweise der Individualisierung und Partikularisierung (Lefèbvre 1978: 340). Wesentliches Kennzeichen ist eine Kolonialisierung von Raum und Zeit. Raumvermessung und -kontrolle werden bei Lefèbvre als spezifischer Ausdruck der kapitalistischen Produktionsweise begriffen. Produktion und Kontrolle über Raum versteht er als *das* Bemächtigungsmittel des Kapitalismus. Eine seiner zentralen Thesen ist es, dass das Kapital und – daran geknüpft – der Staat seine Machtpositionen über den Zugriff auf den Raum sichert, indem Raum eingeteilt und verplant wird: „Hence the space too is made up of ‚boxes for living in', of identical ‚plans' piled one on top of another or jammed next to one another in rows" (Lefèbvre 1991, orig. 1974: 384). Diesen kapitalistischen Raum bezeichnet Lefèbvre (ebd: 229ff.) auch als „abstract space", der gekennzeichnet ist durch die Gleichzeitigkeit von Fragmentierung und Homogenisierung. Fragmentierung bezieht sich hier auf die beschriebene Einteilung des Raumes in vermarktbare Teile, Homogenisierung betont die nivellierende Funktion des Tauschwertes, der im Kapitalismus den Gebrauchswert des Raumes dominiert.

Raum-Triade

Als Ausgangspunkt zur Reflexion über Raum formuliert Lefèbvre eine konzeptionelle Triade (ebd: 38), eine dreifache Beziehung bestehend aus:

- Der räumlichen Praxis (*spatial practice*), das heißt, der Produktion und Reproduktion von Raum, basierend auf einer nicht-reflexiven Alltäglichkeit (perceived space/erfahrener bzw. erlittener Raum).
- Den Repräsentationen von Raum (*representations of space*), das heißt, dem Raum, wie er kognitiv entwickelt wird z.B. durch MathematikerInnen, PhilosophInnen,

Raumkonzeptionen

aber auch ArchitektInnen, PlanerInnen oder StadtsoziologInnen (conceived space/erdachter Raum).

- Den Räumen der Repräsentation (*spaces of representation/representational space*) mit ihren komplexen Symbolisierungen (lived spaces/Räume des Ausdrucks, gelebter Raum).

Abbildung 2.1.1a: Triade Lefèbvre. © Silke Steets.

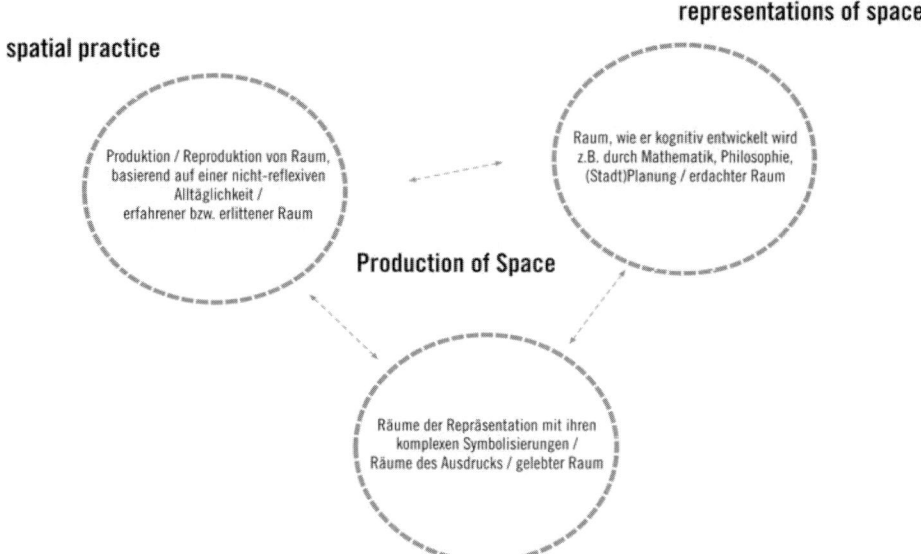

Diese verschiedenen Ebenen der Raumproduktion durchdringen sich wechselseitig. Sie können sich verstärken oder widersprechen, sind aber immer gleichzeitig wirksam.

In den ersten beiden Aspekten der Triade verfolgt Lefèbvre vor allem die marxistische Traditionslinie. Unter „spatial practice" versteht er raumbezogene Verhaltensweisen, also die alltägliche, durch Routinen und Routen abgesicherte Praxis der Herstellung und Reproduktion von Räumen sowie das körperliche Erleben und Erleiden der Räume. Lefèbvre blickt hier auf die räumliche Praxis, wiewohl sie den Handlungsaspekt erfasst, stark unter der Perspektive kapitalistisch-struktureller Zwänge. Da sie eine nicht-reflexive Alltagspraxis bezeichnet, produziert und reproduziert sie in zirkulärer Weise ihre eigenen Voraussetzungen. *Räumliche Praxis*

Die räumliche Praxis ist durchzogen von den Repräsentationen von Raum. Unter „Repräsentation von Raum" versteht Lefèbvre den konzeptualisierten Raum, den Raum der PlanerInnen, UrbanistInnen, WissenschaftlerInnen und TechnikerInnen. Es ist der ideologisch-kognitive Aspekt des Raumes, seine Darstellungen, mathematisch-physikalischen Modelle und Pläne, die quasi eine Lesbarkeit des Raumes ermöglichen. Es ist, wie Edward Soja bemerkt (vgl. Soja 1996: 60ff.), dieser Aspekt des Raumes, auf den sich in der Regel die Wissenschaften beziehen. Die Repräsentationen von Raum durchdringen und strukturieren die räumliche Praxis. Diese Strukturierung bedeutet nicht, dass alltägliche NutzerInnen konzeptionelle ExpertInnen sind. „The user's space is li- *Repräsentationen von Raum* ved – not represented (or conceived)" (Lefèbvre 1991, orig. 1974: 362). Allerdings ist das Handeln (oder besser das Verhalten unter Bedingungen von Kapitalismus) durch Entfremdung und eintönige Wiederholung geprägt. In der gelebten Praxis wiederholt sich die räumliche Ordnung.

Diese Konzeption von Struktur und Handeln/Verhalten ergänzt Lefèbvre durch einen dritten Aspekt. Angeregt durch den französischen Strukturalismus betont er die Wichtigkeit der symbolischen Ebene für die Bestimmung von Raum. Die „Räume der Repräsentation" stehen bei Lefèbvre für die Räume des Ausdrucks, vermittelt über Bilder und Symbole, welche die räumlichen Praktiken und das Gedachte ergänzen. Es ist dieser Aspekt des Raumes, der vorherrschende Ordnungen und Diskurse unterlaufen und andere Räume imaginieren kann. Oft sind es die widerständigen Räume der Künstler oder mythische, vormoderne Raumbilder, die gegebene gesellschaftliche Verhältnisse hinterfragen. Es sind Impulse und Vorstellungen, die eine Ahnung vom vorkapitalistischen, nicht homogenisierten und zerstückelten Raum aufscheinen lassen, vielfach transportiert über körperliches Empfinden und sinnliche Wahrnehmung statt kognitiver Überformung.

Raum der Repräsentation

Aus allen drei Faktoren (perceived/conceived/lived ebd: 39) entstehen, so Lefèbvre, die Räume. Es handelt sich ihm zufolge um eine tripolare Dialektik der gegenseitigen Beeinflussung, Einschränkung und Überlappung (vgl. zur Triade auch Massey 1996: 120f; Prigge 1994; Soja 1996; Shields 1991 und 1999; Wex 1998). Jenseits der triadischen Bestimmung definiert Lefèbvre noch verschiedene Basis-Dualitäten, die den modernen Raum prägen. Die wichtigste Dualität ist, gleichzeitig Basis und Voraussetzung zu sein: „Is not social space always, and simultaneously, both a *field of action* (offering its extension to the deployment of projects and practical intentions) and a *basis of action* (a set of places whence energies derive and whither energies are directed)? Is it not at once *actual* (given) and *potential* (locus of possibilities?)" (Lefèbvre 1991, orig. 1974: 191, Hervorhebung im Original). So ist Raum zeitgleich eine Kollektion von Dingen und Objekten sowie von Werkzeugen und Werkzeuggebrauch. Er ist das, was Handeln möglich macht und Feld der Handlung selbst.

Lefèbvre umkreist die Frage, wie Raum inhaltlich bestimmt werden kann. Er entwickelt eine Vorstellung davon, was Raum nicht ist. Er ist kein Container. Er ist nicht leer. Er ist nicht homogen. Er ist kein Ding. Er ist nicht nur reine Anschauung. Eine positive Bestimmung fällt ihm schwer. Er sucht einen Ausdruck für etwas, das dem Ergebnis vieler Handlungen und einem Ding ähnlich ist, ohne einfaches Produkt wie ein Sack Reis zu sein, etwas, das mehrfach in überlappenden Formen existiert und doch einer homogenisierenden Zugriffsweise unterliegt. Manchmal benutzt er den Begriff des Netzwerkes (z.B. ebd: 403), um ein solches Phänomen zu bestimmen. Meistens verbleibt er in der beschreibenden Annäherung. Dabei mischen und trennen sich immer wieder die Überlegungen zum abstrakten modernen Raum, produziert durch eine kapitalistische Gesellschaft und die Überlegungen zu einer wissenschaftlichen Beschreibung, die den Raum hinter den Verformungen des Staates sucht. Hierbei wendet sich Lefèbvre explizit gegen den Mainstream der Wissenschaften, welcher die Dinge betrachtet und den Raum als Container der Dinge entwirft. Wiewohl die Philosophie lange mit der Vorstellung vom absoluten Raum geliebäugelt habe, sei die Vorstellung einer vorgängigen Leere, eines Containers, der auf Füllung wartet, doch als partikulare Repräsentation zu verwerfen (ebd: 170). Im Container könne jedes Ding an jedem Ort liegen. Unterscheidung sei prinzipiell unmöglich. Inhalt und Hülle beeinflussen sich nicht. Die Dinge bleiben so unverbunden, Fragmentierung implizit gerechtfertigt. Spezialisten teilen Raum unter sich auf und agieren bezüglich ihrer Raumfragmente. Raum

Container

werde als passiv wahrgenommen. Eine zeitgenössische Raumanalyse soll, so sein Plädoyer, nicht Dinge im Raum, sondern Raum selbst beschreiben und zwar in einer Weise, die die sozialen Beziehungen, welche im Raum eingebettet sind, aufdeckt (ebd: 89).

Lefèbvre entwickelt eine Vorstellung von Raum, die vieles aufgreift, was 25 Jahre später zum festen Bestand sozialwissenschaftlichen Wissens wird. Ob es die heute mit Giddens (1995) assoziierte Vorstellung vom „Embedding" sozialer Beziehungen (vgl. Kapitel 2.1.2) ist oder die mit Castells (1994) verknüpfte Idee vom „Space of Flows" (vgl. Kapitel 2.2.2). Vor allem aber sucht er einen Weg für die Soziologie, Raum jenseits der Containerbilder zu denken und gleichzeitig gesellschaftliche Formung und eigene Potenzialität zu berücksichtigen. Diese überaus anerkennenswerte Leistung mündet jedoch noch nicht in einem positiven Entwurf. Vielmehr mischen sich absolutistische Vorstellungen (vgl. Kapitel 1.2) von Raum als Basis der Handlung mit relationalen konzeptionellen Vorstellungen von räumlichen Netzwerken und Feldern. Lefèbvre operiert gewissermaßen mit zwei Raumbegriffen. Es gibt Räume, auf denen Räume entstehen bzw. im Raum entstehen Räume. Diese doppelte Logik zeigt sich auch in der gedanklichen Figur, dass Kinder/Jugendliche, die bereits im Raum sind, gleichzeitig sich diesen Raum aneignen müssen: „In order to accede to this space, individuals (children, adolescents) who are, paradoxically, already within it, must pass tests" (Lefèbvre 1991, orig. 1974: 35). Die Unmöglichkeit, den Hintergrundraum zu verabschieden, spiegelt sich ebenfalls in der impliziten Vorstellung von „guten" und „schlechten" Räumen wieder. Er unterscheidet zwischen dominanten und angemessen-passenden (appropriated) Räumen. Dominante Räume sind jene, die durch soziale Praxis und damit durch Technologie transformiert wurden, z.B. die Autobahn. „A motorway brutalizes the countryside and the land, slicing through space like a great knife" (ebd: 165). Angemessen-passender Raum richtet sich dagegen nach den „Bedürfnissen" der Menschen, das können die Behausungen der Bauern Europas, das Iglu oder ein traditionelles japanisches Haus sein. Wichtig ist die soziokulturelle Passförmigkeit der (Wohn)Umwelt.

Lefèbvre steckt in seiner Analyse von Raum ganz offensichtlich in einem Dilemma. Er baut eine Differenzkonstruktion entlang der Linie Vorkapitalismus – Kapitalismus, die bezogen auf Raum hier die ortsgebundene, dem Menschen angepasste *Aneignung*, dort die abstrakte, homogenisierende, vom Intellekt durchzogene Raumproduktion, welche gleichzeitig als *Entfremdung* gelebt werden muss, bedeutet. Nun schlägt er vor, dass die wissenschaftliche Reflexion die kapitalistische Ideologie überwindet und eine relationale Definition von Raum findet. Diese wissenschaftliche Konzeption, selbst notwendigerweise eine Abstraktion, kann nicht an die Ortsgebundenheit agrarkultureller Raumdeutungen anknüpfen und will doch die Beziehungsqualität des Raumes zum Ausgangspunkt machen. So entsteht eine ambivalente Ausdrucksweise, die für diese neue kritische Herangehensweise keine Sprache findet.

Aneignung und Entfremdung

Es ist vor allem die alleinige, absolut gesetzte Idee vom kapitalistischen Zwang, die es ihm im Hinblick auf die Moderne so schwer macht, Raumproduktionen jenseits der Entfremdung zu sehen. Deshalb bleibt Lefèbvre auch ambivalent in seiner Einschätzung der Akteure. Zwar sind sie es, die durch spatial practice Räume schaffen, aber eingefangen in die Sklaverei der Alltäglichkeit sind diese Räume stets nur Abklatsch der staatlich-kapitalistischen Logik. Als Fluchtlinie erscheinen einzig die Räume der Repräsentation, also jene Imaginationen, Erinnerungen oder Wahrnehmungsmanipulationen (beispielsweise der Situationisten mit ihren städtischen Wahrnehmungsexperimenten, vgl. Kapitel 3.2.2), die über den bestehenden kapitalistischen Raum hinausweisen und Raum als „etwas anderes" vorstellbar machen. Letztendlich aber ist es für Lefèbvre doch der Staat, der die Räume produziert und die Bürger sind die reproduktiven

Kräfte. „The state and each of its constituent institutions call for spaces – but spaces which they can then organize according to their specific requirements" (Lefèbvre 1991, orig. 1974: 85). Der Staat tritt dabei wie eine handelnde Person auf: „Only an act can hold – and hold together – such fragments in a homogeneous totality (…) Such is the action of political power, which creates fragmentation and so controls it – which creates it, indeed, in order to control it" (ebd: 320). Die politische Durchdringung bindet den Raum an den Staat. Die Menschen in ihrem Alltag sind dem Raum entfremdet. Auf der Suche nach einer Perspektive auf Veränderung, nach einer Verbindung zu dem kulturell verschütteten Wissen um die natürlichen Räume, gelangt Lefèbvre schließlich zum Körper. Die Zukunft liegt für ihn im Körper und seiner sinnlichen Wahrnehmungsfähigkeit.

Körperräume   Die notwendige Erfahrung, Räume durch die ernährende Erhaltung des eigenen Körpers schaffen zu können, vermittle die allgemeine Fähigkeit, Räume auch gegen die kapitalistischen Gesetze der Passivität und Alltäglichkeit mittels eigener „Energie" erschaffen zu können. Dabei ist der Körper keinesfalls nur der menschliche Körper. Auch die Spinne schafft, z.B. durch das Absondern von Sekreten, Räume (das Spinnennetz) durch körperliche Aktivität (siehe auch ebd: 173). Höhere Lebewesen unterscheiden sich von niedrigen nur durch die reichere Vielfalt an Bewegungs- und Unterscheidungsmöglichkeiten. Mit der Erfahrung ausgestattet, über eigene Energie Räume schaffen zu können, sei über den Körper die erste Voraussetzung dafür gegeben, das eigene Unbehagen an der Entfremdung ernst zu nehmen. Dabei übersieht Lefèbvre jedoch, dass das sinnliche Spüren nicht selten der Inkorporierung gesellschaftlicher Verhältnisse entspricht (siehe ausführlich Bourdieu 1982, Löw 2003).

David Harvey   David Harvey knüpft explizit an Lefèbvres raumtheoretische Überlegungen und die These an, dass die Ausweitung von Macht wesentlich auf der Fähigkeit basiert, die Produktion von Raum zu beeinflussen (vgl. Harvey 1989: 233; vgl. zum Einfluss von Lefébvre unter anderem auf die amerikanische Raumforschung Shields 1999: 143ff.). Raumkontrolle ist dabei für ihn *ein* Aspekt im Zusammenspiel von Raum-, Zeit- und Geldeinsätzen. Für die Spekulation mit Grundstücken zum Beispiel ist der Verkauf zum richtigen Zeitpunkt (und damit das Geld zu haben, warten zu können) ein entscheidender Faktor für das Erzielen größtmöglicher Gewinne. Dementsprechend geht Harvey davon aus, dass Zeit, Raum und Geld untereinander konvertierbar sind, wobei dem Geld im Kapitalismus eine Schlüsselrolle zukommt (vgl. Harvey 1989: 226ff.). Der Besitz von Geld ermöglicht die Kontrolle über Raum und Zeit, wie die Gewalt über Raum und Zeit finanziellen Gewinn schafft, das wissen, schreibt Harvey, Generäle genauso wie LeiterInnen von Supermärkten (Harvey 1991: 158). Im historischen Rückblick beschreibt Harvey, wie in der kapitalistischen Wirtschaft (bzw. Gesellschaften mit Geldwirtschaft allgemein) Raum zu einer Ware wird:

> „Die Eroberung des Raumes setzte zunächst voraus, den Raum als etwas Formbares und somit der Unterwerfung durch den Menschen Zugängliches zu begreifen. Durch Navigationslehre und durch Kartografie wurde ein neues chronologisches Netz für seine Erforschung geschaffen. Die Erfassung in Katastern gestatte eine eindeutige Bestimmung des Rechts auf Landbesitz. Auf diese Weise wurde der Raum, ebenso wie Zeit und Wert, als abstrakt, objektiv, homogen und universell darstellbar. Was die Kartografen und Landvermesser bereitstellten, nutzten die Händler und Landbesitzer im Sinne ihrer Klasseninteressen. Ebenso fand der absolutistische Staat, der um die Besteuerung des Landes und die Festlegung seines Herrschaftsbereiches besorgt war, Gefallen an einer eindeutigen Definition absoluter Räume innerhalb eines festgelegten räumlichen Netzes" (Harvey 1991: 155; zum Aspekt der Raumkontrolle durch Karten vgl. auch Kapitel 2.2.1).

Wie zuvor Lefèbvre zeigt Harvey, wie Raum kontrollierbar wird, indem er als homogener und fragmentierter produziert wird. Raum bildet sich nicht aus dem subjektiven Erleben und damit aus seiner Gebrauchswertlogik heraus, sondern wird quasi objektiv von außen über seinen Tauschwert betrachtet. Besonders interessiert sich Harvey für die Auswirkungen des Übergangs vom Fordismus zur „flexiblen Akkumulation" (Harvey 1995: 48) auf das Erleben von Raum und Zeit. Mit „flexibler Akkumulation" meint Harvey ein ökonomisches System, das sich in der Folge der Krise des Fordismus-Keynesianismus (ausführlich Kapitel 3.2.1) seit Mitte der 1970er Jahre entwickelt hat und das auf der Einführung neuer Organisationsformen in der Warenproduktion (vertikale Desintegration/Outsourcing) und neuer Technologien in Transport, Steuerung und Informationsaustausch basiert. Er zeigt, wie durch diese Neuerungen die krisenauslösende Starrheit des fordistischen Systems aufgebrochen und so die Umschlagsgeschwindigkeit des Kapitals erhöht wird. Dadurch kommt es zu einer allgemeinen Beschleunigung ökonomischer Kreisläufe. Finanzieller Gewinn folgt nicht mehr nur aus der Verwandlung von Räumen in Waren, sondern auch aus der immer schnelleren Überwindung von Räumen. Gelingt es immer rascher, über immer weitere Distanzen Waren zu vertreiben, so können immer neue Märkte erschlossen werden. „The incentive to create the world market, to reduce spatial barriers, and to annihilate space through time is omni-present, as is the incentive to rationalize spatial organization into efficient configurations of production" (Harvey 1989: 232). Das Resultat dieser Entwicklung sieht Harvey in einer Verdichtung von Raum und Zeit. Die Auswirkungen dieser so genannten „time-space-compression" (Harvey 1989: 240) auf die kulturelle Ebene – auf das postmoderne Denken, Fühlen und Tun – sind Harvey zufolge gravierend. Während auf der Ebene der Zeit der Sinn für Langfristigkeit, für die Zukunft, für Kontinuität verloren geht, wird auf der Ebene des Raumes das Verhältnis von Nähe und Ferne immer schwieriger zu bestimmen:

Flexible Akkumulation

Raum-Zeit-Kompression

> „In der postmodernen Fiktion triumphiert eine zerrissene Räumlichkeit über die Kohärenz der Perspektive und der Erzählung, und zwar in derselben Weise, wie Importbiere neben einheimischen Bieren zum Zuge kommen, lokale Arbeitsmärkte unter dem Druck ausländischer Konkurrenz zusammenbrechen und die Vielzahl der Räume unserer Erde allabendlich als Bildercollage auf unseren Fernsehschirmen erscheint" (Harvey 1995: 71).

Das zentrale Paradoxon sieht er darin, dass als Folge der Verdichtung von Raum und Zeit räumliche Barrieren zwar bedeutungsloser werden, gleichzeitig aber die Sensibilität des Kapitals auf der Suche nach dem global besten Standort für die Verschiedenartigkeit der Orte wächst. Dieser Mechanismus zwingt, so Harvey, Städte dazu, ein eigenes Markenprofil auszubilden, welches für das global zirkulierende Kapital möglichst attraktiv ist. „Das führt zu Fragmentierung, Unsicherheit und zu kurzlebigen Ungleichentwicklungen innerhalb eines für die Kapitalflüsse hochgradig vereinheitlichten Weltwirtschaftsraumes" (Harvey 1995: 63). Besonders prekär sei diese Entwicklung im Hinblick auf die Bedeutung und Konstruktion von Orten bzw. von lokaler Identität. Städtische Kreativindustrien produzieren Images und erzeugen auf vielfältige Weise Identität auf dem Markt: etwa durch die Vermarktung von lokaler Geschichte („heritage industry", vgl. Kapitel 3.2.2), die oft verbunden ist mit der Schaffung von Simulakren, das heißt, mit der Replikation von Gebäuden, die so vollkommen sind, dass die Unterscheidung von Original und Kopie unmöglich wird. Auf der Suche nach der Bedeutung von (echter) lokaler Identität fragt Harvey: „Wenn niemand in dieser unsteten Collagewelt ‚seinen Platz kennt', wie läßt sich dann eine sichere soziale Ordnung herstellen oder aufrechterhalten?" (ebd). Eine Antwort auf diese Frage zu formulieren, fällt ihm schwer. Er verweist auf das Potenzial sozialer Bewegungen, die meist eine starke Ortsbindung und lokale Autorität darstellen, aber eine schwache Machtposition auf globaler Ebene

Lokale Identität

einnehmen. Einen Ausweg deutet er an, indem er die Erfindung neuer Politikformen fordert, die jenseits der nationalstaatlichen Logik funktionieren: „Dem Übergang vom Fordismus zur flexiblen Akkumulation, wie er in den vergangenen Jahrzehnten erfolgt ist, sollte eine Veränderung unserer geistigen Landkarte, politischen Einstellungen und politischen Institutionen folgen" (Harvey 1995: 75).

Abbildung 2.1.1b: The shrinking map of the World through innovations in transport which 'annihilate space through time' (Quelle: Harvey 1989: 241).

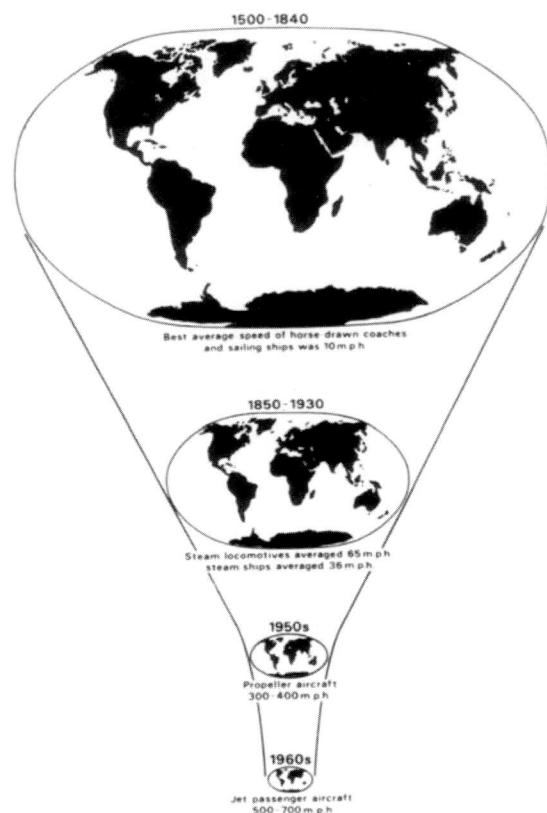

David Harvey gelingt es, die Lefèbvreschen Überlegungen zur kapitalistischen Produktion von Raum über die 1970er Jahre hinaus zu erweitern, mit prägnanten Beispielen zu untermauern und eine Diskussion über die Bedeutung, genauer den Bedeutungsverlust, von räumlichen Barrieren unter Bedingungen von Globalisierung zu eröffnen.

2.1.2. Handlungstheoretische Konzeptionen

Die Handlungstheorie versucht zwischen den materiell wahrnehmbaren Aspekten der Räume und den sozialen Folgen räumlicher Strukturen eine Vermittlungskategorie zu denken, nämlich das Handeln. Der Handlungsbegriff ermöglicht es, die körperliche

Platzierung, das Wahrnehmen und die Konstruktionsleistungen der Subjekte mit materiellen Artefakten und institutionellen Rahmungen zu verknüpfen. Max Weber definiert Anfang des letzten Jahrhunderts Soziologie als „eine Wissenschaft, welche soziales Handeln deutend verstehen und dadurch in seinem Ablauf und seinen Wirkungen ursächlich erklären will" (Weber 1980[5], orig. 1920: 1). Sein Ausgangspunkt ist der subjektiv gemeinte Sinn, mit dem Menschen ihre Handlungen intentional versehen. Die Soziologie sei aufgefordert, die sinnhaften Handlungssituationen verstehend zu rekonstruieren und nach Regelmäßigkeiten und Gesetzmäßigkeiten zu suchen.

Max Weber

Während in der marxistischen Theoriebildung stärker die *strukturelle Prägung* des Handelns betont wird, fragt die Handlungstheorie mehr nach der (Re)produktion von Strukturen im Handeln. Der englische Soziologe Anthony Giddens entwickelt in seiner Theorie der Strukturierung eine Vorstellung von gesellschaftlichen Strukturen, die nicht rigide determinierend wirken, sondern Medium und Ergebnis sich wiederholenden Handelns sind (vgl. Giddens 1988, siehe auch Bryant/Jary 2001: z.B. 12). Strukturen versteht er im Sinne von Regeln und Ressourcen, die rekursiv in Institutionen eingelagert sind. Regeln beziehen sich dabei auf die Konstitution von Sinn oder auf die Sanktionierung von Handeln. Sie benennen Verfahrensweisen von Aushandlungsprozessen in sozialen Beziehungen bis hin zur Codifizierung. Als Strukturmerkmal können sie nicht ohne den Bezug auf Ressourcen konzeptualisiert werden. Ressourcen sind „Medien, durch die Macht als ein Routineelement der Realisierung von Verhalten in der gesellschaftlichen Reproduktion ausgeübt wird" (Giddens 1988: 67). Dabei unterscheidet Giddens zwischen *allokativen, das heißt materiellen Ressourcen*, die sich aus der Naturbeherrschung herleiten, und *autoritativen, das heißt symbolischen Ressourcen*, die sich auf Personen beziehen. Der rekursive Charakter von Strukturen lässt sich am besten am Beispiel der Sprache erläutern. Alle Mitglieder einer Sprachgemeinschaft benutzen – von unbedeutenden Abweichungen abgesehen – die gleichen Regeln und linguistischen Praktiken. Im Sprechen reproduzieren sie diese Regeln, die ihnen gleichzeitig das Sprechen erst ermöglichen (vgl. Giddens 1988: 76). Ebenso verhalte es sich mit gesellschaftlichen Strukturen. Diese ermöglichen Handeln und werden dann im handelnden Rückgriff auf die Formationsregeln erneut reproduziert. Giddens differenziert zwischen Struktur und Strukturen. Strukturen sind isolierbare Mengen von Regeln und Ressourcen, z.B. rechtliche, ökonomische, politische etc.; Struktur bezeichnet die Gesamtheit verschiedener Strukturen.

Anthony Giddens

Strukturen

Um die gegenseitige Bedingtheit von Handeln und Struktur zum Ausdruck zu bringen, spricht Anthony Giddens auch von der „Dualität von Struktur und Handeln", die er ebenfalls als „Dualität der Struktur" bezeichnet. Der Begriff der Dualität bezeichnet eine Zweiheit, keine Gegensätzlichkeit, wie sie in der Rede vom Dualismus zum Ausdruck kommt. Mit der Dualität von Struktur und Handeln wird betont, dass „Regeln und Ressourcen, die in die Produktion und Reproduktion sozialen Handelns einbezogen sind, gleichzeitig die Mittel der Systemreproduktion darstellen" (Giddens 1988: 70).

Dualität von Struktur und Handeln

Für Anthony Giddens sind Routinen eine Schlüsselkategorie zum Verständnis sozialer Prozesse: „Routinen sind konstitutiv sowohl für die kontinuierliche Reproduktion der Persönlichkeitsstrukturen der Akteure in ihrem Alltagshandeln, wie auch für die sozialen Institutionen; Institutionen sind solche nämlich nur kraft ihrer fortwährenden Reproduktion" (Giddens 1988: 111f.). In Routinen werden, Giddens zufolge, sowohl gesellschaftliche Institutionen reproduziert als auch das eigene Handeln habitualisiert. Routinen versteht er als die Ursache für den rekursiven Charakter des gesellschaftlichen Lebens. In der gewohnheitsmäßigen Wiederholung alltäglichen Handelns werden die gesellschaftlichen Strukturen rekursiv reproduziert. Routinen vermitteln Sicherheiten und „Seinsgewißheit". Der Begriff des Handelns bezeichnet folgerichtig einen kontinuierlichen Fluss von Aktivitäten, nicht eine einzelne intentionale Handlung. Während der Begriff der Routine aus einem mikrosoziologischen Kontext entwickelt und auf strukturtheoretische Probleme hin gedacht wird, setzt der Institutionsbegriff die umgekehrte Logik voraus. Giddens zufolge sind Institutionen „die dauerhaften Merkmale des gesellschaftlichen Lebens" (Giddens 1988: 76). Institutionen sind dauerhaft in Routinen reproduzierte Gebilde.

Giddens wendet sich gegen eine Praxis vieler SozialwissenschaftlerInnen, Raum und Zeit als bloße Randbedingungen des Handelns zu verstehen. Seiner Meinung nach müssten Raum und Zeit als zentrale Ordnungsdimensionen konzeptualisiert werden. Man könne Raum und Zeit nicht nach Belieben vernachlässigen oder behandeln, beide Kategorien seien das „Kernstück der Sozialtheorien" (Giddens 1988: 161). Aufgrund dieser Ausgangsannahme dienen Giddens theoretische Überlegungen der handlungstheoretischen Raumsoziologie oder Geografie häufig als Ausgangspunkt der Überlegungen (vgl. Werlen 1999[2]; Löw 2001a). Da Giddens jedoch den Raumbegriff nicht konsistent und auch nicht durchgängig in seinem Werk zur Analyse der sozialen Wirklichkeit heranzieht (vgl. Werlen 1997: 166f.), variieren die Interpretationen seines Werkes (siehe auch Gregory 1989; Saunders 1989; Urry 1991).

In einer Replik auf seine Kritiker betont Anthony Giddens, dass Raum sich auf die Kontextualität sozialer Interaktion bezieht (Giddens 1989: 276). Er macht damit deutlich, dass Raum als Ortsbezogenheit im Handeln relevant wird und zwar nicht als geografischer Platz („place"), sondern als „locale", das heißt, als ein nicht über die Materialität, sondern über das Soziale definierter Ort. Soziale Beziehungen versteht Giddens als ortgebundene Interaktionszusammenhänge („Embedding": Lokale Einbettung sozialer Beziehungen). Raum als theoretisches Werkzeug wird in der Architektur der Giddens'schen Theorie der Strukturierung im Sinne von Ort und Regionalisierung auf der Ebene von Systemen relevant (vgl. Giddens 1988: 161).

Systeme   Giddens unterscheidet zwischen Strukturen und Systemen. Strukturen konzeptualisiert er als Raum und Zeit überdauernde Regeln und Ressourcen. Der Systembegriff bezeichnet für ihn das Geflecht raum-zeitlicher, routinierter oder institutionalisierter Handlungen. Den Handlungsbegriff selbst bezieht Giddens nur in einer Dimension auf Raum: Handlungen scheinen selbstverständlich lokalisiert zu sein. Er fragt zum Beispiel nicht, ob Handlungen Raum produzieren können. Den Strukturbegriff wiederum definiert er über den Ausschluss von Raum. „Struktur als rekursiv organisierte Menge von Regeln und Ressourcen ist außerhalb von Raum und Zeit, außer in ihren Realisierungen ihrer Koordination als Erinnerungsspuren und ist durch eine ‚Abwesenheit des Subjekts' charakterisiert" (Giddens 1988: 77).

Während zum Beispiel Henri Lefèbvre, aber auch Pierre Bourdieu (1991a) und John Urry (1991) „räumliche Strukturen" als Begriff einführen und damit Raum gleichzeitig als Resultat des Handelns und als gesellschaftliches Ordnungsmuster denken, reduziert die Giddens'sche Annahme, Strukturen seien Raum und Zeit überdauernde Regeln und Ressourcen, die Bedeutung von Räumen auf die Konkretion von Raum als Ort.

Giddens Ortsverständnis   Raum ist für Giddens der Ort, an bzw. in dem Ereignisse stattfinden und der in spezifischer Weise vorgefunden wird. „Natürlich kann ein und derselbe Raumausschnitt der Ort für mehrere gleichzeitig stattfindende soziale Ereignisse sein, deren jedes eine Vielzahl von Zusammenkünften umfassen mag" (Giddens 1988: 124). Das Zitat belegt deutlich sowohl die Parallelisierung von Raum und Ort als auch die Prämisse, dass Ereignisse vielzählig sein können, verschiedene Räume an einem Ort jedoch undenkbar bleiben. Raum und Zeit, so seine Argumentation, würden aufgeteilt in Zonen im Verhältnis zu repetitiven sozialen Praktiken. Diesen Vorgang bezeichnet er als Regionalisierung. Häuser würden regionalisiert in Zimmer, Flure, Stockwerke. Tag und Nacht bieten Zonen zur Unterscheidung von Schlaf- und Arbeitsperioden. Norden und Süden seien neben den geografischen Gebieten auch „distinktive soziale Charakterzüge" (Giddens 1988: 174). Giddens betont die Verknüpfung von geografischer Region und sozialer Zuweisung bzw. Orientierung.

Ein Hauptaspekt der Charakterisierung von Regionalisierung sei das „Ausmaß der Anwesenheits-Verfügbarkeit". Das bedeutet: Regionen definieren sich über die Möglichkeiten des sozialen Beisammenseins. Soziale Phänomene haben Giddens zufolge eine raum-zeitliche Extension in Regionen. Menschen können sich aber durch ihr Bewusstsein davon distanzieren. Das Modell der Anwesenheit/Abwesenheit liege auch zugrunde, wenn in vorder- und rückseitige Regionen unterschieden werde. Auf allen gesellschaftlichen Ebenen bestände eine Aufteilung in Zonen entlang dem Muster „vorderseitige Region" – „rückseitige Region", der das Spannungsfeld von Zurschaustellen und Verbergen zugrunde liege: Sei es die Absonderung von einzelnen Individuen in Gefängnissen oder Psychiatrien mit dem Ziel, sie vor der Gesellschaft zu verbergen und ihnen gleichzeitig durch permanente Kontrolle den Zwang des Zurschaustellens aufzuerlegen (siehe ausführlich Kapitel 3.3.1); oder sei es die Aufteilung von Städten in vordere Regionen, die den BesucherInnen gezeigt werden, und in hintere Regionen für arme Menschen, die versteckt werden. Diese Konzeption findet sich auch bei der Zimmeraufteilung von Wohnungen wieder, und sie ist ebenfalls bei der Einteilung von Körpern zu bemerken. Die Regionalisierung des Körpers in Vorderseite (Gesicht) und Rückseite findet, so Giddens, ihr räumliches Pendant in Interaktionskontexten. Dabei wird gerade die Vorderseite, das Gesicht, mit „Fassade" assoziiert. Suggeriert wird, dass die zur Schau gestellte Vorderseite nicht authentisch sei.

Regionen

Benno Werlen (1997, 2001) wendet das Giddens'sche Konzept der Regionalisierung an, um einen Perspektivwechsel von einer „Geografie der Objekte" zu einer „Geografie der Subjekte" (Werlen 2000: 611) zu organisieren. Raum, so betont er vor dem Hintergrund einer sich als Raumwissenschaft verstehenden Geografie, könne nicht „der Schlüsselbegriff der Weltrepräsentation" (Werlen 2000: 611) sein, sondern nur das Handeln. Werlen gliedert den Handlungsbegriff in „zweckrational", „normorientiert" und „kommunikativ bzw. verständigungsorientiert" auf (Werlen 1987). Anders als bei Giddens wird Raum nicht nur als Setting, sondern auch als Produkt von Handeln thematisiert. „In den unterschiedlichen Bezügen des Handelns ändert sich – weil die Relationierungen mit dem Körper anders ausfallen – auch die Konstitution des Raumes" (Werlen 2000: 612). Das heißt, je nach Handlungstypus wird Raum auch in differenter Weise hervorgebracht.

Benno Werlen

Folgerichtig thematisiert er das Hauptmoment der Raumkonstitution, die Regionalisierung, auch nach den impliziten Handlungstypen. Der Giddens'schen Zeitdiagnose folgend, dass sich die Lebensbedingungen „in vielfacher Hinsicht dem Idealtypus räumlich-zeitlich entankerter spät-moderner Lebensformen" annähern (Werlen 2000: 617), dass also eine Einheit von Raum und sozialem Gebilde (z.B. Staaten) sich auflöse, formuliert er verschiedene Typen von Regionalisierung.

Tabelle 2.1.2: Typen von Regionalisierungen (Quelle: Werlen 1997:272)

Regionalisierungen		Forschungsbereiche
Produktiv-Konsumtive	Alltägliche	Geographien der Produktion
		Geographien der Konsumtion
Normativ-Politische	Alltägliche	Geographien normativer Aneignung
		Geographien politischer Kontrolle
Informativ-Signifikativ	Alltägliche	Geographien der Information
		Geographien symbolischer Aneignung

Regionalisierung Unter dem Aspekt „produktiv-konsumtiver Regionalisierung" fragt Werlen „unter welchen Bedingungen und mit welchen globalisierenden Implikationen die wirtschaftlichen Subjekte – auf produktiver wie auf konsumtiver Seite – alltagsweltlich agieren, ohne bereits die Machtkomponente einzubeziehen" (Werlen 1997: 271). Diese Machtverhältnisse finden ihren Platz im Kontext „normativ-politischer Regionalisierungen". „Informativ-signifikative Regionalisierungen" wiederum, basierend auf der Konzeption des verständnisorientierten Interesses, fokussieren auf die Geografien der Information und damit auf Wissen, emotionale Bindung und symbolische Aneignung.

Werlen betreibt, wie Peter Weichhart schreibt, nicht die starke Form des „Raum-Exorzismus" (Weichhart 1999: 68) der Systemtheorie, sondern die „schwache". Räume und Regionen werden zum einen nicht länger als Gegenstände oder Substanzen aufgefasst, zum anderen aber auch nicht auf den Zeichencharakter reduziert. Dabei ergeben sich einige Fragen oder Kritiken, die aus der Giddens'schen/Werlenschen Herangehensweise resultieren. In der Soziologie, die über lange Jahre hinweg räumliche (An)Ordnungen kaum zur Kenntnis genommen hat, klingt der Vorschlag, Raum nur als Folge und nicht selbst als Schlüsselbegriff zu thematisieren, weniger revolutionär als in der Geografie. Warum sollte man sich auf einen Schlüsselbegriff beschränken? Oder anders: Hinter der Aussage steckt eine tiefe Überzeugung: „Doch in handlungszentrierter Betrachtung geht es – im Gegensatz zum raumwissenschaftlichen Ansatz – nicht darum, eine Erklärung der Raummuster zu leisten. Vielmehr sollen der Prozess der Herstellung und vor allem die Rekonstruktion der regionalisierenden Konsequenzen für andere Handelnde im Zentrum des Interesses stehen" (Werlen 2000: 617). Aber, so lässt sich auch fragen, sind nicht die Raummuster für die Analyse genauso relevant wie der Prozess ihrer Herstellung? Werlen versteht Struktur(en) bei Giddens konsequent nur über die Bedeutung, die sie über Handeln erlangen, und fokussiert dabei wenig auf die Potenz von Strukturen, Handeln zu ermöglichen. Indem Giddens (und in Folge Werlen) Raum nicht (auch) auf der Strukturebene denkt, reproduziert er gerade den Dualismus von Struktur und Handeln, anstelle die Dualität der beiden Aspekte weiterzuentwickeln. Der britische Soziologe John Urry kritisiert Giddens, indem er schreibt: „By contrast, I shall argue that time and space should be seen as produced and producing, as contested and determined and as symbolically represented and structurally organized" (Urry 1991: 160). Vieles deutet darauf hin – so lässt sich Urry zustimmen – dass Räume nicht nur körperlich erfahren werden, sondern auch auf die Körper zurückwirken, dass Räume also in diesem Sinne nicht nur Produkt des Handelns sind, sondern auch als Institutionen Handeln strukturieren. Renate Ruhne (2003) hat dies bereits für die Produktion von Unsicherheitsgefühlen bei Frauen (und dem Sicherheitsempfinden bei Männern) durch die Konstruktion des öffentlichen Raumes nachgewiesen (vgl. Kapitel 3.3.2). Andreas Eckert (1996, ausführlich Kapitel 1.3) zeigt, wie durch die koloniale Raumpolitik in Afrika eine Ethnisierung der Körper produziert wird. Das heißt, Raum kann weder nur Produkt von Handeln sein, noch erzwingt der Raum einfach Handlungsweisen.

Zusammenfassend kann man feststellen: Giddens untersucht die Lokalisierung des Handelns. Er arbeitet dabei mit zwei prinzipiell getrennten Vorgaben, nämlich dass es prozesshaftes Handeln und räumliche Bedingungen gibt, die – und das ist eine der Soziologie keineswegs selbstverständliche Schlussfolgerung – aufeinander bezogen werden müssen. Er entscheidet sich dafür, diesen Bezug im Gebäude seiner Handlungstheorie auf *der* Ebene herzustellen, die er „System" nennt, also durch Zusammenführung beider Vorgaben in einem Geflecht verorteter Handlungen. Mit Hilfe dieses Schrittes gelingt es ihm, die Wechselwirkung zwischen Regionalisierung und Handeln zu erfassen. Indem Giddens jedoch Raum nur als das in Orte eingelassene Setting thematisiert, vergibt er die Möglichkeit, Raum und Ort als soziologische Begriffe zu nutzen, die Unterschiedliches bezeichnen. Die Differenz zwischen dem einzigartigen Ort und dem institutionalisierten Raum zum Beispiel ist nicht mehr benennbar. Das Verhältnis zwischen dem je spezifischen Ort mit seiner Materialität und den verallgemeinerbaren Formen von Regionalisierungen bleibt so ungeklärt. Auch wie verschiedene „Localities" selbst und nicht nur ihre Regionalisierung produziert werden, bemerkt z.B. Derek Gregory (1989), bleibt somit unerforscht. Werlen unterscheidet verschiedene Typen von Regionalisierungen und erweitert damit die Giddens'sche Perspektive, er löst dadurch jedoch nicht das Problem, dass diese Typen zwar wissenschaftliche Fokussierungen sein können (Materialität/Ökonomie, Normen/Politik sowie Wissen/ Zeichen), die Beziehung zwischen den Aspekten jedoch ebenso ungeklärt, wie die Trennschärfe zwischen den Feldern problematisch ist.

2.1.3 Vorschlag für eine raumsoziologische Konzeption

Um die Dynamik der Räume, ihre Prozesshaftigkeit, ihr Gewordensein, ihre Vielfältigkeit, aber auch ihre Strukturierungskraft zu begreifen, schlagen wir vor, die Giddens'sche Erkenntnis einer Dualität von Struktur und Handeln auf eine Dualität von Raum auszuweiten (ausführlich Löw 2001a: 152ff.). Wir begreifen Räume als relationale (An)Ordnungen von Lebewesen und sozialen Gütern an Orten. Mit dem Begriff der (An)Ordnung wird betont, dass Räume erstens auf der Praxis des Anordnens (der Leistung der wahrnehmend-synthetisierenden Verknüpfung sowie auch auf einer Platzierungspraxis) basieren, Räume aber zweitens auch eine gesellschaftliche Ordnung vorgeben. Diese Ordnung im Sinne von gesellschaftlichen Strukturen ist sowohl dem Handeln vorgängig als auch Folge des Handelns. Von räumlichen Strukturen kann man demnach sprechen, wenn die Konstitution von Räumen, das heißt, entweder die Anordnung von Gütern bzw. Menschen oder die Synthese von Gütern bzw. Menschen zu Räumen (das Wiedererkennen, Verknüpfen und Erspüren von (An)Ordnungen), in Regeln eingeschrieben und durch Ressourcen abgesichert ist. Neben politischen, ökonomischen, rechtlichen etc. Strukturen existieren demnach auch räumliche (und zeitliche) Strukturen. Sie gemeinsam bilden die gesellschaftliche Struktur. Räumliche Strukturen müssen, wie jede Form von Strukturen, im Handeln verwirklicht werden, strukturieren aber auch das Handeln. Die Dualität von Handeln und Struktur ist in diesem Sinne auch die Dualität von Raum. Das bedeutet, dass räumliche Strukturen eine Form von Handeln hervorbringen können, welches im Prozess der Konstitution von Räumen eben jene räumlichen Strukturen reproduziert. Die Rede von einer Dualität von Raum bringt so die Überlegung zum Ausdruck, dass Räume nicht einfach nur existieren, sondern dass sie im Handeln geschaffen werden und als räumliche Strukturen, eingelagert in Institutionen, Handeln beeinflussen können.

Relationale (An)Ordnung

Dualität von Raum

Menschen handeln in der Regel repetitiv, das heißt, sie gewöhnen sich Routinen an bzw. erlernen Routinen, die ihre Aktivitäten in gewohnten Bahnen verlaufen lassen. Sie müssen nicht lange darüber nachdenken, welchen Weg sie einschlagen, wo sie sich platzieren, wie sie Waren lagern und wie sie Dinge und Menschen miteinander verknüpfen. Sie haben ein Set von gewohnheitsbedingten Handlungen entwickelt, welches ihnen hilft, ihren Alltag zu gestalten. Um dies genau zu verstehen, hilft die von Anthony Giddens (1988) vorgeschlagene Unterscheidung in „diskursives Bewusstsein", das heißt jene Sachverhalte, die Handelnde in Worte fassen können, und „praktisches Bewusstsein", das das Wissen umfasst (auch im körperlichen und emotionalen Sinne), welches Handelnde im Alltag aktualisieren, ohne auf bewusste Reflexion zurückzugreifen. Beide Bewusstseinsformen werden im alltäglichen Handeln ergänzt durch das Unbewusste, durch verdrängte Motive des Handelns. Die Konstitution von Raum geschieht in der Regel aus einem praktischen Bewusstsein heraus, das zeigt sich besonders darin, dass Menschen sich selten darüber verständigen, wie sie Räume schaffen.

Syntheseleistung

In der fortwährenden wechselseitigen Konstitution von sozialem Handeln und sozialen Strukturen entstehen Räume als Ergebnis und Voraussetzung des Handlungsverlaufs. Sie basieren auf zwei sich in der Regel gegenseitig bedingenden Prozessen: dem Spacing und der Syntheseleistung (Löw 2001a). Räume entstehen erstens dadurch, dass Elemente aktiv durch Menschen verknüpft werden. Das heißt, über Wahrnehmungs-, Vorstellungs- oder Erinnerungsprozesse werden soziale Güter und Menschen/Lebewesen zu Räumen zusammengefasst.

Spacing

Zweitens gehen mit der Entstehung von Räumen meistens (Malerei und Literatur sind Grenzfälle) Platzierungen einher. Raum konstituiert sich also auch durch das Platzieren von sozialen Gütern und Menschen bzw. das Positionieren primär symbolischer Markierungen, um Ensembles von Gütern und Menschen als solche kenntlich zu machen (zum Beispiel Orteingangs- und -ausgangsschilder). Dieser Vorgang wird im Folgenden Spacing genannt. Spacing bezeichnet also das Errichten, Bauen oder Positionieren. Als Beispiele können hier das Aufstellen von Waren im Supermarkt, das Sich-Positionieren von Menschen gegenüber anderen Menschen, das Bauen von Häusern, das Vermessen von Landesgrenzen, das Vernetzen von Computern zu Räumen genannt werden. Es ist ein Positionieren in Relation zu anderen Platzierungen. Spacing bezeichnet bei beweglichen Gütern oder bei Menschen sowohl den Moment der Platzierung als auch die Bewegung zur nächsten Platzierung. Im alltäglichen Handeln der Konstitution von Raum existiert eine Gleichzeitigkeit der Syntheseleistungen und des Spacing, da Handeln immer prozesshaft ist. Tatsächlich ist das Bauen, Errichten oder Platzieren, also das Spacing, ohne Syntheseleistung, das heißt, ohne die gleichzeitige Verknüpfung der umgebenden sozialen Güter und Menschen zu Räumen, nicht möglich.

Wichtig für das Verständnis dieses Raumbegriffes ist es, dass Menschen nicht nur Dinge (also nicht nur die materiale Welt), sondern auch (selbst aktiv in das Geschehen eingreifende) andere Menschen oder Menschengruppen verknüpfen. Wenn Menschen wie Pflanzen, Steine oder Berge Teil einer Raumkonstruktion sein können, dann verliert die Unterscheidung von sozialen und materiellen/physischen Räumen (wie man sie z.B. bei Lefèbvre noch in Ansätzen findet) ihren Sinn. Räume sind, da sie im Handeln entstehen und auf Konstruktionsleistungen basieren, stets sozial. Materiell sind platzierte Objekte, welche zu Räumen verknüpft werden. Diese Materialität ist jedoch nicht als „reine", „unbeeinflusste", gar „natürliche" erkenn- oder erfühlbar, sondern als vergesellschaftete Wesen nehmen Menschen auch die Materialität durch ein tradiertes System von Sinngebungen und damit symbolischen Besetzungen wahr.

Menschen weisen von allen „Bausteinen" der Räume die Besonderheit auf, dass sie sich selbst platzieren und Platzierungen verlassen. Darüber hinaus beeinflussen sie mit Mimik, Gestik, Sprache etc. die Raumkonstruktionen. Wenngleich Menschen in ihren Bewegungs- und Entscheidungsmöglichkeiten aktiver sind als soziale Güter, so wäre es dennoch eine verkürzte Annahme, würde man soziale Güter als passive Objekte den Menschen gegenüberstellen. Auch soziale Güter entfalten eine Außenwirkung zum Beispiel in Gerüchen und Geräuschen und beeinflussen in dieser Weise die Möglichkeiten der Raumkonstruktionen. Atmosphäre wird somit zu einer Qualität von Räumen, die nicht selten Ein- und Ausschlüsse (im Sinne von gruppenspezifischem Wohlfühlen oder Fremdfühlen) zur Folge hat (vgl. Löw 2001a: 204ff.).

Auf jeder Ebene der Raumkonstitution, der wahrnehmend-kognitiven Verknüpfung 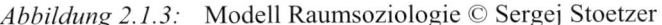 Macht wie auch der Platzierungen, handeln Menschen weder individuell einzigartig noch übergreifend identisch. Vielmehr sind Gesellschaften durch Klassen, Geschlechter, Ethnien, Altersgruppen etc. strukturiert. Räume können für gesellschaftliche Gruppen unterschiedlich relevant werden. Sie können unterschiedlich erfahren werden. Sie können Zugangschancen und Ausschlüsse steuern. Sie können zu Auseinandersetzungsfeldern im Kampf um Anerkennung werden. Somit werden über Raumkonstitutionen meist auch Macht- und Herrschaftsverhältnisse ausgehandelt.

Abbildung 2.1.3: Modell Raumsoziologie © Sergej Stoetzer

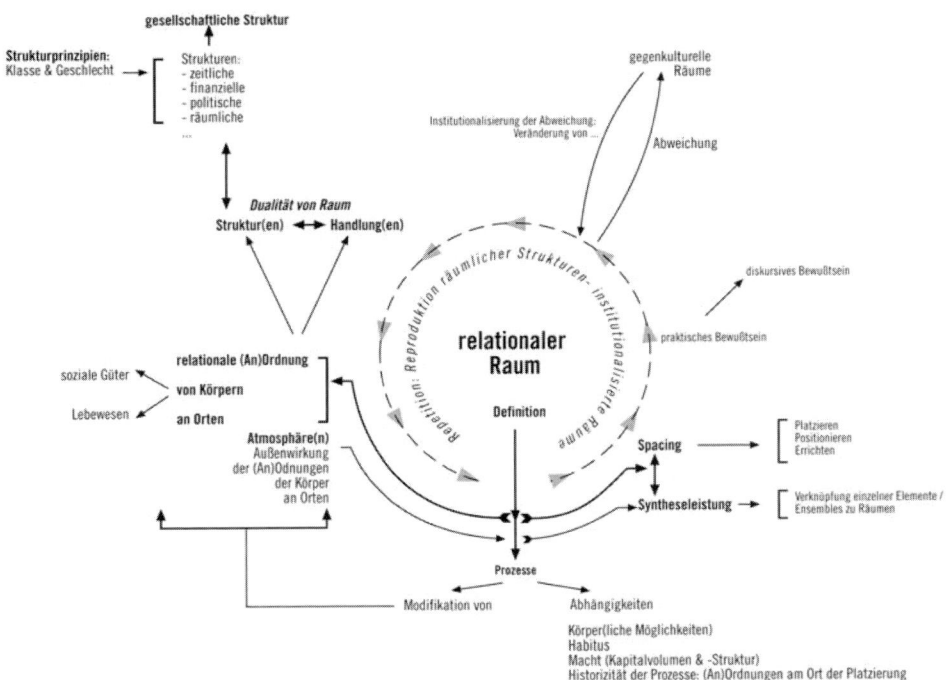

Jede Konstitution von Raum, so kann man zusammenfassen, ist bestimmt durch die sozialen Güter und Menschen zum einen und durch die Verknüpfung derselben zum anderen. Nur wenn man beide Aspekte, also sowohl die „Bausteine" des Raumes als auch deren Beziehung zueinander kennt, kann die Konstitution von Raum analysiert werden.

Das bedeutet für das Verständnis von Raum als soziologischem Begriff, dass sowohl über die einzelnen Elemente als auch über die Herstellung von Beziehungen zwischen diesen Elementen Aussagen getroffen werden müssen.

Damit kann der hier vorgeschlagene Raumbegriff nur noch in Bezug auf seine Ausgangsannahme, „Raum ist das Resultat einer Anordnung", als relativistisch bezeichnet werden (vgl. Kapitel 1.2). Da relativistische Positionen immer ein Primat der Beziehungen behaupten, das heißt, es wird davon ausgegangen, dass die Wirklichkeit sich nur oder in erster Linie über Beziehungen herstellt (vgl. Petzoldt 1924), wird mit der gleichzeitigen Betonung von angeordnetem Objekt und Relationenbildung die relativistische Sichtweise überschritten.

Da erst die miteinander verknüpften sozialen Güter und Menschen zum Raum werden, muss der Relationenbildung große theoretische Aufmerksamkeit gewidmet werden, daher wird der hier vorgestellte Begriff auch als „relational" bezeichnet. Dies soll jedoch nicht darüber hinwegtäuschen, dass ohne ein Verständnis der Qualität der sozialen Güter und Menschen als Elemente der Räume räumliche (An)Ordnungen unbegriffen bleiben. Relation und Objektbestimmung sind zwei Perspektiven auf den Konstitutionsprozess, welche nicht als hierarchisch nacheinander geordnete zu verstehen sind (vgl. unter methodologischen Gesichtspunkten Sturm 2000). Es geht also nicht darum, prinzipiell zuerst die Objekte und dann deren Beziehung zu bestimmen, sondern es können genauso zunächst die Beziehungsformen betrachtet und dann daraus das Wissen über die Elemente erweitert werden.

2.2 Nationalstaatlicher Raum, Globalisierung und Lokalisierung

Jener tief greifende Wandel im Verhältnis von Raum, Zeit und Gesellschaft wie er in David Harveys Diagnose einer Raum-Zeit-Kompression (vgl. Kapitel 2.1.1) anklingt, wird in der raumsoziologischen Debatte unter dem Schlagwort der „Globalisierung" verhandelt. Die rasante Verbreitung weltumspannender Informations- und Kommunikationstechnologien, eine fortschreitende internationale Arbeitsteilung, die mediale Präsenz der Welt in den Wohnzimmern, Migration, globale Klimaveränderungen – all dies sind Aspekte eines Prozesses, der Vorstellungen von Nähe und Ferne nachhaltig erschüttert. Der Globalisierungsdiskurs aber artikuliert nicht nur einen empirisch-phänomenologischen Wandel der Relation zwischen Raum, Zeit und Gesellschaft. Wie Peter Noller (2000: 21) richtig feststellt, repräsentiert Globalisierung auch einen Wandel von Konzeptionen und Modellen, die helfen sollen, die Welt zu verstehen. „Was sich seit den 70er Jahren empirisch als Globalisierung ankündigt, geht mit einem epistemologischen Übergang von einem traditionalen, erdräumlich begrenzten zu einem posttraditionalen offenen und pluralen Verständnis des sozialen Raumes einher" (ebd). Die Erkenntnis, Spatial turn   dass gesellschaftlicher Wandel ohne eine kategoriale Neukonzeption der räumlichen Komponente des sozialen Lebens nicht hinreichend erklärt werden kann, wird als „spatial turn" bezeichnet (vgl. Berking 1998; Schlögel 2003: 60ff.). Dies bedeutet die Überwindung des so genannten „Historismus", der Dominanz des Zeitlichen in geschichtlichen Erzählungen wie im philosophischen Denken (vgl. Foucault 1991; Schlögel 2003). Immer stärker setzt sich die Auffassung durch, dass „,Sein und Zeit' nicht die ganze Dimension der menschlichen Existenz erfaßt" (Schlögel 2003: 9) und dass Raum nicht bloßer Behälter oder apriorische Naturgegebenheit ist, sondern als Bedingung und Resultat sozialer Prozesse gedacht und erforscht werden muss (vgl. exemplarisch Berking 1998; Bourdieu 1991a/b; Läpple 1991; Löw 2001a sowie Kapitel 2.1).

Nationalstaatlicher Raum, Globalisierung und Lokalisierung 67

2.2.1 Mapping the World

Betrachtet man die anamorphotische Weltkarte Wladimir Tichunows, Geograf an der Universität Moskau, dann steht man vor einer Welt, deren Größenverhältnisse völlig aus dem gewohnten Raster fallen (vgl. Abb. 2.2.1a). Tichunows Karte zeigt die Länderflächen gemäß der Größe ihres Bruttosozialprodukts. Während Nordamerika, Westeuropa und der japanisch-südkoreanisch-taiwanesische Raum wie aufgeblähte Ballons erscheinen, sind Russland oder der afrikanische Kontinent auf der Karte (Stand: 2000) erst bei genauerem Hinsehen zu lokalisieren. Trotz des enormen Rohstoffreichtums dieser Regionen spielen sie im Welthandel nur eine untergeordnete Rolle. Das Bruttosozialprodukt entspricht dem Wert aller im Laufe eines Jahres produzierten Waren und Dienstleistungen eines Landes und gilt als der beste Indikator, um die Wirtschaftsmacht einzelner Länder zu vergleichen. Tichunows Karte bringt diese Informationen in einen geografischen Zusammenhang und zeigt die globalräumliche Verteilung bzw. Konzentration ökonomischer Macht. Die Karte bildet die Welt ab. Nicht wie sie *wirklich* ist, wie sie aber eben *auch* ist.

Tichunows Karte

Abbildung 2.2.1a: Anamorphotische Weltkarte (Wladimir Tichunow/Quelle: Le Monde diplomatique 2003: 47)

Die Karte zeigt die Länderflächen gemäß der Größe ihres Bruttosozialprodukts.

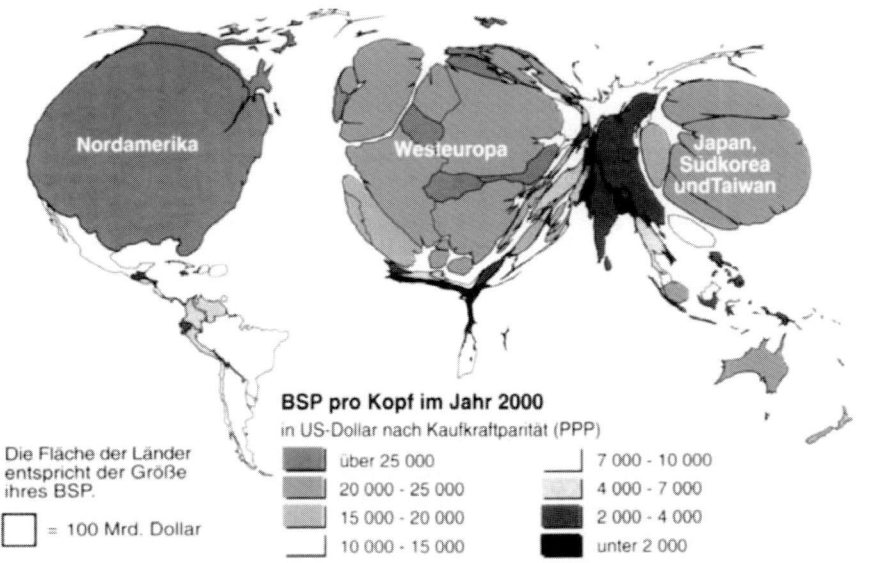

Karten sind seit jeher Versuche, sich die Welt kognitiv anzueignen. So wie wissenschaftliche Raumbegriffe sind auch Karten Repräsentationen von Raum (vgl. Kapitel 2.2.1). Ein Blick in die Geschichte der Kartografie (vgl. etwa Schlögel 2003) zeigt, dass jede historische Epoche ihre eigenen Karten- und damit Raumvorstellungen hervorgebracht hat. Ernst Cassirer zufolge vollzieht sich allerdings die Übersetzung des konkre-

Kartografie

ten, gelebten Aktionsraumes in den abstrahierten, symbolisierten Darstellungsraum der Karte erst relativ spät:

> „Die Berichte über Naturvölker lassen erkennen, wie sehr ihre räumliche ‚Orientierung', so sehr sie an Genauigkeit und Schärfe der des Kulturmenschen überlegen zu sein pflegt, sich nichtsdestoweniger durchaus in den Bahnen eines ‚konkreten' Raumgefühls bewegt. Jeder Punkt ihrer Umgebung, jede einzelne Stelle und jede Windung eines Flußlaufes z.B. kann ihnen aufs genaueste vertraut sein, ohne daß sie imstande wären, eine Karte des Flußlaufes zu zeichnen, ihn also in einem räumlichen Schema festzuhalten" (Cassirer 1954, orig. 1929: 178f.).

Visualisierungen

Raumtheoretische Überlegungen (vgl. etwa Läpple 1991; Löw 2001a) zeigen, dass Raum nicht unmittelbar gegeben und wahrnehmbar ist, sondern das Resultat menschlicher Syntheseleistungen, das einzelne Orte bzw. örtlich Getrenntes in einen simultanen Zusammenhang, ein räumliches Bezugssystem bringt (vgl. Kapitel 2.1.3). Karten sind Visualisierungen solcher Zusammenhänge, denn sie sind Abbildungen des Nebeneinander. *Indem* sie abbilden und in der Art *wie* sie abbilden, konstruieren und projizieren sie gleichzeitig Räume und prägen die Vorstellungen von der Welt. Frühen Karten aus Antike und Mittelalter (vgl. Weltkarten 2005: 54-63) kommt es explizit nicht auf exakte Abstände und Gradnetze an, sondern auf die Darstellung ideeller Konzepte und Zusammenhänge. Die Radkarte von Hereford beispielsweise, ausgangs des 13. Jahrhunderts auf Pergament gezeichnet und nach Osten ausgerichtet, stellt die Erde als Scheibe dar, in dessen Zentrum sich die Stadt Jerusalem befindet (vgl. Abb. 2.2.1b/c).

Abbildung 2.2.1b/c: Radkarte von Hereford (Abb. 2.2.1b: Quelle: http://12koerbe.de/henkaipan/mundus-h.htm#Gesamtkarte/Abb. 2.2.1c: Quelle: Weltkarten. Eine Vermessenheit 2005: 57)

Die linke Seite zeigt die Radkarte von Hereford, die um 1300 gezeichnet wurde. Die rechte Seite stellt eine schematische Vereinfachung dar.

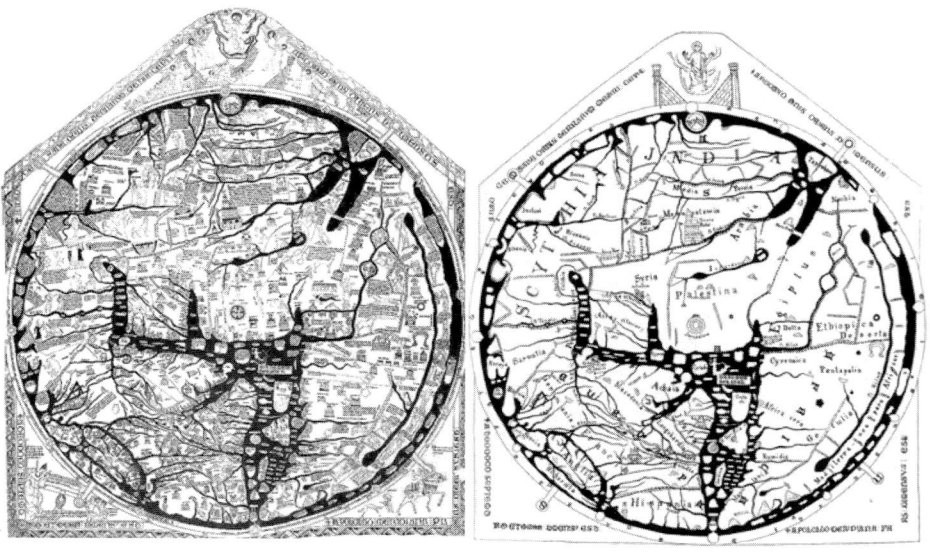

Die Kontinente sind vermittels des so genannten T-O-Schemas in die Erdteile Europa (links), Asien (oben) und Afrika (rechts) unterteilt. Der Journalist Carsten Stütz schreibt:

Nationalstaatlicher Raum, Globalisierung und Lokalisierung 69

„Eingerahmt ist die scheibenförmige Darstellung der Erde von drei figürlichen Darstellungen, die das geistige Koordinatennetz angeben, innerhalb dessen die Darstellung der Welt zu lesen ist. Oberhalb der Karte wird das Jüngste Gericht dargestellt, links unten sieht man den Kaiser Augustus mit Landvermessern, rechts unten einen Reiter im geistlichen Gewand, vielleicht Richard Löwenherz" (Weltkarten 2005: 58).

Abbildung 2.2.1d: Mercatorkarte (Stefan Kühn (Ausschnitt)/Quelle: http://de.wikipedia.org/wiki/Bild:Mercator-projektion.png)
Die Mercatorkarte zeigt eine winkeltreue Projektion der Erdkugel.

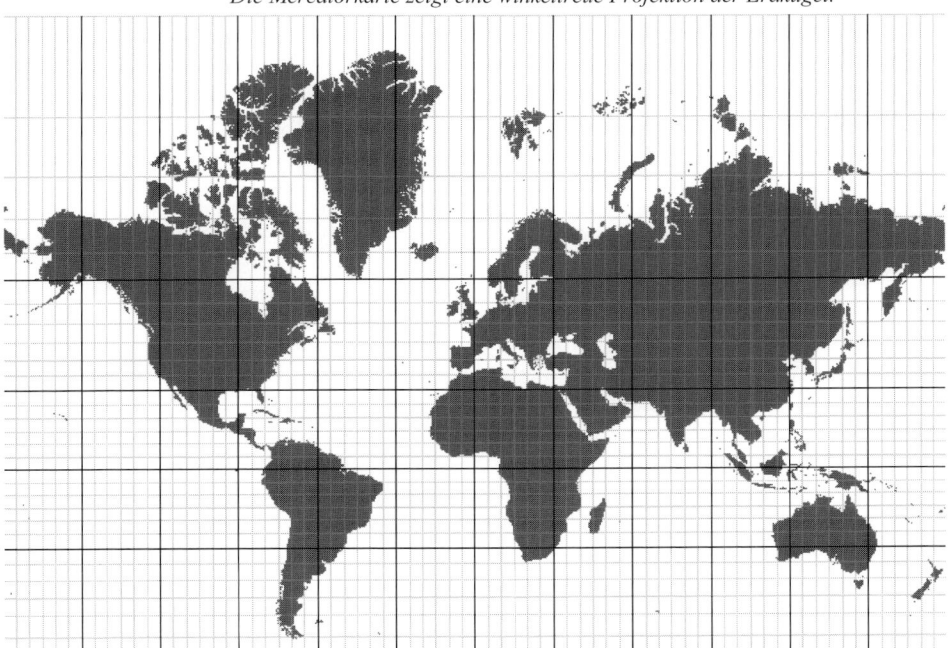

Seit der frühen Neuzeit nun sind Karten eng mit einem modernen Verständnis von Raum verknüpft. Die Entstehung der Galilei-Newtonschen Physik markiert jenen historischen Wendepunkt in der „Denkart", der zur Etablierung des neuzeitlich-naturwissenschaftlichen Weltbildes führt (vgl. Läpple 1991: 37ff.). Indem moderne Karten klassifizieren, ordnen und auf einen Zweck hin ausgerichtet sind (z.B. auf die Navigation in der Seefahrt oder die Kriegsführung), versammeln sie Wissen über Raum und machen so diesen Raum beherrschbar. Die Portugiesen, die zu ihren Entdeckungs- und Kolonialisierungsreisen nach Afrika, Indien und Südamerika aufbrachen, „hatten Indien im Griff, weil sie ihre navigatorischen Geheimnisse gut hüteten: lebenslange Gefangenschaft auf der Galeere, das war die Strafe für Kartendiebstahl", weiß der Künstler und Publizist Kai Vöckler (Steets/Vöckler/Wenzel 2006: G15). Die Karten der Seefahrer spiegeln Machtverhältnisse wider. Die bekannteste Karte aus dieser Zeit ist die Mercatorkarte von 1569, die erstmals die Methode der winkeltreuen und damit für die Seefahrt idealen Projektion der Weltkugel durchführte (vgl. Abb. 2.2.1d). Mit Projektion der Weltkugel ist die Methode gemeint, mit deren Hilfe die Oberfläche der kugelförmigen Erde auf die zweidimensionale Ebene einer Karte übersetzt wird. Man kann sich die Schwierigkeit dieses Vorhabens vor Augen führen, wenn man versucht, die Schale

Naturwissenschaftliches Weltbild

Projektion der Weltkugel

einer Orange auf einem Blatt Papier auszubreiten. Die Mercatorprojektion hat in den tropischen Breitengraden die geringste Überdehnung. Allerdings führt sie (ähnlich wie die heute im Westen übliche van der Grinten-Projektion) zu einer Verzerrung der territorialen Verhältnisse, da sie die mittleren und hohen Breiten stark vergrößert und so der „Ersten Welt" ein Übergewicht zum Rest der Welt verschafft. Erst die Peters-Projektion von 1967 versucht dies zugunsten einer flächentreuen Darstellung zu korrigieren, indem sie die exakten territorialen Verhältnisse der Länder zueinander zeigt (vgl. Abb. 2.2.1e). Diese Darstellungsform hat sich jedoch nie durchgesetzt. Die Peterskarte schauen wir – unsere erlernten Vorstellungen der Welt im Hinterkopf – irritiert an. Kai Vöckler: „Wie prägend Karten auch die vermeintlich eigene Position im Weltgefüge suggerieren, erfährt ein Europäer zumeist erst dann, wenn er eine chinesische Weltkarte in die Hand nimmt und sich plötzlich in der linken oberen Ecke, sozusagen in einer ‚unbedeutenden' Randlage wiederfindet" (ebd: G16).

Abbildung 2.2.1e: Peterskarte (Quelle: Peters 2002: 230f.)
Die Peterskarte zeigt eine flächentreue Projektion der Erdkugel.

Karten als Kommunikationsmittel

Dass das Verhältnis zwischen einem Territorium und seiner Repräsentation nicht so unproblematisch ist, wie uns vermeintlich objektive Weltkarten Glauben machen wollen, hat sich als Erkenntnis erst mit der postmodernen Kritik durchgesetzt. Mit Bezug auf Michel Foucault beschreibt der amerikanische Kartografiehistoriker John Brian Harley die Kartografie als ein rhetorisches Verfahren, als eine Kunst der überzeugenden Kommunikation (Harley 2004, vgl. auch Harley 1988). Wer immer eine Karte zeichnet, trifft eine Auswahl, betont bestimmte Zusammenhänge und lässt andere unberücksichtigt. Die einzig objektive Karte eines Raumes wäre der Raum selbst, der wiederum keine Karte sein kann. In jede Karte fließen Wissen über das dargestellte Territorium, kulturelle Vorannahmen und Sichtweisen der ProduzentInnen und AuftraggeberInnen ein. Die räumlichen Anordnungen im Bild der Karte sind umkämpftes Terrain. In der bildenden Kunst des 20. Jahrhunderts sind Karten oder deren Verformung ein wichtiges Thema. Wo KartografInnen auf der einen Seite versuchen, ein Höchstmaß an Objektivität herzustellen, sehen ArchitektInnen und KünstlerInnen in Karten ein hervorragendes Mittel, um kritische, spekulative oder imaginative Entwürfe zu kommunizieren (vgl. Bianchi/Folie 1997; Vöckler 2005). Die Frage des Raumes, so der marxistische Theoretiker Fredric Jameson (1989), sei eine der wichtigsten Problemstellungen für KünstlerInnen und WissenschaftlerInnen, weil im Spätkapitalismus Herrschaft über totale Raumkontrolle und durch für objektiv erklärte Raumrepräsentationen geschaffen werde. Seine These ist, „daß es dem postmodernen Hyperraum gelungen ist, die Fähigkeit des individuellen menschlichen Körpers zu überschreiten, sich selbst zu lokalisieren, seine unmittelbare Umgebung durch die Wahrnehmung zu strukturieren und kognitiv seine Position in einer vermeßbaren äußeren Welt durch Wahrnehmung und Erkenntnis zu bestimmen" (ebd: 89). Um körperbezogene Raumwahrnehmungen neu zu erlernen, sei es notwendig, eine Ästhetik nach dem Muster der Kartografie, von Jameson auch „cognitive mapping" genannt, zu erfinden (ebd: 96). Mit anderen Worten: um im Spätkapitalismus Kritik zu üben bzw. um politisch handeln zu können, muss man wissen, wo man steht. Karten könnten bei der Selbstlokalisierung helfen. Den Versuch, neue Repräsentationsformen sich verändernder Weltzusammenhänge zu finden, unternimmt 2003 *AMO*, der „think tank" des Architekturstudios *OMA* von Rem Koolhaas, in der Zeitschrift *wired*. Eingeladene ForscherInnen, TheoretikerInnen und KünstlerInnen produzieren 30 Karten, die sich mit verschwindenden, mit umkämpften und mit neuen Räumen beschäftigen (vgl. Koolhaas 2003, vgl. Abb. 2.2.2), um Raumperspektiven zu verschieben und neue Räume denken zu können.

Totale Raumkontrolle

2.2.2 Ströme und Orte

Der Zusammenhang von Globalisierung und Raumentwicklung wird lange Zeit unter dem Stichwort der „Deterritorialisierung" oder der „Auflösung des Raumes" diskutiert. Paul Virilio (1994), Theoretiker der Geschwindigkeit, spricht davon, dass sich die Welt am Ende des 20. Jahrhunderts mit der Auflösung geografischer Dimensionen konfrontiert sieht. Die Informatisierung der Gesellschaft delokalisiere alle menschlichen Aktivitäten in einer Weise, dass die städtische und regionale Raumordnung endgültig durch eine weltumspannende Zeitordnung abgelöst werde. Virtuelle Unternehmen seien an keinen geografischen Standort mehr gebunden, wodurch die städtische Gesellschaft ihre geomorphologische Form und ihre soziale Bedeutung verliere. Für die Entwicklung neuer urbaner Formen in der „Netzwerkgesellschaft" interessiert sich auch der amerikanische Soziologe und Stadtforscher Manuel Castells (2001). Im ersten Teil seiner Trilogie über das Informationszeitalter untersucht Castells die Komplexität der Interaktionen von Technologie, Gesellschaft und Raum. Auf empirischer Grundlage beschreibt er die Veränderungen im Verortungsraster wirtschaftlicher Kernaktivitäten für hochmoderne wissensbasierte Dienstleistungen und die Industrie. Aus dieser Analyse schließt er die Dominanz eines sich herausbildenden „Raumes der Ströme", den er dem traditionellen „Raum der Orte" (der in sich geschlossenen und historisch verwurzelten räumlichen Organisation) entgegensetzt (ebd: 431). Castells' Ausgangspunkt ist die vor allem in den 1990er Jahren geführte Diskussion um das Entstehen von global cities (vgl. Kapitel 3.1.5). Wirtschaftliche und finanztechnische Macht- und Kontrollfunktionen konzentrieren sich zunehmend in städtischen Zentren. Dort siedeln sich hochmoderne Dienst-

Deterritorialisierung

Raum der Ströme und der Orte

leistungen wie Finanzen, Werbung, Design, PR, Sicherheit, Informationsbeschaffung und wissenschaftliche Institutionen an, die gemeinsam den „Kern aller wirtschaftlichen Prozesse" (ebd: 434) ausmachen. Diese Schlüsselindustrien lassen sich auf die Produktion von Wissen und Informationen zurückführen und könnten deshalb – durch moderne Telekommunikationssysteme gestützt – an jedem beliebigen Ort des Globus entstehen. Dennoch ergibt sich ein anderes Raummuster, eine Ballungslogik, die gekennzeichnet ist durch eine gleichzeitige *Konzentration* der Schlüsselindustrien in den Zentren der global cities und eine weltweite *Streuung* dieser Zentren (vgl. Sassen 1993). Die Folge: global cities bzw. die Dienstleistungszentren der global cities bilden ein Netzwerk, das heißt einen gemeinsamen Raum, der gekennzeichnet ist durch Prozesse des Austausches und der Interaktion. Castells nennt diesen Raum deshalb den „Raum der Ströme" und hält ihn für den charakteristischen Raum der Netzwerkgesellschaft. „Der Raum der Ströme ist die materielle Organisation von Formen gesellschaftlicher Praxis, die eine gemeinsame Zeit haben, soweit sie durch Ströme funktionieren" (Castells: 467). Raum entsteht für Castells weiterhin durch Praxisformen, die eine gemeinsame Zeit teilen. Nur wird die Vorstellung von Gleichzeitigkeit traditionell, das heißt in der Logik des „Raumes der Orte", mit Nähe verbunden, was aber für die Praxisformen des Informationszeitalters (die durch Informations- und Geldströme, Wissens- und Informationsaustausch und Migration geprägt sind) nicht mehr zwingend ist. Dadurch bilden sich innerhalb der Weltstädte bzw. zwischen den Stadtzentren und dem Hinterland neue räumliche Hierarchien und Ungleichheiten heraus. Die Folge dieser Fragmentierung bzw. Rekonfiguration des Raumes bezeichnet Castells als „strukturelle Schizophrenie zwischen zwei räumlichen Logiken" (ebd: 484). Menschen lebten zwar immer noch an Orten, da aber Funktion und Macht in der gegenwärtigen Gesellschaft im „Raum der Ströme" organisiert sind, habe dies dramatische Auswirkungen auf das Lokale. Die Orte, so schreibt Castells, verschwinden zwar nicht, aber ihre Logik und ihre Bedeutung werden im Netzwerk absorbiert.

> „Erfahrung, die sich nun einmal auf Orte bezieht, wird von der Macht abgezogen, und Sinn wird zunehmend von Wissen abgetrennt. (…) Die herrschende Tendenz verweist auf den Horizont eines vernetzten, a-historischen Raumes der Ströme, der darauf abzielt, seine Logik den verstreuten, segmentierten Orten aufzuzwingen, die immer weniger Bezug zueinander haben und daher auch immer weniger in der Lage sind, kulturelle Codes miteinander zu teilen" (ebd: 484).

Geografie der Netzwerkgesellschaft

Gefährdet seien die Kommunikationskanäle zwischen Räumen und damit die Bindekraft innerhalb der Gesellschaft. Die konkreten Auswirkungen des Castellschen „Raumes der Ströme" an Orten zeigen die britischen Geografen Stephen Graham und Simon Marvin (2001), indem sie vernetzte Infrastrukturen und Mobiltechnologien auf städtischer Ebene analysieren. Deutlich wird durch diese – wie Manuel Castells auf dem Klappentext des Buches anmerkt – „erste analytische Geografie der Netzwerkgesellschaft" mit dem treffenden Titel „Splintering Urbanism" die zunehmende Fragmentierung von Räumen. Betrachtet man etwa die Bewohner einer illegalen Siedlung in Mumbai (Indien), über deren Gebiet eine Wasserleitung verläuft, zu der sie aber keinen Zugang haben, da die Leitung exklusiv eine nahe gelegene gated community versorgt (Graham/Marvin 2001: 2), dann wird die „Ungleichzeitigkeit der Zeit" (Schlögel 2001: 19) neu entstehender räumlicher Hierarchien besonders offensichtlich. Ein anderes Beispiel sind privatisierte „smart highway corridors", gebaut und eingerichtet für die Bewohner des „Raumes der Ströme". „In cities like Toronto, San Diego, Melbourne and Los Angeles new privately funded highways use completely automatic electronic tolling technologies to create entirely new transport and development corridors that are superimposed on old public highway grid"

(Graham/Marvin 2001: 5). Wer sich das kostenpflichtige, private „bypass"-System beispielsweise in Los Angeles leisten kann, spart etwa vierzig Minuten auf einer Distanz von 10 Meilen (ebd: 2). Dass es zu globalisierungsbedingten räumlichen Fragmentierungen nicht nur auf städtischer Ebene kommt, zeigt der Historiker und Osteuropaforscher Karl Schlögel am Beispiel des „Metropolitan Corridor" zwischen Berlin und Moskau über Posen, Warschau, Brest, Minsk und Smolensk (vgl. auch die analytisch-künstlerische Geografie dieses Raumes in Bittner/ Hackenbroich/Vöckler 2006).

> „Die Städte, die im Metropolitan Corridor liegen, haben mehr miteinander zu tun als mit den Provinzen, die sie umgeben. Die zivilisatorische Differenz, die man beim Verlassen des Korridors durchmißt, scheint größer als die Distanz zwischen den Städten. Im Korridor herrscht Hochbetrieb. Unterwegs sind Exploratoren, Prospektoren, Fachleute für Tourismus, Verkehr, Energie, Dienstleistungen, Sanierungsspezialisten, Rohstoffaquisiteure, Abenteurer und Missionare. Im Korridor herrscht CNN-Zeit. Sie ist in Moskau nicht anders als in Warschau oder Berlin. Dort ist man jederzeit erreichbar. Hier funktionieren Handy, E-mail und Fax. Wer den Korridor verläßt, fällt aus der CNN-Zeit heraus. Er ist nicht mehr erreichbar, oft nicht einmal durch die Briefpost, auf die kein Verlaß mehr ist. Hier gibt es keine Highways. Hier gibt es vielleicht schöne Wälder, aber keine Hoffnung und keine Arbeit mit Perspektive. Während im Korridor die zivile Armada der Trucks rollt, leuchtet in der Dunkelheit, die jenseits des Korridors herrscht, der Mond. (…) Die Tankstellen des Korridors werden zum Treffpunkt der Dorfjugend mit der weiten Welt. Am Rand des Korridors blüht die Sehnsucht und brütet der Haß. Am Ende des 20. Jahrhunderts kehrt der Haß der Provinz auf die Stadt in die Tiefebene des östlichen Europa zurück. In den Korridoren wächst das urbane Europa zusammen, aber an seinen Rändern staut sich der Neid und die Wut der Zurückbleibenden und Zukurzgekommenen. Diese Ungleichzeitigkeit der Zeit ist bedrohlicher als der ‚Clash of Civilizations'" (Schlögel 2001: 18f.).

Deutlich wird hier, welch großes Konfliktpotenzial sich durch die Herausbildung neuer räumlicher Hierarchien ergibt. *Grenzen* trennen nicht mehr nur Staaten voneinander ab, sondern verlaufen *innerhalb* von Ländern oder Städten und scheiden die mit den neuen Netzwerken verknüpften von den „zu kurz gekommenen" Bewohnern einer Stadt oder eines Staates. Beschreibungen wie die von Karl Schlögel aber zeichnen auch das Bild eines globalisierten Raumes, der sich scheinbar jenseits nationaler Grenzen herausbildet, sich gleichsam als neues Raummuster über bestehende Nationalstaaten legt. Der „Metropolitan Corridor" zwischen Berlin und Moskau durchkreuzt mit Deutschland, Polen, Weißrussland und Russland vier, teils sehr unterschiedliche Staaten. Dass Schlögel ihn dennoch als einheitlichen Raum beschreibt, verdeutlicht Raummuster jenseits nationalstaatlicher Grenzen. Gleichzeitig lässt sich jedoch auch eine Wiederbelebung nationaler und ethno-kultureller Wurzeln (z.B. in Osteuropa und der ehemaligen Sowjetunion) beobachten. Katherine Verdery (1994) macht deutlich, dass durch den postsozialistischen Umbruch neue Bedeutungswelten und neue kulturelle Identitäten entstehen. Die Nation nimmt hier eine Schlüsselstellung ein. Vorsozialistische Narrative nationaler Größe und Identität werden wiederbelebt, Konflikte zwischen ethnischen Gruppierungen treten offen zu Tage und nationalstaatliche Grenzen werden mehr denn je betont.

Mit den Auswirkungen globaler Veränderungen auf die Politik und Bedeutung des Nationalstaates beschäftigt sich auch der Soziologie Markus Schroer in seiner Habilitationsschrift (2006). Hinter seiner Untersuchung steht die Frage nach der räumlichen Repräsentation politischer Systeme. Politik hat die Aufgabe, kollektiv bindende Entscheidungen herbeizuführen, wofür sie aber Klarheit über die (territoriale) Reichweite ihrer Entscheidungen braucht. Seit dem Beginn der Neuzeit war diese Reichweite definiert über nationalstaatliche Souveränität, zu der neben dem Monopol der Gewaltausübung, der Definition eines Staatsvolkes auch das klar abgrenzbare Territorium gehört.

Durch ökonomische Globalisierung (wodurch die Auswirkungen steuerlicher Wirtschaftslenkung eingeschränkt wird), zunehmende Migrationswellen (die die Kontrolle der nationalstaatlichen Grenzen erschweren und in transnationalen Lebensformen innerhalb eines Staates resultieren) und die rasante Verbreitung neuer Kommunikationsmedien (welche zu globaler Einmischung in eigentlich interne staatliche Angelegenheiten führen kann) gerate die nationalstaatliche Souveränität immer stärker unter Druck. In der Folge dieses Bedeutungsverlustes des Nationalstaates sieht Schroer *zwei gegensätzliche Tendenzen*: mit den Netzwerken der global cities, der Konstruktion globaler virtueller Räume und der Bildung transnationaler communities entwickle sich eine neue, relationale Raumordnung, der aber zugleich ein Wiedererstarken vornehmlich territorial fixierter Räume entgegensteht. Beispiele für Letztere sind die „Festung Europa", also das – bildlich gesprochene – Hochziehen der Zäune an den EU-Außengrenzen, ein aggressiver Lokalismus, der zur Bildung kulturell und ethnisch homogener Gemeinschaften führt (ein konkretes Beispiel dafür wäre die Liga Nord in Italien) sowie private Sicherheitsräume in Form von gated communities. Die Propagierung bzw. Etablierung solch geschlossener (Container-)Raumordnungen wird vor allem als Gegentendenz zur Globalisierung interpretiert. Aus seiner Betrachtung schließt Schroer, dass Globalisierung zu einer Verschränkung von Prozessen der Ent- und Ver-räumlichung, von Ent-grenzung und neuerlicher Be-grenzung führt. Mit Blick auf die Politik folgert Schroer die Notwendigkeit einer größeren Aufmerksamkeit gegenüber neuen Formen des Politischen, die nicht exklusiv an das (Container-)Raummodell des Nationalstaates geknüpft sind (vgl. Abb. 2.2.2).

Restrukturierung gesellschaftlicher Räume

Die De- und Restrukturierung gesellschaftlicher Räume ist ein vielschichtiger Prozess, der sich nur mit Hilfe eines vielschichtigen Forschungsansatzes rekonstruieren lässt, der die historische Vorstrukturierung, die soziale und ökonomische Entwicklungsdynamik und Widerspruchskonstellationen, die politischen und kulturellen Vermittlungsformen und die ökologische Einbindung gesellschaftlicher Räume berücksichtigt (Läpple 1991). Eine für die Forschung äußerst fruchtbare, zentrale Widerspruchskonstellation vermutet Dieter Läpple in der Polarität von „konkretem Ort" und „globalem Raum". Anders als Castells aber betont Läpple die *Verflochtenheit unterschiedlicher räumlicher Ebenen*:

> „Der konkrete ‚Ort' ist zwar Teil des globalen ‚Raumes', geht jedoch nicht in ihm auf. Die jeweilige Besonderheit des ‚Ortes' reproduziert sich in Abhängigkeit von der Artikulation der spezifischen lokalen oder regionalen Bedingungen mit den nationalen und globalen Tendenzen und damit letztlich über die durch die lokalen Klassen- und Machtverhältnisse geprägte Praxis der in diesem regionalen Raum lebenden Menschen" (Läpple 1991: 46).

Helmuth Berking

Den wohl weit reichendsten Versuch, nach den konkreten Auswirkungen der „global flows" auf konkrete Orte und „local cultures" zu fragen, hat hierzulande Helmuth Berking unternommen (Berking 1998). Explizit gegen die Argumentation von Manuel Castells gerichtet, vertritt Berking die These, dass Globalisierung zwar eine radikale Verschiebung sozialräumlicher Maßstäbe impliziert, diese Verschiebung aber nicht ohne Weiteres mit Ent-Territorialisierung und der Etablierung eines alles dominierenden „Raumes der Ströme" gleichgesetzt werden kann. Diese Einsicht untermauert Berking durch ein einfaches anthropologisches Argument, das die Unabdingbarkeit des lebensweltlich erfahrbaren „Horizonts der Vertrautheit" (ebd) hervorhebt:

> „Gegenüber der konventionellen Weisheit schließlich, daß Orte und Räume globalisierungsbedingt an Signifikanz verlieren, reicht es völlig aus, mit Clifford Geertz an die schlichte Einsicht zu erinnern, daß ‚niemand in der Welt im Allgemeinen lebt' (…). Ortsbewußtsein und Orientierungssinn, Perzeption und Produktion von Orten, kurz: ‚senses of place' (…) gehören zur conditio humana. Wir können uns eine Welt ohne Orte nicht vorstellen" (Berking 1998: 390).

Nationalstaatlicher Raum, Globalisierung und Lokalisierung

Abbildung 2.2.2: New Politics (AMO/Rem Koolhaas, Markus Schaefer, Reinier de Graaf, Theo Deutinger, Nanne du Ru/Quelle: Koolhaas 2003: 126)

Die Karte „New Politics" aus der Koolhaasschen KOOLWORLD ist ein Versuch neue Formen des Politischen zu kartieren. Sie visualisiert die von der globalen Bewegung der Linken über ein Netzwerk organisierte Großdemonstration gegen den Irakkrieg, die am 15. Februar 2003 in verschiedenen Städten weltweit durchgeführt wurde und zeigt sie als einen (städtischen) Raum. „On February 15, groups like Attac, People's Global Action, and United for Peace and Justice orchestrated F15, the first ever global protest against war in Iraq" (aus: Koolhaas 2003: 126)

Wie aber sollen wir uns eine Welt vorstellen, die aus globalisierten Orten besteht? Diese Frage impliziert die Notwendigkeit eines Ortsbegriffes, der über die Vorstellung hinausgeht, lokale Kulturen seien territorial fixiert, kulturell homogen und historisch-erdräumlich verwurzelt. In der Entwicklung eines neuen Verständnisses von Lokalität orientiert sich Berking an den Überlegungen von Doreen Massey:

> „Wenn wir das so oft zitierte Mantra ernst nehmen, dass sich das Lokale und das Globale ‚gegenseitig konstituieren', dann sind lokale Orte nicht einfach ‚Opfer' und nicht einmal nur die Produkte des Globalen. Im Gegenteil: Sie sind auch die Momente, durch die das Globale konstituiert wird, das heißt, es gibt nicht nur globale Konstruktionen des ‚Lokalen', sondern auch lokale Konstruktionen des ‚Globalen' " (Massey 2006: 29).

Doreen Massey — Massey vertritt ein radikal plurales und dynamisches Raumkonzept, demzufolge Raum durch Beziehungen zwischen Subjekten und Dingen sowie im Prozess der Interaktion geschaffen wird. In diesem Prozess bedingen sich Raum und Heterogenität: „Multiplicity and space are co-constitutive" (Massey 1999b: 280). „Ergebnis" eines solchen immerwährenden Prozesses ist kein abgeschlossener, in sich kohärenter Raum, sondern ein System mit offenen Enden und inhärenten Widersprüchen. Die wichtigste Voraussetzung für die Untersuchung und Diskussion von Raum ist Massey zufolge die *Möglichkeit echter Differenz*. So mache es beispielsweise keinen Sinn von einem „Entwicklungsland" zu sprechen, da in dieser Redeweise *räumliche Unterschiede* – wie etwa der Unterschied zwischen England und Somalia – als *zeitliche Differenz* interpretiert werden. Somalia erscheint in dieser Logik nicht als anders, sondern bloß als frühe Version Englands, dessen Zukunft eindeutig vorgezeichnet ist und die dem Ziel folgt, irgendwann zu England aufzuschließen. Räumliche Unterschiede durch Verzeitlichung zu verhüllen, ist für Massey Teil des modernen Mythos der „großen Erzählungen" (Lyotard 1999, orig. 1979) von Fortschritt, Entwicklung und Modernisierung, eine spezifische Form des Historismus, die ohne Berücksichtigung lokaler Unterschiede auf die eine, richtige Entwicklungslinie abzielen. Es ist die theoretische Strömung des *Postkolonialismus* (vgl. Jacobs 1996), die seit Mitte der 1990er Jahre auf genau jene „ethnozentristisch qualifizierte Zentralperspektive der europäischen Moderne" (vgl. Berking/ Löw 2005: 15) aufmerksam macht und zeigt, dass das, was wir über die Welt wissen, in erster Linie kulturell und lokal spezifisches Wissen ist. Eine solche Forschungsperspektive dechiffriert nicht nur die europäische Moderne als ethnozentristisch, gleichzeitig wird deutlich, dass die Gegenüberstellung eines fortschrittlichen „Raumes der Ströme" mit einem veralteten „Raum der Orte" globozentristisch ist, und damit nichts anderes als ein Ethnozentrismus auf einer neuen Ebene ist (ebd). Um dem zu entgehen, plädiert Massey für ein Raumkonzept von radikaler Differenz und Pluralität, da nur so die Möglichkeit alternativer, divergierender Wege und Narrationen erhalten werden kann (vgl. Massey 1999b: 281). Und nur, wenn es eine offene Zukunft gibt, wenn Somalia auch eine andere Entwicklungsrichtung nehmen kann als England, dann ist politisches Handeln und politische Einflussnahme sinnvoll möglich.

Vor dem Hintergrund postkolonialer Theorien argumentiert auch Helmuth Berking, wenn er die Differenz und die Bedeutung lokaler Wissensbestände für die Produktion von Orten herausstellt. *Local frames* — Lokale Kontexte bilden nach Berking den Rahmen („local frames"), eine Art Filter, durch den hindurch globale Prozesse und global zirkulierende Bilder und Symbole überhaupt angeeignet werden und Bedeutung erlangen:

> „‚Conan der Barbar' ist in den rechtsradikalen Zirkeln der Bundesrepublik eine andere Figur als in den schwarzen Ghettos der Chicagoer Southside. Die Redeweise von der McDonaldisierung der Welt macht vergessen, daß das, was in Moskau als zivilisatorischer Fortschritt erscheint, in Paris als typischer Ausdruck des amerikanischen Kulturimperialismus dechiffriert werden mag. (…) kurz: die globalen kulturellen Ströme sind eines, und ihre Relevanz für die Transformation von Wirklichkeitskonstruktionen ist kaum zu unterschätzen. Ihre Re-Territorialisierung aber, ihre soziale und kulturelle Neu-Verortung ist etwas anderes, etwas, das auf die kontextgenerierende Kraft ortsbezogener, nicht ortsgebundener, kultureller Wissensproduktion und sozialer Praktiken verweist" (Berking 1998: 388).

Sinnvoll ist es deshalb, genau jene Rahmungen empirisch zu untersuchen, durch die „global flows" zu Teilen von „local cultures" werden. Das Spezifische eines Ortes zeigt sich dann in der Art und Weise, in der sich die Welt in ihm wieder findet. Ein solches Ortskonzept verabschiedet sich zum einen von der lange Zeit für die moderne Soziologie erkenntnisleitenden Idee, Orte seien schlicht territoriale Ausschnitte der Erdoberflä-

Nationalstaatlicher Raum, Globalisierung und Lokalisierung

che aus denen heraus eine bestimmte Kultur und Identität der darauf lebenden Menschen entstünde (Isomorphismus/Deckungsgleichheit von Territorialität, Identität und Kultur). Zum anderen bedeutet dies einen Abschied von der verbreiteten Vorstellung einer starren Opposition von Globalem und Lokalem. Den methodologischen Ausweg aus dieser binären Oppositon kann man dadurch erreichen, dass man jedes Phänomen in verschiedenen Maßeinheiten, genannt „scales" oder Skalen, denkt. Insbesondere Neil   Scale
Smith (1992a/b, vgl. auch hier Swyngedouw 1992) steht für den Vorschlag, alle sozialen Phänomene auf verschiedenen skalierbaren Ebenen zu konzipieren bzw. sich selbst der erhobenen Reichweite zu versichern. Smith begreift scale daher als „organizational metric for the production of space" (Smith 2001: 155). Im Denken in Maßeinheiten gewinnt die Einsicht, dass Globalisierung die als Nationalstaat skalierbare Ebene relativiert und stattdessen die sub- und supranationalen Formen territorialer Organisationsform (lokal-global) intensiviert (Brenner 1999: 52), neue Bedeutung. Diese Veränderung wird von Eric Swyngedouw (1997) als „re-scaling" oder von Neil Smith (1993) als „jumping scales" beschrieben. Eric Swyngedouw (1992) erfindet den hybriden Begriff der „Glokalisation", um die Dialektik von Lokalem und Globalem einzufangen. Er insistiert darauf, dass Globalisierung und Lokalisierung parallel und simultan verlaufende Prozesse sind. Gemeinsam ist allen Autoren, dass sie unter scales weder fixierte, container-ähnliche Größen, noch Produkte polit-ökonomischer Prozesse verstehen, sondern scales als Medium und Voraussetzung aller Interaktionen begreifen.

Es ist der paradoxe Effekt eines kollektiven Nachdenkens über Globalisierungseffekte, dass gleichzeitig mit dem Bewusstsein globaler Vernetzung auch das Wissen und die Neugier auf die Bedeutungszuweisung für lokale Kontexte steigt. 1997 überrascht die Zeitschrift „theory and society" mit einem Beitrag von Michael Mayerfeld Bell, in dem er das Argument entwickelt, dass Geister im Sinne der Präsenz von demjenigen,   Geister
was nicht physisch da ist, ein untrennbarer Aspekt der Phänomenologie von Ort ist. In Erweiterung der Goffmanschen Beobachtung, dass moderne westliche Kulturen das Selbst als etwas Heiliges betrachten und wie einen Schrein behandeln, argumentiert Mayerfeld Bell, dass Menschen Orte mit der Aura von Originalität belegen. Die Aura eines nun entkörperten Geistes ist dort anwesend. Das Gleiche vollziehe sich mit Orten im Allgemeinen. In der Erfahrung eines Ortes nehme man die frühere Anwesenheit von Personen wahr und eben dies mache den Ort zu einem heiligen oder einem profanen Ort.

> „A crucial aspect of how we experience the person is our sense that the person has an animating spirit, a ghost, within. We also experience objects and places as having ghosts. We do so because we experience objects and places socially; we experience them as we do people. Through ghosts, we re-encounter the aura of social life in the aura of place" (Bell 1997: 821).

An bekannten alltagskulturellen Beispielen belegt der Autor seine Argumentation: Wenn man ein neues Büro bezieht, hört man erst mal in vielen Geschichten, wer früher schon dort gearbeitet hat. Dann beginnt die Tätigkeit der Geistaustreibung. Man putzt, wirft die alten Bleistifte und heruntergefallene Papiere weg, schiebt den Schreibtisch ein wenig zur Seite, positioniert das Regal neu. Andere kommen und geben Ratschläge, wie sie die Dinge anordnen würden. Sie erzählen von den Geistern des Raumes. Man selbst versucht dem Raum einen neuen Geist zu geben: Den eigenen. Aber auch andere soziale Besetzungsvorgänge sind denkbar. Ein enger Freund von Mayerfeld Bell verstirbt plötzlich. Mayerfeld Bell arbeitet an diesem Tag in seinem Büro. Er weiß noch nichts von dem tragischen Tod. Gegen Abend verlässt er für fünf kurze Minuten sein Büro. In dieser Zeit bricht sein Regal zusammen, Berge von Büchern liegen verstreut auf dem Boden, ebenso ein eiserner Ventilator, welcher zuvor auf dem obersten Bücherregal lag. Hätte er nicht den Raum verlassen, wäre er durch die Dinge vermutlich erschlagen worden. Zur gleichen Zeit wird kein Erdbeben gemessen, werden keine Bauarbeiten in der Nähe verrichtet – nichts kann den Fall erklären. Vergleichbare Regale stehen in vielen Zimmern. Sie sind nicht umgefallen. Zunächst wird die Angelegenheit als „eines dieser merkwürdigen Geschichten" beiseite geschoben. Später erfährt Mayerfeld Bell von dem ungerechten und unverständlichen Tod des Freundes. Und plötzlich tauchen Fragen wie: „Wollte er mich warnen, nicht zu viel Lebenszeit im Büro zu verbringen?"

Geister sind soziale Konstruktionen, schließt der Autor. Menschen belegen Orte mit ihrem Spirit. Als solche sind sie Teil der Alltagskultur. So sehr sie auch ein Produkt sozialer Phantasie sein mögen, bevölkern diese Geister doch die Orte, hauchen ihnen Leben ein und beeinflussen durch die Wirksamkeit der Konstruktion das Handeln.

Bezugssysteme

Zusammenfassend kann man feststellen, dass die Dimension des Lokalen, insbesondere auch durch die Interventionen sozialgeografischer Arbeiten, einen systematischen Ort in der sozialwissenschaftlichen Theoriebildung gefunden hat. Die Idee, in scales zu denken, ermöglicht, das Lokale als Bezugssystem neben dem Nationalen und dem Globalen zu fassen (oder feinere Skalierungen wie das Regionale oder das Körperliche ergänzend einzuführen). Dies hat zur Folge, dass das Lokale in der sozialwissenschaftlichen Theoriebildung eine Maßeinheit des Denkens und Handeln ist, aber auch eine räumliche Ausprägung als spezifizierbaren Ort hat. Dieser Ort ist jedoch nie „rein" lokal. Vielmehr ist es die Art des Zusammentreffens von Lokalem und Globalem, was Orte so einzigartig und unterscheidbar macht.

2.3 Virtuelle Räume

Neue Kommunikations-, Informationsverarbeitungs- und Visualisierungstechniken, die vor allem seit den 1990er Jahren an Bedeutung und Leistungsfähigkeit zugenommen haben, produzieren eine ganz spezifische Form von Raumerfahrung. Telekommunikationsformen wie das Internet werden durch die relationale (ggf. auch interaktive) Verknüpfung von Daten und Personen von den NutzerInnen als Räume erfahren. Das

Raummetaphern

drückt sich bereits in den Metaphern von „global village", der „Datenautobahn", dem „Surfen" oder „Eintauchen in den cyberspace" aus. Sie sind raumorientiert, suggerieren die Leichtigkeit und Geschwindigkeit einer Distanzüberwindung und greifen Begriffe aus der Seefahrt auf (surfen, Daten*meer*), die die Weite des beschriebenen Raumes, aber auch die Möglichkeit, bisher Unbekanntes zu entdecken, verdeutlichen (vgl. Ellrich 2002, Becker 2004, Schroer 2006: 254ff.). Offensichtlicher noch ist die raumkonstitutive Kraft bei Technologien, die Räume durch Simulationen erzeugen (meist ausschließlich visuell) oder reale Räume um künstlich erzeugte visuelle Artefakte ergänzen. Was simuliert oder der visuellen Realität hinzugefügt wird, hängt vom Anwendungskontext ab: Das können für MechanikerInnen die Konstruktionspläne des gerade zu bearbeitenden Werkstücks sein, für KampfpilotInnen Radarbilder und Navigations- oder Zielerfassungssysteme, für Online-SpielerInnen virtuelle Gegenspieler oder für TouristInnen virtuell rekonstruierte Tempel oder Synagogen, die in Realität längst verfallen sind (vgl. z.B. Palm 2001, 2002; Frey 2004).

Elektronisch produzierte Räume

Insgesamt ist das Anwendungsfeld elektronisch produzierter Räume sehr weit und expandiert ständig. Die alltagspraktische Dimension der fortscheitenden Entwicklung im Bereich der Virtualisierungs- und Visualisierungsmöglichkeiten wird deutlich, wenn man sich vor Augen hält, dass z.B. Stadtplanung und Architektur immer ausgefeilterer

Virtuelle Räume 79

Visualisierungstechniken nutzen, die als Ableger professioneller CAD-Programme auch im nicht-professionellen Umfeld zur Anwendung kommen (etwa PC-Programme zur Planung der Haussanierung oder Umgestaltung eines Gartens, die die zu erwartenden Veränderungen visuell am Bildmaterial umsetzen). Auch in der Forschung werden solche Systeme zunehmend eingesetzt. Klassische Felder dabei sind:

- *Produktdesign sowie Konstruktion von Flugzeugen und Automobilen.* Aerodynamik und Fahr-/Flugeigenschaften werden im Computer simuliert und ersetzen oft einen teuren und zeitaufwendigen Prototypbau, der dann im Windkanal getestet werden muss. Auch Design von Cockpit und Bedienelementen sowie Interaktion und Interface-Studien mit Hilfe simulierter Umgebungen fallen in diesen Bereich.
- *Anwendungen im medizinischen Bereich.* Hierzu zählen Simulation von komplizierten chirurgischen Eingriffen, eine Operation durch einen ferngesteuerten Roboter oder das telemediale Hinzuziehen von weiteren Fachkollegen, die beratend über Videokonferenzsysteme assistieren.
- *Chemische und pharmazeutische Forschung.* Visualisiert werden hier komplexe Molekülstrukturen und chemische Reaktionen, so dass eine Medikamentenentwicklung genau auf die Oberflächenstruktur von Krankheitserregern abgestimmt werden kann (z.B. bei HIV).
- *Militärische Anwendungsszenarien.* Kampftraining, Waffensimulation, ferngesteuerte Kriegsführung, z.B. mit unbemannten, bewaffneten Flugzeugen (Unmanned Combat Air Vehicle, UCAV), aber auch Computerspiele als Reklamestrategie für die Anwerbung von Rekruten (vgl. Graham 2006: 284f.) finden sich in diesem Bereich. Obwohl ein großer Aufwand getrieben wird, die Simulation im Bereich des Kampftrainings möglichst realitätsnah zu gestalten, ist der Unterschied zwischen Simulation (in der man nicht getroffen wird) und Realität offensichtlich deutlich genug, dass sich die Einsatzkräfte in simulierten Situationen waghalsiger verhalten. Mit der Entwicklung einer neuen Technik, die den TeilnehmerInnen der simulierten Kampfeinsätze starke Stromschläge bei Treffern versetzt, soll die „Realität" in die Simulation Einzug halten: Weiterkämpfen, auch wenn man verwundet sei, ist das „Lernziel" dieser Simulation für Sicherheitskräfte (Rötzer 2005).

Unterhaltung ist ein weiteres wichtiges Anwendungsfeld für virtuelle Realitäten, seit die erforderliche Technik auch für den privaten Bereich erschwinglich geworden ist und Datenhelme für Computerspiele in IT-Fachzeitschriften getestet werden (Jahn/Kuhlmann 2004). Die Simulation von Stadtentwicklung, Autorennen in Städten oder Spiele, Simulationen die Sportevents oder Kampfhandlungen nachstellen, nutzen dreidimensionale Darstellungen, die möglichst realitätsnah wirken sollen. First-Person-Games zeigen dabei das Spielgeschehen aus der perspektivischen Sicht der handelnden Person in einer künstlichen Welt (weiterführend: Taylor 2003) – meist in Innenräumen, selten auch großflächige Außendarstellungen einschließend (als Beispiel: Nowarra 2004). Inzwischen gibt es auch Produkte der Entertainmentindustrie, die diese reine Simulation bereits im Hinblick auf die realweltliche Integration des Spielers wieder verlassen und das visuelle Abbild des Spielenden – aufgenommen von einer Webcam – halbtransparent ins Spielgeschehen einblenden. Der Spielablauf wird nun über Gesten und Bewegung der Gliedmaßen gesteuert, die von der Kamera aufgezeichnet werden – der Körper wird zum „Eingabegerät". Es handelt es sich dabei um eine vereinfachte Form des in der Filmindustrie eingesetzten Motion-Capture, bei dem die Bewegungen von SchauspielerInnen aufgezeichnet und auf eine digitale „Puppe" oder das digitale Double des Protagonisten übertragen werden, die dann in die Szene hineingerechnet werden. Der Replikant kann durch die elektronische Verarbeitung entweder möglichst ‚naturgetreu' die Bewegungen des menschlichen Datenspenders wiedergeben oder durch Integration fremder Daten ganz neue Bewegungsabläufe abbilden. Die Verbindung zwischen den virtuellen und den „erdschweren" Räumen bildet hierbei nicht die Technik, sondern der Körper (vgl. Funken/Löw 2003).

Begrifflich werden drei Entwürfe virtueller Räume unterschieden, nämlich den „Barlovian cyberspace", „virtual reality" und den „Gibsonian cyberspace" (Featherstone/ Burrows 1995):

Barlovian Cyberspace

1. Die Vernetzung von Datenbanksystemen und Computern, das Internet und vergleichbare Netzwerkstrukturen werden nach dem Autor der Magna-Carta-Des-Internets, John Perry Barlow, als *Barlovian cyberspace* bezeichnet. Zum Barlovian cyberspace werden neben dem Internet Darstellungen von Computerspielen aus der Perspektive der Spielfigur auf zweidimensionalen Projektionsflächen (Monitor), Klicks auf Links, das Erstellen von Webseiten und blogs (online-Tagebücher), chats und Foren gezählt. Der Umgang mit cyberspace-Technologien, das vermitteln auch Namensgebungen, z.B. ‚Internet', erwecken den Eindruck vom räumlichen Netz. Räume entstehen durch die eigene Bewegung – die Auswahl eines Links durch die körperliche Aktivität des Klickens mit der ‚Maus' stellt die Verbindung zu anderen Räumen her, die nur durch ihre Darstellung auf dem Bildschirm als solche wahrgenommen werden können.

Virtual Reality

2. Mit dem Begriff *virtual reality* werden künstliche Visualisierungen charakterisiert, die eine simulierte Welt stereoskopisch und interaktiv erscheinen lassen. Diese künstlichen Welten sind sehr beschränkt, was ihre Reichweite und die Komplexität der Darstellungen angeht: Simuliert werden können nur Teile des Nahraumes, also Stadtteile, Landschaftsgebiete oder Gebäude. Mit der Weiterentwicklung der Computer- und Visualisierungstechnologie wächst der Simulationsumfang und die Komplexität, aber eine umfassende Nachbildung oder Neugestaltung scheitert an der Machbarkeit, da für jedes abgebildete Objekt, beispielsweise ganze Straßenzüge, komplexe geometrische, optische und haptische Daten vorliegen müssten. Das reale Umfeld durch eine visuelle Simulation komplett zu substituieren, ist sehr aufwendig, zumal der in dieser computergenerierten Bilderwelt interagierende Mensch von seiner physischen Umwelt möglichst wenig Sinnesreize erhalten soll, damit die Simulation nicht durch einen „Wirklichkeitsabgleich" entlarvt wird. Eine Weiterentwicklung der virtual reality simuliert daher nur das, was in der physischen Realität nicht vorhanden ist, aber hinzugefügt werden soll – der Begriff „augmented reality" wurde dafür geprägt. Ziel ist demnach die Addition visueller Artefakte bei der Wahrnehmung der Umwelt. Inzwischen können diese künstlichen Bilder, die sich mit denen der realen Umgebung überlagern, direkt auf die Netzhaut mit einem schwachen Laser geschrieben werden (Seefeldt 2004).

Gibsonian Cyberspace

3. Fiktionale Entwürfe werden in Anlehnung an Gibsons Roman Neuromancer als *Gibsonian cyberspace* bezeichnet, aufgrund ihrer eher fiktiv-narrativen Zukunftsvisionen aber in sozialwissenschaftlichen Diskursen nicht ernsthaft rezipiert. Gibsonian cyberspace benennt Versuche der systematischen Vermischung von Simulation und Realwelt. Dieses Unvermögen zu unterscheiden, das Phänomen des Simulacrum, wird zum wesentlichen Element der Charakterisierung.

Im Folgenden wird das Internet der Ebene des Barlovian cyberspace zugerechnet (und die Begriffe werden synonym verwendet), Visualisierungen, die über die im Internet übliche plane Darstellung auf einem Computermonitor hinausgehen, werden als virtual reality bzw. augmented reality bezeichnet. *Virtuelle Räume* oder *cyberspace* sind synonyme Überschriften für alle drei genannten Phänomene der Raumbildung durch Kommunikations-, Informationsverarbeitungs- und Visualisierungstechniken sowie fiktionale Entwürfe von Räumen, die an diese Entwicklungen phantasievoll anknüpfen.

2.3.1 Die Konvergenz zwischen virtuellen und realweltlichen Räumen

Virtuelle Räume sind, wie kaum ein anderes Forschungsfeld, von Prognosen, Zukunftsphantasien und -ängsten durchwoben. Zentrales Thema in Debatten um den cyberspace ist zunächst in der Frühphase der 1980er und 90er Jahre die Idee der *Substitution* realweltlicher Handlungsfelder durch eine zunehmende Virtualisierung (das heißt, das zeitweilige oder völlige Ersetzen realweltlicher Arrangements durch virtuelle Räume): Computernetzwerke sollen die menschlichen Akteure miteinander verbinden und insbesondere die räumliche Mobilität, also z.B. Pendeln zwischen Arbeitsplatz und Wohnung (die „typische" Trennung von Privat- und Berufsleben, vgl. auch Kapitel 1.3.2), überflüssig machen. Die Arbeit in der Informationsgesellschaft fände so mit Hilfe von Telearbeitsplätzen bequem von zu Hause aus statt, sodass eine Flexibilisierung der Arbeitszeiten und eine geringere räumliche Mobilität nötig sei, was ökologische, zeitliche als auch ökonomische Einsparungen ermögliche. In der vernetzten Informationsgesellschaft werde die Frage von Ort und Raum nur noch eine untergeordnete Rolle spielen, da über elektronische Netzwerke Standortgebundenheit aufgehoben werde – wenn auch nur mit Hilfe von Repräsentationen materieller Personen oder Gegenstände (vgl. dazu die Diskussion der global cities und die Notwendigkeit von face-to-face-Kommunikation der Entscheidungsträger der transnationalen Firmen in Kapitel 3.1.5). In der vernetzten Welt (der Zukunft) würden Videokonferenzen Geschäftsreisen überflüssig machen.

Computer oder internationale Datennetzwerke wie das Internet sind heutzutage weder aus der modernen industriellen Produktion noch aus Kommunikationskulturen mehr wegzudenken. Die durch sie erzeugten virtuellen Räume substituieren jedoch nicht die Alltagswelt (das heißt, sie nehmen keine Ersatzfunktion ein), sondern die moderne Gesellschaft ist durch eine *Konvergenz* realweltlicher und virtueller Räume gekennzeichnet. Daniela Ahrens (2003) zufolge steht das Internet zum realen Raum weder in einem Ausschließungs- noch in einem Konkurrenzverhältnis, sondern vielmehr werden über wechselseitige Kopplungsverhältnisse neue soziale Realitäten produziert. Diese sind nicht allein im Potenzial der technischen Infrastruktur angelegt, sondern entstehen auch und gerade in der Kommunikation. Die Trennung real/virtuell ist immer eine Konvention, das heißt, Menschen einigen sich im Prozess des Handelns darauf, was sie für „real" halten und was ihnen „virtuell" erscheint. Das Buch z.B., lange Zeit umkämpfter, für gefährlich und verführerisch erachteter Zugang zu virtuellen (imaginierten, nicht gegenständlichen) Welten, erscheint heute ganz „real". Was eine virtuelle Stadt und eine reale Stadt ist, scheint eindeutig bestimmbar. Dabei denkt niemand bei virtueller Stadt mehr an die Babylondarstellungen in Kirchengemälden, sondern an Informations- und Kommunikationsplattformen im Internet (z.B. das virtuelle Rathaus: Online-Formulare, Infos zur Stadt und Events, vgl. Floeting 2004) oder auch an Städtesimulationen z.B. in Spielen.

Zwei räumliche Phänomene, die (Pilger)Reise und die Stadt, eignen sich gut, um die Konvergenz von Raumerfahrungen in realen und virtuellen Räumen zu verdeutlichen. Religion wird nicht selbstverständlich mit elektronischen Datennetzen und Anzeigen auf Computerbildschirmen in Verbindung gebracht. Die rationelle, technische und schnelllebige Welt der elektronischen Realität und die emotionalen, spirituell-transzendentalen Vorstellungen, an die Religion gebunden sind, scheinen einander diametral

Substitution

Konvergenz

Religion im Cyberspace

gegenüberzustehen. Dennoch wird das Internet als Kommunikations- und Präsentationsplattform von Glaubensgemeinschaften genutzt und auch „Heilige Orte" finden sich im Netz. Zur Systematisierung unterscheidet Anastasia Karaflogka (2002) daher zwischen *religion in cyberspace* and *religion on cyberspace*. Die letztere Kategorie umfasst Informationsangebote jeglicher Art über Religion, die sich auch in der realen Welt finden, ungeachtet von wem diese Informationen im Internet angeboten werden. In diesem Sinne wird das Internet als Kommunikationsmittel („tool") verwendet (Karaflogka 2002: 285). Mit cyberreligion, also religion in cyberspace, hingegen bezeichnet sie den Gebrauch des Internets als Umgebung, in der exklusiv religiöse, spirituelle oder metaphysische Gedanken geäußert und diskutiert werden können. Cyberreligion beinhaltet auch postmoderne, teilweise zynische Auseinandersetzungen mit religiösem Gedankengut und etablierten Institutionen, z.B. das Onlinemagazin und die community „Ship of Fools" (http://shipoffools.com/), die auch einen virtuellen Kirchenbesuch in der „Church of Fools" (http://churchoffools.com/) anbieten.

Pilgerfahrt   Die *virtuelle Pilgerreise* ist ein Spezialfall der Religion im cyberspace. Mit dem Begriff „virtuelle Pilgerreise" werden Internetangebote bezeichnet, die eine Simulation einer Pilgerreise ermöglichen. Während Mekka nur für gläubige Muslime zugängig ist, kann jede(r) dessen symbolische Repräsentation im Netz „betreten". Mark MacWilliams beschreibt das Internet in diesem Zusammenhang nur als eine weitere Entwicklungsstufe der Kommunikationstechnologie, die seit Steininschriften zunehmend mobiler und dematerialisierter erfolgt. Die Trennung real-virtuell sei in der christlichen Tradition angelegt (MacWilliams 2002: 317) und konkret seien virtuelle Pilgerreisen lange vor dem Internet erfolgt: Papst Innozenz XII (Antonio Pignatelli, 1615-1700; Papst von 1691-1700) erklärt im 17. Jahrhundert die Pilgerreise, die anhand der bildlichen Darstellung den Leidensweg Christi nachvollzieht, mit der Pilgerfahrt nach Jerusalem im Hinblick auf die Vergebung der Sünden für gleichwertig (MacWilliams 2002: 318). Selbst Papst Johannes Paul II. (Karol Józef Wojtyła, 1920-2005, Papst von 1978-2005) nutzt die Möglichkeiten einer virtuellen Pilgerfahrt, als ihm die Reise nach Ur im Irak, dem vermutlichen Geburtsort Abrahams, vom damaligen Machthaber Saddam Hussein nicht gestattet wird (im Detail: MacWilliams 2002).

Eine virtuelle Pilgerreise unterscheidet sich von einer „echten" Pilgerreisen durch die Körpererfahrung. Während in der Simulation die Wahrnehmungsqualitäten auf visuelle und auditive Erlebnisse beschränkt bleiben, ist in der körperlichen Bewegung des Reisens das Fühlen, Riechen und ggf. auch das Schmecken beteiligt. Dennoch muss die Kontrastierung der Erfahrung historisch relativiert werden. Der Charakter einer solchen Reise verändert sich auch durch die Modernisierung der Transportmittel: War der Weg (mit all seinen Strapazen und Risiken, die in Kauf genommen werden mussten) auch ein Teil des Ziels selbst, kann man heute die Fahrt oder den Flug bequem online buchen (inklusive Reiserücktritts- und Auslandskrankenversicherung) und komfortabel und schnell anreisen. Insofern verändern nicht nur moderne Kommunikations-, sondern auch Transporttechnologien die Orientierungsanforderung in Bezug auf Räume und Zeitabfolgen. Das Gefühl für Nähe und Ferne wandelt sich.

Städte im Netz   Das Doppelleben der Städte im Netz und im materiellen Raum ist im Vergleich zur virtuellen Reise sehr viel alltagsrelevanter. Städte werden im Internet

- zur Simulation städtischen Zusammenlebens im Spiel (vgl. die Spiele SimCity 1-4, The Urbs von Electronic Arts),
- als Forschungsfeld zu neuen Formen politischer Partizipation und technischer Realisierbarkeit,

- zur Analyse von virtuellen Vergemeinschaftungsformen auf der Basis elektronischer Fernkommunikation oder
- als ästhetisches Experimentierfeld genutzt.

Ihre Nutzung erfolgt als Teil alltäglicher Handlungen (für Fallstudien vgl. van den Besselaar/Koizumi 2005). Kommunikations- und Informationstechnologien wie das Internet, früher Bildschirmtext (BTX), überschneiden sich auf diese Weise mit städtischer Praxis. Die lokale Einbindung der kommunalen Verwaltung verändert sich, da Angebote der „virtuellen Rathäuser" global abgerufen werden – das schließt die Selbstdarstellungen der Städte mit ein.

Die virtuelle Selbstdarstellung von realweltlichen Städten im World Wide Web (Ebene des Barlovian cyberspace) nimmt seit Mitte der 1990er Jahre stark zu. Während heute jede Großstadt in der Bundesrepublik Deutschland über einen Internetauftritt verfügt, sind 1990 noch weniger als ein Drittel dieser Großstädte über einen Domainnamen erreichbar (vgl. Floeting 2004). Die Imagearbeit in Broschüren und Werbeprospekten wird heute um interaktive Angebote, die Stadtinformationssysteme, erweitert. Die Interaktivität bezieht sich dabei sowohl auf Recherchemöglichkeiten (beispielsweise nach Kindertagesstätten, Schulen oder kulturellen Veranstaltungen) als auch auf E-Mail-Kommunikation bei Verwaltungsvorgängen. Holger Flöting weist jedoch darauf hin, dass die Kommunikation noch häufig von Medienbrüchen gekennzeichnet ist, wenn z.B. Formulare online abgerufen werden können, aber dann als Papierausdruck wieder eingereicht werden müssen (Floeting 2004: 82f.). Weitere Möglichkeiten der Interaktivität berühren vor allem Bereiche wie Kulturangebote (Kartenreservierung und Buchung online) oder touristische Aspekte wie die Suche nach Übernachtungsmöglichkeiten, interaktive Stadtpläne, Anreisemöglichkeiten oder virtuelle Führungen zu den Sehenswürdigkeiten der jeweiligen Stadt. *Dienstleistungen*

Auf kommerzieller Seite werden „elektronische Märkte" installiert, die von einfachen Branchenverzeichnissen bis hin zu aufwendigen Versuchen, ortsbezogene Dienstleistungen zu vermitteln (Umgebungssuche, z.B. nach Wohnraum) reichen. Marc Ries (2006) fasst die Internetpräsentationen von Städten systematisierend zusammen: *Elektronische Marktplätze*

1. Selbstdarstellung:
   - als Demonstration der Verwaltungskomplexität und
   - als Funktionsdifferenzierung des Urbanen (Wirtschaft, Arbeitsmarkt, Kultur, Geschichte der Stadt, Orientierung und Fortbewegung sowie Wohnen und Leben)
2. Handlungsmöglichkeiten:
   - Orientierungen (Zuständigkeiten, Institutionenvielfalt, Verwaltungsprozedere)
   - Wissen (z.B. angebotene Leistungen)
3. Handlungsanleitungen (z.B. konkrete Problemlösungsstrategien, Handlungsempfehlungen)

Durch den Grad der Interaktivität werden die Möglichkeiten der Navigation und somit auch der Wahrnehmung der virtuellen Darstellung der Stadt vorstrukturiert. Die Wahrnehmung einer Internetseite und Analyse der Navigationsstruktur zeigen Jo Reichertz und Nadine Marth an der Interpretation der Homepage einer Unternehmensberatung (Reichertz/Marth 2004). Eine „Virtualisierung" von Verwaltungsvorgängen allein macht diese weder transparenter noch leichter zugänglich. Trotz aller Interaktivität und zunehmender Komplementarität von on- und offline-Medien folgen Stadtdarstellungen im Internet immer noch traditionellen „top-down"-Kanälen. Nur gelegentlich sind Foren oder Gästebücher vorgesehen, in denen virtuelle BesucherInnen ihre Eindrücke und *Virtualisierung von Verwaltungsvorgängen*

Meinungen publizieren können. Zweifelsohne ist der leichtere Zugang zu Informationen über und von Institutionen der städtischen Verwaltung zu kulturellen, sportlichen oder touristischen Attraktivitäten, zu Bildungsinstitutionen oder karitativen Einrichtungen über das Medium Internet für viele BürgerInnen von Vorteil. Dabei darf jedoch nicht vergessen werden, dass der Zugang zum Internet soziodemografisch und regional ungleichmäßig verteilt ist. So sind zwar über die Hälfte der Bundesbürger online, diejenigen, die das Internet jedoch nicht nutzen, sind mehrheitlich weiblichen Geschlechts und verfügen über eine formal geringe Bildung und ein niedriges Einkommen (ausführlich: (N)onliner Atlas 2006).

Für eine umfassendere Einbeziehung von Akteuren aus allen gesellschaftlichen Bereichen muss auch „das technische Leitbild der ‚telematischen Stadt' um ein gesellschaftliches Leitbild ergänzt werden (…) Das Leben in den Städten und Gemeinden wird durch die verstärkte Nutzung des Internets nicht ‚ortlos', sondern ‚neu verortet'" (Floeting 2004: 89). Auch Alessandro Aurigi (2000: 40ff.) kritisiert als einen schwachen und hilflosen Versuch, reale soziale urbane Probleme lediglich durch die Bereitstellung von Technologie lösen zu wollen.

Digitale Städte Im Unterschied zur Internetdarstellung realer Städte im WWW ermöglichen digitale Städte darüber hinausgehende Interaktionen zwischen den NutzerInnen sowie auch deren gegenseitige Wahrnehmung im virtuellen Raum: Sie greifen auf das World Wide Web als vernetzte Sammlung von Dokumenten zurück und erweitern es um interaktive Elemente, die die Anwesenheit und die Handlungen der NutzerInnen für andere (virtuell) Anwesende sichtbar machen sollen, wie Chatmöglichkeiten, Diskussionslisten oder Foren für den Austausch von Informationen analog den „schwarzen Brettern" realweltlicher Institutionen (vgl. z.B. Börner 2002: 257f.).

Generell lassen sich vier Motive digitaler Städte ausmachen (vgl. Aurigi 2000):

1. *ökonomische* (Unterstützung der lokalen Wirtschaft durch die Möglichkeit der eigenen Präsentation, Kundenkontakte, Vernetzung mit Dienstleistern);
2. *demokratische* (Erleichterung des Zugangs via Internet, Verbesserung der Kommunikation zwischen RepräsentantInnen und EinwohnerInnen);
3. *diskursive* (Schaffung öffentlicher, virtueller Kommunikationsorte);
4. *organisatorische* (neue Formen der Stadtverwaltung, bürgernahe Dienstleistungen).

Die Integration der NutzerInnen geschieht dabei über ein virtuelles Alter-Ego, einen Avatar, der in der Regel aus vorgegebenen visuellen Darstellungen gewählt wird, aber weder dem Geschlecht noch dem Alter oder gar Aussehen des realen Nutzers entsprechen muss. Über diese digitale Repräsentation können die NutzerInnen virtueller Welten, zu denen auch digitale Städte zählen, Informationsangebote nutzen, miteinander in Kontakt treten oder auch die räumlichen Anordnungen der digitalen Welt selbst verändern: Der Kauf und die Nutzung virtueller Grundstücke ist möglich, die sich nach Belieben mit Schneelandschaften, Palästen oder auch schwebenden Häusern versehen lassen. Erworben werden können die virtuellen Grundstücke von ebenfalls virtuellen Developern, die Gärten, Hügel und Flüsse anlegen sowie die Vegetation verteilen (vgl. das Onlinespiel „Second Life") und an speziellen Orten auf die strikte Einhaltung der Gestaltungsregeln achten. Die Nutzung von Bibliotheksdiensten im Rahmen einer visuell simulierten digitalen Bibliothek ist denkbar, bei der die NutzerInnen ihr virtuelles Erscheinungsbild nach berühmten SchriftstellerInnen oder ForscherInnen wählen und private Rückzugsbereiche im öffentlichen, virtuellen Raum der Bibliothek finden, um über die zusammengetragenen Informationen zu diskutieren. Die Darstellung der Bibliothek orientiert sich wiederum an der dreidimensionalen Darstellung, die aus First-Person-Games bekannt ist (Christoffel/Schmitt 2002).

Die meisten digitalen Städte sind der Ebene des Barlovian cyberspace zuzurechen, auch wenn es Grenzfälle zur Ebene der virtual reality gibt, wenn aufwändige grafische Darstellungen genutzt werden und eine künstliche Umgebung simuliert wird.

Aufgrund der Schnelllebigkeit des interaktiven Mediums „Internet" stellt sich die Frage, ob nicht eine Art „Denkmalschutz" für digitale Städte sinnvoll ist, damit deren Entwicklung nicht nur in der Gegenwart beobachtet, sondern auch retrospektiv noch betrachtet werden kann – einige der in der Literatur als Fallbespiele beschriebenen digitalen Städte existieren inzwischen nicht mehr.

Im Unterschied zu den digitalen Städten wie sie hier beschrieben wurden, dienen *digitale Stadtmodell*e der präzisen Simulation einer realen Stadt zu Planungs-, Werbe- oder Marketingzwecken oder der Ausbildung von Sicherheitskräften und werden weitgehend automatisiert erstellt: Mit großem technischem Aufwand werden komplexe Fassaden historischer Gebäude in ihrer geometrischen Struktur digitalisiert sowie die geografische Lage des Gebäudes erfasst. Digitale Stadtmodelle werden in fünf Detaillierungsgraden (Level of Detail, LOD) erstellt, bei denen die Auflösung von fünf Metern bis auf wenige Zentimeter ansteigt. Die Lage eines Fensters in einem städtischen Gebäude in der höchsten Auflösung mit einer Lagegenauigkeit von etwa 20 cm angegeben werden kann. Solche hochpräzisen digitalen Modelle werden vor allem zur Darstellung von Innenräumen und in der Architektur verwendet, etwa, wenn ein Gebäude vor der Erstellung bereits virtuell besichtigt werden kann. Einfachere Auflösungen reichen für stadtplanerische oder ökologische Zwecke, etwa zur Abschätzung der innerstädtischen Luftzirkulation (vgl. Brenner/Kolbe 2005). Für Berlin existiert eine kommerzielle Version eines digitalen Stadtmodells, mit der sich virtuelle Spaziergänge oder auch Flüge durch die Innenstadt simulieren lassen. Auch der Verlauf der Berliner Mauer mit Todesstreifen kann eingeblendet werden und veranschaulicht so, wo sich im Modell erfasste Gebäude und ehemaliger Mauerverlauf überlagern – was als Mahnmal in der Realität nicht umsetzbar wäre.

Städtisch-räumliche Phänomene im virtuellen Raum (Barlovian cyberspace und virtual reality) spielen nicht nur als Komplementärarrangements zu realweltlichen Stadt- und Raumerfahrung eine wichtige Rolle, sondern die Stadt bildet häufig das Modell für community-Bildung im Internet. Die Begriffe „Gemeinschaft" und „community" bezeichnen dabei jedoch Unterschiedliches: Community wird derart inflationär verwendet, dass mit dem Begriff eigentlich nur auf die Selbstbeschreibungen von Onlineangeboten Bezug genommen werden kann: Jeder chat, jede Kommunikationsmöglichkeit wirbt für sich mit diesem Begriff. Eine Gemeinschaft im soziologischen Sinn ist damit jedoch noch nicht entstanden. Wie Winfried Marotzki (2003) durch seine Online-Ethnografie empirisch herleitet, können virtuelle Gemeinschaften anhand von acht Merkmalen im Kern definiert werden, wovon das zentrale ist, dass virtuelle Gemeinschaften einer *Leitmetapher* folgen, welche in der Regel räumlich gebildet wird: häufig die einer Stadt, einer Bibliothek, eines Zimmers etc.

Abbildung 2.3.1a: Quelle: www.funcity.de (Zugriff 4.9.2006)/Virtuelle Community mit Stadtcharakter, Bildschirmfoto

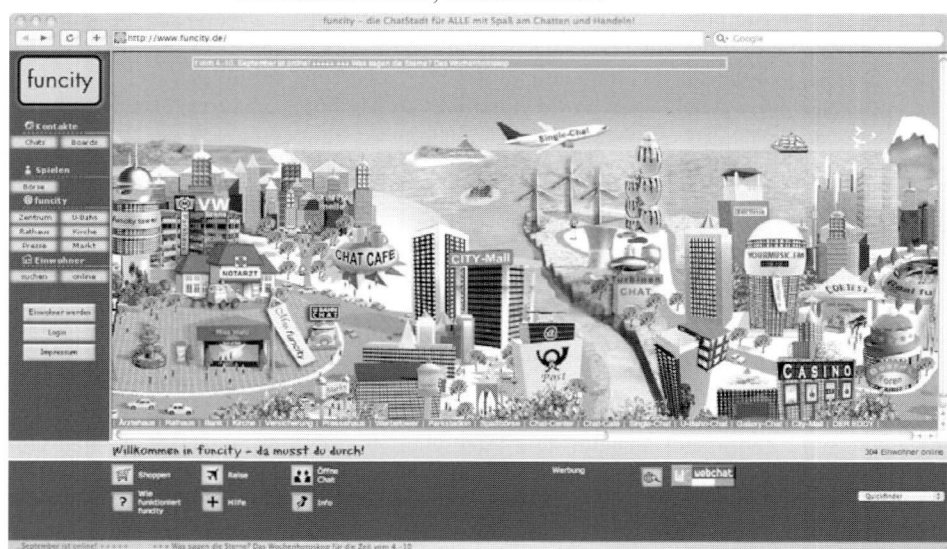

Mit dieser Entscheidung folgen weitere Strukturierungen, die die „Gestalt" und die Nutzungs- sowie Interaktionsmöglichkeiten ausrichten. Bei einer Stadt-Metapher beispielsweise wird häufig ein an öffentlichen Nahverkehr angelehntes Navigationssystem benutzt:

Abbildung 2.3.1b: Quelle: www.funcity.de (Zugriff 4.9.2006)/Virtuelle Community mit Stadtcharakter, Navigationssystem

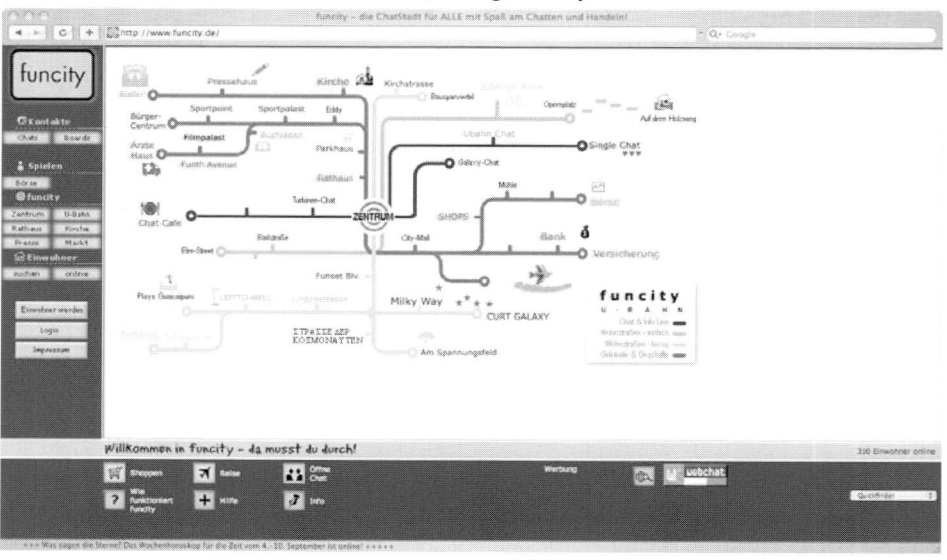

Die Möglichkeiten der Mitglieder einer virtuellen Gemeinschaft miteinander in Kontakt zu treten, bezeichnet Marotzki als *Kommunikationsstruktur*. Sie ist vor allem technischer Natur (chat, mail, board oder Forum, SMS etc.), bewirkt aber dadurch eine Strukturierung der sozialen Kommunikation. Ein chat setzt zur Partizipation die gleichzeitige Anwesenheit der Kommunikationspartner in der virtuellen community voraus, zeitunabhängig dagegen funktionieren E-Mail und Foren. Insbesondere dann, wenn die Mitglieder der virtuellen Gemeinschaft in unterschiedlichen Zeitzonen agieren, wirkt die Kommunikationsstruktur selektiv. Für virtuelle Gemeinschaften muss weiterhin ein *Regelwerk* existieren, das den Zugang bestimmt – je nach Art der Gruppe wird so eine unterschiedlich stark ausgeprägte Exklusivität erreicht (z.B. Selbsthilfe- oder therapeutische Gemeinschaften), sowie ein Gratifikationssystem (Anreize zur aktiven Teilnahme; Versuch der Bindung an die Gemeinschaft) und ein Sanktionssystem mit dem Ziel, die virtuelle Gemeinschaft (oder Teile von ihr) vor Missbrauch und Störungen zu schützen. Die *soziografische Struktur* wird zum Teil durch das Regelwerk hervorgerufen, indem eine Hierarchisierung sozialer Positionen durch unterschiedliche Kompetenzen, Aktivitäten, Rechte und Pflichten oder Anerkennung innerhalb der Gemeinschaft erzeugt wird. Die *Informationsstruktur* einer Gemeinschaft, also die Frage, wer wen wie mit Informationen versorgt, kann ebenfalls unterschiedliche Komplexitätsgrade erreichen, von einfachen Linksammlungen bis hin zu komplexen Datenbanken oder räumlichen Metaphern der Präsentation von Informationen („Presseraum"). In der Gemeinschaft präsentieren sich die Mitglieder mit ihrer gewählten Identität, die angefangen von der Wahl des Nicknames bis hin zum Geschlecht, Alter, Bildern, Hobbies und weiteren privaten Angaben entworfen werden kann. Die *Präsentationsstruktur* der Gemeinschaft ermöglicht neben der an Karteikarten erinnernden Darstellung der individuell konstruierten Identität auch private Homepages oder halböffentliche oder geschlossene Kommunikationsbereiche, die sich bisweilen wiederum an Stadtmetaphern orientieren, wenn Wohnungen oder Zimmer als private Nischen konzipiert sind. Politische Partizipation kann in virtuellen Gemeinschaften unterschiedliche Grade von einfachen Vorschlägen bis hin zu komplexen Simulationen demokratischer Repräsentationen aufweisen – von Winfried Marotzki (2003) als *Partizipationsstruktur* bezeichnet. Sie entscheidet auch, inwieweit die Gemeinschaft durch ihre Mitglieder wandelbar ist. Das letzte Strukturmerkmal ist das *Verhältnis online-offline*, das Möglichkeiten der Kontaktaufnahme außerhalb der virtuellen Gemeinschaft vorsieht, indem Nachrichten an Mobilfunktelefone oder externe Mailadressen verschickt werden können bzw. eine geografische Angabe bei den Identitätsprofilen der Mitglieder vorgesehen ist. Auch Serviceangebote kommerzieller Natur, die ortsbezogene realweltliche Dienstleistungen offerieren, gehören zu diesem Strukturmerkmal (Sparkassen oder Banken, Einkaufsmöglichkeiten) und dienen der Finanzierung der community.

Virtuelle Gemeinschaften und *digitale Städte* bezeichnen nur dann das gleiche empirische Phänomen, wenn kommunikative und partizipative Elemente integriert sind und die Leitmetapher „Stadt" nicht nur aufgeführt, sondern auch *konsequent* umgesetzt ist. Da die Entscheidung für eine Leitmetapher die weitere „virtuelle" Konzeption vorstrukturiert, muss eine virtuelle Stadt auch über eine urbane Infrastruktur wie Verkehrsmittel als Navigationsmetapher verfügen und „typische" Gebäude wie Stadtverwaltung oder Bibliothek vorhanden sein. Virtuelle communities und virtuelle Gemeinschaften befinden sich auf der Ebene des Barlovian cyberspace.

Virtuelle Gemeinschaften werden durch die rasche Expansion der Internetnutzung, gerade der Jugendlichen, an Bedeutung zunehmen, wobei allerdings von einem konvergenten Nutzungsverhalten realer wie virtueller Gruppen ausgegangen werden kann.

2.3.2 Virtuelle Ökonomie

Virtuelle Räume existieren zwar „neben" realweltlichen Räumen, sie unterliegen aber vergleichbaren sozialen Strukturierungen. Am Beispiel des Verkaufs von virtuellen Gegenständen oder Eigenschaften soll im Folgenden aufgezeigt werden, wie auch in den Räumen des Spiels...

- ... Kapital und Zeit konvertierbar sind (Bourdieu 1991a). Wer über Zeit verfügt, kann diese einsetzen, um Gewinn zu erzielen. Wer keine Zeit zum Spielen hat, kann Spielfiguren oder wichtige Accessoires (Items) kaufen,
- ... Angebot und Nachfrage global organisiert werden,
- ... die soziale Welt des Spiels von ökonomisch motivierten Regulativen durchzogen wird.

Rollenspiele, MMORPG

Rollenspiele, an denen Hunderte von SpielerInnen gleichzeitig über das Internet vernetzt teilnehmen, erfreuen sich großer Beliebtheit und sind meist im Bereich des Fantasy-Genre angesiedelt (Massively Multiplayer Online Role-Playing Game, MMORPG). Die SpielerInnen können zwischen verschiedenen Charakteren wählen und im Laufe des Spiels diesen weitere Eigenschaften (z.B. durch Erfahrungen, die im Laufe des Spiels gewonnen wurden) hinzufügen oder seltene und nützliche Gegenstände sammeln. Der Aufwand und die Zeit, die dabei eingesetzt wird, kann als Ressource unterschiedlich investiert werden. Wer nur über wenig (freie) Zeit aber genügend ökonomisches Kapital verfügt, könnte so schneller zu einer begehrten Spielfigur (das heißt, einem Account zu diesem Spielcharakter des jeweiligen Rollenspiels) oder wichtigen Items gelangen.

Der Markt, der hier entsteht, verwischt die Grenzen zwischen „realer" Ökonomie, in der mit dem Verkauf der Computerspiele und dem Unterhalt der Spieleserver Geld verdient wird und einer „virtuellen" Ökonomie, bei der für Gegenstände oder soziale Positionen, die nur in Computersimulationen (Spiele, VR-Welten) existieren, „echtes" Geld geboten wird.

Die Geschäftsmodelle der Betreiber von Online-Spielewelten sehen neben dem Verkauf der Software ein monatliches Abonnement (in der Regel 10 bis 15 Euro) vor, um am Spielgeschehen teilnehmen zu können. Den realweltlichen Handel mit Gegenständen, die nur in den jeweiligen Spielwelten verwendbar sind, haben sie jedoch nicht vorgesehen – und sehen die Umsätze auf diesem stark prosperierenden Markt als Gewinneinbrüche an: Die Abonnement-Modelle setzen auf Zeit, die für das Spiel und die Absolvierung von Aufgaben darin vorgesehen sind. Wenn die zum erfolgreichen Absolvieren des Spiels benötigten Gegenstände, Kenntnisse oder Fertigkeiten einfach durch Geldeinsatz erworben werden können, muss konsequenterweise wesentlich weniger Zeit auf dem Spieleserver bezahlt werden. Dieser sekundäre Markt wurde von den SpielerInnen selbst kreiert und inzwischen werden die begehrten virtuellen items professionell erspielt. In „virtuellen sweatshops" in Niedriglohnländern arbeiten SpielerInnen, die 10 Stunden und mehr am Tag Online-Rollenspiele spielen und die erspielten Fähigkeiten oder Gegenstände anschließend online versteigern oder zum Kauf anbieten. Mehrere hundert Euros für seltene items und bis zu tausend Dollar für einen kompletten Account werden derzeit bezahlt (vgl. Lober/Weber 2005; Thompson 2005). „Virtual item trading" als Loslösung ökonomischer Aspekte von materiellen Gütern wirft Fragen nach Rechten an virtuellen Gegenständen (Eigentum oder Nutzungserlaubnis) sowie nach dem Status eines Kaufvertrags über jene Gegenstände auf: Nach deutschem Recht sind virtuelle Gegenstände keine „Sachen im Sinne von körperlichen Gegenständen, sondern abgrenzbare Teile eines Spiels, also eines Computerprogramms. Was zwischen

Virtuelle Sweatshops

den Spielern beim Verkauf von virtuellen Items abgeschlossen wird, ist dennoch eine Art Kaufvertrag – aber nicht über eine Sache, an der Eigentum verschafft werden müsste, sondern über einen nichtkörperlichen Gegenstand, genauer gesagt über die Möglichkeit der Nutzung eines virtuellen Items in einem bestimmten Spiel" (Lober/Weber 2005: 180).

Trotz der investierten Zeit und Mühe, eine Spielfigur „aufzubauen", das heißt, mit gewinnbringenden Fähigkeiten basierend auf Erfahrungen und nützlichen Gegenständen auszustatten, können die SpielerInnen selbst keine *Urheberrechte* an den erspielten Gegenständen geltend machen – die Hersteller jedoch auch nicht (Lober/Weber 2005).

Edward Castronova (2003) weist auf grundlegende Unterschiede von realen und virtuellen Märkten hin, die Auswirkungen auf die Frage ihrer Steuerbarkeit haben. In virtuellen Welten können bestehende Güter ohne größeren Aufwand modifiziert, nachproduziert oder eingezogen sowie neue Items bereit gestellt werden. Die Anpassung der angebotenen Güter an die Nachfrage ist also weitgehend kostenneutral – ein wesentlicher Unterschied zur realen Ökonomie, der den Spieleherstellern im virtuellen Raum eine Marktmacht verleiht, die im realweltlichen bezogen auf materielle Gütern in der Form nicht erreichbar ist.

2.3.3 Räumliche Kontrolllogiken

Einen ähnlichen Prozess der Regelung virtueller Welten über etablierte Logiken zeigt sich im Feld sozialer Kontrolle. Räumliche Kontrolllogiken haben als Überwachung territorial organisierter Räume in Form von Grenzziehungen eine lange Tradition – von der Stadtmauer bis hin zur Videoüberwachung öffentlicher Orte, den Grenzen zwischen Nationalstaaten oder dem gezielten Ausschluss von Personen oder Gruppen über Betretungs- oder Versammlungsverbote (vgl. dazu Kapitel 3.3). Der Barlovian cyberspace dagegen wird zunächst als grenzüberschreitende Freiheit gefeiert. Die Räume, die durch das Internet entstehen, scheinen sich in erster Linie dadurch auszuzeichnen, dass nicht nur geografische Grenzen irrelevant werden, sondern auch Grenzziehungen durch soziodemografische Aspekte (Geschlecht, Alter) oder aufgrund eigener Identität in den Hintergrund treten, es sich um Prozesse der Enträumlichung und Entgrenzung der Gesellschaft handle (vgl. zusammenfassend Schroer 2006: 352). Jedoch gehen mit dieser Entwicklung andere Grenzziehungen einher. Allein der Versuch, Herrschaftsansprüche aus dem cyberspace als gesellschaftliche Utopie auszuschließen, wie dies in der „Magna Carta des cyberspace" (Barlow 1996) formuliert wird, geht mit einer Grenzziehung einher (vgl. dazu auch Schroer 2006: 260). Für die Frage nach räumlichen Herrschafts- und Kontrollansprüchen ist sie eine doppelte. Sie kann sich an einem substantialistischen Raumbegriff orientieren und Grenzziehungen territorial organisieren oder einem relationalen Verständnis folgend die Bezugnahmen, über die Räume konstituiert werden, in den Mittelpunkt stellen. Diese Dualität ist offensichtlich problematisch, wenn über Phänomene des cyberspace diskutiert wird und Lösungen für Probleme wie Kriminalität und Kontrolle des Informationsaustausches gesucht werden. In dieser dualen Struktur ist konzeptionell ein Konflikt beider Raumlogiken bereits angelegt.

Magna Carta

Man kann zwischen einer *substanziellen* und einer *relationalen Kontrolllogik* unterscheiden. Für die substanzielle gilt: Virtuelle Räume, die durch das Internet entstehen, sind von ihrer Konzeption her zwar relational, aber über vielfältige Vermittlungen (u.a. technisch-infrastrukturelle) in territorial fixierte räumliche Strukturen eingebunden. Das relationale Netzwerk ist nicht ortlos, sondern über seine physikalisch-techni-

Substantielle Raumlogik

sche Struktur in Form von Infrastruktureinrichtungen, deren geografische Lage angebbar ist, „geerdet". Diese Struktur wird z.B. von www.cybergeography.com vielfältig visualisiert; sie war im Hinblick auf den Entstehungskontext des heutigen Internets als militärische Kommandostruktur für den Fall von Nuklearkriegen dezentral ausgelegt, hat sich jedoch davon erheblich gelöst. Heute sind einige Teile des Internets nicht mehrfach redundant mit dem Rest des Netzes verbunden (direkt oder indirekt), sondern verfügen nur über wenige Austauschpunkte mit dem Rest des „Netzes"; fallen diese aus, brechen ganze Teile des bekannten Internets weg (vgl. z.B. van Buuren 2001, Cheswick/Burch/Branigan 2000).

Territoriale Bindung des Netzes

Die Infrastruktureinrichtungen, die dieses Datennetz erst ermöglichen, sind somit über ihren Standort in räumliche wie juristische Strukturen des Realraumes integriert. Die technische Infrastruktur ist unterschiedlichen nationalen Rechts- und Kontrollsystemen unterworfen mit der Konsequenz, dass sich die Einflussbereiche, typischerweise national organisierte Rechtsnormen, in diese virtuellen Räume einlagern. Der freie Informationsfluss wird wieder geografisch-territorial rückgebunden. Beobachtet werden kann dies an unterschiedlichsten Arten von Zensurbestrebungen (vgl. dazu die Jahresberichte der „Reporter ohne Grenzen" http://www.reporter-ohne-grenzen.de oder Stegeman 2004). Hierzu zählen Bemühungen, die unerwünschten Informationen aus dem Kommunikationsstrom herauszufiltern und so ein Territorium (z.B. die VR China oder den Iran) von regierungskritischen Kommunikationsinhalten freizuhalten. So wird verhindert, dass missliebige Informationen aus dem relational konstituierten Raum des Internets von einem festlegbaren Territorium aus abrufbar oder auffindbar sind. Dies kann auch in Form von Beschränkungen der Ergebnisse von Suchmaschinen erfolgen oder generell bei der Anbindung des nationalstaatlichen „Internets" an das weltweite Datennetz.

Der Rückschluss vom virtuellen Raum (Internet) auf die territoriale Einbindung desselben ermöglicht eine relativ genaue geografische Zuordnung derjenigen, die an diesem Kommunikationsraum teilnehmen. Die Adressbereiche der Zugangsprovider, ihre geografische Lage und die institutionelle Zugehörigkeit sind weitgehend bekannt, so dass jede/r TeilnehmerIn die Route, über die eine Information durch den relationalen Datenraum aktuell übertragen wird, nachvollziehen kann. Grafisch aufbereitet, zeigen entsprechende traceroute-Programme Anfangsort, Vermittlungsstellen und Zielort der aktuell laufenden Verbindungen (z.B. Abruf einer Webseite) auf einer Karte an. Über diese Zuordnung können nationalstaatliche Grenzen im virtuellen Raum neu errichtet werden.

Aber auch die Darstellung von Firmen, Organisationen oder Regierungen kann über diese „Erdung" – die Georeferenzierbarkeit – für virtuelle Besucher aus unterschiedlichen Teilen der Erde angepasst werden. Auch die Marktforschung nutzt den Informationsaustausch, um nach regionalen Kriterien Produkte zu analysieren. Sogar die illegale Bereitstellung von Musikstücken in Tauschnetzwerken wird so länder-, ja sogar stadtspezifisch ausgewertet. Die kartografische Repräsentation getauschter beliebter Musikstücke oder Videos nach Stadt in Echtzeit ist nur eine Frage des Budgets (ausführliche Diskussion bei Krüger 2004).

Relationale Kontrolllogik

Wenn nicht die nationalstaatlichen juristischen Zugriffe auf einzelne Standorte der Kommunikationsinfrastruktur, sondern die Kommunikation selbst im Zentrum der Macht- und Kontrollansprüche steht, wird die eigentliche „Qualität" des virtuellen Raumes dadurch erfasst. Das, was diesen relationalen Raum im Grunde aufspannt, die computervermittelte Kommunikation, der Informationsaustausch, der Menschen nicht mehr auf die gleichzeitige Anwesenheit an einem Ort verpflichtet, wird von den neuen *relationalen Kontrolllogiken* erfasst. So wird beispielsweise in der „Information Operations Roadmap" des Pentagon „das Netz" mit einem feindlichen Waffensystem verglichen, das es zu bekämpfen gilt (Department of Defence 2003: 6 und 45). Auch in Europa gibt es Bestrebungen, die Kontrollzugriffe auf das Internet derart zu gestalten, dass es zum „Feindesland für Terroristen" wird (Rötzer 2006). Das zentrale Charakteristikum relationaler Kontrolllogiken ist daher die Beobachtung der Kommunikation – oder gleich präventiv ihre Speicherung.

Die Beobachtung der E-Mail-Kommunikation wurde z.B. bei amerikanischen Providern durch das Carnivore-System gelöst (Corinth 2000), in Deutschland sind Provider mit mehr als 1000 Kunden seit dem 1. Januar 2005 gesetzlich verpflichtet, entsprechende Abhörschnittstellen bereitzuhalten (vgl. zur Kommunikationsüberwachung auch Moechel 2001). Am 14. Dezember 2005 verabschiedete das Parlament der EU ohne großes Medienecho einen Richtlinienentwurf der EU-Justizminister (vom 2. Dezember 2005) zur Vorratsdatenspeicherung aller im Bereich der Telekommunikation anfallenden Vermittlungsdaten – die Inhalte der Kommunikation sind davon (zunächst) jedoch ausgenommen. Erfasst und für mindestens sechs Monate gespeichert werden sollen alle Daten, die Aufschluss darüber geben, wer KommunikationspartnerInnen sind, wann sie wie lange von wo aus und womit kommuniziert haben. Das betrifft sowohl die sprachliche Kommunikation von Menschen miteinander per Festnetz, Mobilfunk oder Internettelefonie (VoIP, Voice over IP), als auch textbasierte wie SMS, E-Mail und chat, oder allgemein den Datenaustausch über Tauschnetzwerke (vgl. Europäisches Parlament 2005). Festgehalten werden diese Informationen pauschal für alle 450 Millionen EU-BürgerInnen, um im Falle von Straftaten, die mit Hilfe des Internets oder der Telekommunikation begangen werden, auch rückblickend ermitteln zu können. Die Zweckbindung dieser pauschalen und verdachtsunabhängigen Speicherung sieht im EU-Entwurf die Begrenzung auf schwere Delikte wie organisierte Kriminalität und Terrorismus vor. Der Antrag der SPD- und CDU-Fraktionen an den Bundestag vom 7. Februar 2006, diese EU-Richtlinie zügig umzusetzen, sieht diese Beschränkung schon nicht mehr vor, ebenso das entsprechend Ende 2007 verabschiedete und zum 1. Januar 2008 in Kraft getretene „Gesetz zur Neuregelung der Telekommunikationsüberwachung und anderer verdeckter Ermittlungsmaßnahmen sowie zur Umsetzung der Richtlinie 2006/24/EG" (Bundesgesetzblatt 2007). Auskunftsansprüche regelt §113b des Telekommunikationsgesetzes (vgl. Bundesgesetzblatt 2007: 3208) – sie gelten auf Anordnung im Einzelfall und bereits allgemein bei „Straftaten". Was im Detail verdachtsunabhängig für sechs Monate aufgezeichnet werden muss, regelt §113a des Telekommunikationsgesetzes (vgl. Bundesgesetzblatt 2007: 3207f) – getrennt aufgelistet nach Telefon, Mobilfunk und Internet, auch Betreiber von Anonymisierungsdiensten sind von der Speicherpflicht betroffen. Sie beginnt ab dem 1. Januar 2008, für internetbasierte Kommunikation ist eine Übergangsfrist bis 2009 vorgesehen. Gegen die Vorratsdatenspeicherung läuft die größte Verfassungsbeschwerde der bundesdeutschen Geschichte (vgl. AK Vorratsdatenspeicherung: www.vorratsdatenspeicherung.de; Stand am 4.1.2008).

Über die Speicherung und Auswertung der Daten ist es ein Leichtes, soziale Netzwerke zu rekonstruieren – europaweit. Bisherige Forschungen in diesem Bereich stützen sich auf öffentliche chats, deren Kommunikation nachvollzogen und visualisiert werden kann (vgl. z.B. http://www.jibble.org/piespy/). Das Programm Piespy z.B. klinkt sich in chat-Netzwerke ein und visualisiert das Kommunikationsverhalten als soziales Netzwerk. Veränderungen im Kommunikationsverhalten über längere Zeiträume können analysiert und als Film dargestellt werden.

Zusammenfassend kann man feststellen, dass in der scheinbar dematerialisierten Welt des cyberspace dem *Ort* eine hohe Bedeutung zukommt und soziale Prozesse, seien es Kommunikationsstile, Hierarchien oder Kontrolllogiken von einem Raum auf den anderen übertragen werden. Auch im „Raum der Ströme" (vgl. Kapitel 2.2.2) überlagern sich globale, nationale und lokale Zugriffsweisen. Raum wird auf vielfältige Weise geschaffen, wobei die Stadt, wie sie alltäglich erlebt wird, eine privilegierte räumliche Form ist, um das Netz nach ihrem Vorbild aufzubauen. Die virtuelle Gemeinschaft denkt sich als städtische Gemeinschaft, im Spiel versucht man die eigene Stadt zu entwickeln; die Stadt im Netz dient als Forschungsplattform und Städte reproduzieren sich selbst als digitale Stadt. Insofern ist die Urbanisierung der Gesellschaft nicht nur eine Diagnose für die so genannte reale Umgebung, sondern auch für die digitale Welt.

Virtuelle Räume ersetzen nicht realweltliche, sondern die neue soziale Qualität besteht darin, dass durch den cyberspace eine bewusste Wahrnehmung gleichzeitig existierender Räume ermöglicht wird und damit sich raumzeitliche Orientierungsmuster (z.B. Nähe-Distanz-Relation) neu herausbilden (vgl. Ahrens 2003: 174). Derzeit ist die prägende Erfahrung mit virtuellen Räumen, trotz anderer Befunde unter Kontrollgesichtspunkten, dass Standortgebundenheit aufgelöst wird und die Materialität/Gegenständlichkeit der Welt unsicher wird. Die Alltagserfahrung und die kritische Reflexion, so zeigt dieses Beispiel, können weit auseinanderliegen.

3. Städte

Städte werden angesichts zunehmender Globalisierungseffekte, also der Konfrontation mit weltweiten Einflüssen, auf immer wieder neue Art und Weise Orte deutlicher Gegensätze, Unterschiede und Vielheiten. Gleichzeitig denken und imaginieren wir Städte auf höchst unterschiedliche Weise, was sich nicht zuletzt in der Vielfalt der sich im Umlauf befindlichen Stadtbegriffe zeigt. In Anlehnung an den Sozialwissenschaftler Armin Pongs könnte man fragen: In welcher Stadt leben wir eigentlich? Der Stadtforscher Steve Pile geht davon aus, dass Städte heute nicht mehr gedacht werden können „as having one geography and one history" (Massey/Allen/Pile 1999: vii). In Städten überlagern sich gesellschaftliche Entwicklungen, wodurch heterogene Räume entstehen. Dennoch lassen sich analytisch verschiedene Begriffe bzw. Modelle von Stadt unterscheiden und diskutieren. Einige wichtige dieser „Stadtmodelle" werden im Folgenden zusammengefasst.

Um gegenwärtige Städte verstehen zu können, ist es notwendig sie in einem größeren gesellschaftlichen Entwicklungskontext zu denken. In den letzten Jahren ist vielfach die Rede von einer zunehmenden Verschränkung der ehemals getrennt gedachten gesellschaftlichen Subsysteme Ökonomie und Kultur. Wie zeigt sich eine solche Entwicklung in Städten? Städte sind strategische Orte der Gesellschaft, Orte von großer Dynamik, an denen gesellschaftliche Veränderungen besonders deutlich werden. Im Weiteren soll verständlich gemacht werden, wie sich das Verhältnis von Ökonomie, Kultur und Stadt gegenwärtig darstellt, welche theoretischen Perspektiven dieses Verhältnis zu deuten versuchen und wie sich gesellschaftliche Strukturen im Handeln am konkreten Ort der Stadt realisieren.

Schließlich geht es unter anderem um den Anwendungsbezug stadtsoziologischen Wissens. An einem aktuellen und äußerst kontrovers diskutierten Beispiel – der Videoüberwachung öffentlicher Räume – wird die Verwobenheit von Stadt- und Gesellschaftspolitik deutlich. Um diese Diskussion (stadt)soziologisch zu fundieren wird sie in den theoretischen Zusammenhang soziologischer Disziplinierungstheorien gestellt.

3.1 Stadtmodelle

Ein Modell ist eine vereinfachende, auf Annäherung beruhende Betrachtung einer Anordnung mit dem Ziel der Veranschaulichung. Stadtmodelle heben wesentliche Merkmale eines unter dem Begriff der Stadt subsumierten räumlich-sozialen Gefüges hervor. Es sind soziologische, zum Teil auch stadtplanerische Zuspitzungen, die auf der Beobachtung und Analyse städtischer Wirklichkeit basieren. Stadt und Modell sind nicht identisch. Modelle bieten vielmehr Vorschläge der Systematisierung verschiedener

<small>Begriff des Modells</small>

Städte je nach Region, Zeitpunkt, politischer Kultur, wirtschaftlicher Bedeutung etc. Das Modell ist perspektivisch. Es systematisiert die Wirklichkeit nach festgelegten Kriterien; es zeigt beispielsweise Positionen in der Weltwirtschaft oder planerische Konzeptionen. Im Folgenden werden Stadtmodelle vorgestellt, die die stadtsoziologischen und -planerischen Diskussionen bis in die Gegenwart hinein wesentlich beeinflussen. Jedes Modell wird mit einem signifikanten Begriff verbunden (europäische Stadt, Zwischenstadt etc.). Deutlich werden sollen der historische Kontext dieser Begriffe sowie deren teils normative Implikationen. Was ist also gemeint, wenn da die Rede ist vom „Idealbild der europäischen Stadt"? Warum kritisieren die AutorInnen der Charta von Athen das Chaos der alten europäischen Städte und setzen diesem das Modell einer funktionellen Stadt entgegen? Zwischen was bewegt sich eigentlich die suburbane Zwischenstadt? Und warum taugt der Begriff der postkolonialen Städte nicht nur dazu Mumbai, Kairo oder Casablanca zu beschreiben, sondern öffnet gleichzeitig eine neue Perspektive auf London und Paris?

3.1.1 Europäische Stadt

Verglichen mit der weltweiten Geschichte der Entwicklung von Städten (vgl. Kapitel 1.2) ist die europäische Stadt ein relativ junges und sehr spezielles Phänomen. Während es städtische Siedlungen seit über 10.000 Jahren gibt, entfalten sich die meisten Städte in Mitteleuropa erst im elften Jahrhundert. Walter Siebel schlägt fünf Merkmale vor, die in ihrer Summe den idealisierten Typus einer europäischen Stadt kennzeichnen sollen (Siebel 2004: 12). Wichtiges Charakteristikum ist die *Präsenz einer vormodernen Ge-*

Vormoderne Geschichte

schichte (1) im Alltag der Stadtbewohner. Die europäische Stadt ist der Entstehungsort der bürgerlichen Gesellschaft. Zahlreiche Bauten sowie die Struktur vieler Innenstädte zeugen noch heute von ihrer Gründungsepoche, deren bauliche Zeugnisse durch eine aufwendige Denkmalpflege geschützt und erhalten werden. Diese Geschichte, so Sie-

Emanzipation

bel, ist *Emanzipationsgeschichte (2)* (ebd: 13). Schon Max Weber (1980[5], orig. 1920) hatte die Stadt des Mittelalters als Ort der Emanzipation beschrieben, ein Ort, der zwei neue Figuren hervorbrachte: einmal den Bourgeois, den Wirtschaftsbürger, der aus den geschlossenen Kreisläufen der Selbstversorgung heraustritt und Teil einer Marktökonomie wird und zum anderen den Citoyen, den politischen Bürger, der sich von feudalistischen Herrschaftsverhältnissen emanzipiert und freier Bürger einer selbst verwalteten Stadtgemeinde wird. Für Siebel ist die mittelalterliche Stadt deshalb ein revolutionärer Ort, ein Zentrum gesellschaftlicher Dynamik, das eine moderne, kapitalistische und demokratisch organisierte Gesellschaft – räumlich begrenzt – vorweg nimmt. Neben ihrer historischen Verwurzelung verbindet sich mit der europäischen Stadt auch das Versprechen einer offenen und von politischen, ökonomischen und sozialen Zwängen befreiten Zukunft.

Urbane Lebensweise

Die europäische Stadt ist außerdem *Ort* einer besonderen, *einer urbanen Lebensweise (3)*, die den Stadtbewohner vom Landbewohner unterscheidet. Hans Paul Bahrdt macht die urbane Lebensweise an der Polarität von Öffentlichkeit und Privatheit fest (Bahrdt 1961: 36ff.; siehe auch Kapitel 1.2.3). Die Sphäre der Öffentlichkeit ist nach Bahrdt ein System „unvollständiger Integration" (Bahrdt 1961: 39ff.), welches er aus der soziologischen Beschreibung des Tausches ableitet. Die Teilnehmer eines Marktes treten sich nicht mit ihrer gesamten, sondern immer nur mit einem Ausschnitt ihrer Persönlichkeit gegenüber. Öffentlich sichtbar werden sie so nur in einer spezifischen Rolle, etwa als Kunden oder VerkäuferInnen. Übertragen auf andere städtische Situationen bedeutet unvollständige Integration eine Flüchtigkeit der Begegnungen, gepflegte Distanz, Anonymität, Unpersönlichkeit:

> „Nach der Uhrzeit darf man fragen. Ein Mann darf einen anderen Mann, der gerade raucht, um Feuer bitten. Auch nach dem Weg darf man sich erkundigen. Aber man erkennt den Menschen vom Lande sofort daran, daß er bei dieser Gelegenheit gleich erzählt, wen er zu besuchen gedenkt und warum er sich nicht auskennt" (Bahrdt 1961: 42).

Georg Simmel beschreibt, ähnlich wie Bahrdt, die öffentliche Sphäre als Ort des stilisierten Verhaltens (vgl. Kapitel 1.1, 1.2.4 und 3.2.3). Zum Schutze „des subjektiven Lebens gegen die Vergewaltigung der Großstadt" (Simmel 1984, orig. 1903: 193) reagiere der Stadtbewohner mit Abstumpfung und Verstandesmäßigkeit auf die Vielfalt urbaner Nervenreize. Der öffentlichen Sphäre, verortet auf den Plätzen und Straßen einer Stadt, setzt Bahrdt die abgeschlossene Sphäre des Privaten gegenüber, die sich wiederum aufteilt in die Bereiche Produktion (Betriebe) und Reproduktion (Wohnung). Siebel verbindet mit der Sphäre des Privaten die Figur des freien Unternehmers als dem Inbegriff des ökonomisch selbständigen Individuums sowie den geschützten Wohnraum der bürgerlichen Kleinfamilie, dem Ort „des Glücksversprechens lebenslanger Vertrautheit und Liebe – in guten wie in schlechten Tagen" (Siebel 2004: 15).

Form und räumliche Bezüge prägen ein weiteres wichtiges Merkmal der europäischen Stadt. Die Kennzeichen sind: ein starker *Gegensatz von Stadt und Land, Zentralität, Größe, Dichte* und *Heterogenität (4)*. Mauern, Wälle und Gräben grenzen nicht nur physisch die Stadt vom Land ab, sondern markieren auch symbolisch den gesellschaftlichen Gegensatz von städtischer und ländlicher Lebensweise. Die Zentralität einer Siedlung findet ihren Ausdruck in der Stadtkrone, einem Ensemble, bestehend aus Rathaus, Kirche und Markt. Die Größe einer städtischen Bevölkerung, die Dichte der Bebauung und die soziale Mischung der Stadtbewohner, also diejenigen Faktoren, die Louis Wirth als notwendige Voraussetzung definiert, durch die eine urbane Lebensform entstehen kann (Wirth 1974, orig. 1938; vgl. Kapitel 1.1), implizieren ein enges Mit- und Nebeneinander von Arm und Reich, von Jung und Alt, von Neubürgern und Alteingesessenen sowie eine räumliche Überschneidung der Funktionen Arbeiten, Wohnen, Vergnügen und Verkehr. So entsteht ein Ort der Arbeitsteilung, der ständigen Kommunikation, der Erfahrung von Differenz und der produktiven Auseinandersetzung mit dem Fremden. Abschließend betont Siebel den oft vergessenen Anteil von *Planung und Regulierung (5)* an der europäischen Stadt. Die Gestalt der europäischen Stadt sei „keineswegs nur die naturwüchsige bauliche Formung der urbanen Lebensweise" (Siebel 2004: 16), sie sei vielmehr „sozialstaatlich reguliert" (ebd: 17), was sich in technischen und sozialen Infrastrukturen, dem sozialen Wohnungsbau und weiteren vielfältigen Instrumenten einer sozialen Stadtplanung zeige.

<small>Form und räumliche Bezüge</small>

<small>Planung und Regulierung</small>

Die räumliche Gestalt der europäischen Stadt nimmt auch Bahrdt in den Blick. Paradigmatisch für die gelungene, den gesellschaftlichen Bedürfnissen angepasste Trennung und Verzahnung der öffentlichen und privaten Sphäre sei der von vier Straßen begrenzte Baublock, die sog. *Blockrandbebauung*, ein noch heute charakteristischer Bautyp europäischer Städte (vgl. Abb. 3.1.1):

<small>Blockrandbebauung</small>

> „Der Baublock schuf zwei Räume, fast könnte man sagen, zwei Welten, die zwar innig aufeinander bezogen, aber deutlich voneinander getrennt existierten: erstens die Welt der öffentlichen Plätze und Straßen, in der die Kirchen und anderen öffentlichen Gebäude an hervorragenden ‚repräsentativen' Stellen lagen; zweitens die Welt der privaten Wohnbauten und ihrer Höfe und Gärten, deren privater Charakter dadurch gesichert war, daß der Zugang zu jeder Zelle auf einem Umweg über die öffentlichen Straßen erfolgte. In der Mitte dieser Blöcke lagen ursprünglich keine für sich bestehenden Wohnbauten, sondern Gärten. So wur-

de das Privatleben, insofern es sich unter freiem Himmel abspielte, durch die Häuser selbst von der Öffentlichkeit der Straße geschieden. Die Wohnräume waren durch die Mauern vor der Straße, auf der es keinen motorisierten Verkehr gab, ausreichend geschützt. Die Fenster der ‚repräsentativen' Räume waren Fenster zur Öffentlichkeit. Bei Bedarf konnten Fensterläden und Vorhänge vor dem Einblick von außen schützen. Die Fassade der Häuser war spätestens seit der Renaissance ‚repräsentativ' gestaltet und hatte damit eine echte soziale Funktion" (Bahrdt 1961: 67).

Abbildung 3.1.1:   Blockrandbebauung (Schwarzplan) © Silke Steets.
Der Schwarzplan eines Häuserblocks zeigt die Trennung zwischen dem öffentlichen Raum der Straße und dem privaten Raum der Wohnungen und Innenhöfe.

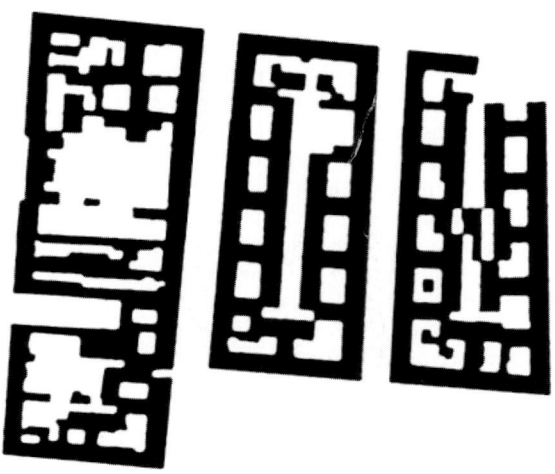

Zukunftsfähigkeit

Seit vielen Jahren beschäftigen sich stadtsoziologische ForscherInnen (vgl. exemplarisch Siebel 2000; Häußermann/Siebel 1987; Hassenpflug 2002) mit der Frage nach der Zukunftsfähigkeit des europäischen Stadtmodells (vgl. auch Kapitel 3.2.3). Mit Blick auf zeitgenössische (De)Urbanisierungstendenzen (vgl. Kapitel 3.1.4) geht es vor allem um das beschriebene Verhältnis von baulich-räumlicher Form und gesellschaftlicher Basis der europäischen Stadt. Eine der wichtigsten Erkenntnisse lautet: Die urbane Lebensform ist ubiquitär, also allgegenwärtig geworden. Marktförmige Organisation der Ökonomie, demokratische Verfasstheit der Politik, Berufstätigkeit außerhalb der Landwirtschaft, die Trennung von öffentlichen und privaten Lebensbereichen, Anonymisierung und Rationalisierung, Bürokratisierung, Technisierung und die Verbreitung der Massenkommunikation, all dies findet sich heute auch außerhalb der Städte. Zudem sind moderne Siedlungsformen heute eher regional organisiert. Menschen arbeiten in der Stadt A, wohnen aber in der Vorstadt B, kaufen im autobahnnahen Einkaufszentrum in C ein und verbringen ihre Freizeit an dem idyllischen Ort D (Siebel 2004: 23). Menschen sind dadurch eher *Kunden* städtischer, vorstädtischer oder ländlicher Angebote, denn an ziviler Selbstverwaltung interessierte *Stadtbürger*. Im Zuge dieser Entwicklung

Verstädterung der Landschaft

hat sich die Landschaft verstädtert und die gesamte Gesellschaft urbanisiert (zur Definition der Begriffe vgl. Kapitel 1.2.3). Der bauliche wie gesellschaftliche Gegensatz von Stadt und Land existiert nicht mehr. Ähnlich verhält es sich mit der Polarität von Öffentlichkeit und Privatheit. Private Kontrolle durchzieht vielerorts den öffentlichen Raum (vgl. Kapitel 3.3); soziale, kulturelle, politische Funktionen werden privatisiert;

das Private dringt über moderne Kommunikationsmittel in den öffentlichen Raum ein und konterkariert die urbane Lebensweise wie Walter Siebel beobachtet hat: „Der Handynutzer macht die distanzierte Gleichgültigkeit des Simmel'schen Großstädters zunichte, indem er Geschäfts- und Familienangelegenheiten lautstark zu Gehör bringt, wo keiner davon etwas wissen will" (Siebel 2004: 30). All dies weicht die gesellschaftliche Basis der europäischen Stadt auf. Wird sie deshalb zum überkommenen Urbanitätsmodell? Es gibt verschiedene Gegentendenzen: zum einen lässt sich eine enorme Anziehungskraft einmal entstandener städtischer Strukturen und eine große Nachfrage nach Stadt beobachten. Vor allem die Präsenz vormoderner Geschichte in der europäischen Stadt lockt unterschiedlichste Nutzergruppen in die Cities. Touristen bewundern historische Bauwerke, ob echt oder nachgebaut, Unternehmensführungen ziehen die urbane Innenstadtatmosphäre den gesichtslosen Gewerbeparks vor und die Gruppen mit innenstadtorientierten Lebensstilen nehmen zu.

> „Offenbar strahlt die ‚Europäische Stadt' und der um sie gewobene Mythos eine imaginäre Kraft aus, die nicht nur bei Nostalgikern Wirkung zeigt, sondern für verschiedenste analytische und politische Perspektiven als möglicher Rettungsanker gegen die Unbilden der ‚Globalisierung' und der ihr nachfolgenden Ungemütlichkeiten aufscheint: Einer globalisierten sozialen Spaltung etwa, die sich stadträumlich in fortifizierten gated communities für die Wohlhabenden und in ausgegrenzte Slums und Marginalviertel für die VerliererInnen zementiert, kann so das vorgeblich alle soziale Gruppen integrierende Modell der europäischen Stadt entgegen gehalten werden. Gegen eine kommerzielle Privatisierung und eine repressive Überwachung städtischer Räume wiederum kann die vorgeblich vorbehaltlose Mischung und Begegnung aller Schichten und einander Fremden in der bürgerlich-europäischen Stadt in Stellung gebracht werden" (Becker/Burbaum/Kaltwasseret u.a. 2003: 8).

Die Aktivierung der „Rückwärtsutopie" (Siebel 2000) der europäischen Stadt birgt allerdings die Gefahr einer verengenden, weil normativen Perspektive auf gegenwärtige urbane Phänomene. Ein Beispiel für eine solche normative Perspektive stellt die Rede von der „perforierten", der durchlöcherten Stadt dar, ein Begriff, der im Kontext der Diskussion um städtische Schrumpfung entstanden ist (vgl. Lütke Daldrup/Doehler-Behzadi 2004). Löcher bekommt eine Stadt nur dann, wenn man sie vor dem Hintergrund eines kompakten Stadtkörpers (der Norm) betrachtet. Bislang unerforscht und theoretisch unbedacht ist, was in den Löchern, den „posturbanen Resten" passiert. Auch Brachen sind Teile der Stadt, die sozial, ökologisch und politisch wichtige Bedeutung haben können (z.B. als Spielplatz, als Nische für Pflanzen, als Theaterspielstätte).

Europäische Stadt als Norm

3.1.2 Funktionelle Stadt

Das Modell der funktionellen Stadt steht für die Stadtvisionen des Neuen Bauens wie sie vorwiegend zwischen dem Ersten und dem Zweiten Weltkrieg in Europa und Nordamerika entwickelt werden. Das Neue Bauen ist eine Architekturströmung, die sich gegen jeden Historismus im Bauen richtet und stattdessen einfache, klare Formen, funktionelle Grundrisse und den Einsatz modernster Technik im Bauvorgang propagiert. Das Neue Bauen prägt den Stil der architektonischen Moderne. Mit dem Bauhaus – 1919 durch den Architekten Walter Gropius gegründet und 1933 auf Druck der Nationalsozialisten wieder geschlossen – entsteht im Kontext des Neuen Bauens eine der weltweit einflussreichsten Avantgardeschulen für moderne Kunst und Architektur. Künstler wie Wassily Kandinsky, Paul Klee, Lyonel Feininger oder Oskar Schlemmer lehren und arbeiten ebenso am Bauhaus wie beispielsweise die Architekten Ludwig

Neues Bauen

Mies van der Rohe, Ludwig Hilberseimer oder Hannes Meyer (zur Geschichte und Idee des Bauhauses vgl. exemplarisch Droste 1991). 1928 gründen wichtige Vertreter des Neuen Bauens – darunter unter anderem Siegfried Giedeon, Le Corbusier, Mart Stam und Hannes Meyer – ein Forum für einen internationalen Gedankenaustausch über Architektur und Stadtgestaltung, die so genannten CIAM, die *Congrès Internationaux d'Architecture Moderne*.

Charta von Athen

Unter dem Dach der CIAM finden in den Folgejahren viel beachtete Kongresse zu zeitgenössischen architektonischen und stadtplanerischen Fragen statt, so z.B. zur „Wohnung für das Existenzminimum" (Frankfurt, 1929) oder zu „Rationellen Bebauungsweisen" (Brüssel, 1930). Das Thema des IV. CIAM-Kongresses ist „Die Funktionelle Stadt". Im Juli 1933 treffen sich ArchitektInnen, TheoretikerInnen, KünstlerInnen und StadtplanerInnen aus 16 verschiedenen Ländern an Bord des Kreuzfahrtschiffes Patris II und analysieren auf dem Weg von Marseille nach Athen 33 Städte aus den industriell entwickelten Regionen der Welt. (Die Städte im einzelnen: Amsterdam, Athen, Brüssel, Baltimore, Bandung, Budapest, Berlin, Barcelona, Charleroi (Hennegau), Köln, Como, Dalat (Vietnam), Detroit, Dessau, Frankfurt, Genf, Genua, Den Haag, Los Angeles, Littoria, London, Madrid, Oslo, Paris, Prag, Rom, Rotterdam, Stockholm, Utrecht, Verona, Warschau, Zagreb und Zürich; vgl. CIAM. Charta von Athen 1975: 129). Der Schiffsreise folgt der öffentliche Teil des Kongresses auf dem Gelände der Technischen Hochschule von Athen. Die Resultate des Kongresses bilden zehn Jahre später die Grundlage für die so genannte „Charta von Athen". Der Schweizer Architekt und Theoretiker Le Corbusier, der den Kongress mit seinen Fragestellungen inhaltlich stark prägt, veröffentlicht 1943 im von Deutschen besetzten Paris anonym die Charta von Athen. Das Dokument bleibt während des Zweiten Weltkrieges weitgehend unbekannt. Erst in der Nachkriegszeit gewinnt es an Bedeutung, als Ausdruck des Bauens der Moderne. Spätestens mit der Übersetzung ins Deutsche 1962 werden die in der Charta niedergelegten Lehrsätze auch hierzulande zum wichtigen Bezugspunkt städtischer Neuplanungen. In erster Linie aber ist die Charta ein historisches Dokument, das die Herausforderungen und Schwierigkeiten des Städtebaus im frühen 20. Jahrhundert reflektiert.

Während des IV. CIAM-Kongresses steht die Stadt der alten Welt auf dem Prüfstand, jene dicht bebaute und heterogen genutzte europäische Großstadt, wie sie dreißig Jahre vorher beispielsweise Georg Simmel beschreibt (vgl. Kapitel 1.2.4 od. Kapitel 3.1.1). In vielen europäischen Städten haben sich infolge von Industrialisierung und rapidem Wachstum die Lebensbedingungen für große Teile der Bevölkerung dramatisch verschlechtert. Es scheint, als ob die mittelalterlichen Stadtkerne durch die Anforderungen der neuen Zeit schlichtweg gesprengt würden. Überbevölkerung führt zu unmenschlichen Wohnbedingungen, die städtischen Infrastrukturen sind überlastet, in den Augen Vieler herrscht ein Bild des Chaos. Auf die Verbesserung dieser Verhältnisse zielt die zentrale Forderung der Charta von Athen: Im Zeitalter der rauchenden Schlote aus den Schornsteinen der Schwerindustrie soll eine *strikte Trennung der städtebaulichen Hauptfunktionen Wohnen, Arbeiten und Erholung* den StädterInnen ein halbwegs gesundes und angenehmes Leben ermöglichen. Die Aufgabe eines gut geplanten Verkehrssystems ist es wiederum, für eine effiziente Verbindung der streng getrennten Funktionszonen zu sorgen (CIAM. Charta von Athen 1975).

Trennung der städtebaulichen Hauptfunktionen

Stadtmodelle 99

Abbildung 3.1.2a: Die Zonierung der Stadt in unterschiedliche Funktionsbereiche (Quelle: Filmstill aus: bauhaus – mythos der moderne von Nils Bolbrinker und Kerstin Stutterheim (1998))

Dem Prinzip der funktionalen Trennung und Zonierung der Stadt liegen Theorien zugrunde, die wenige Jahre vorher die industrielle Produktionsweise in Nordamerika revolutionieren. 1911 legt der Ingenieur Frederick Winslow Taylor seine „Principles of Scientific Management" vor und zeigt darin, wie die Effektivität der Produktion durch die konsequente Trennung von Kopf- und Handarbeit, durch die Zergliederung eines Arbeitsvorgangs in kleinste Einheiten und durch eine optimale zeitliche Koordination einzelner Arbeitsschritte zu steigern ist (Taylor 1911). In Europa findet der Taylorismus zügig Verbreitung, will man doch an die fortschrittliche Produktionstechnik und -methodik der USA anknüpfen. Für europäische Intellektuelle dieser Zeit sind es allerdings nicht so sehr die Produkte dieser standardisierten und rationellen Produktion, die faszinieren, sondern vielmehr die Produktionsmaschinerie selbst, die sie auf die Funktionsweise von Städten übertragen (Hilpert 1978). Dem Vorbild Frederick W. Taylors und Henry Fords folgend, interessieren sich die ArchitektInnen und StadtplanerInnen neben der Minimierung des Zeitaufwandes für Arbeitsverrichtungen, vor allem für *die Neustrukturierung des Raumes nach rationalen Gesichtspunkten*: Während im Modell der europäischen Stadt die Fassaden, die architektonischen Schauseiten, im Mittelpunkt architektonischen Schaffens stehen (vgl. Kapitel 3.1.1), sind es nun Häuser- und Stadtgrundrisse, die diskutiert werden. Ludwig Hilberseimer, 1928 bis 1932 Meister für Siedlungswesen und Städtebau am Bauhaus betont die Notwendigkeit einer Raumorganisation nach Taylor und Ford im Städtebau:

Zonierung

Taylorismus

„Der organisierte Geist, wie er etwa in der Betriebsführung großer Industrie- und Handelskonzerne zum Ausdruck kommt, wurde bei der Anlage und dem Ausbau der Großstädte völlig mißachtet. Dort hat das Prinzip der Arbeitsteilung planvoll den ganzen Betrieb organisiert. Hier geht alles durcheinander. Wohnviertel sind mit lärmenden und qualmenden Fabrikanlagen oder mit einem lebhaften Verkehr hervorrufenden kommerziellen Bauten durchsetzt" (Hilberseimer 1978, orig. 1927: 2).

Dieser Einsicht folgend, übertragen die Architekten des Neuen Bauens die Prinzipien der wissenschaftlichen Betriebsführung nicht nur auf Städte, sondern auch auf Stadtteile, Häuser, Wohnungen und – hier wird es besonders plastisch – auf die Küche. 1924 denkt Walter Gropius in einem Aufsatz über die „soziologischen Grundlagen der Minimalwohnung für die städtische Industriebevölkerung" nach (wiederabgedruckt in: Gropius 1957: 84ff.) und betont die „fortschreitende Verselbstständigung der Frau", die sich gegen „geistige Enge und Unterordnung" wehre, aus ihrer angestammten Rolle als Hausfrau ausbreche und erwerbstätig werde. Dort angekommen, zeige ihr die „Wirtschaft, (die) durch die Maschine auf eine grundlegend neue Basis gestellt (wird), (…) das Unrationale ihrer häuslichen Detailarbeit" (ebd: 88). Deshalb, so Gropius' Schlussfolgerung, brauche die moderne Frau auch einen betriebstechnisch richtig organisierten Haushalt, der sie von der unnötigen Last so mancher häuslichen Arbeit erlöst. Umgesetzt hat diesen Gedanken am eindrucksvollsten die Wiener Architektin Margarete Schütte-Lihotzky in der so genannten „Frankfurter Küche" (1926), der Vorläuferin der heutigen Einbauküche. Im Auftrag des Frankfurter Siedlungsdezernenten Ernst May plant Schütte-Lihotzky die Küchen für die Siedlungen des „Neuen Frankfurt" (1926-1932). Auf der Basis tayloristischer Prinzipien gelingt es ihr auf 3,44 mal 1,87 Metern die Kücheninstrumente so anzuordnen, dass die Abfolge der zu erledigenden Arbeitsschritte optimiert und so eine arbeitssparende Haushaltsführung möglich wird (vgl. Noever 1992, vgl. Abb. 3.1.2b).

Frankfurter Küche

Durch möglichst exakte Analyse der Wohnbedürfnisse des „Durchschnittsmenschen", durch die Anlage von Funktionsdiagrammen, die neben baulichen Fragen von Besonnung, Belüftung und Wärmedämmung auch soziale Aspekte wie die Lebensabläufe in einer Familie und die Beziehungen ihrer Mitglieder zueinander berücksichtigen, entwickeln die Architekten über die Küche hinaus auch Standardwohnungen, die analog der industriellen Warenproduktion beliebig oft reproduzierbar sein sollen. Le Corbusier prägt dafür den Begriff der Wohnmaschine. 1926-28 entsteht eine solche Mustersiedlung in Dessau-Törten, im Süden der Bauhausstadt nach den Plänen von Walter Gropius. 314 Einfamilienhäuser werden dort in mehreren Bauabschnitten in Rekordzeit (pro Hauseinheit werden 0,67 Arbeitstage gebraucht, vgl. Engelmann/Schädlich 1991: 60) mit vorgefertigten Teilen nach dem Prinzip des Fließbandes errichtet und für rund 10.000 Reichsmark an Arbeiter und Angestellte verkauft (vgl. Abb. 3.1.2c/d). Das Finanzierungsmodell sieht eine Anzahlung von 1.000 RM und einen monatlichen Abtrag von ca. 35 RM vor, was den Erwerb eines Siedlungshauses für eine Arbeiterfamilie durchaus ermöglicht (Schwarting 2001). Gropius geht es in seinen Versuchen zum standardisierten Wohnungsbau in Törten nicht nur um ein technisches Experiment, sondern auch um eine kulturell-zivilisatorische Aufgabe: „Die Existenz von Standardprodukten kennzeichnet immer den Hochstand einer Zivilisation, eine Qualitätsauslese und Abscheidung des Wesentlichen und Überpersönlichen vom Persönlichen und Zufälligen. Es ist heute notwendiger denn je, die grundlegende Bedeutung des Begriffes ‚Standard' tief genug zu fassen als einen kulturellen Ehrentitel …" (Gropius 1957: 22). In den anfangs sich gleichenden Siedlungshäusern allerdings zeigt sich schon bald mit wieviel Leidenschaft die BewohnerInnen bemüht sind, aus dem *Standardhaus* ihr *individuelles Eigenheim* zu machen. Kurze Zeit nach dem Einzug verändern sie Fenster, Brüstungshöhen und die Grundrisse ihrer Häuser und damit das einheitliche Bild der Siedlung (vgl. Abb. 3.1.2c/d). In der Aneignung der Siedlung Dessau-Törten durch ihre BewohnerInnen zeigt sich besonders deutlich das, was die Architekten des

Wohnmaschine

Standardhaus

Neuen Bauens konsequent ignoriert haben: dass die Verwirklichung persönlicher Gestaltungsvorstellungen ebenso eine Funktion des Wohnens ist wie die richtige Besonnung oder Belüftung eines Hauses (vgl. ausführlich Heinecke/Krehl/Steets 2003).

Abbildung 3.1.2b: Frankfurter Küche (Margarete Schütte-Lihotzky/Quelle: http://de.wikipedia.org/wiki/Bild:Frankfurterkueche.jpg)

Abbildung 3.1.2c/d: Siedlung Dessau-Törten (Abb. 3.1.2c: Otto Wedekind/
Quelle: Droste 1991: 133/Abb. 3.1.2d: © Silke Steets 1997.
Das Bild links zeigt den Zustand von 1927, das Bild rechts entstand im Jahr 1997.

Zusammenfassend lässt sich mit Hilpert sagen, dass die Fundierung der Theorie einer funktionellen Stadtplanung aus der Strukturierungsproblematik von Innenräumen abgeleitet wird (Hilpert 1978). Das Modell der funktionellen Stadt kann man – vereinfacht gesprochen – als städtebauliches Prinzip der betriebstechnisch richtig organisierten Küche bezeichnen. Der/die ArchitektIn ist in diesem Modell nicht in erster Linie GestalterIn, sondern *Raum*organisatorIn und *Urbanität* wird gleichgesetzt mit einer möglichst *perfekten Organisation des Raumes*. Anders formuliert: Urban (und schön) ist eine Stadt, wenn sie richtig funktioniert. Deutlich wird an dieser Stelle das Raumverständnis, das funktioneller Planung zugrunde liegt und das am besten vielleicht Henri Lefèbvre im Begriff des *abstrakten Raumes* beschreibt (vgl. Kapitel 2.1.1 und Lefèbvre 1991, orig. 1974). Zergliedert in Einzelteile, die ihrem Zweck gemäß beliebig zusammensetzbar sind, wird Raum als etwas begriffen, das (immer schon) vorhanden ist und nur richtig geordnet werden muss. Dieser instrumentelle Umgang mit Raum ist ein wichtiger Ansatz für Kritik an der funktionellen Stadt (vgl. z.B. Der Beginn einer Epoche 1995; Wellmer 1988: 250; Harvey 1991), die in den 1960er Jahren einsetzt (in Deutschland auch inspiriert durch Mitscherlich 1996, orig. 1965). Ihren Höhepunkt erlebt die kritische Auseinandersetzung mit dem Erbe der architektonischen und städtebaulichen Moderne in den 1970er und 80er Jahren. Neben der als trist und unwirtlich empfundenen Formensprache, insbesondere des Nachkriegsfunktionalismus, beklagen postmoderne Ansätze innerhalb der Architekturtheorie – wie etwa die von Charles Jencks (1988) und Robert Venturi (1978) – vor allem eine Vernachlässigung des symbolischen Aspekts funktioneller Architektur.

3.1.3 Sozialistische Stadt

Das hier beschriebene Modell der sozialistischen Stadt bezieht sich auf die städtebaulichen Visionen und Planungen in sozialistischen Staaten wie der Sowjetunion (1918-1990) oder Teilen Osteuropas bzw. Ostdeutschlands (1949-1990). Das Modell nimmt wichtige Aspekte funktioneller Stadtplanung auf (vgl. Kapitel 3.1.2) und erweitert diese um Ideen eines marxistisch-leninistischen Gesellschaftsaufbaus.

In den sozialistischen Ländern hat die Stadtplanung die urbane Struktur sehr viel stärker beeinflusst, als dies in westeuropäischen Ländern der Fall ist, auch die formulierten Ziele sind andere, denn mit dem Aufbau einer kommunistischen Gesellschaft soll eine komplett neue Form des Zusammenlebens geschaffen werden. Architektur und Stadtplanung sollen diese Lebensweise *mitformen*. So betont auch der sowjetische Architekturwissenschaftler Georgij A. Gradow, der mit dem Buch „Stadt und Lebensweise" 1970 (dt. 1971) eine wichtige Programmschrift sozialistischer Stadtplanung vorlegt, den starken Zusammenhang zwischen *sozialer* und *räumlicher* Organisation der sozialistischen Gesellschaft: „Nach der materialistischen Auffassung ist die Architektur die gebaute räumliche Umwelt des Menschen und damit eine der räumlich-zeitlichen Organisationsformen sozialer Prozesse" (Gradow 1971: 5). Anders formuliert: der Aufbau einer kommunistischen Gesellschaft soll nicht nur seinen *Ausdruck* in neuen Gebäuden und Siedlungen (im Sinne der Repräsentation) finden, Architektur und Städtebau *sind* Bau und Organisation von Gesellschaft. Der Stadtsoziologe Jürgen Friedrichs unterscheidet drei Prinzipien, die den Vorstellungen einer sozialistischen Stadt zugrunde liegen:

_{Sozialistische}
_{Stadtplanung}

1. die Vergesellschaftung der Produktionsmittel,
2. die Vergesellschaftung der Haushaltsproduktion und
3. die Aufhebung der Trennung von Stadt und Land durch eine Dezentralisierung der Produktionsstätten (Friedrichs 2001).

Basis dieser Prinzipien ist die Idee des Kollektivs (Friedrichs 2001: 306), die Idee der Eingliederung des Individuums in Gemeinschaften, die alle Lebensbereiche durchziehen. Mit dem Übergang der Produktionsmittel in gesellschaftliches Eigentum höre, so hat es Friedrich Engels ausgedrückt, auch die individuelle Familie auf die kleinste Wirtschaftseinheit der Gesellschaft zu sein, weshalb sich die private Hauswirtschaft in einen gesellschaftlichen Zweig der Arbeit verwandele. Folgerichtig müsse die Pflege der Kinder und ihre Erziehung als gesellschaftliche Angelegenheit betrachtet werden (Engels 1972, orig. 1845: 547). Und Karl Marx spricht in einem seiner Hauptwerke „Das Kapital" davon, dass die große Industrie den „Weibern, jungen Personen und Kindern" eine neue Rolle in „Produktionsprozessen jenseits der Sphäre des Hauswesens" zuweise, die „neue ökonomische Grundlagen" schaffe für eine „höhere Form der Familie und des Verhältnisses beider Geschlechter" (Marx 1977, orig. 1867: 514). Das Familienleben wird folglich vergesellschaftet, die Privatsphäre aufgelöst. Aufgabe von Architektur und Stadtplanung ist es, Räume für diese veränderte Lebensweise zu gestalten.

Das Kollektiv

> „Um diesen ‚gesellschaftlichen Zweig der Arbeit' zu schaffen, muß allmählich, aber gründlich das Bündel hauswirtschaftlicher Verrichtung: Ernährung, Erziehung und Ausbildung der Kinder, Dienstleistungen (Waschen, Säubern, Herstellen und Ausbessern von Kleidungsstücken, Reparaturen), auf eine gesellschaftliche Grundlage umgestellt werden. (…) Es ist notwendig, das Siedlungssystem allmählich zu reorganisieren und neue Wechselbeziehungen zwischen dem individuellen und dem gesellschaftlichen Sektor des Wohnens zu schaffen" (Gradow 1971: 19).

Radikal-kollektivistische Wohnutopien entstehen, wie das oft zitierte Projekt einer Hauskommune für 1680 Personen von M. Barschtsch und W. Wladimirow (1929), welches allerdings nie gebaut wird (vgl. Abb. 3.1.3a). Überhaupt werden nur wenige dieser Kommunehäuser realisiert. Eine Ausnahme bildet beispielsweise das Narkomfin-Gebäude (1928-1930) in Moskau (Vöckler 2006). Eine in der Sowjetunion sehr viel alltäglichere, aber eben auch kollektivistische Wohnform ist die „Kommunalka" (Gemeinschaftswohnung). Da die Bautätigkeit dem Bedarf an Wohnungen in den 1920er Jahren nicht folgen kann, werden Wohnungssuchende den großräumigen Adels- und Bürgerwohnungen in den Innenstädten zugewiesen. In diesen „Kommunalki" – eine Wohnform, die in Russland bis heute fortbesteht – leben mehrere Mietparteien (Familien) in

Wohnutopien

je einem Zimmer und teilen sich – nicht selten mit insgesamt 20 Personen – Küche und Bad (zum Wandel der Kommunalka im postsowjetischen Moskau vgl. Gdaniec 2005).

Abbildung 3.1.3a: Hauskommune für 1680 Personen (M. Barschtsch und W. Wladimirow/Quelle: Gradow 1971: 56)

Das Projekt der Hauskommune für 1680 Personen von M. Barschtsch und W. Wladimirow setzt die These von einer völligen Differenzierung der Wohnprozesse und eine extrem kollektivistische Wohnidee um. Es besteht aus einem Hauptblock für 1000 Erwachsene, zwei Gebäudeflügeln für 320 Kinder im Alter von 8 bis 16 Jahren (links) und drei Querflügeln für 360 Kinder im Vorschulalter (rechts). In den unteren Geschossen sind Dienstleistungen aller Art untergebracht, im Hauptblock individuelle Schlafkabinen von 6qm Größe. Die Konzeption dieser Hauskommune beruht auf der völligen Ausschaltung der Familie und des individuellen Haushalts.

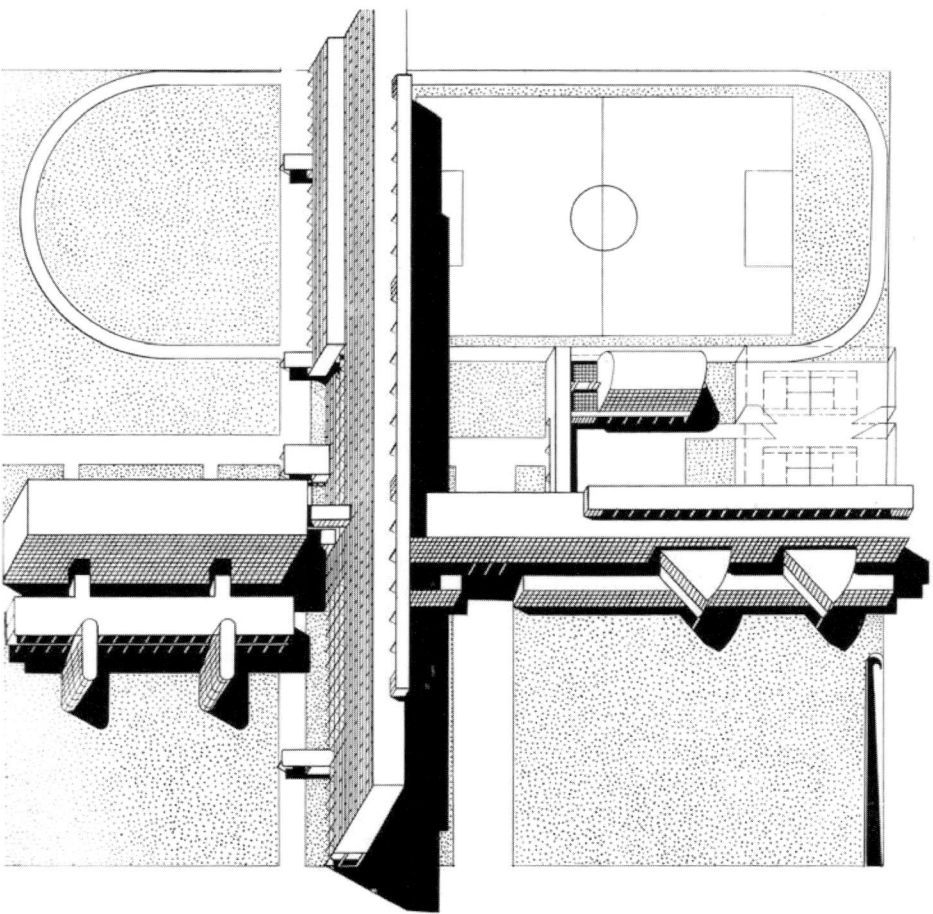

Industrielle Fertigbauweise

Erst nach dem Tod Stalins nimmt man Abstand von den radikal-kollektivistischen Wohnideen der Hauskommunen. Nikita Chruschtschow leitet mit seiner Rede „Besser, billiger und schneller bauen" auf der Unionskonferenz der Baufachleute der UdSSR 1954 die Wende hin zur industriellen, weil billigen Fertigbauweise ein. Von nun an hat jede/r SowjetbürgerIn einen staatlich garantierten Anspruch auf eine Minimalwohnung.

Stadtmodelle

Ihre stadträumliche Umsetzung finden Chruschtschows Ideen in den so genannten *Mikrorayons*, jenen in Plattenbauweise konstruierten komplett neu gebauten Wohnbezirken, die aus einer Reihe von Großwohnhäusern mit Kleinstwohnungen sowie einer Vielzahl fußläufig erreichbarer Gemeinschaftseinrichtungen bestehen (vgl. Abb. 3.1.3b). Obwohl die Kleinstwohnungen ein Mindestmaß an Privatheit bieten, bleibt die grundlegende Idee der kollektiv-gesellschaftlichen Einbindung des Individuums bestehen. Die öffentliche Versorgung mit Wohnraum erscheint als geeignetes Mittel, um die gewünschte Gleichheit der Lebensbedingungen und eine egalitäre Lebensweise sicherzustellen. Deshalb unterscheiden sich sozialistische Wohnformen signifikant von bürgerlichen Wohnvorstellungen. Insbesondere wird die strikte Trennung von Privatheit und Öffentlichkeit, die Hans Paul Bahrdt als genuin städtisch bezeichnet (vgl. Kapitel 3.1.1) im *Modell* der sozialistischen Stadt (weitgehend) aufgehoben.

Abbildung 3.1.3b: Halle-Neustadt (Quelle: Münzberg/Richter/Findeisen 1977: 56)
Der Plan für Halle-Neustadt zeigt die Einteilung der neuen Stadt in die Wohnkomplexe (Mikrorayons) I bis VIII.

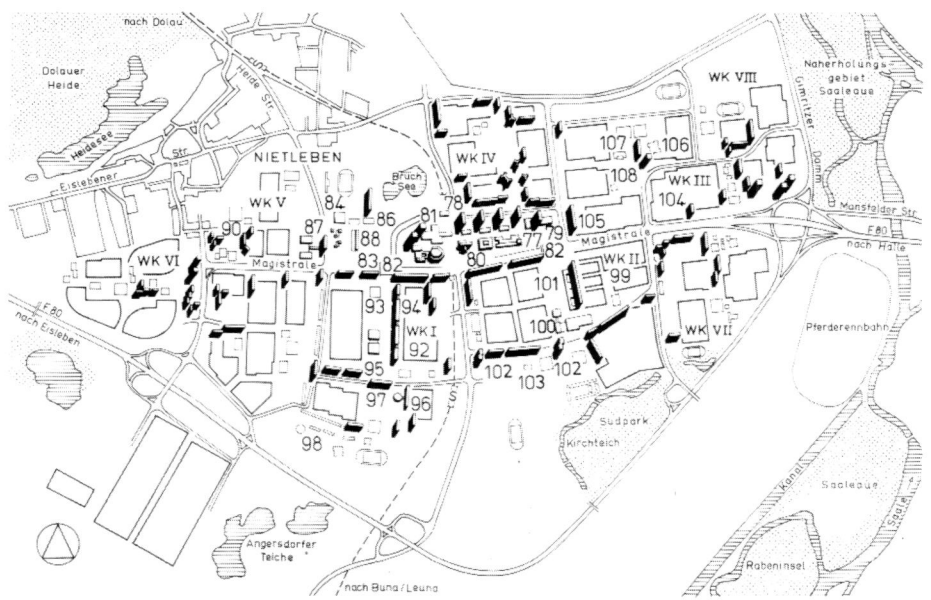

Auch in der DDR gibt es Stadtneugründungen, die das Ideal der sozialistischen Stadt verwirklichen sollen (vgl. Hannemann 2000; Durth u.a. 1999²a/b). 1963 beschließt das Politbüro der SED, die Lebensbedingungen der Beschäftigten in der chemischen Industrie im Raum Halle-Leuna zu verbessern. Man beginnt mit dem Bau von Halle-Neustadt, das zu einem der größten städtebaulichen Projekte der DDR wird (geplante Fertigstellung: 1980/33.000 Wohneinheiten). Ausgestattet mit einer Schnellbahnverbindung zu den chemischen Großbetrieben (10 Minuten bis Bunawerk, 20 Minuten bis Leunawerk) und einem eigenen Zentrum für Kultur, Konsum und Dienstleistungen funktioniert Halle-Neustadt als eigenständige Stadt. Beim Blick auf den Gesamtplan (vgl. Abb. 3.1.3b) wird die räumliche Ordnung der Siedlung deutlich: eine Magistrale,

Sozialistische Stadtneugründungen

von Halle (der alten Stadt) her kommend erschließt die verschiedenen durchnummerierten Wohnkomplexe (Wohnkomplex = Mikrorayon). Diese sind jeweils für etwa 15 000 Einwohner geplant und bestehen neben den Wohnbauten in Plattenbauweise aus einem Wohnkomplexzentrum, das in fußläufiger Erreichbarkeit die Alltagsbedürfnisse decken soll (mit Einkaufshalle, Apotheke, Ambulatorium, Post, Bank, Friseur, gastronomischen Einrichtungen, Klubräumen) und großzügigen Grün- und Freiflächen. Das Zentrum von Neustadt hat übergeordnete Funktion und besteht aus einem politisch-kulturellen Zentrum mit zentralem Platz, einem Einkaufs- und Versorgungszentrum und einem Bildungs- und Sportzentrum (vgl. Münzberg/Richter/Findeisen 1977: 53ff.). Während die sozialistische Vorzeigestadt Halle-Neustadt einen hohen Versorgungsstandard erreicht, sieht die Realität vieler sozialistischer Städte (in der DDR, aber auch in anderen sozialistischen Ländern) anders aus. Fehlende finanzielle Mittel und das trotz Steigerung der Produktionsquoten fortwährende Problem der Wohnungsnot führen in der DDR zu einer Verschiebung der Prioritäten im Städtebau. Ein modifizierter Plan sieht vor, zunächst allen sozialistischen Staatsbürgern eine Wohnung zur Verfügung zu stellen und erst dann mit dem Ausbau der Gemeinschaftseinrichtungen zu beginnen. In vielen Städten mündet dies in einer andauernden Mangelsituation, die oft durch provisorische Bauten „überbrückt" wird, welche zu ungeplanten Dauereinrichtungen werden (vgl. Doßmann/Wenzel/Wenzel 2006; vgl. Abb. 3.1.3c).

Abbildung 3.1.3c: Marktcontainer am Rande eines Mikrorayons in Smolensk. © Silke Steets (2003)

Auch die stadtplanerische Forderung nach einer *Aufhebung der Differenz von Stadt und Land* hat ihren Ursprung in frühen marxistischen Überlegungen. Friedrich Engels schreibt 1878:

> „Gleich die erste große Arbeitsteilung, die Scheidung von Stadt und Land verurteilte die Landbevölkerung zu jahrtausendlanger Verdummung, und die Städter zur Knechtung eines jeden unter sein Einzelhandwerk. (…) Die Aufhebung des Gegensatzes von Stadt und Land wird von Fourier wie von Owen als erste Grundbedingung der Aufhebung der alten Arbeitsteilung überhaupt gefordert" (Engels 1948, orig. 1878: 363f.).

In der Auflösung der Städte sieht Engels die Befreiung des Proletariats von den Ketten des Kapitalismus. In der Sowjetunion soll dieses Ziel räumlich durch eine *De-zentralisierung der Industrie* sowie durch eine *Verbindung von Dorf und Stadt*, beispielsweise im Konzept der landwirtschaftlich organisierten „Agro-Stadt" oder durch eine *bandartige Siedlungsstruktur* wie sie Nikolaj A. Miljutin 1930 beschreibt (Miljutin 1992), umgesetzt werden. In der Sowjetunion entsteht um 1930 eine scharfe Debatte zwischen „Urbanisten", die eine konzentrierte Organisation von Hauskommunen in Wohnkombinaten vorsehen, und „Desurbanisten", die jegliche Form von Zentrum ablehnen und stattdessen „Besiedlungslinien" entlang von Versorgungseinheiten propagieren (vgl. Vöckler 2006: 388ff.). Agro-Stadt

Der ungarische Soziologe Ivan Szelényi hat die unterschiedlichen Entwicklungspfade urbaner Ansiedlungen in Ost- und Westeuropa verglichen und im Hinblick auf die Städte im Sozialismus den Begriff der „under-urbanization" (Szelényi 1996: 294) geprägt. Mit „under-urbanization" meint Szelényi zunächst ein rein quantitatives Phänomen, nämlich das im Vergleich zur steigenden Zahl urbaner Arbeitsplätze in Industrie und Dienstleistungen verlangsamte Wachstum der Städte in sozialistischen Ländern. Szelényi bezeichnet den Begriff „under-urbanization" als eine Umkehrung des Begriffs der „over-urbanization", des im Vergleich zu den verfügbaren städtischen Arbeitsplätzen überproportionalen Wachstums vieler postkolonialer Städte (vgl. Kapitel 3.1.6). Under-Urbanisation

Die in Folge der extensiven Industrialisierung rekrutierten Arbeitskräfte – zum Großteil Angehörige der bäuerlichen Landbevölkerung – bleiben in den neu entstandenen Großsiedlungen außerhalb oder am Rand der alten Städte wohnen. Die dortigen Infrastrukturen ermöglichen den neuen Arbeitern zwar eine moderne Lebensweise, doch dieser Modernisierungsprozess geht an den alten Stadtkernen vorbei. Hinzu kommt, dass sich in den sozialistischen Großbetrieben nicht nur Produktionseinrichtungen konzentrieren, sondern zunehmend auch soziale und öffentliche Dienstleistungen wie Kindergärten, medizinische Versorgung, Sportstätten, kulturelle Einrichtungen und Einkaufsstätten. Regina Bittner und Kai Vöckler stellen folgerichtig fest, dass in den sozialistischen Ländern die Betriebe die „eigentlichen Vergesellschaftungskerne", die „Zentren des gesellschaftlichen Lebens" sind (Bittner/Vöckler 2003: 96). Szelényis Begriff der „under-urbanization" bekommt durch diese Betrachtung eine weitere Konnotation. Der Terminus bezieht sich auch „auf die mit diesem Modernisierungsmodell verbundenen Verschiebungen in der urbanen Struktur; denn während in den westeuropäischen Marktwirtschaften das schnelle Wachstum von Arbeitsplätzen mit dem Ausbau der Infrastruktur, der Dienstleistungen und der Konsumsphäre verkoppelt war, wurden die Ressourcen, die aus den Industrialisierungserfolgen im Osten erwuchsen, im nicht produktiven Bereich kanalisiert; Wohnungen, Schulen, sozialen Einrichtungen" (ebd). Großsiedlungen

In Anlehnung an das Konzept von Urbanität, das Georg Simmel und in seiner Folge Louis Wirth entwickelt haben (vgl. Kapitel 1.2.4), blickt Szelényi nun auf die Beziehungen zwischen den Menschen und die Lebensweisen, die die sozialistischen Städte hervorbringen. Wo Simmel und Wirth von Differenz und Nutzungsmischung sprechen, findet Szelényi nur ein limitiertes Angebot an städtischen Dienstleistungen; wo Simmel und Wirth von räumlichen Hierarchien, von Segregation und Marginalisierung im positiven wie negativen Sinne sprechen, findet Szelényi allenfalls Ansätze – in sozialistischen Städten sucht man aufgrund restriktiver Polizeikontrolle und der dort durchgesetzten Sozialpolitik vergeblich nach Obdachlosen, BettlerInnen und Prostituierten im Stadtbild. Fraglich ist allerdings, wie sinnvoll es ist, das bürgerliche Urbanitätskonzept eines Georg Simmel auf das Modell der sozialistischen Stadt anzuwenden. Mit Verweis auf Wolfgang Engler (2002) betonen Bittner/Völcker das Dilemma der Gleichheit im Sozialismus, das darin besteht, dass die Menschen als Angehörige eines Kollektivs, als Gleiche unter Gleichen „nichts mehr zwischen sich bringen konnten, um sich voneinander zu abzugrenzen" (Bittner/Völcker 2003: 96). Bürgerliche Urbanitätsvorstellungen aber implizieren die Notwendigkeit von Unterscheidung/Abgrenzung und Inszenierung der eigenen Individualität und Besonderheit (vgl. Kapitel 1.2.4). Die räumlichen Konsequenzen der Negierung einer bürgerlichen Urbanität zeigen sich in der DDR in der Entwicklung einer Stadtplanungspolitik, die den industriellen Wohnungsbau forciert (etwa ab Mitte der 1970er Jahre), während die traditionellen Innenstädte mehr und mehr verfallen. Damit werden die Milieus, die einst die alte Stadt bewohnt haben, entlokalisiert, soziale Beziehungen und Nachbarschaften lösen sich auf. „Regeln der Verhaltensdistanzierung und der symbolischen Distinktion, wie sie dem klassischen Urbanismus eingeschrieben sind, verloren im Konformitätsdruck einer ‚Gesellschaft der Gleichen' ihre Gültigkeit" (Bittner/Völcker 2003: 97).

Das Modell der sozialistischen Stadt scheint nach dem Zusammenbruch des Sozialismus in Osteuropa allenfalls historischen Wert zu haben. Die Realität ostdeutscher Städte ist zu Beginn des dritten Jahrtausends geprägt von Leerstand und „Stadtumbau", womit in vielen Fällen der Abriss von Plattenbausiedlungen gemeint ist (vgl. exemplarisch Oswalt 2004). Die begehrte Neubauwohnung in der Platte ist in Ostdeutschland dem (westdeutschen) Ideal des Einfamilienhauses am Stadtrand (vgl. Kapitel 3.1.4) gewichen. Damit verlieren auch die Errungenschaften der sozialistischen Stadtplanung an Bedeutung: 1. die *gesellschaftliche Stellung der Frau* und 2. die Rolle von Orten, die *jenseits einer kapitalistischen Verwertungslogik* existieren. Die Modernität eines Frauenbildes, das die Vereinbarkeit von Familie und Beruf in den Vordergrund stellt und dessen Umsetzung zu einer vorbildlichen Infrastruktur an Kinderbetreuungseinrichtungen führt, wird in Deutschland bislang nicht wieder erreicht. Ähnlich verhält es sich mit institutionalisierten Orten als Treffpunkte für Nachbarschaften, Freundschaften und Bekanntschaften: Orte, um die man sich kollektiv kümmert (Partyraum, Waschküche, Klubhaus) und die die Identifikation mit einem Haus oder Stadtteil fördern.

3.1.4 Zwischenstadt

1997 legt der Stadtplaner Thomas Sieverts einen Essay mit dem Titel „Zwischenstadt" vor (Sieverts 1997). Sieverts' Ziel ist es, dem Phänomen der „verstädterten Landschaft" bzw. der „verlandschafteten Stadt" (Sieverts 1997: 7) einen Begriff zu geben. Was er Zwischenstadt nennt, ist „die Stadt zwischen den alten historischen Stadtkernen und der offenen Landschaft, zwischen dem Ort als Lebensraum und den Nicht-Orten der Raumüberwindung, zwischen den kleinen örtlichen Wirtschaftskreisläufen und der Abhängigkeit vom Weltmarkt" (ebd). Sieverts rückt damit die Peripherie ins Blickfeld, jene stadtsoziologisch bisher schwer fassbare Gemengelage aus Vorortsiedlung, Gewerbepark, Autobahnanschluss, Freizeit-Center, Multiplexkino und Landschaftsresten (vgl.

Abb. 3.1.4). Sieverts möchte seinen Essay als Streitschrift, als Beitrag zu einer Debatte um die Zukunft der Stadt verstanden wissen, der sich von der restaurativen Idee einer Wiederherstellung der europäischen Stadt (vgl. Kapitel 3.1.1) abgrenzt und stattdessen nüchtern für „die Wahrnehmung der Chancen der Zwischenstadt" (Sieverts 1997: 10) plädiert. Die hierzulande vorwiegend in der zweiten Hälfte der 1990er Jahre geführte Auseinandersetzung um die Bewertung der Zwischenstadt ist Ausdruck komplexer gesellschaftlicher Transformationsprozesse, die aus der sich auflösenden industriegesellschaftlichen Moderne resultiert und infolgedessen auch die industriell geprägte Stadtstruktur in Frage stellt. „Diese Transformationsprozesse zerstören die kompakte Zentralität der modernen Großstadt – ob sie die Auflösung der Stadt insgesamt anzeigen, bleibt zu diskutieren", schreibt der Stadtsoziologe Walter Prigge und diagnostiziert eine „neue Art der gesellschaftlichen Produktion des Raumes (…), in der es keinen privilegierten Ort für Zentralität mehr gibt: Denn Peripherie ist heute überall" (Prigge 1998: 6).

Peripherie ist überall

Abbildung 3.1.4: Ein Bild der Zwischenstadt: Gründau-Lieblos, Gewerbegebiet an der A66, ca. 35 km östlich von Frankfurt a.M. © Silke Steets (2006)

Folgt man Thomas Sieverts, dann stellt die Zwischenstadt ein internationales Phänomen dar. Zwischenstädte gebe es – trotz aller kulturellen Unterschiede – sowohl in Europa als auch in Asien, Nord- oder Südamerika. Sieverts führt dies auf die Globalisierung der kapitalistischen Produktionsweise zurück. Gemeinsam sei allen Zwischenstädten eine „auf den ersten Blick diffuse, ungeordnete Struktur ganz unterschiedlicher Stadtfelder mit einzelnen Inseln geometrisch-gestalthafter Muster, eine Struktur ohne eindeutige Mitte, dafür aber mit vielen mehr oder weniger stark funktional spezialisierten Bereichen, Netzen und Knoten" (Sieverts 1997: 15). Insbesondere dort, wo Städte über das sich ausbreitende Umland zusammenwachsen und dort, wo die „historischen, traditionellen stadtbildenden Kräfte" (ebd) erst gar nicht wirksam werden, entstehen Zwischenstädte (z.B. das Ruhrgebiet und die Metropolen des Südens, vgl. Kapitel 3.1.6).

Stadtgestalt Die Prozesse der Bildung dieser „diffusen", „planlosen" (ebd) Stadtgestalt sieht Sieverts in einer Abfolge von „unzähligen – jeweils für sich genommenen – rationalen Einzelentscheidungen" (ebd). Ein Beispiel aus einer hiesigen Industrieregion:

> „Eine Straße ist vorhanden, eine Fabrik wird gebaut, entweder weil landwirtschaftliche Produkte verarbeitet werden sollen oder weil Bodenschätze vorhanden sind, mit deren Verarbeitung ein wachsender Markt zu versorgen ist. Die Fabrik zieht Arbeiterwohnungen nach sich, denen Gärten zur Selbstversorgung und Existenzsicherung zugeordnet sind. Die Bevölkerung braucht Schulen und Läden. Der wachsende Arbeits- und Verbrauchermarkt zieht weitere Einrichtungen nach, der gesellschaftliche Reichtum wächst, es entsteht eine Basis für Spezialisierung und Arbeitsteilung, weitere Verkehrswege und öffentliche Einrichtungen werden nötig, und so zeugt sich die Stadtentwicklung nach dem Prinzip ‚Ballung erzeugt Ballung' fort, ohne einem vorgeplanten Muster zu folgen" (Sieverts 1997: 15f.).

Nach demselben Prinzip verlaufe der Entstehungsprozess einer Zwischenstadt auf der südlichen Hemisphäre:

> „Eine alte Stadt wirkt als Anziehungspunkt für Stadt-Wanderer, die aus den unterschiedlichsten Gründen – meist sind es mehrere – ihre Dörfer verlassen, z.B. aus Gründen der Überbevölkerung und mangelnden Ernährungsbasis, veranlaßt von Arbeitslosigkeit oder auch von einem Emanzipations-Wander-Drang. Diese Zuwanderer suchen einen Siedlungspunkt, an dem sie einerseits Zugang zu den ‚Segnungen' der Stadt haben, andererseits noch eine bescheidene ‚halbstädtische' Landwirtschaft betreiben können. Die Folge dieser jeweils in sich logischen Entscheidungen ist wiederum ein wenig strukturiertes, offenes Siedlungsfeld zwischen Stadt und Land, das sich mit eigenen Arbeitsplätzen und Versorgungseinrichtungen zu einer mehr oder weniger eigenständigen Zwischenstadt weiterentwickelt" (Sieverts 1997: 16).

Funktionsansiedlung Kurz: eine Zwischenstadt entsteht als Folge von Funktionsansiedlungen auf der Basis eines vorhandenen Initials, das infrastruktureller Art (wie etwa Straße, Bahnlinie, Erschließungszustand etc.) oder auch städtischer Art (Image der vorhandenen Stadt, Vorstellungen von einer Stadt, Hoffnungen auf ein besseres Leben in der Stadt) sein kann. Über kurz oder lang entwickelt die Zwischenstadt eine Eigenständigkeit gegenüber der Ursprungsstadt.

Trotz dieser weltweiten Verbreitung der Zwischenstadt stehen, so beobachtet Thomas Sieverts, die Stadtplaner dem Phänomen rat- und relativ tatenlos gegenüber. Die Gründe dafür seien

1. eine *fehlende Identität der Zwischenstadt*, sowohl in der Vorstellung der Bewohner als auch im Feld der Politik,
2. die Notwendigkeit neue Mittel und Wege des Städtebaus zu entwickeln, da die herkömmlichen nicht anwendbar seien und
3. die *Faszination des Mythos der Alten Stadt*, der den Blick auf die Realität der Peripherie verstelle (Sieverts 1997).

Walter Prigge markiert vier Transformationsmechanismen, die die alte Stadt zum Mythos mache und gleichzeitig die neue Form der Zwischenstadt hervorbringe:

1. die *Fragmentierung des Stadtraumes*, wodurch innerstädtische Peripherie entstehe,
2. die *Individualisierung der Sozialstruktur*, die zu Marginalisierung führe,
3. die *Mediatisierung städtischer Kulturen*, urbane Milieus dezentrierend und
4. die *Suburbanisierung*, die Zentren und Peripherie in ein neues Verhältnis setze (Prigge 1998).

Mit der *Fragmentierung des Stadtraumes* meint Prigge die Folgen einer grundsätzlichen Differenzierung des städtischen Raumes in lokal, regional und international bezogene Teile, die beispielsweise dazu führen, dass sich die Mieten in Frankfurt am Main eher an London, denn an Offenbach orientieren, da Teile der Finanzmetropole Frankfurt international determiniert seien, das heißt, gleichzeitig zu einem Globalraum und zum Territorium Frankfurts gehören. Die *Individualisierung der Sozialstruktur*, das heißt, die Herauslösung der Subjekte aus tradierten Klassen- und Milieubindungen hat direkte Auswirkungen auf die Möglichkeiten von Urbanität heute: Fragmentierung des Stadtraums

> „Individualisierung führt zur Erosion von Bindungen. Herausgelöst aus den sozialstaatlichen Verträgen fühlen sich die Individuen als Stadt-Bewohner nicht mehr den allgemeinen städtischen Problemen verpflichtet: Die innere Urbanisierung der modernen Individuen bricht weg, und damit die Grundvoraussetzung für Urbanität als politische Kultur. ‚Urbanität' verkommt zu einem Ausstattungsmerkmal für gehobene Schichten, man kauft sich heute in städtische Lebensstile ein. Sie scheint herstellbar zu sein (durch die ästhetischen Spezialisten des Städtischen: Designer, Architekten, Urbanisten), als ästhetisches Merkmal wird sie jedoch nur bestimmten innerstädtischen Fragmenten zugeschrieben, in denen man/frau sich entsprechend urban verhalten: ‚Urbanität' wird zur hegemonialen ästhetischen Strategie der Gentrifizierung zentraler Räume" (Prigge 1998: 7).

Mit anderen Worten: infolge der Herstellung von innerstädtischen Räumen, die eine kaufkräftige und konsumfreudige Mittelschicht ‚urban' findet, werden Individuen oder ganze soziale Gruppen aus zentralen Gebieten der Innenstadt verdrängt und ausgeschlossen. Es entstehen periphere Gruppen, soziale Mischung geht verloren (vgl. Kapitel 3.2.3).

Mediatisierung bezeichnet den Prozess der Herausbildung neuer kultureller Praktiken, der das Verhältnis von Raum, Ort und global-lokaler Kultur neu ordnet. „Der Walkman in der Straßenbahn mediatisiert das Konzert, die Talk-Show das Kaffeehaus-Gespräch, der Bild-Raum die hermeneutische Schriftkultur, die Videothek das Kino, die Artothek den Galeriebesuch, das Internet die Bibliothek, die Fachzeitschrift und die Konferenz" (Prigge 1998: 8). Verlieren kulturelle Praktiken ihren angestammten Ortszusammenhang, dann entstehen neue Formen von Öffentlichkeit, die über die Vorstellungen der bürgerlichen Öffentlichkeit der europäischen Stadt hinausweisen. Eine wichtige Rolle spielen in diesem Zusammenhang globale Einflüsse, die mediatisiert auf lokale Kontexte und lokale Milieus treffen. Mit *Suburbanisierung* ist die zunehmende Auslagerung ursprünglich städtischer Funktionen an die Ränder der Städte gemeint, also in die Gewerbeparks, die Einfamilienhaussiedlungen, die Supermärkte mit Autobahnanschluss und die Entertainment-Center gleich nebenan. Die transitorischen Zonen zwischen alter Stadt und Landschaft, also das, was Sieverts Zwischenstadt nennt, interpretiert Prigge als Orte „des Übergangs von der Industrie- zu einer Stadtlandschaft neuen Typs" (Prigge 1998: 9). Er plädiert dafür, die ästhetische Wahrnehmung für diese Räume zu schärfen und sie empirisch zu erforschen.

Mediatisierung

Suburbanisierung

Zusammenfassend lässt sich festhalten: Im Begriff der „Zwischenstadt" kumuliert der Versuch der theoretischen Konzeptionalisierung einer hierzulande mittlerweile weit verbreiteten, bisher aber in der Stadtsoziologie wenig beachteten (urbanen?) Siedlungsform. Mit dieser Siedlungsform korrespondiert ein Wechsel im Verhältnis zwischen BürgerInnen und Stadt. Die Bewohner der Zwischenstadt sind nicht mehr die von Max Weber beschriebenen *Bourgeois'* und *Citoyens* (vgl. Kapitel 3.1.1), weil das wegbricht, was Walter Prigge die „innere Urbanisierung" nennt, eine Form von Urbanität, die auch politische Kultur ist, die ein aktives Einmischen in und Mitgestalten von städtischen Verhältnissen verlangt. Die Beziehung der Zwischenstädter (die nicht notwendigerweise am Stadtrand wohnen müssen, denn „Peripherie ist überall", Prigge 1998) zur alten

Citoyen

Stadt kann am besten mit dem Schlagwort „To Have the City, but Not to Be the City" beschrieben werden. Man besucht die Stadt als Konsument, als Museums- oder Kinogast oder als Ort des Arbeitsplatzes, während man schon auf dem Weg nach Hause die negativ bewerteten Seiten der Stadt (Dichte, Lautstärkepegel, Kriminalität, der Anblick von Armut etc.) hinter sich lässt und sich allenfalls über das Distanz verschaffende Medium Fernsehen damit beschäftigt. Urbanität wird so zum Ausstattungsmerkmal, zu einer konsumierbaren, angenehmen und anregenden Kundenatmosphäre. Diesem gesellschaftlichen Phänomen gibt der Begriff der Zwischenstadt einen Namen.

Sieverts sieht in der Zwischenstadt ein internationales Phänomen. Er verortet sie überall auf dem Globus. Wir schlagen jedoch vor, dieses Konzept nur auf Siedlungsformen in Europa zu beziehen, um diese mit Stadtformen in anderen Teilen der Welt (die eben anders heißen und auch anders aussehen könnten) vergleichen zu können und um so den homogenisierenden Blick, den ein Globalbegriff impliziert, zu vermeiden.

Kommunale Förderung

Sieverts bezeichnet die Zwischenstadt allgemein als Summe rationaler Einzelentscheidungen, also als Phänomen, das auf den Gesetzen des Marktes/des Kapitalismus basiert. Bedenkt man allerdings, dass Bauvorhaben zumindest hierzulande steuerlich gelenkt werden wie beispielsweise über die Wohnungsbauprämie oder die kommunale Förderung von Gewerbeparks, dann wird deutlich, dass „rationale Einzelentscheidungen" zwar *rational*, aber eben keine *Einzel*entscheidungen sind. Hinzu kommt, dass auch die europäische Stadt auf der Basis von Marktaktivitäten entstanden ist und sie dennoch oder gerade deshalb als urban beschrieben wird (vgl. die Stadtdefinition von Hans Paul Bahrdt, dargestellt in Kapitel 3.1.1). Die Unterscheidung zwischen europäischer Stadt und Zwischenstadt gelingt demnach nicht über die Marktaktivität. Die Form der Zwischenstadt erinnert vielmehr an die geplante (und in Folge dessen nicht auf Einzelentscheidungen basierende) „under-urbanization" der sozialistischen Stadt. Die Zwischenstadt ist ein der Angleichung von Stadt und Land erwachsener Raumtypus, der auf die derzeitige Vernetzung und Verwobenheit unterschiedlicher Stadträume verweist.

3.1.5 Global City

Das Modell der global city entspringt einem Diskussionszusammenhang, demzufolge Städte zunehmend als Teil eines weltumspannenden Systems konkurrierender Standortzentren betrachtet werden. Globalisierung realisiere sich in einigen wenigen Städten in machtvoller Weise (vgl. Kapitel 2.2.2). Die regionalen Bezüge isolierter Stadtanalysen werden im global city-Konzept zugunsten der Analyse von Beziehungen zwischen Städten auf ähnlichen Hierarchieebenen verabschiedet mit der Begründung, Städte auf den einzelnen Ebenen seien sich aufgrund ihrer spezifischen Einbindung in dieses weltweite System der internationalen Arbeitsteilung und funktionsräumlichen Verflechtungen funktional ähnlicher als Städte unterschiedlicher Hierarchieebenen innerhalb eines nationalstaatlichen Territoriums oder einer Region. Als global city bezeichnet man Städte, die aufgrund der Agglomeration von Finanz- und Kommunikationsinfrastruktur im Zentrum Steuerungsfunktionen übernehmen. Die These, die hinter dem global city-Konzept steht, ist, dass sich im transnationalen Feld einer globalisierten Ökonomie ein Netz von Städten herausbildet, welche Zentren der (Finanz)Ökonomie und somit Kontroll- und Steuerungsknotenpunkte sind. Hier bündeln sich die weltweiten, verstreuten wirtschaftlichen Aktivitäten in head quartern, der Börse und in Zentralrechnern. Da die Machtzentren auf ein vielfältiges Netz an Dienstleistungen angewiesen sind, seien global cities gleichzeitig, so die weitere Annahme, Orte extremer sozialer Ungleichheit.

Hierarchieebenen

Die Idee, Knotenpunkte der Finanz-, Dienstleistungs- und Kontrollverflechtungen eines internationalisierten Kapitals in Großstädten zu verorten, hat eine lange Tradition. Die Diskussion um die Bedeutung großer Städte und der Versuch einer Hierarchisierung eben dieser Städte nach Einfluss lässt sich auf den Anfang des letzten Jahrhunderts zurückführen: Die bereits 1915 veröffentlichte planerische Konzeption der „bewahrenden Eingriffe" von Patrick Geddes zu großen Städten wie London, Paris, New York, Moskau und auch zum Rhein-Main-Gebiet wird als Ausgangspunkt der global- oder world city-Forschung angesehen (vgl. auch Beaverstock/Smith/Taylor 1999). John Friedmann prägt in den 70er Jahren den Begriff „world city" für Städte mit hohem Migrationsanteil, einer dadurch charakterisierten Ökonomie sowie einer heterogenen Sozialstruktur. Unter dem Einfluss der Globalisierungsdebatte wird der Begriff der „global city" (wesentlich von Sassen 1996) zum Modellbegriff. Die Faszination der sozialwissenschaftlichen Forschung für große und bedeutende Städte führt zu einer stark ausdifferenzierten Forschungslandschaft. So führen Taylor/Lang (2004) allein einhundert Begriffe auf, die die (räumlichen) Veränderungen von Großstädten und ihrer Verbindungen untereinander beschreiben sollen. Generell lassen sich zwei Hauptströmungen unterscheiden, in denen die großen Städte der Welt analysiert werden:

Knotenbildung

1. die demografische Tradition (vgl. Kapitel 3.1.6)
2. die funktionale Tradition der global city-Forschung.

Während die demografische Tradition Städte nach Einwohneranzahl klassifiziert (eine mega city ist nach UN-Angaben eine Stadt ab 7 Millionen EinwohnerInnen) und sich mit Fragestellungen zu den gegenwärtigen wie zukünftigen gesellschaftlichen und ökologischen Auswirkungen großer Bevölkerungsdichten auseinandersetzt, fragt die funktionale Tradition hingegen nach der Rolle der Städte in der Weltökonomie. Diese paradigmatische Trennung der Forschungsperspektive kann auf die Wirklichkeit von Städten nicht strikt angewendet werden, da mega cities im Hinblick auf ökonomische Verflechtungen im Globalisierungsprozess auch den Status einer world- oder global city einnehmen können. Die Forschung zu global- und world cities verfolgt das Ziel, Städte anhand ihrer ökonomischen und geopolitischen Einflussmöglichkeiten zu vergleichen und eine Hierarchie aufzustellen. Dabei lassen sich vier verschiedene Forschungsrichtungen innerhalb der global- und world city-Forschung unterscheiden (vgl. Beaverstock/Smith/ Taylor 1999).

1. Hierarchisierung von Städten

Die ersten Forschungsarbeiten beschäftigen sich mit dem Versuch der Hierarchisierung von Städten, indem lokale Besonderheiten identifiziert und in eine Rangfolge gebracht werden. Hierzu zählen die Arbeiten von Patrick Geddes (1915), Peter Hall (1966) und Stephen Hymer (1972). Aufgrund ihrer Macht und Einflussmöglichkeiten in Politik, Finanzwesen, Technologie und Kommunikation, aber auch auf dem Feld von Bildung und Kultur, werden die „globalen" Städte an die Spitze der Stadthierarchie gesetzt: Während Hall die Bedeutung dieser Städte auf *Urbanisierungsprozesse* zurückführt und der ungleichen Verteilung von Kapital kaum Bedeutung beimisst, begründet Hymer hingegen das Wachstum und die spezifische geopolitische Lage der global cities *funktional*: Für das Top-Management international agierender Firmen sei ein direkter und schneller Kontakt von Angesicht zu Angesicht zu SpitzenvertreterInnen der Medien, des Kapitalmarkts und der Regierung für erfolgreiche Geschäftsabschlüsse unabdinglich, weshalb die ranghöchsten Abteilungen dieser Unternehmen sich in den wenigen Großstädten ansiedeln. Dies wiederum zieht weitere international agierende Firmen an, deren Führungskräfte Teil des Netzwerkes werden wollen. Der spezifische Bedeutungszuwachs ausgewählter Städte folgt damit einem Zirkel – er verstärkt sich selbst.

Funktionale Hierarchisierung

2. Multinationale Unternehmen und Arbeitsmärkte

In einem zweiten Forschungsstrang wird aufbauend auf den Überlegungen Hymers vor allem auf der Entscheidungsfindung und den Machtausbau international agierender Firmen im Kontext eines seit den 1970er Jahren *international (räumlich) ausdifferenzierten Arbeitsmarktes* hingewiesen. Zu diesen Arbeiten zählen vor allem Cohen (1981), Friedmann/Wolff (1982), Friedmann (1986), Feargin/Smith (1987) und Thrift (1989), wobei im Folgenden insbesondere der Ansatz von John Friedmann erläutert wird, da er als Eckpfeiler dieser Forschungsrichtung angesehen werden kann (vgl. Beaverstock/Smith/Taylor 1999). Friedmanns Städtehierarchie liegt die These zugrunde, dass global cities (von ihm als world cities bezeichnet) die *Kontrollzentren des weltweiten Kapitalflusses* sind. Eine Hierarchisierung soll die Kontrollfunktionen möglichst mehrdimensional erfassen. Städte qualifizieren sich als world city anhand von sieben Kriterien:

Kontrollzentren

- Sitz von Hauptquartieren transnationaler Unternehmen,
- bedeutendes Finanzzentrum,
- wichtiger Verkehrsknotenpunkt,
- Sitz internationaler Institutionen,
- schnelles Wachstum unternehmensorientierter Dienstleistungen,
- Zentrum industrieller Produktionsstätten,
- eine große Einwohnerzahl (vgl. Friedmann 1986).

Friedmann sieht in der empirischen Analyse von dem Idealfall ab, dass alle Kriterien gleichzeitig erfüllt sein müssen und rechnet auch Städte dann zu den world cities, wenn sie zumindest mehrere Kriterien erfüllen (vgl. Friedmann 1986: 72). Die Hierarchisierung führe, so Friedmann, die ausgeprägte sozialräumliche Polarisierungen vor Augen, die sich u.a. durch extreme Arbeitsmarktspaltungen zwischen hoch bezahlten Professionals und Niedriglöhnen im Servicesektor bemerkbar machen (eine gute Erklärung und Zusammenfassung der Friedmann'schen Thesen liefert Krätke 1995: 109).

3. Städte als Steuerungszentralen und Standorte der Produktion und Vermarktung unternehmensorientierter Dienstleistungen

Steuerungszentralen

Der dritte Zugang zur Erklärung des global city-Phänomens greift ebenfalls auf die strategische Bedeutung der Städte im Weltwirtschaftssystem zurück, fokussiert aber auf *unternehmensbezogene Dienstleistungen* und basiert im Wesentlichen auf dem global city-Ansatz von Saskia Sassen. Die zunehmende Bedeutung dieser Städte führt Sassen auf die gleichzeitige globale Streuung und Konzentration von Wirtschaftstätigkeit unter drei Bedingungen zurück. Während einige dieser Städte beispielsweise seit Jahrhunderten traditionelle Rollen als Zentren des Welthandels und der Bankgeschäfte inne haben, „dienen die global cities von heute erstens als Steuerungszentralen innerhalb der Organisation der Weltwirtschaft, zweitens als wesentliche Standorte und Marktplätze für die derzeit führenden Wirtschaftszweige, das heißt, für das unternehmensorientierte Finanz- und Dienstleistungsgewerbe, und drittens als wesentliche Produktionsstandorte dieser Gewerbezweige" (Sassen 1996: 20). Die Konzentration von wichtigen strategischen Funktionen und der Produktion von unternehmensorientierten Dienstleistungen habe zur Folge, dass sich eine neue regionale und globale Rangordnung bildet. Städte, die zuvor wichtige Handelszentren oder Industriestandorte waren, können dabei an Bedeutung verlieren und sich so zunehmend zu randständigen Gebieten, die aus den wesentlichen, das Wachstum der neuen, globalen Ökonomie beschleunigenden Prozessen ausgegrenzt sind, entwickeln. Auf transnationaler Ebene führt dies zu Verschiebungen von Zentrum und Peripherie entlang der althergebrachten Differenzierung zwischen armen und reichen Ländern und damit zu einer geografischen Neuverteilung von Ungleichheit (vgl. auch Kapitel 2.2.2).

Durch die Betonung des Produktionsaspektes unternehmensorientierter Dienstleistungen stellt Sassen den Arbeitscharakter – entgegen des ansonsten häufig dargestellten Expertisencharakters – heraus: diese Dienstleistungen müssen produziert werden und sind über ein spezifisches Infrastrukturangebot und entsprechende Arbeitskräfte an Orte gebunden. Die neue globale Ökonomie kann nur funktionieren, weil ein großer Bereich der Infrastruktur durch das „Bodenpersonal" – meist Niedrigstlohngruppen – bereitgestellt wird. Sassen kritisiert die bisherige Interpretation der wirtschaftlichen Globalisierung, die vor allem mit den Schlüsselbegriffen „Globalisierung", „Informationsökonomie" und „Telematik" operiert und damit unterstellt, „daß die Frage des Raumes keine Rolle mehr spielt und als Arbeitskräfte nur noch das hochqualifizierte Fachpersonal von Bedeutung ist" (Sassen 1996: 24). Der Blick auf die lokalen Spezifika, kulturellen Kontexte und den Prozesscharakter der Globalisierung werde so systematisch verstellt.

Unternehmensorientierte Dienstleistungen

In allen drei skizzierten Diskursen werden Nordamerika, Westeuropa und Südost-Asien als Zentren dieser Globalisierungsentwicklung (Vernetzung, Internationalisierung von Unternehmensstandorten) bei gleichzeitiger lokaler Konzentration (der Kontroll- und Entscheidungsträger in wenigen, hoch vernetzten Städten) beschrieben. Je nach AutorIn werden dabei unterschiedliche Städte in den Status einer global city erhoben: Eine Auswertung der in den 15 wichtigsten Veröffentlichungen als world city bezeichneten Städte findet sich bei Beaverstock/Smith/Taylor (1999) und Taylor (1999). Einigkeit besteht bei New York, London, Paris und Tokio. Schwierigkeiten macht die Differenzierung von Städten auf den Hierarchieebenen unterhalb des Vernetzungsgrades dieser Städte, die bisher auf keiner einheitlichen Basis erfolgt. Auf strukturelle Probleme der global city-Forschung weist Peter Taylor (1999) hin, und zeigt, dass in den von ihm als Schlüsseltexten definierten Veröffentlichungen die empirische Basis für die Annahme, die untersuchten Städte stellten Knoten in einem weltweiten Netzwerk der ökonomischen Flüsse dar, sehr vage ist. Er führt dies auf zwei strukturelle Gründe zurück: Erstens wird ein Großteil der verfügbaren statistischen Daten für die Verwendung auf nationalstaatlicher Ebene erhoben, so dass z.B. Verbindungen zwischen einzelnen Städten (gar unterschiedlicher nationalstaatlicher Territorien) nur schwer analysierbar sind, zweitens werden kaum Daten über „Ströme" oder Verflechtungsbeziehungen erhoben, sondern vor allem attributspezifische Daten zu einzelnen Städten (weitere Hinweise dazu bei Taylor 1997; Derudder/Taylor u.a. 2003).

Empirische Basis

4. Empirische Forschung: Globalization and World Cities Study Group and Network
Einen vierten Zugang zur global city-Forschung bieten die Arbeiten des Forschungsnetzwerkes „Globalization and World Cities – Study Group & Network" (GaWC) an der Loughborough University in Großbritannien an. Der Schwerpunkt der ForscherInnen liegt auf einer empirischen Analyse der *externen* Verbindungen von Städten – diese seien, so die Kritik der ForscherInnen – bisher vernachlässigt. Die global city-Forschung würde Aufwand in die Erforschung der *internen* Strukturen jener Städte und in eine vergleichende Analyse investieren, anstatt die Vernetzung selbst zu betrachten. Gegründet wurde das Forschungsnetzwerk von den Geografen und Ökonomen Peter Taylor, David Walker und Jon Beaverstock. Auf der Webseite des Forschungsnetzwerkes können sämtliche Veröffentlichungen heruntergeladen werden, auch Daten und Analysewerkzeuge sind frei zugänglich (www.lboro.ac.uk/gawc/; Zugriff am 14.09.2006).

Analyse externer Verbindungen

Ausgehend von den Überlegungen Saskia Sassens erstellen Beaverstock/Smith/Taylor (1999) eine empirische Analyse der Vernetzung von 122 Städten auf der Grundlage der Firmenhauptsitze weltweit bedeutender unternehmensorientierter Dienstleistungen (Buchführung, Werbung, Bankenwesen, Wirtschaftskanzleien), von denen 55 der Status einer global city zuerkannt wird, wobei zwischen Alpha-, Beta-, und Gamma-World-Cities differenziert wird: Zehn Städte qualifizieren sich aufgrund des Vernetzungsgrades als Alpha-World-Cities (alle in den drei globalisierten Wachstumsregionen Nordamerika, Europa und Südost-Asien), weitere zehn als Beta-World-Cities (ebenfalls fast ausschließlich in den genannten Regionen) und schließlich fallen 35 Städte in die dritte Hierarchieebene:

Abbildung 3.1.5a: GaWC Inventory of World Cities (Quelle: Taylor/Walker/Beaverstock (2002)/http://www.lboro.ac.uk/gawc/rb/images/rb6f1.gif)

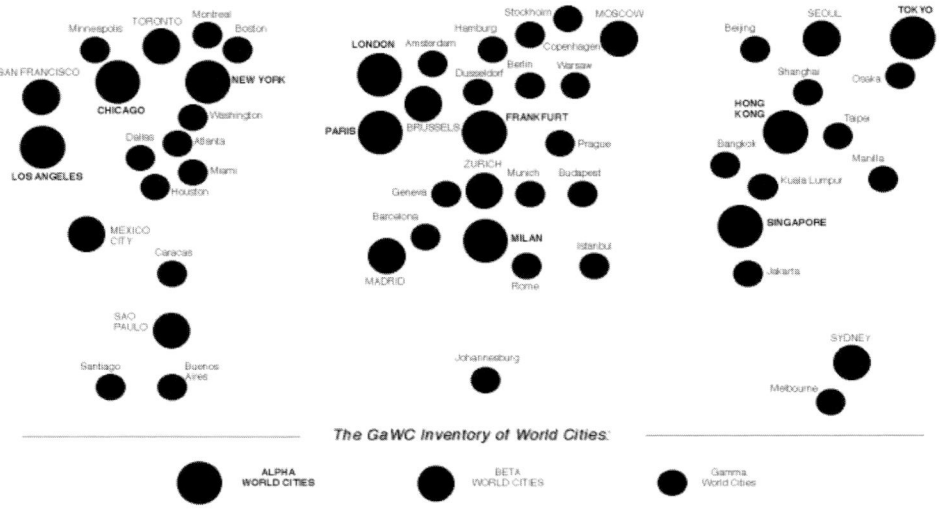

| Bürostandorte der größten Dienstleister | Diese Analyse wird in den folgenden Jahren erweitert und insgesamt auf 316 Städte ausgeweitet, indem Daten über die weltweit verteilten Bürostandorte der einhundert größten, global agierenden Dienstleistungsfirmen, ferner Funktion und Größe der einzelnen Büros erhoben werden. Dieser Datenbestand (GaWC100) ist Grundlage für zahlreiche nachfolgende Untersuchungen (zu den methodischen Feinheiten der Datengenerierung Taylor/Catalano/Walker 2002a, 2002b). Die Betrachtung der Verflechtungen *unternehmensorientierter Dienstleistungen* als Indikator für die global city-Formierung folgt den theoretischen Überlegungen Saskia Sassens, stellt allerdings selbst auch eine Einengung der Analyse auf ökonomische Faktoren dar. |

Kulturelle Standorte

Der Ökonom Stefan Krätke fokussiert daher auf die *kulturelle Produktion* und die *Standortverteilung* der Medienindustrie bei gleichen Auswertungsstrategien. Hierdurch lassen sich die relationalen Verbindungen zwischen ökonomischen und kulturellen global cities vergleichen. Untersucht werden die Niederlassungen der 33 bedeutendsten Medienunternehmen in 284 Städten. In dieser Studie wird ebenfalls davon ausgegangen, dass die Wahl der Firmensitze der Medienindustrie den lokal bedeutsamen Zentren kultureller Produktion folgt (vgl. Krätke 2002). Auch diese Analyse zeigt eine hochgradig ungleiche Verteilung und starke Konzentration der globalen Medien- und Kulturproduktion, da mehr als die Hälfte der 2766 Firmensitze in gerade 22 Städten zu finden sind. An der Spitze der „globalen Medienstädte" werden Los Angeles, New York, London, München, Amsterdam und Paris identifiziert, wobei die ersten vier zusätzlich Alpha-World-Cities im „traditionellen" Sinn sind, während die weiteren Alpha-Medienstädte nur drittrangige ökonomische Weltstädte darstellen. Auch die regional-geografische Verteilung ist gegenüber den ökonomischen global cities verschoben, eine Konzentration dieser Städte ist vor allem in Europa zu beobachten, wodurch deutlich wird, dass das Label „global city" wesentlich von den Kategorien der Analyse abhängt.

Abbildung 3.1.5b: Global Media Cities as Central Nodes of Global Media Firms' Locational Networks (Quelle: Krätke (2002)/ http://www.lboro.ac.uk/gawc/rb/images/rb80f2.jpg)

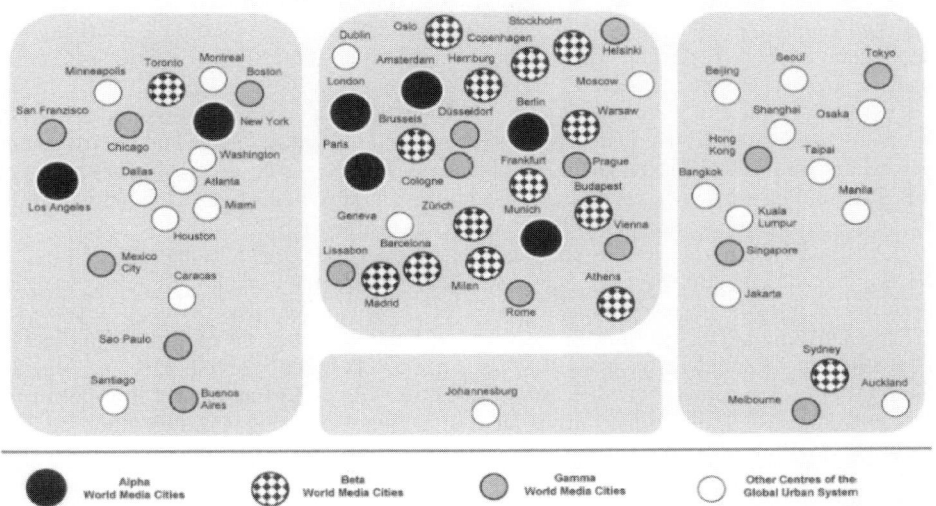

Neue räumliche Hierarchien lassen sich nicht nur zwischen global vernetzten Städten und ihrem jeweiligen Hinterland, sondern auch *innerhalb* der global cities zeigen. Die Veränderung der ökonomischen Basis (von der Industrieproduktion hin zur Produktion immaterieller Produkte/Dienstleistungen, vgl. Kapitel 3.2.2) führt zur Verdrängung geringer qualifizierter Gruppen auf dem Arbeitsmarkt in eine zunehmend labilere Randposition. Die Folgen sind eine wachsende Destabilisierung der Beschäftigungssituation durch Informalisierung und zunehmend prekäre Arbeitsverhältnisse zum einen, zum anderen eine wachsende Polarisierung des Arbeitsmarktes aufgrund auseinanderdriftender Anforderungsprofile an künftige Arbeitnehmer. Als Konsequenz werden soziale Unterschiede nicht nur manifestiert, sondern weiter verstärkt (vgl. Sassen 1996: 137f.).

Gering Qualifizierte

Ein bedeutender Teil der Arbeitsverhältnisse ist befristet, da die betreffenden Unternehmen auf instabilen oder wettbewerbsintensiven Märkten tätig sind. Dies hat eine hohe Personalfluktuation zur Folge, sodass der Bedarf an (flexiblen) Arbeitskräften vor allem in den Städten gedeckt werden kann. Dort „profitieren" vor allem MigrantInnen, die kaum eine Chance haben in sichere Arbeitsverhältnisse zu gelangen sowie junge alleinstehende Erwerbstätige, von dem veränderten Nachfrageangebot. Die Stadt gewinnt für diese Gruppen an Attraktivität (Sassen 1996: 140). Sie beeinflussen neben dem Niedriglohnsektor auch die räumliche Gliederung der Stadt.

Weiterhin setzen hoch spezialisierte Dienstleistungen auf Agglomerationen und Produktionskomplexe, da sie neben den spezialisierten Charakteristika ihres eigenen

Sektors eine Vielzahl an Zuarbeiten aus anderen Berufs- und Industriezweigen, die an und für sich nicht zur Informationsökonomie gerechnet werden, voraussetzen – etwa Putzkolonnen, Sekretariats- oder Callcenter-Dienstleistungen. Ein zentraler Aspekt einer global city ist die durch die Nachfrage nach Arbeitskräften im Niedriglohnsektor initiierte Polarisierung zwischen hoch bezahlten Spitzenkräften und einer großen Anzahl Beschäftigter im Niedriglohnsektor. Über diese Fragmentierung des Marktes kommt es zu einem Kreislauf:

Immigration — Die ImmigrantInnen können die in der global city produzierten Luxusgüter und Dienstleistungen nicht nachfragen, weichen daher auf kleinere Gewerbetreibende und Dienstleister aus – meist ebenfalls ImmigrantInnen. Sie konkurrieren wiederum mit den größeren Handelsketten (und tun dies recht effektiv, da sich die Mitarbeit oft auf Familienmitglieder und damit auf eine informelle Ökonomie stützt) bei sehr niedrigen Margen, was schließlich zu mehr Bedarf an Niedriglohn-Arbeitskräften führt. Dies wiederum provoziert weitere Kostensenkung seitens der Handelsketten (vgl. Sassen 1996: 144ff., 155f.). Gleichzeitig ist die Produktion der Güter und Dienstleistungen für die einkommensstarken KonsumentInnen an Kundenwünschen orientiert, und – da diese Güter und Dienstleistungen weder massenhaft produziert noch angeboten werden – sehr arbeitsintensiv; ein Teil des Produktionsprozesses wird dann wiederum an kostengünstige Kleinbetriebe oder Heimarbeiter vergeben; hier schließt sich der Kreis (Sassen 1996: 153ff.).

Aufgrund der Orientierung an finanz-ökonomischen Verflechtungen als Indikator für die Vernetzungsprozesse der Städte wird der global city-Forschung auch konzeptionelle Einseitigkeit vorgeworfen (Samers 2002). Die Analyse der Vernetzungsprozesse erfasse nur eine Globalisierung von „oben", die durch Konzerne und global agierende Dienstleister vorangetrieben werde. Als ergänzende Forschungsperspektive schlägt der

Transnationale Netzwerke — Geograf Michael Samers vor, die aktive Rolle der ImmigrantInnen und ihre politische Organisationsfähigkeit in einem transnationalen Netzwerk stärker in den Blick zu nehmen und so die global city-Forschung von der Viktimisierung der ImmigrantInnen konzeptionell zu entlasten. Die Konsequenz daraus wäre ein Forschungsansatz, der zwar weiterhin unter dem Paradigma einer Netzwerkstruktur von Städten arbeitet, diese jedoch als Orte einer transnationalen politischen Mobilisierung ‚von unten' begreift. Ziel – nicht nur der global city-Forschung – muss es sein, der Analyse des Untersuchungsgegenstandes (den Städten) genauso große Aufmerksamkeit zu widmen wie der Analyse des Beziehungsgefüges, in das diese Objekte eingebunden sind (vgl. Bourdieu 1996). Nur ein erweitertes Verständnis der relationalen Städtevernetzung im Rahmen der global city-Forschung kann vermeiden, dass Städte auf ihre geostrategische Position und Funktion im Koordinatenkreuz ökonomischer Globalisierung reduziert werden und die kulturellen Dimensionen der einzigartigen Städte systematisch unberücksichtigt bleiben (vgl. Kapitel 1 sowie Berking/Löw 2005).

3.1.6 Postkoloniale Stadt

Urbane Agglomerationen des Südens stehen im Zentrum der folgenden Ausführungen. Sie wurden in der Vergangenheit unter dem Begriff der „Dritten Welt" verhandelt, einem Terminus, der nach dem Zweiten Weltkrieg als Versuch eines dritten Weges neben der dualen politischen Polarisation zwischen kapitalistischem („Erste Welt") und sozialistischem System („Zweite Welt") eingeführt wurde. Mit Peter Worsleys (1964) Werk

Third World — „Third World" wurde der Terminus allgemein gebräuchlich, aber auch inhaltlich ausgeweitet, da fortan nicht mehr der gemeinsame Hintergrund dieser Staaten (Kolonialismus), sondern auch ihre gemeinsame ökonomische Situation assoziiert wurde. Die Einengung der Wahrnehmung auf ökonomische Fragen und die in der Aufzählung implizierte Hierarchisierung führt schließlich dazu, dass der Begriff vielfach als stigmatisierend abgelehnt wird. Heute wird häufig stattdessen von den Städten des Südens oder von postkolonialen Städten gesprochen.

Urbane Agglomerationen des Südens werden meist vor dem Hintergrund der – im Vergleich zu europäischen Städten – unterschiedlichen politisch-ökonomischen Funktionen, ihrer ethnischen Zusammensetzung, der städtebaulichen Struktur, vor allem aber ihrer demografischen Entwicklung diskutiert: Die große Heterogenität dieser Städte basiert auf lokal spezifischen ethnischen, kulturellen und geschichtlichen Hintergründen. Einige Städte haben bereits vor der europäischen Kolonialisierung bedeutenden Einfluss und Macht (z.B. Kairo), andere hingegen sind das Produkt des letzten Jahrhunderts. Die Gemeinsamkeiten liegen unbeschadet ihrer Heterogenität in einem rasanten Urbanisierungsprozess, bei dem vor allem die demografische Dimension europäische Maßstäbe um Längen übertrifft (vgl. Abbildung 3.1.6a). Die Bewertung dieser Prozesse geht meist mit einer stark eurozentristischen Perspektive einher, sowohl was die Beurteilung der Wachstumsprozesse angeht, als auch die Einschätzung der damit verbundenen Probleme, die alles andere als trivial sind:

> "In the past there has been a preoccupation with the urban primacy in the third world and this has led to the emerge of theories in which such features were said to be illustrative of serious developmental problems. Affected countries were alleged to be 'overurbanised' or possessed of 'abnormal' urban hierarchies very different from the more balanced rank-size hierarchies found in European and North American urban systems. Such comparisons revealed the weakness of these concepts – they were and are heavily based on European 'norms'" (Drakakis-Smith 2000: 18).

Gemeinsam ist den Städten des Südens auch, dass ihre Verbindungen zum globalen Finanzkapital eine Anpassung an dort geltende Erwartungshaltungen zur Folge hat. Investoren sollen durch Prestige-Architektur beeindruckt und angelockt werden, Infrastruktur und Komfort werden westlichen Standards angepasst in den Gegenden, in denen sich Industrie, Dienstleistungen oder international agierende Akteure (sogenannte „Highflyer") ansiedeln sollen. Es kommt somit zu einem homogenisierenden Einfluss – dennoch sind diese Entwicklungen lokal spezifisch rückgekoppelt und verlaufen aufgrund unterschiedlicher Geschichte, kultureller Besonderheiten oder geografischer Besonderheiten nicht notwendigerweise parallel (Drakakis-Smith 2000).

Westliche Standards

Der forschende Blick auf die Städte des Südens hat sich von einem demografisch und ökonomisch geprägten Forschungsinteresse hin zu Analysen der Besonderheit einzelner Städte und ihren Traditionslinien gewandelt. Daher werden zunächst demografische Entwicklungen und Urbanisierungsprozesse vorgestellt; anschließend folgt ein Einblick in Arbeiten zur Analyse von Alltagshandlungen und zur Heterogenität dieser Städte.

Einen guten Überblick über die Unterschiede in der demografischen Entwicklung zwischen „mehr" bzw. „weniger entwickelten" Regionen in der Differenzierung zwischen urbaner und ruraler Bevölkerung bieten folgende Grafiken:

Abbildung 3.1.6a: Anteil von städtischen und ländlichen Gegenden am Bevölkerungswachstum 1950 bis 2030 (Quelle: United Nations 2004: 10, Fig. 2).

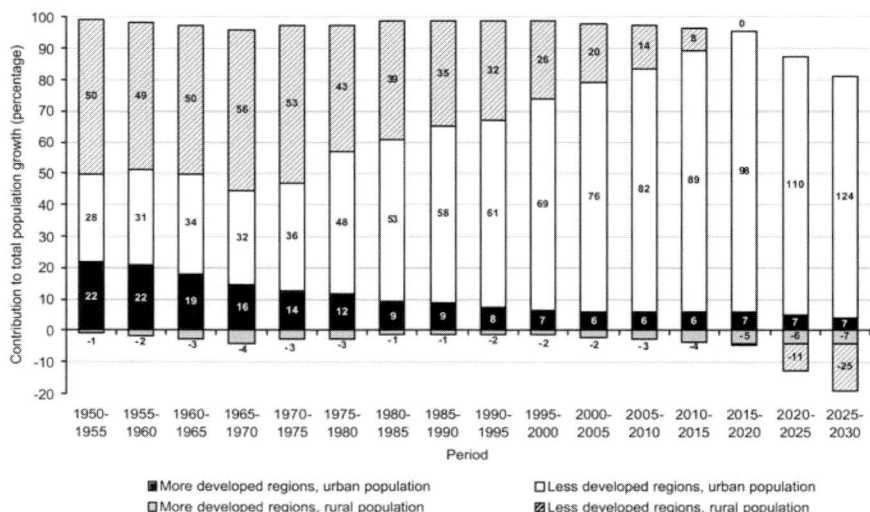

Städtewachstum

In diesem Diagramm ist der Anteil der ländlichen und städtischen Bevölkerung am gesamten Bevölkerungswachstum differenziert nach „mehr" bzw. „weniger entwickelten" Regionen („more/less developed regions") dargestellt: Nach den Hochrechnungen für 2000-2030 wird nahezu die gesamte zu erwartende Bevölkerungszunahme durch das Wachstum der Städte in den weniger stark entwickelten Regionen absorbiert, nach 2015 werden die urbanen Regionen allein den Bevölkerungszuwachs bestimmen.

Die nachfolgende Grafik zeigt die demografische Entwicklung in ländlichen und urbanen Gebieten differenziert nach Entwicklungsgrad: Seit den 1970er Jahren übertrifft die Bevölkerung in den Städten der weniger entwickelten Regionen die der entwickelten Regionen. Sie wird erstmals voraussichtlich 2015 ebenfalls die der ländlichen Regionen übertreffen.

Aus soziologischer Perspektive ist das in den Quellen der United Nations implizierte lineare Differenzverhältnis problematisch, da ihm eine Verzeitlichung zugrunde liegt, so als sei der Unterschied zwischen ehemaligen Kolonialstädten und den Metropolen der Kolonialmächte nur ein zeitlicher, ein Rückstand, der entsprechend nachgeholt werden könne (zur Problematik des Begriffs „Entwicklungsland" vgl. die Diskussion des Raumbegriffs von Doreen Massey (1999b) in Kapitel 2.2.2). Dennoch lässt sich festhalten: Infolge der immensen Urbanisierungsprozesse finden sich im Süden der Welt Ballungsgebiete, die sich im Vergleich zu europäischen fundamental unterscheiden: Sie bestehen aus mehreren großen Kernstädten anstatt eines zentralen Geschäftsviertels. Diese Kernstädte sind durch Infrastruktur (Verkehr, Kommunikationsanbindungen) zunehmend vernetzt, wobei der Übergang zwischen den Städten und den dazwischen liegenden ländlichen Bereichen nicht mehr klar definiert werden kann. Da mehrere Städte den Ballungsraum bilden, gestalten sich Steuerungsfragen entsprechend komplexer, da die Kompetenzen zwischen den Städten der Region verteilt sind. Manuel

Megastädte

Castells nennt als zentrale Funktionen dieser Megastädte die Anbindung „gigantischer Segmente der menschlichen Bevölkerung" an das globale ökonomische und informationelle System (Castells 2001: 459), die Verknüpfung informationeller Netzwerke und die Konzentration von Macht- und Kontrollfunktionen bei gleichzeitiger interner Abkopplung von Menschen vor Ort (…), die entweder funktional unnötig sind oder sozialen Sprengstoff darstellen" (Castells 2001: 460).

Abbildung 3.1.6b: Städtische und ländliche Bevölkerung in mehr bzw. weniger stark entwickelten Regionen 1950 bis 2030 (Quelle: United Nations 2004: 11, Fig. 3).

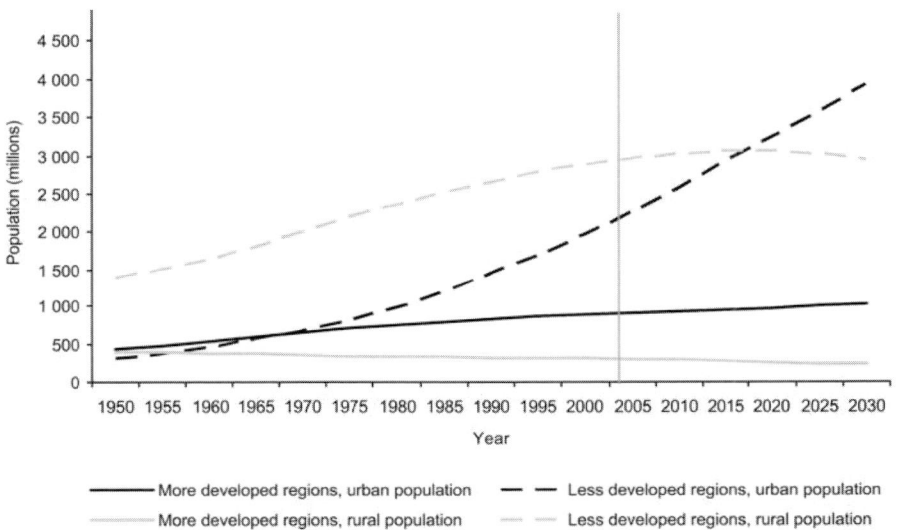

Als Beispiel für eine solche Megastadt – aufgrund der diffusen räumlichen Struktur im Hinblick auf funktionale und soziale Hierarchien werden sie auch als Extended Metropolitan Regions (EMR) bezeichnet (Drakakis-Smith 2000) – führt Castells die Region Hongkong-Shenzhen-Guangzhou-Perlfluss-Delta-Macau-Zhuhai an, ein Gebiet mit einer Gesamtbevölkerung von 40 bis 50 Millionen Einwohnern (u.a. 5 Flughäfen, zusammen größte Hafenkapazität der Welt; Castells 2001: 460ff.).

Das hohe Maß, durch das die sozialwissenschaftliche Forschung über Städte des Südens entweder von Fragen der Ökonomie und Demografie oder aber von Umweltkatastrophenszenarien geprägt ist, hat eine neue Generation von ForscherInnen motiviert, den Blick stärker auf die Einzigartigkeiten jeder der beschriebenen Städte, aber auch auf die Alltagspraktiken und die Widerständigkeiten zum kolonialen Erbe zu richten. Brenda Yeohs (1996) Studie „Contesting Space: Power Relations and the Urban Built Environment in Colonial Singapore" ist vielleicht der erste Versuch, die Stadt nicht in erster Linie als Produkt des dominanten Nordens zu erklären. Es ist das Projekt, gleichzeitig die Disziplinarisierung der kolonialisierten städtischen Welt zu beschreiben, ohne die städtische Bevölkerung simplifizierend als Empfänger und Ausführer kolonialer Regeln zu zeichnen. Jyoti Hosagrahar (2005) untersucht die Transformationen der indigenen Stadt Delhi während der Kolonialzeit durch europäische Architektur und Planung, zeigt aber auch den Widerstand und die Ignoranz der EinwohnerInnen zu diesen Strukturen auf. Das Ergebnis ist ihrer Ansicht nach heute die Existenz verschiedener Modernitäten auf der Welt gleichzeitig. Sie misstraut den Erzählungen westlicher Wissen-

Plurale Modernitäten

schaftlerInnen, die in Delhi klare Segregationen finden: hier die Einheimischen – dort die Kolonialbungalows. Vielmehr zeigt ihre empirische Untersuchung, dass die dualen Kategorienbildungen kolonial/indigen, europäisch/native, modern/traditional längst an Bedeutung verloren haben. Der Blick auf Lebensstile offenbart, dass die Kolonialbauten in die indische Repräsentationspolitik übernommen werden.

Abbildung 3.1.6c: Die Region Hongkong-Shenzhen-Guangzhou-Perlfluss-Delta-Macau-Zhuhai (Quelle: Castells 2001: 462).

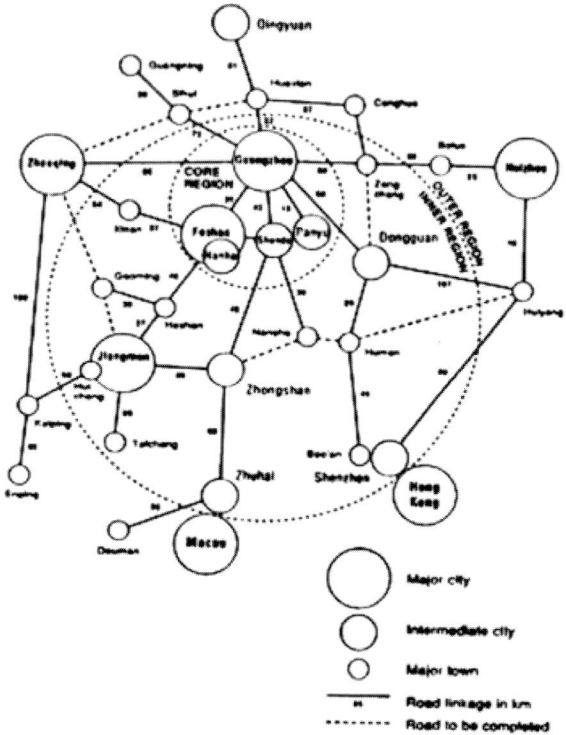

Auch Swati Chattopadhyay (2005) wählt eine neue Perspektive auf die indische Stadt Kalkutta. Sie problematisiert, dass die westlichen Bilder von Kalkutta als „second city of empire" vergessen machen, dass die Stadt auch die Wiege des bengalischen Nationalismus ist. Die Perspektive auf Trennung, z.B. der europäischen Teile Calcuttas von den Schwarzenvierteln, verdecke die eigene Produktion von Städtebildern vor Ort, die keineswegs entlang der Ordnungsmuster des Nordens verlaufen.

Unter dem Stichwort der „postkolonialen Stadt" wird die Weltgeografie neu sortiert. Die Städte des Südens finden einen kritischen Fokus auf eine Existenzform nach dem Kolonialismus – diese verbindet sie jedoch auch mit postkolonialen Städten im Norden. Paris, London oder Lisabon sind ebenso Produkte des Kolonialismus (von Migration, weltweitem Warenhandel und Wertepluralismus geprägt) und deshalb wie Delhi oder Kalkutta über diesen theoretischen Zugriff beschreibbar (ausführlich King 2003, 2004, vgl. Kapitel 1.2.3).

3.2 Ökonomie und Kultur der Stadt

Ökonomie und Kultur sind gesellschaftliche Teilbereiche, die heute ohne den jeweils anderen nicht mehr denkbar sind. Ging man in der bürgerlichen Gesellschaft des 19. und frühen 20. Jahrhunderts noch von einer strikten Trennung und eigenen Rationalität der Subsysteme Ökonomie und Kultur aus (vgl. exemplarisch Bürger 1995) dominiert heute vielfach die Rede von der „Kulturalisierung der Ökonomie" (vgl. Hoffmann/von Osten 1999; du Gay/Pryke 2002; Amin/Thrift 2004), die mit einer zunehmenden Ökonomisierung kultureller Tätigkeiten einhergeht (vgl. exemplarisch Menger 2006). In Städten zeigt sich das Verhältnis von Ökonomie und Kultur in besonderer Weise, sind Städte doch entstanden als Orte des Tausches (über die Errichtung eines Marktes) und als Orte der Herausbildung spezifisch städtischer Formen von Kultur. Die folgenden Abschnitte beginnen mit einem Überblick über Forschungsansätze, welche die ökonomischen Verflechtungen von Städten ins Zentrum stellen. Es werden Positionen vorgestellt, die die Stadt aus unterschiedlichen wirtschaftsbezogenen Blickwinkeln thematisieren (3.2.1). Im zweiten Abschnitt geht es um theoretische Positionen, die Städte im Kontext einer kulturalisierten Ökonomie beleuchten (3.2.2), der letzte Abschnitt (3.2.3) stellt verschiedene Ansätze gegenüber, die Stadtkultur und Urbanität unter gegenwärtigen Bedingungen zu definieren versuchen.

Kulturalisierung der Ökonomie

3.2.1 (Stadt)Ökonomische Forschungsansätze

Die Ökonomie der Stadt wurde in der *empirischen Stadtforschung* und der darauf aufbauenden Theoriebildung zunächst ausschließlich auf materieller Basis konzipiert. Stadt bestand in dieser Perspektive aus dynamischen Märkten des Warenaustausches und der dafür benötigten Infrastruktur. Kulturelle oder soziale Belange wurden in diesem Verständnis marginalisiert und als wenig valide für Aussagen zu ökonomischen Funktionen von Städten angesehen (Bridge/Watson 2003: 101; zum Bedeutungswandel vgl. Kapitel 3.2.2). Das Wirtschaftswachstum der Nachkriegsjahre wurde von der Stadtforschung als Grundlage für Stadtentwicklung angesehen, die Analyse und Theoriebildung zu den ökonomischen Hintergründen aber den ökonomischen Wissenschaften überlassen. Die Stadtforschung schien so von der Analyse ökonomischer Sachverhalte zunächst weitgehend entlastet. Die *ökonomischen Wissenschaften* widmeten sich fast ausschließlich der Industrialisierung und den damit verbundenen Marktprozessen und ließen das zweite große Thema der Moderne, die Verstädterung, konzeptionell außer Acht. Die Folge war, dass zeitweise ökonomische Theorien ohne soziologisches Wissen zu Stadt auskommen mussten, während aus soziologischem Wissen über die Städte ökonomische Theorien ausgegrenzt waren.

Die gegenseitige Abgrenzung der Disziplinen trotz sich überschneidender Anwendungsfelder hat sich historisch gewandelt, denn die Verlagerung zu klärenden Problemstellungen in die jeweils andere Disziplin gibt es nicht immer: Die ökonomischen Gesellschaftstheorien im 17. und 18. Jahrhundert fokussieren auf räumliche Aspekte der Stadtentwicklung, vornehmlich auf Austausch- und Handelsbeziehungen zwischen Stadt und Land sowie auf damit einhergehende Reproduktionsverhältnisse (vgl. Läpple 1998). Mit der Herausbildung der Nationalstaaten gerät die Stadt und mit ihr die raumbezogene Problemdefinition aus dem Fokus der ökonomischen Theorien, die mit der Idee der Nationalökonomie auch die des territorial fixierten Nationalstaates im Sinne eines Containers verbinden. Die als isoliert voneinander betrachteten Nationalökonomien streben in ihren jeweiligen Wirtschaftsräumen, den nationalstaatlichen Territorien, eine Mobilisierung der Ressourcen an, indem weit verzweigte Verkehrsnetze erschlossen werden. Der Fokus ist

Ökonomische Gesellschaftstheorien

dabei vor allem auf den Binnenhandel gerichtet – Handelsbeziehungen in den jeweiligen territorialen Containern – die den Nationalstaat und die ökonomischen Vorstellungen konzeptionell begrenzen.

Erst in den 1960er Jahren setzen sich Ökonomen wieder vermehrt mit städtischen Problemen auseinander (vgl. Läpple 1998: 195) und sehen sich mit für sie fremden Forschungsfragen konfrontiert: Vielschichtige und multikausale Probleme in Städten wie eine *lokal* konzentrierte und verfestigte Arbeitslosigkeit lassen sich nicht auf rein ökonomische Zusammenhänge zurückführen. Deshalb stellt man sich innerhalb der Stadtökonomie die Frage, ob die bisher entwickelten ökonomischen Theorien und mathematischen Modelle um soziale, kulturelle und politische Faktoren erweitert werden müssen oder eben diese als außerhalb der ökonomischen Forschung liegend per definitionem auszuschließen sind (vgl. Läpple 1998: 196). Forschungsstrategisch einigt man sich auf den letzteren Weg, das heißt darauf, die innerhalb der Ökonomie entwickelten Theorien und Konzepte ohne Erweiterung in die Stadtforschung zu übernehmen – mit der Folge allerdings, dass eine interdisziplinäre Zusammenarbeit erschwert wird. Die Stadtökonomie beschäftigt sich somit aus der Perspektive der bereits entwickelten ökonomischen Theorien mit dem komplexen Phänomen „Stadt". Städte werden als dynamische Systeme einander beeinflussender und voneinander abhängiger Märkte thematisiert. Sie gelten als Regulationsmechanismen für städtische Entwicklungsprozesse auf verschiedenen Maßstabsebenen. In der *mikroökonomischen Perspektive* wird die räumliche Struktur der Stadt durch einen Wettbewerb um „Raum" auf den Immobilienmärkten bestimmt:

„The spatial form of cities was an outcome of competing demand for space, and land uses changed from commercial, to industrial to residential at the margins of the ability of different users to 'bid' for the land" (Bridge/Watson 2003:102). Der Fokus liegt auf den Entscheidungsprozessen der Wirtschaftssubjekte im Arbeits- und Immobilienmarkt und den Märkten des Transportwesens und der öffentlichen Dienstleistungen. Auf der makroökonomischen Analyseebene werden gesamtwirtschaftliche Phänomene und Aggregate untersucht, z.B. regionale Wachstumsprozesse. Ein Beispiel für die Makroebene ist die „Export-Basis-Theorie" (North 1955; vgl. auch kritisch Fritsch 1991), zur Mikroebene lässt sich die Theorie der „New Urban Economics" (Button 1998) zählen. Beide Ansätze gehören in den Bereich *neoklassischer Wachstumstheorien* (vgl. Crow 2001: 49). Im Unterschied zur klassischen Schule der Nationalökonomie, die mit Adam Smith die Ökonomie als eigenständige Wissenschaftsdisziplin etablierte und Freihandel, Wettbewerb und ein sich selbstbestimmtes, eigenverantwortliches Individuum einer absolutistischen Wirtschaftsführung entgegensetzte, gehen neoklassische Theorien von einem rational handelnen Menschen aus – dem homo oeconomicus. Die neoklassische Theorie versteht sich als ein System von Optimierungsbedingungen, das mit mathematischen Modellen zur Maximierung analysiert wird.

So nutzt die Theorie der New Urban Economics mathematische Modelle, um Wachstumsprozesse in Städten abzubilden – eine eindeutige Umsetzung der oben genannten Forschungsprogrammatik, die Ökonomie in die Stadtforschung zu tragen. In den Anfängen dieser Forschungsrichtung wird raumbezogenes Handeln von Individuen vor dem Hintergrund ihres Strebens nach Gewinnmaximierung analysiert. Johann Heinrich von Thünen (1783-1850) untersucht Transportkosten und optimale Nutzung von landwirtschaftlichen Produktionsflächen für die Wahl des Produktionsstandortes landwirtschaftlicher Erzeugnisse. Mit zunehmender Entfernung von der Stadt sinken zwar die Bodenpreise, gleichzeitig steigen aber die Transportkosten. Die Wahl des idealen Standortes lässt sich als mathematisch zu lösendes Optimierungsproblem beschreiben. Die Grundannahmen sind ein isolierter kreisrunder Staat ohne Außenbeziehungen und die Länge der Transportwege als

Luftlinie – als räumliches Modell ergeben sich konzentrische Kreise („Thünen'sche Ringe"), die die Grenzen optimaler Produktionsstandorte landwirtschaftlicher Erzeugnisse markieren (Thünen 1826; vgl. auch Button 1998).

Nachfolgende Arbeiten haben Thünens Modell auf städtische Produktionsverhältnisse übertragen. Die Stadt selbst wird über mehrere vereinfachende Annahmen charakterisiert. Als monozentrale Stadt erscheint sie nach allen Seiten hin gleichmäßig verkehrstechnisch erschlossen, wobei die Dichte dieser Verbindungen nach außen hin stetig abnimmt. Die räumliche Struktur der Stadt wird auch hier durch das implizite Modell der konzentrischen Kreise auf die Eindimensionalität festgelegt, in der Raum nur als Entfernung, deren Überwindung sich im Preis niederschlägt, integriert wird (vgl. zu dieser räumlichen Modellannahme auch Kapitel 1.2.3 zur Sozialökologie der Chicagoer Schule). Die qualitativen Charakteristika unterschiedlicher Stadtviertel – welche sich beispielsweise in Bezeichnungen wie „Studentengegend", „Komponistenviertel" oder „Villengegend" ausdrückt – bleiben zunächst außen vor. Weitere Restriktionen des Modells beruhen auf Vereinfachungen wie der Annahme, dass ausschließlich im zentralen, innerstädtischen Geschäftsviertel Güter und Dienstleistungen produziert werden und dieses durch das Transportnetz von überall her gleich gut zu erreichen sei (Läpple 1998, Button 1998). Der Vorteil der Modellbildung liegt darin, dass verschiedene Probleme im Gedankenexperiment untersucht werden können, indem eine der Einflussgrößen verändert wird, während die anderen konstant bleiben (ceteris paribus). So lassen sich Lösungen für Fragen nach der optimalen Stadtgröße, Transport- und Logistikoptimierungen oder Entwicklungen im Immobilienmarkt am Modell „durchspielen". Weiterentwicklungen dieses Modells begegnen der Kritik der Unterkomplexität und Praxisferne der Annahmen (zur Kritik Läpple 1992, 1998; Button 1998: 5) und erweitern das ursprüngliche Modell um soziale Aspekte wie Geschmackspräferenzen und Einkommen unterschiedlicher Milieus sowie komplexere Transportsysteme. Schließlich verabschiedet man sich auch von der Modellannahme einer monozentrischen Stadt (vgl. ausführlich Button 1998).

Für politische Steuerungsfragen sind makroökonomische Theorien von größerer Bedeutung, da ihr Anspruch, die regional übergreifende Erklärung von Wachstumsprozessen, eine praktischere Handhabung verspricht (vgl. Läpple 1998: 198). Die „Export-Basis-Theorie" versucht auf der Makroebene Wachstum im Kontext von Städten zu erklären und nutzt dazu eine zentrale Größe als Indikator: den Export. Aufbauend auf der externen Nachfrage wird die Wachstumsmöglichkeit einer Region überwiegend anhand des überregionalen Absatzes lokaler Güter und Dienstleistungen bestimmt. Die städtische Wirtschaft wird dabei anhand ihrer Exportfähigkeit in „basic industries" und „non-basic industries" differenziert. Während die Basis-Industrien als eigentliche Wachstumsträger exportierbare Produkte herstellen, deren Absatzmärkte meist außerhalb der Stadt liegen, bieten letztere lediglich lokal nachgefragte Waren und Dienstleistungen an. Der Verdienst der Export-Basis-Theorie ist, „darauf aufmerksam gemacht zu haben, daß die überregionale Nachfrage nach regionalen Produkten starke Wachstumsimpulse auslösen kann und daß infolgedessen die interregionalen Austauschbeziehungen und die Entwicklung der Gesamtwirtschaft für die wirtschaftliche Entwicklung (...) von ausschlaggebender Bedeutung sein können" (Heuer 1977: 72).

Makroökonomische Theorien

Die theoretische Problematik hinter diesem Ansatz wird deutlich, wenn man Städte nicht mehr isoliert betrachtet, sondern die wirtschaftlichen Beziehungen *zwischen* Städten analysiert:

> „Denn durch den selben Mechanismus, durch den in der einen Stadt ein Export zu einem Wachstum führt, resultiert in einem anderen Wirtschaftsraum aus dem komplementären Import (...) eine Schrumpfung. Dieses Nullsummenspiel innerstädtischer Entwicklung impli-

ziert einen städtischen Darwinismus, der einer Städtekooperation diametral entgegenstünde" (Läpple 1998: 199).

Trotzdem erfreut sich dieses Denkmodell großer Akzeptanz. Im Prozess der Globalisierung und der verstärkten Konkurrenz zwischen Städten werden ihre Ökonomien auf Exportfähigkeit mit dem Ziel ausgerichtet, „weltmarktfähig" zu sein. Neoklassische Ansätze der Stadtökonomie geraten durch die Denkfigur des zweckrational agierenden Individuums, des *homo oeconomicus*, „in eine paradoxe Erkenntnisblockade", kritisiert der Stadtökonom Dieter Läpple (1998: 200). Gemeint ist, dass die für die Ökonomie der Stadt ebenfalls bedeutsamen, aber ökonomisch schwer bzw. nicht operationalisierbaren Phänomene kultureller, sozialer, religiöser, ethnischer etc. Natur aufgrund der erkenntnistheoretischen Selbstdefinition dieser Forschungsrichtung nicht Gegenstand der Analyse sein können.

<small>Homo Oeconomicus</small>

Diese monolithische Betrachtungsweise der Stadtökonomie wird durch die Analyse der Interdependenzen und relationalen Verflechtungen von Wirtschaft, Kultur und Sozialem abgelöst. Wenn die Auswirkungen kultureller, lokaler Spezifika urbaner Räume auf die Wirtschaftskraft einer Stadt ins Zentrum stadtökonomischer Fragestellungen rücken, wird gleichzeitig eine Ökonomie demontiert, die auf der Ausschließlichkeit materieller Phänomene basiert.

David Harvey beispielsweise betont die Bedeutung von Städten für die Kapitalakkumulation und den internationalen Kapitalfluss: Mit dem Wandel von der fordistischen Massenproduktion hin zur „flexibilisierten Akkumulation" in den 1970er Jahren (vgl. Harvey 1989) geht eine Ausdifferenzierung der (Waren)Produktion einher, die gravierende ökonomisch-räumliche Auswirkungen hat (vgl. Kapitel 2.1.1). Westliche Städte sind heute Orte der kulturellen Veredelung von Produkten, die im globalen Süden hergestellt werden. Große Bereiche der globalen Ökonomie werden von multinationalen Firmen dominiert, die im Unterschied zum Fordismus ihre Waren nicht mehr nach dem Prinzip der standardisierten Massenfabrikation an einem zentralen Ort, der großen Werkshalle, produzieren, sondern Teile der Produktion auf Subunternehmen auslagern, die netzwerkförmig über den Globus verteilt sind. Die transnationalen Konzerne zum Beispiel in der Bekleidungs- oder Schuhindustrie oder im Elektroniksektor setzen dabei auf billige, nicht gewerkschaftlich organisierte (und meist weibliche) Arbeitskräfte. Die Diversifizierung der industriell gefertigten Massenware (Produkt) zum kulturell aufgeladenen Markenartikel (Brand) erfolgt dann in den Städten des Westens. Werbung und Vermarktung, Verpackung und Design, die Anpassung an Zielgruppen nach den Kriterien von Lebensstil, Geschmack und Kultur bilden dort einen wachsenden – und urbanen – Wirtschaftssektor. Städte in den Ländern des Westens sind deshalb nicht mehr vorwiegend Orte der industriellen Produktion, sondern Orte der Konsumption diversifizierter Waren. Der weltweiten Arbeitsteilung und regionalen Ausdifferenzierung auf der Ebene der Produktion steht eine zunehmende Konzentration von Steuerungsfunktionen eben dieser Produktionsprozesse (Management, Finanzverwaltung, Forschung & Entwicklung) an bestimmten Orten, den global cities (vgl. Kap. 3.1.5) gegenüber – die ökonomische Basis dieser Städte wirkt aufgrund des beschriebenen Funktionswandels dematerialisiert.

<small>Globale Ökonomie</small>

Eine soziologische Perspektive allein auf die globalen Netzwerke von Städten, in der nur der Grad und die Qualität der Vernetzung eine Rolle spielt, (Stand-)Orte dagegen austauschbar erscheinen, wäre deshalb verkürzt: Städte stellen eine Infrastruktur zur Verfügung, die Kapitalkreisläufe mit spezifischer Umschlagsdauer ermöglichen. Eine Beschleunigung der Kapital- und Warenkreisläufe als „Überwindung von Raum" (im Sinne von Entfernung) ist paradoxerweise auf eine räumliche Organisation wie In-

<small>Kapitalkreisläufe</small>

frastruktur oder rechtliche und administrative Voraussetzungen angewiesen. Diesen Zusammenhang zwischen Internationalisierung und Globalisierung (der Güter- und Kapitalkreisläufe) bei gleichzeitiger lokaler (Re)Territorialisierung der erforderlichen räumlichen Organisationsformen bezeichnet David Harvey als „spatial fix" (Harvey 1982: 416). Die territoriale Fixierung von Überschüssen der Kapitalakkumulation analysiert er vor allem in Hinblick auf Städte, da in ihnen dieses Kapital langfristig in Form von Bausubstanz und Infrastruktur angelegt wird – was wiederum zur Beschleunigung dieser Kreisläufe führt (z.B. durch Modernisierungsmaßnahmen im Transportwesen). Aber auch der Nationalstaat ist für die Territorialisierung von Kapital von entscheidender Bedeutung. So stellen „die relativ beständigen staatlichen Organisationsstrukturen einen geografisch-institutionellen Rahmen für die zunehmende räumliche Mobilität von Arbeitskraft, Waren und Kapital sowohl auf supra- als auch auf subnationaler Ebene bereit" (Brenner 1997: 10). Harveys Überlegungen zum spatial fix beziehen sich auf die städtische Ebene. Lefèbvre hingegen beschreibt ein mehrdimensionales Modell, das territoriale Organisationen in unterschiedlichen Maßstabsebenen integriert und Interdependenzen zwischen diesen Ebenen zulässt – von urbanen-regionalen Formen über Nationalstaaten bis hin zur Weltökonomie (vgl. Brenner 1997: 10f.). Spatial Fix

Die widersprüchliche Dynamik von Entterritorialisierung – Raum-Zeit-Kompression durch fortschreitende Beschleunigung der Kreisläufe von Kapital, Gütern, Informationen und Menschen im geografischen Raum – sowie fortlaufender Rückinvestition in territoriale Organisationsformen und Infrastruktur und damit die Produktion weitgehend dauerhafter, immobiler räumlicher Konfigurationen als aufeinander bezogene Prozesse der Globalisierung forciert eine soziologische Raumforschung, die lokale, nationale und globale Räume als Beziehungsgeflecht analysiert. Globale Ökonomie findet nicht „anderswo" statt, sondern wirkt über die Verflechtungen mit regionalen Ressourcen lokal. Peter Noller und Klaus Ronneberger (1995) zeigen die Verwobenheit von globalen und lokalen Praktiken am Beispiel global agierender Berufsmilieus. Am Beispiel von Frankfurt am Main demonstrieren sie, dass unterschiedliche professionelle Milieus verschiedene Räume präferieren: Bankfachleute bevorzugen das Wohnen im Grünen, Frankfurt ist für sie nur der Arbeitsplatz. IT-Professionals mögen Altbauquartiere und Werbefachleute leben und arbeiten am liebsten direkt neben den Hochhäusern. Die Versuche, die (Innen)Städte für die neuen DienstleistungsanbieterInnen und KonsumentInnen attraktiv zu gestalten berücksichtigen neben den „harten" Fakten der Standortpolitik auch subjektive Aspekte des präferierten Wohnens und Aufhaltens in der jeweiligen Stadt. Der Konkurrenzkampf zwischen den Städten wird nicht nur ökonomisch, sondern auch kulturell geführt. Dabei wird zum einen auf eine Verschränkung von „Sauberkeit" und „Sicherheit" gesetzt, die die Ursachen von Kriminalität und abweichendem Verhalten vor allem auf geografisch fixierte Räume (Stadtteile) und deren äußere Erscheinung reduziert (siehe Kapitel 3.3), zum anderen spielen die in der Architektur und der Gestaltung des öffentlichen Raumes angehäuften kulturellen Symbole eine entscheidende Rolle. Sie repräsentieren politische wie ökonomische Macht und sind Austragungspunkte des Wettbewerbs um gesellschaftliche Visionen. Die amerikanische Stadtsoziologin Sharon Zukin hat die Mechanismen dieses Wettbewerbs unter dem Stichwort einer „Ökonomie der Symbole" (Zukin 1998) untersucht. Wohnpräferenzen

3.2.2 Stadt und die Ökonomie der Symbole

1999 eröffnet das erste europäische Niketown im Berliner Stadtteil Charlottenburg unweit des Kurfürstendamms. Weltweit gibt es im Jahr 2006 18 Niketowns, unter anderem in London, Los Angeles, Melbourne, New York und Toronto. Auf den ersten Blick erscheint der Berliner Flagship-Store des Sportartikelherstellers wie ein gewöhnliches Sportkaufhaus, in dem ausschließlich Artikel von Nike verkauft werden, ähnlich wie es im Adidas-Original-Store oder im Puma-Concept-Store nur Turnschuhe und Shirts von Adidas bzw. Puma gibt. „Aber Niketown ist mehr", behauptet der Architekt Friedrich von Borries, der sich in seiner Dissertation mit dem Phänomen des „Nike-Urbanismus" beschäftigt (von Borries 2004: 32). Das Gebäude ist in thematische Pavillons aufgeteilt. In jedem Pavillon sind Devotionalien großer Sporthelden zu sehen und auf großen Leinwänden werden berühmte Szenen aus der Historie des Sports gezeigt. In den Niketowns wird durch den Verkauf von Sportartikeln kein Gewinn erzielt. „Die Niketowns wurden vielmehr errichtet, um dem *Spirit von Nike* einen Ort zu geben, einen Ort, an dem Nike erlebbar wird. So ist z.B. in New York 50% der Ladenfläche der Ausstellung gewidmet, also Schuhen, Schlägern, Kleidungsstücken, die von Nike-Athleten getragen wurden" (ebd; Hervorhebung d. Verf.). Niketowns sind Orte, die sich BesucherInnen in erster Linie visuell – das heißt über die Bilder von Sportler(körpern) – und narrativ – über Mythen aus der Sportgeschichte – erschließen und so das *Erlebnis Sport* mit dem *Erleben der Marke* Nike verbinden sollen. Die potenziellen KundInnen werden emotional angesprochen. Hinzu kommt die kulturelle Aufladung, die Turnschuhe und Shirts erfahren, indem sie wie Kunstwerke in museumsähnlichen Arrangements gezeigt werden. Die Sportartikel mit dem „Swoosh" (dem Signet von Nike) sind dort nicht aufgrund ihres besonderen materiellen Gebrauchswertes zu sehen, sondern stehen stellvertretend für etwas Immaterielles, nämlich für die *Idee von Fitness und Sport*. Und genau die ist es, die BesucherInnen von Niketown konsumieren. Mit anderen Worten: „Verkauft" werden keine Turnschuhe, sondern Gefühle, Wünsche, Bilder und Identifikationsmöglichkeiten.

Die Aufladung räumlicher (An)Ordnungen mit kulturellen Werten ist der Kernaspekt der Ökonomie der Symbole. Sie basiert auf der Produktion, Distribution und Konsumption von Symbolen mit dem Ziel der ökonomischen Wertsteigerung von Gütern und Dienstleistungen, aber auch von Orten und Städten (vgl. Kirchberg 1998: 46f.). Unter „Symbolen" versteht man hier immaterielle Güter wie Bedeutungen, Werte, Bilder, Ideen, Erfahrungen, Emotionen oder Atmosphären. Wer beispielsweise bei Starbucks für einen Kaffee ansteht, dem geht es, so glaubt Starbucks' CEO Howard Shultz, erst in zweiter Linie um den Kaffee, es komme ihm vielmehr „auf die romantische Kaffeeerfahrung an, auf das Gefühl von Wärme und Gemeinschaft, das man in den Starbucks-Geschäften bekommt" (zit. n. Klein 2002: 40). Auf städtischer Ebene beschreibt Sharon Zukin die Ökonomie der Symbole als permanente Auseinandersetzung um Repräsentationen politischer und ökonomischer Macht (Zukin 1998). Erfolgreiches Stadtmarketing zeichnet sich dadurch aus, dass die kulturellen Werte einer Stadt gekonnt visuell verdichtet und mit erwünschten gesellschaftlichen Zielen gekoppelt werden. So gilt etwa die Skyline von Frankfurt am Main noch immer als Symbol für ökonomisches Wachstum und internationale Steuerungsfunktion, genauso wie Manhatten für riesige Wolkenkratzer und Neonreklamen steht oder Paris für Straßencafés, kleine bunte Läden mit großen Schaufenstern und Gemälde von unschätzbarem Wert im Louvre (Zukin 1998: 29). Dass sich die gesellschaftlichen Werte solcher Images historisch wandeln, zeigt das Beispiel der Wolkenkratzer. In den 1930er Jahren sieht man in ihnen Topographien der Macht und Entfremdung, Ende des 20. Jahrhunderts symbolisieren

Ökonomie und Kultur der Stadt

sie Modernität und ökonomische Prosperität, nach den terroristischen Anschlägen auf das World Trade Center am 11. September 2001 lösen sie bei vielen Menschen Angst aus und stehen auch für die Verwundbarkeit des globalen Finanzkapitalismus. In den Imagewandel von Orten kann Stadtentwicklungspolitik auch zielgerichtet eingreifen. So wird der Times Square in New York in den 1970er Jahren mit seinen blinkenden Leuchtreklamen und Theatermarkisen noch mit der Schäbigkeit der Peepshows und Spielhallen assoziiert. Nach seiner Umwandlung in ein Geschäfts- und Vergnügungszentrum unter der Ägide der Walt Disney Company ist er heute eine positiv aufgeladene Touristenattraktion.

Abbildung 3.2.2a: „The NEW Times Square". © Silke Steets (1998)

In der stadtsoziologischen Debatte ist das „Times Square/42nd Street Redevelopment Project" – in den 1990er Jahren das bedeutendste innerstädtische Planungsvorhaben in den USA – zum Synonym geworden für die „Disneyfizierung der Städte" (vgl. ausführlich Roost 2000). Unter „Disneyfizierung" versteht man die Schaffung inszenierter Einkaufs- und Erlebniswelten nach dem gestalterischen und organisatorischen Vorbild der Disney-Themenparks. Der Architekt Wilfried Hackenbroich erklärt die gestalterische Strategie von Disney:

Disneyfizierung

> „In Disneys Themenparks wird das Erzählen von Geschichten auf den Raum übertragen. Die Strukturen und Inhalte der Trickfilme bilden die Grundlage für die Gestaltung der Parks. Das Erzählen einer Geschichte mittels Architektur oder die Implementierung eines Themas in die Architektur wird als ‚Theming' bezeichnet: Für Disney stehen weder Gebäude noch die Architektur im Vordergrund, sondern das Theming von Räumen mit Geschichten" (Hackenbroich 2001: 235; vgl. zum Phänomen des „Themings" auch Beeck 2001).

Theming Für jeden Raum gibt es eine Art Drehbuch (storyboard), das möglichst ohne thematische Brüche – beispielsweise zur weiteren Umgebung – auf den Raum übertragen wird. Dadurch entstehen Räume, die in höchstem Maße programmiert und kontrolliert sind und in denen man Geschichten begehen und unmittelbar miterleben kann. Auf der Ebene der Städte wird vor dem Hintergrund dieses Gestaltungsprinzips großstädtisches Leben – „Urbanität" – inszeniert, beispielsweise in so genannten „Urban Entertainment Centern", städtebaulichen Großprojekten, in denen man neben Straßencafés, Geschäften und Kinos auch Theater, Gaukler und Performances findet – all das aber in klimatisierten und videoüberwachten Räumen. Das, was in (echten) Städten gemeinhin als unangenehm gilt – wie schlechtes Wetter, Schmutz, die Konfrontation mit Kriminalität, Armut und Obdachlosigkeit etc. – bleibt außen vor. Der New Yorker Times Square galt lange als Symbol für die Krise der amerikanischen Kernstädte. Mit der Umwandlung des einstigen Rotlichtquartiers in einen familienfreundlichen Unterhaltungsbezirk wird er zum Modellprojekt der Revitalisierung der Innenstädte (vgl. Abb. 3.2.2a).

Heritage Industrie Mit Inszenierung und der Erlebnisindustrie im städtischen Kontext beschäftigt sich auch die Stadtsoziologin Sybille Frank: Sie untersucht den Trend zum Nach- oder Wiedererleben von Geschichte (history) im öffentlichen Raum als Geschichte (story/heritage). Am Beispiel des ehemaligen innerstädtischen Grenzübergangs Checkpoint Charlie in Berlin analysiert Frank die Formation einer hauptstädtischen „heritage industry". Heritage industry definiert sie als eine postfordistische (Geschichts)Industrie, „in der unterschiedliche öffentliche und private Akteure um die Deutungshoheit über die Geschichte konkurrieren, wobei Anzahl und Einfluss der privaten Akteure in dem Maße gestiegen sind, wie der Staat oder die Kommunen sich aus der öffentlichen Geschichtspflege zurückgezogen haben und wie die Geschichtskultur sich zum einen diversifiziert und zum anderen mit einer sich globalisierenden Freizeit- und Tourismusindustrie verknüpft hat" (Frank 2005: 279). Frank zeigt, wie am 1990 feierlich demontierten Alliierten-Kontrollpunkt Checkpoint Charlie – einem weltweit bekannten und berüchtigten Ort des Kalten Krieges – als Reaktion auf die seit den 1990er Jahren steigende touristische Nachfrage nach Zeugnissen der Berliner Mauer verschiedene „Erinnerungsanbieter" (ebd) versuchen, den ehemaligen Grenzübergang mithilfe von Symbolen, Artefakten oder Handlungen visuell und atmosphärisch wieder verort- und erlebbar zu machen. Dieser Prozess ist durch erhebliche Konflikte um Inhalte und Formen der Repräsentation historischer Ereignisse gekennzeichnet: Während der Berliner Senat den früheren Alliierten-Kontrollpunkt hinsichtlich der Erinnerungsform nüchtern und distanzierend mit einer Gedenktafel, Fotos ehemaliger Grenzsoldaten und einer Markierung des ehemaligen Mauerverlaufs durch eine Doppelpflastersteinreihe markiert und ihn damit inhaltlich als obsoleten Grenzübergang thematisiert, bemüht sich das private Mauermuseum Haus am Checkpoint Charlie mithilfe originalgetreuer Kopien des ehemaligen Alliierten-Kontrollhäuschens sowie des berühmten Sektorengrenzschildes „You are leaving the American Sector ..." um eine symbolische Vergegenwärtigung von Geschichte im öffentlichen Straßenraum via Rekonstruktion. Durch eine medienwirksam inszenierte temporäre Maueropfer-Gedenkstätte mit Holzkreuzen und der Rekonstruktion eines Stücks der Berliner Mauer wurde der bis dato vornehmlich für unzählige gelungene Fluchten bekannte Checkpoint Charlie vom Mauermu-

Ökonomie und Kultur der Stadt 131

seum als Ort der Mauer-Toten stilisiert. Als sich 2004 schließlich einige Schauspielstudenten als DDR-Volkspolizisten verkleiden, um sich vor dem Kontrollhäuschen gegen Geld mit TouristInnen fotografieren zu lassen oder originale DDR-Grenzstempel in Reisepässe zu drücken (vgl. Abb. 3.2.2b), entwickelt sich eine heftige lokale Auseinandersetzung um „angemessene" oder „disneyhafte", mithin skandalöse Praktiken der Erinnerung am noch jungen Opfer-Ort. Dass es sich bei dem Alliierten-Kontrollhäuschen um eine Kopie handelt, die falschen DDR-Volkspolizisten auf der falschen Seite der Grenze (nämlich auf der des ehemals amerikanischen Sektors) standen und zu Zeiten des Kalten Krieges keine Vopos, sondern NVA-Soldaten an der Grenze Wache hielten, interessiert die zahlreich an den Checkpoint Charlie strömenden TouristInnen wenig. Der an wissenschaftlicher Seriosität und der *Authentizität des historischen Ortes* ausgerichteten traditionellen Geschichtsvermittlung (etwa im Dokumentationszentrum Berliner Mauer in der Bernauer Straße, das dem Senat als „Ort des Geschehens" und somit als legitimer Maueropfer-Gedenkort gilt) steht am Checkpoint Charlie die *Authentizität eines* möglichst intensiven, multisensorischen, umfassenden und spektakulären *Nacherlebens von Geschichte* gegenüber.

Authentizität

Abbildung 3.2.2b: Checkpoint Charlie Berlin: Schauspielstudenten, hier in Uniformen der westlichen Alliierten. © Sybille Frank (2004)

Für Sharon Zukin sind es die (Groß)Städte, die prädestiniert sind als Orte der permanenten Auseinandersetzung um die Repräsentation von Geschichte, Macht und Kultur. „Insofern Städte kulturelle Ressourcen konzentrieren und neue kulturelle Formen verbreiten, sind sie immer Räume von zentraler Bedeutung" (Zukin 1998: 27). (Groß)Städte sind gleichzeitig Orte der Hochkultur – verkörpert in Kunstmuseen und historischen Gebäuden – und der Alltagskultur der Straße, welche mit ihren territorialen und ästhetischen Markierungen die unerschöpfliche kulturelle Vielfalt von (Groß)Städten deutlich werden lässt. Eine Basis zur Erklärung der Bedeutung von Kultur für die Stadt bietet die von einer marxistischen Argumentation inspirierte Theorie der „Urban Political

Urban Political Economy

Economy" (vgl. Kirchberg 1998). Sie ermöglicht den Bezug zwischen den vielfältigen Facetten von Stadtkultur und einer stadtsoziologischen Perspektive. Die Urban Political Economy geht grundsätzlich von zwei sich antagonistisch gegenüber stehenden städtischen Akteursgruppen aus: die erste Gruppe (Immobilienhändler, Projektentwickler, Unternehmer, Lokalpolitiker) verfolgt das Ziel, den *Tauschwert* des städtischen Bodens zu erhalten bzw. zu vermehren. Sie hat Gewinnerwartungen an die Entwicklung städtischer Bodenwerte. Die zweite Gruppe (Bewohner, unmittelbare Nutzer städtischer Teilräume) sind an der Zweckmäßigkeit, Ortsbezogenheit und lokalen Lebensqualität und deren Erhaltung bzw. Verbesserung interessiert. Für sie steht also der *Gebrauchswert* des städtischen Bodens im Vordergrund. Die Urban Political Economy basiert auf der Annahme, dass Gewinn- und Nutzenerwartungen in Opposition zu einander stehen. Beide Gruppen aber beeinflussen durch ihre (gegensätzlichen) Vorstellungen die Entwicklung eines Ortes und damit Stadtentwicklung. Der Bodenpreis wird hier weniger als ökonomischer, sondern in erster Linie als soziologischer Indikator aufgefasst. Der Markt, auf dem der Bodenpreis ausgehandelt wird, ist definiert als *Resultat kultureller Interaktionen* (der Art wie sie oben beschrieben wurden). Die Theorie der Urban Political Economy versteht sich als „Soziologie der städtischen Eigentumsverhältnisse" (Kirchberg 1998: 42), die insbesondere die Rolle der gestaltenden Immobilienwirtschaft, der so genannten „place entrepreneurs" (ebd) reflektiert. Unterstützung findet diese in der „Wachstumskoalition" (ebd), einer lokalen Elite, bestehend aus Verwaltung, Politik, lokal angesiedelten Unternehmen und Banken, deren Interesse und Aufgabe es ist, auch in wirtschaftlich prekären Zeiten in den eigenen städtischen oder wirtschaftlichen Teilbereichen noch für Wachstum zu sorgen. Die Funktion von Stadtkultur erklärt die Urban Political Economy über vier zentrale Konstrukte (vgl. Kirchberg 1998: 45):

Funktion von Stadtkultur

- *Kultur wird zum Faktor des Tausch- und Gebrauchswertes des Bodens*, indem sie Objekte der Immobilienwirtschaft auf- (oder theoretisch auch ab-)wertet bzw. als kulturelles Angebot die Lebensqualität eines Ortes beeinflusst.
- *Kultur wird zum strategischen Faktor einer gestaltenden Immobilienwirtschaft*: Durch die Errichtung kultureller Standorte wird Einfluss genommen auf die Raumnutzung lokaler Akteure.
- *Kultur wird zum Spielball der Wachstumskoalition*: Förderung kultureller Standorte hängt vielfach davon ab, ob die formulierten Ziele kultureller Einrichtungen denen der Wachstumskoalition entsprechen, worunter insbesondere die Alternativkultur leidet.
- *Kultur schafft Schwellen der Einbindung und Ausgrenzung*: Über die lebensstilgerechte Gestaltung von Orten werden Menschen subtil ein- bzw. ausgegrenzt.

Betrachtet man, wie beispielsweise ein global tätiger Konzern wie Nike als Akteur im symbolischen Feld der Stadtkultur agiert, müsste diese Liste um einen weiteren Punkt ergänzt werden. Die Niketowns sind nicht nur Kultorte für Sportartikel mit dem swoosh, sondern zugleich Ausgangspunkt für die Eroberung und Entdeckung von Stadt. Friedrich von Borries berichtet:

> „Von Niketown aus werden Aktionen organisiert und koordiniert, die die Stadt anders erleben lassen: In London der Sightseeing Run, in New York Laufschulen, und auch in Berlin ist Niketown Ausgangspunkt für urbane Interventionen. So holen Jugendliche im Niketown die Bolzplatz-Sticker ab, die sie an Laternenpfähle kleben, um wie urbane Partisanen Stadtguerilla zu spielen und im Viertel das Revier zu markieren, und melden sich in Niketown zu den diversen Battles an" (von Borries 2004: 32f.).

Speziell für Berlin haben die Marketingstrategen von Nike die Bolzplatzkampagne „Die Freiheit liegt hinter Gittern" entwickelt. Sie verweist auf die ordnungspolitisch verregelte und kontrollierte (deutsche) Stadt, in der Fußball nicht mehr auf der Straße, sondern nur noch auf extra dafür vorgesehenen, eingezäunten Plätzen erlaubt ist, und setzt dieser das coole, subversive Image des Straßensports gegenüber. Ziel der Kampagne ist es, die sportiven urbanen Streetcultures mit dem Markenimage von Nike zu verknüpfen. Mit der Ausgabe der Bolzplatz-Sticker, die die Jugendlichen illegal auf Laternenmaste, Parkbänke und Abfalleimer kleben, adaptiert die Werbung Ausdrucksformen, die von sub- und jugendkulturellen Bewegungen entwickelt wurden. Ein anderes Beispiel für eine solche Enteignung kultureller Ausdrucksformen durch Werbung und Marketing ist die Technik des so genannten culture jamming, ein „semiotisches Détournement", eine Umdeutung bzw. Zweckentfremdung bekannter Symbole, das ursprünglich als Kritik an den verführerischen Botschaften der Werbung gedacht war, mittlerweile aber von Werbeagenturen für aggressive Plakatwerbung genutzt wird (vgl. ausführlich Klein 2002: 289ff.). Von Borries: „Nike versucht, ein Image des Widerstandes gegen repressive Urbanität aufzubauen, und kopiert dafür die Strategien der Stadtguerilla der 70er Jahre. In der fiktiven Niketown ist die Marketingguerilla an die Stelle der Stadtguerilla getreten. In Nike's (sic) Interventionen in die Stadt wird diese fiktive Niketown erlebbar" (von Borries 2004: 33). Friedrich von Borries beobachtet in dem, was er „Nike-Urbanismus" nennt, Parallelen zum emphatischen Modell einer anderen, dem Alltag enthobenen Stadt wie sie beispielsweise von der Künstlergruppe der Situationistischen Internationale (S.I., 1957-1972) vertreten wurde. Das, was der S.I.-Architekt Constant 1959 fordert, liest sich heute, als könne es Teil eines Nike-Marketingkonzeptes sein:

Culture-Jamming

> „Wir fordern das Abenteuer. Einige machen sich daran, es auf dem Mond zu suchen, da sie es auf der Erde nicht mehr finden. In erster Linie und immer setzen wir auf eine Veränderung auf dieser Erde. Wir haben vor, hier Situationen zu schaffen – neue Situationen. Der Bruch der Gesetze, die die Entwicklung wirkungsvoller Aktivitäten im Leben und in der Kultur hemmen, kalkulieren wir mit ein. Wir stehen am Anfang eines neuen Zeitalters und versuchen, das Bild eines glücklichen Lebens und eines unitären Urbanismus – des Urbanismus fürs Vergnügen – schon heute zu entwerfen" (Der Beginn einer Epoche 1995: 80).

Was einst als Künstlerkritik am Verlust von Authentizität, Kreativität und Freiheit im Kapitalismus und der durchrationalisierten und entfremdeten (funktionellen) Stadt (vgl. Kapitel 3.1.2) formuliert wurde, ist heute Teil des kapitalistischen Systems (vgl. ausführlich Boltanski/Chiapello 2003). Zusammenfassend lässt sich die Theorie der Urban Political Economy um folgenden Punkt ergänzen:

- *(Sub)kultur wird zum Element einer Repräsentation von Urbanität*, die als Atmosphären- und Imageressource für eine Marke fungiert.

Über die Möglichkeiten von Kunst (im öffentlichen Raum), unter den wirtschaftlich-politischen Rahmenbedingungen einer Ökonomie der Symbole auch kritische Positionen zu formulieren, ist in den letzten Jahren viel diskutiert worden (vgl. zusammenfassend Grothe 2005; Lewitzky 2005). Die Theorie der Urban Political Economy geht davon aus, dass *Kultur zum Spielball der Wachstumskoalition* wird und die Förderung kultureller Standorte vielfach davon abhängt, ob die formulierten Ziele kultureller Einrichtungen denen der Wachstumskoalition entsprechen. Dass sich Kunst immer wieder erfolgreich den Zielen der Wachstumskoalition entzieht (und diese ad absurdum führen kann), zeigt das Beispiel der italienischen Künstlergruppe 0100101110101101.org. Eines ihrer Kunstprojekte behauptet 2003 die Umbenennung des in Wien zentral gelegenen Karlsplatzes in Nikeplatz, inklusive einer monumentalen Skulptur in Form des Ni-

Kunst

ke-Swoosh (vgl. Abb. 3.2.2c). Über die Umbenennung informiert eine tatsächlich aufgestellte Infobox (vgl. Abb. 3.2.2d).

Abbildung 3.2.2c/d: Nike Ground (Abb. 3.2.2c: Project for the fake Nike Monument in Karlsplatz 2003/Abb. 3.2.2d: Fake Nike Infobox 2003 (0100101110101101.org/Quelle: http://www.0100101110101101. org/home/nikeground/download.html)

Das Bild rechts zeigt die gefälschte Nike-Infobox, das Bild links ist eine Fotocollage, die die überdimensionale Nike-Swoosh-Skulptur zeigt, die angeblich den Wiener Karlsplatz schmücken sollte (2003).

Am 4. Oktober 2003 bestätigt die österreichische Kronen Zeitung die Gerüchte, wonach der historische Karlsplatz in Wien schon ab dem nächsten Jahr in Nikeplatz umbenannt werden soll. Und die überparteiliche Bürgerinitiative „Öffnet den Karlsplatz! – Für einen Platz der Offenen Kulturen" ruft zu einem breiten Protest gegen den Verkauf des Karlsplatzes an einen Großkonzern auf und fordert von der Wiener Stadtregierung, die Entscheidung umgehend rückgängig zu machen. Dann überschlagen sich die Ereignisse: Bürger sind empört, Infotelefone klingeln pausenlos, endlose Leserbriefe werden geschrieben – bis dann plötzlich, einige Tage später, das irritierende Dementi von Nike Österreich kommt: „Wir stellen hiermit fest, dass es sich sowohl bei der vermeintlichen Nike-Website um eine Fälschung handelt als auch die dort beschriebenen Aktionen reiner Schwindel sind. Gleiches gilt auch für den ‚Informationsstand', die vermeintlichen Mitarbeiter von Nike und die verteilten Flugblätter auf dem Karlsplatz – ein Schwindel von vorne bis hinten" (zit. n. Bieber 2004). Über die Technik der Affirmation, der Kopie (und Überhöhung) einer Marketingstrategie, die plausibel genug klingt, dass sie tatsächlich von Nike selbst sein könnte, wird eine öffentliche Debatte initiiert, die Nike zu einem peinlichen Dementi zwingt – und Nikes Rolle als urbaner Akteur überhaupt in Frage stellt.

Creative Industries

Neben KünsterInnen gelten die Angehörigen der so genannten „creative industries", hierzulande auch als „Kulturwirtschaft" bezeichnet (vgl. Bundeszentrale für Politische Bildung 2006), zu den Hauptprotagonisten städtischer Symbolproduktion. Das „Department for Culture, Media and Sport" (Kultusministerium) der britischen Regierung, das mit dem „creative industries mapping document" den wohl am weitesten entwickelten Versuch unternommen hat, Größe und Umfang dieses höchst dynamischen, aber schwer abgrenzbaren Wirtschaftszweiges zu messen, definiert die creative industries wie folgt:

Ökonomie und Kultur der Stadt 135

„We define the creative industries as those industries which have their origin in individual creativity, skill and talent and which have a potential for wealth and job creation through the generation and exploitation of intellectual property. This includes advertising, architecture, the art and antiques market, crafts, design, designer fashion, film and video, interactive leisure software, music, the performing arts, publishing, software and computer games, television and radio" (Department for Culture, Media and Sport 2004).

Eine abschließende Definition des Begriffes „creative industries" (oder „Kulturwirtschaft" bzw. „Kreativwirtschaft") gibt es bislang nicht. Fest steht nur, dass damit Unternehmen und Selbständige gemeint sind, die erwerbsmäßig (also mit Gewinnerzielungsabsicht) kulturelle Güter produzieren, vermarkten und verbreiten und in einer privaten Rechtsform (GbR, GmbH, …) organisiert sind. Strittig ist beispielsweise, ob öffentlich finanzierte Kultur oder gemeinnützige Kulturprojekte hinzuzuzählen sind. Größe und Umfang dieses höchst dynamischen Sektors sind bislang nur unzureichend erfasst. Verschiedene Bundesländer (NRW, Hessen, Schleswig-Holstein, Berlin, Sachsen-Anhalt) legten zwischen 1992 und 2005 eine entsprechende Statistik vor, einen bundesdeutschen Kulturwirtschaftsbericht gibt es bis 2006 nicht. Wie das creative industries mapping document der britischen Regierung zeigt, haben die creative industries in Großbritannien 2002 einen Anteil von 8% an der gesamten Bruttowertschöpfung. Im Sommer 2003 zählen die StatistikerInnen rund 1,1 Mio. Jobs in den britischen creative industries. Auffällig ist die Wachstumsrate des Sektors (gemessen von 1997-2002), die mit 6% deutlich über dem Gesamtdurchschnitt der britischen Wirtschaft (3%) liegt (Department for Culture, Media and Sport 2004: 2). Für eine stadtsoziologische Debatte sind die creative industries deshalb von Bedeutung, da ihnen zahlreiche Fallstudien seit Mitte der 1990er Jahre einen innovativen und Impuls gebenden Einfluss auf eine Stadt oder Region bescheinigen (z.B. van Bon 1999 zu Manchester (UK); POLIS Group 1999 zu Tilburg (NL)). Dies gilt besonders für städtische Schrumpfungskontexte (vgl. *Schrumpfung* Oswalt 2004), wodurch altindustrielle Stadtlandschaften entstehen, die auf die BetreiberInnen von Clubs, Labels, Galerien, Plattenläden, Architektur- und Designbüros oft eine besondere Faszination ausüben. Ein herausragendes Beispiel dafür ist Manchester, das einstige Zentrum der Baumwollindustrie. Mit dem Niedergang der Industrie sank die Zahl der Einwohner von rund 700.000 im Jahr 1950 auf rund 400.000 Ende der 1990er Jahre (ebd: 404f.). 1982 eröffnet in einem alten Lagerhaus im Northern Quarter, einem besonders verfallenen Stadtgebiet, „The Haçienda" und wird in den Folgejahren zum wohl bekanntesten House-Club der Welt (vgl. Haslam 2004). Die legendäre Musik- und Clubszene nutzt leer stehende Industriebauten und macht die Stadt als „Manchester" bekannt. Daraufhin beginnt die Stadtverwaltung das entstandene (Image)Potential zu nutzen und Manchesters Ruf als Musik- und Partystadt zu fördern. Ende der 1990er Jahre verzeichnet die Innenstadt von Manchester erstmals seit rund 150 Jahren wieder einen Bevölkerungsanstieg. Vor allem junge, konsumbereite und gut verdienende Menschen ziehen zurück in die Stadt, Lagerhäuser und Fabriketagen werden in Luxuslofts umgewandelt (u.a. auch das Gebäude des 1997 geschlossenen Haçienda-Clubs), der Immobilienmarkt boomt. In der Stadtsoziologie bezeichnet man diese Form der Stadtsanierung auch als gentrification oder Gentrifizierung, als „Veredelung" (von engl. gentry: niederer Adel) eines Stadtteils durch Kultur(produzenten) (vgl. ausführlich auch Kapitel 1.3). Diese Aufwertung setzt einen Segregationsprozess in Gang: Studenten und *Aufwertung* Künstler erschließen einen verfallenen und deshalb von billigen Mieten gekennzeichneten Stadtteil als „Pioniere" und machen ihn durch ihre kulturellen Tätigkeiten auch für weitere (und wohlhabendere) Bevölkerungsteile interessant. Szeneclubs und Kneipen entstehen, ebenso wie Galerien und „cooler Büroraum". Investoren sehen Chancen zur Wertsteigerung und investieren in die Renovierung von Häusern. Die Mieten steigen. Die ursprünglichen BewohnerInnen ziehen in billigere Stadtquartiere um. Eine neue, wohlhabendere Klientel siedelt sich dauerhaft an (vgl. zum Thema Gentrifizierung Blasius 1993; Dangschat/Friedrichs 1988; Smith 1996; zur Umwandlung von So-Ho und Greenwich Village durch so genanntes „Loft Living" vgl. Zukin 1989). Während Kulturmanager ebenso wie der Sozialwissenschaftler und Autor des Bestsellers „The Rise of the Creative Class" (2004), Richard Florida, nicht müde werden, die Rolle der Kreativen (bei Florida allerdings eine weite Gruppe von Grafikdesignern über Homosexuelle bis hin zu Finanzdienstleistern) für das Entstehen eines innovativen, produktiven Klimas zu betonen, das heute als unabdingbare Voraussetzung für Wohlstand und Wachstum einer Region gilt, werden die Arbeitsbedingungen in den creative industries nur selten thematisiert. Eine Ausnahme bildet die britische Soziologin Angela McRobbie, die beispielsweise die Londoner Mode- und Clubszene untersucht und dort äußerst prekäre Arbeitsbedingungen entdeckt (1999). Der Hintergrund: Mitte der 1990er Jahre hat die New Labour-Regierung unter dem Label „Cool Britannia" ein neues Leitbild für Großbritannien entworfen. Ziel der Initiative ist es, Großbritannien ein neues Image zu verpassen, in dem Kunst und Kultur nicht mehr als traditionelle Empfänger finanzieller Unterstützungen erscheinen, sondern als coole, urbane Betätigungsfelder für „creative entrepreneurs". McRobbie untersucht die Wandlungsprozesse der Londoner Kreativindustrien und deckt auf, dass die Kapitalisierung kultureller Tätigkeiten dort zu einer dramatischen Verquickung von Selbstverwirklichung und Cool-Sein einerseits und konsequentem Arm-Sein andererseits führt: „In den späten 90er Jahren wurde die Kunst (...), durch die *yBas* (Abkürzung für „young British artists", Anmerkung d. Verf.) neu definiert, neu positioniert. Sie übernahmen das Label von New Labour ‚rebranding art' und damit das, was es für die KünstlerInnen heute bedeutet: keine Sponsorengelder zu erhalten und konsequenter Weise sehr arm zu sein" (McRobbie 1999: 22). Eine zunehmende Verquickung von Ökonomie und Kunst bzw. Kulturproduktion beobachtet auch der französische Soziologe Pierre-Michel Menger. In seinem Essay „Kunst und Brot" (2006) analysiert er wie der Künstler zu einer modellhaften Figur des Wirtschaftslebens geworden ist. Galt er, der Bohemian, noch im 19. Jahrhundert als Gegenentwurf zum Unternehmer und dessen bürgerlichem Arbeitsethos, entwickelt er sich heute zum Ideal des zeitgemäßen, kreativen und flexiblen Arbeitnehmers. Der Preis für die neue Freiheit ist allerdings hoch: Freiberuflertum, Flexibilität und Autonomie werden mit Unsicherheit bestraft, weil die klassischen Sozialsysteme (noch) auf eine allgemeine Lohnarbeitgesellschaft zugeschnitten sind und riskantere Lebensformen nicht berücksichtigen. Dennoch gilt heute als allgemein akzeptiert:

> „Städte, denen es gelingt, die materielle Basis der abstrakten Produktion zu modernisieren – durch spezielle Ausbildungsangebote, wirtschaftliche Investitionen im Computer- und Multimediabereich sowie visuelle Anziehungspunkte wie Kunstmuseen und touristische Sehenswürdigkeiten – scheinen für den Wettbewerb in einer globalen Ökonomie der Symbole gerüstet" (Zukin 1998: 28).

Wenngleich dieser Wettbewerb seine Kehrseite auf der konkret stadträumlichen Ebene zeigt. Denn die symbolische Markierung von Städten basiert auf ausgewählten Attributen, die (meist implizit) vermitteln, wer sich wie im städtischen Raum aufhalten darf. Damit geht eine wachsende Kontrolle, Überwachung und Vertreibung derjenigen einher, die das gewünschte Image stören (vgl. Kapitel 3.3). Architektur und Design werden eingesetzt, um das Verhalten in Räumen zu regulieren (vgl. beispielsweise Frers 2006). Ein äußerst plastisches Beispiel für diese Form der Raumregulierung sind Fußballstadien. Fußball war – besonders in England – bis Ende der 1980er Jahre Ort männlichen

Proletenkults („lad culture"), der seine räumliche Entsprechung in den Stehplatzfankurven fand. Ausgelöst durch die Stadionkatastrophen von Heysel 1985 (39 Tote) und Hillsborough 1989 (96 Tote) kam es zu einer Transformation der baulich-räumlichen Ordnung von Fußballstadien. Die klassischen Arbeiter-Fanstehplätze fielen dem komplett bestuhlten Arenamodell mit VIP-Zonen und Firmen-Lounges zum Opfer. Der Soziologe Anthony King zeigt, dass „The End of the Terraces" (1998) in England mit einer rasanten Kommerzialisierung des Fußballs verbunden war, deren diskursive Basis darin bestand, den englischen Fußball der 1970er und 80er Jahre (und das damit verknüpfte Männlichkeitsmodell) als ein anachronistisches Ritual erscheinen zu lassen. Das Ende der Stehplätze öffnete neuen (kaufkräftigeren) Schichten den Weg ins Stadion. Die modernen Arenen von heute sind sicherer und komfortabler und damit frauen- und familienfreundlicher. Gleichzeitig, so argumentiert King, werden aus Fans Konsumenten. Der Architekt Ben Vickery von HOK Sports Architecture, dem Weltmarktführer in Sachen Sportstättenkonstruktion, erzählt in einem Vortrag (TU Darmstadt, 14.06.2006) über die Strategien der Designer. Ihmzufolge werden neuerdings Toiletten in Fußballstadien elegant gestaltet und mit edlen Materialien bestückt. Seit dem gebe es dort keine Graffity oder andere Schmierereien mehr. Die Leute verhalten sich, so Vikkery, zivilisierter. Ähnliche „Zivilisierungsstrategien" durch Design (bzw. Cappuccino) beobachtet Sharon Zukin bei der Umgestaltung öffentlicher Parkflächen in Manhatten: „The Bryant Park Restoration Corporation intended their work to set a prototype for urban public space. They completely reorganized the landscape of the park, opening it up to women, who tended to avoid the park even during daylight (...) and selling certain kinds of buffet food. They established a model of pacification by cappuccino" (Zukin 2002: 28). Zukins Konsequenz ihrer Beobachtungen ist die Forderung nach einer „neuen, neuen Stadtsoziologie":

> „Der recht materialistische Blickwinkel der bisherigen Diskussion ist charakteristisch für eine ‚neue' Stadtsoziologie. Aber um die Interdependenz materieller und symbolischer Prozesse in der urbanen Ökonomie der Symbole herauszustreichen, müssen wir unsere Strukturvariablen überdenken. Denn dieser strukturelle Zusammenhang basiert nicht nur auf dem (derzeit kapitalistischen) Produktionsmodus, sondern auch auf ästhetischen Modi der Imagination, Visualisierung und Darstellung. Insofern muß eine ‚neue, neue' Stadtsoziologie Topographien der Erinnerung und der Angst ebenso untersuchen wie solche der Macht" (Zukin 1998: 33).

Dasselbe gilt für die Analyse der *Bilder von Städten*, die in gesteigertem Maße unsere Wahrnehmung prägen. John Urry argumentiert in seinem Buch über den „touristischen Blick" (Urry 2002), dass der Besuch von Sehenswürdigkeiten der Vergewisserung des bereits vorhandenen (und über Postkarten oder Reiseführer geprägten) Bildes dieses Ortes dient. Der Beweis einer Authentizität des Ortes wird durch die wiederholte Interpretation im eigenen Bild geführt. Bildproduktion eröffnet systematisch Raumerfahrungen – was ebenso bedeutet, dass sie alternative Raumerfahrungen (andere Bilder) erschwert. Gesellschaftliche Skepsis und Gesellschaftskritik beziehen sich bislang jedoch auf die textliche Ebene – und lassen die Bilder wirken. Notwendig ist es deshalb, auch die Produktion von Städtebildern im Sinne einer sozialen Herstellungsleistung genauer unter die Lupe zu nehmen (vgl. Löw 2006b).

Touristischer Blick

3.2.3 Stadtkultur heute

Der Begriff der „Stadtkultur" ist einer der schillerndsten, zugleich aber auch einer der vielschichtigsten Begriffe der Stadtsoziologie. Hinzu kommt, dass ihn die Werbe- und Marketingsprache seit den 1980er Jahren verwendet, um das „Surplus", das „besondere Etwas" zu bezeichnen, das eine Stadt den einheimischen und auswärtigen NutzerInnen zu bieten hat und das sie von anderen Städten unterscheidet. In Leipzig, der langjährigen Wirkungsstätte Johann Sebastian Bachs, ist es das jährlich stattfindende Bachfest; die baskische Stadt Bilbao hat mit dem Bau des Guggenheim Museums von Stararchitekt Frank Gehry gepunktet, die 1938 als Siedlung für das dort ansässige VW-Werk gegründete Stadt Wolfsburg wirbt mit dem Themenpark „Neue Autostadt" (vgl. Kapitel 4.2.4) und die Hafenbucht von Sydney, inklusive Oper und Harbour Bridge, hat sich als Bild durch die Olympischen Spiele im Jahr 2000 in das Gedächtnis vieler Menschen weltweit gebrannt. Die Stadtsoziologen Hartmut Häußermann und Walter Siebel kritisieren eine solche Vorstellung von „Stadtkultur" zu Recht als „Festivalisierung der Stadtpolitik" (Häußermann/Siebel 1993). Durch aufwendige Kulturangebote und Baugroßprojekte (Museumsneubauten, kostspielige Opernproduktionen, Festivals) sowie die Ästhetisierung des Stadtraumes (Begrünung, Verkehrsberuhigung, postmoderne Dekoration) soll die Anziehungskraft einer Stadt für hochqualifizierte Arbeitskräfte, damit für die Ansiedlung bzw. Expansion moderner Betriebe und für auswärtige BesucherInnen gesteigert werden. „Stadtkultur" wird so zum weichen Standortfaktor. Um dieser Marketingauffassung von Stadtkultur eine soziologisch fundierte Sichtweise entgegenzustellen, unterscheidet Rolf Lindner drei Formen von Stadtkultur (Lindner 2000):

Festivalisierung

- die *Kultur der Stadt*, worunter er ein emphatisches Verständnis von Stadtkultur und Urbanität einordnet, das sich an den Tugenden des politischen Bürgers und dem Urbild der europäischen Bürgerstadt orientiert,
- die *Kulturen in der Stadt* als Ausdruck großstädtischer Differenzierung und Individualisierung, wodurch sich neue (Berufs)Milieus und ethnisch-kulturelle Gruppierungen ausbilden,
- die *Kultur einer Stadt*, die sich auch als Identität oder Habitus einer Stadt beschreiben lässt.

Kultur der Stadt Stadtkultur als *Kultur der Stadt* geht zurück auf die Ausführungen von Hartmut Häußermann und Walter Siebel, die sich über viele Jahre mit der Frage beschäftigt haben, was Stadtkultur (bzw. Urbanität) historisch bedeutet und wie man sie für gegenwärtige Städte und gegenwärtige stadtsoziologische Diskurse fruchtbar machen kann (vgl. Häußermann/Siebel 1987; Häußermann 1994; Siebel 2000; Häußermann/Siebel 2000). Als „Urbanität" bezeichnet Häußermann „eine historisch spezifische Prägung von Stadtkultur, wie sie sich in der mitteleuropäischen Bürgerstadt ausgeformt hat" (1994: 67). Sie ist gekennzeichnet durch eine *spezifische Lebensweise*, die man mit Bezug auf Georg Simmel (1984, orig. 1903), Louis Wirth (1974, orig. 1938), Edgar Salin (1960) und Hans-Paul Barth (1961) auf drei Ebenen charakterisieren kann (vgl. auch die Kapitel 1.2.4 und 3.1.1):

1) *Sozialökologischer Ansatz*: Georg Simmel und Louis Wirth beschreiben die urbane Lebensweise als Folge von Größe und Dichte einer Stadt sowie der Heterogenität ihrer Bevölkerung. Die Beziehungen zwischen den Personen sind von sekundärem, vorübergehendem und zweckgebundenem Charakter.
2) *Politischer Ansatz:* Edgar Salin verbindet Urbanität (und die Stadt als Ort) mit den bürgerlichen Tugenden und der demokratischen Selbstverwaltung der Gemeinde.

Er nennt Urbanität den „höchste(n) Typ des Bürgertums" (Salin 1960: 10) und definiert sie in doppelter Hinsicht als Gegensatz zur aristokratischen Ordnung: Die bürgerliche Tugend ist niemals erblich, sondern muss vielmehr durch die Anstrengung des Einzelnen immer erst (und immer wieder) erworben werden. Außerdem ist Urbanität gelebte Demokratie und damit Gegenentwurf zur feudalistischen Herrschaft. In diesem politischen Ansatz wird die urbane Lebensweise als emanzipatorische Tugend beschrieben. In der Stadt hängt die soziale Stellung eines Individuums nicht mehr von Herkunft und Erbe ab, sondern von Bildung und Leistung.

3) *Sozialpsychologischer Ansatz:* Die dritte Ebene der urbanen Lebensweise beleuchtet das Verhalten der Städter als Folge der Differenzierung des städtischen Raumes in die Sphären der Öffentlichkeit und Privatheit. Hans-Paul Bahrdt kennzeichnet die Öffentlichkeit als Ort „unvollständiger Integration" (1961: 39ff.), das heißt, in der Öffentlichkeit gibt es keine vertrauten Bindungen, die sozialen Kontakte sind segmentarisiert, man tritt sich jeweils nur mit einem bestimmten Ausschnitt der Persönlichkeit, also in einer Rolle gegenüber.

Für Häußermann/Siebel bildet Urbanität im Sinne einer Zusammenführung dieser drei Ebenen, ein „Ideal, in dem das vergegenwärtigte Urbild der Bürgerstadt mit einem utopischen Gegenentwurf zusammenkommt" (Lindner 2000: 259). Die Autoren definieren *Urbanität* als *spezifische Form der Stadtkultur*, verstanden als emanzipatorische Lebensweise. Diese Lebensweise existiert heute in dieser Form nicht mehr, da sie charakteristisch war für die Bürgerstadt des 19. und frühen 20. Jahrhunderts. Sie ist mithin utopisch geworden, dient Häußermann/Siebel aber als kritischer Bezugspunkt für die Diskussionen um Stadtkultur heute. Übertragen auf die gegenwärtige Situation der Städte fordern Häußermann/Siebel vor allem einen Abschied von der Idee der Mach- und Planbarkeit von Urbanität. Stattdessen sollen Möglichkeitsräume entstehen oder wie Rolf Lindner es formuliert:

Ideale

„Stadtkultur im empirischen Sinne ist weitgehend gleichbedeutend mit Offenheit, sowohl im Sinne des Unvorhergenommenen wie des Zugänglichen, im Sinne des Unentschiedenen wie des Widersprüchlichen, im Sinne des Abwechslungsreichen wie des Experimentellen, last not least im Sinne der Chancen, die das Stadtleben bietet, sowohl an (Entfaltungs-)Möglichkeiten wie an Zufällen" (Lindner 2000: 260).

Für Häußermann/Siebel ist

Zufall und Zerfall

„Urbanität (…) nicht verschwunden, sie ist nur ortlos geworden wie die moderne Arbeit. (…) Urbanität kann man nicht bauen, sie widersetzt sich der zweckvollen Inszenierung und sie entsteht nicht von heute auf morgen. Aber doch hat sie ihre Orte, an denen sie gleichsam materielle Gestalt gewinnt und erlebbar wird. Solche Orte sind oft Ergebnis des Alterns der Stadt, des Zerfalls, der Lücken hinterläßt, in denen urbanes Leben sich breitmachen kann. Dieses Altern oder dieser Zerfall müssen nicht unbedingt physisch sein, sondern – wichtiger noch – sozial, ökonomisch und politisch: Ablösung der Herrschaft, Rückzug der Nutzungen, Auszug der Bewohner, die diese Räume einmal geprägt haben. (…) Die Planung kann solche Prozesse nur zulassen, aber nur allzuoft verbaut sie sie. Räume des Dazwischen und Zonen des Übergangs zuzulassen und Architekturen zu bauen, die altern können, die Lücken, Zerfall und Zweckentfremdung vertragen, ist das Beste, was die Planung für den Erhalt der urbanen Stadt tun kann" (Häußermann/Siebel 2000: 9f.).

Eine zweite Facette des Begriffes „Stadtkultur" bilden nach Lindner die *Kulturen in der Stadt*. Robert E. Park (1925; vgl. Kapitel 1.2.4) sieht in der Differenzierung der Stadt in kulturell-ethnische Gruppierungen und in der Herausbildung neuartiger Berufs- und Persönlichkeitstypen einen wichtigen Fokus der sich den Kulturen in der Stadt zuwen-

Kulturen in der Stadt

denden Stadtforschung. Ein oft vernachlässigter Aspekt der Chicago School of Urban Sociology ist „das überraschend vielfältige und breite Spektrum des Programms zur Untersuchung großstädtischer Kultur, das in der Fachrezeption häufig auf das Feld der ethnisch homogenen Einwandererviertel reduziert wird" (Lindner 2000: 260). Mit anderen Worten: die Chicago School untersuchte nicht nur ethnisch homogene Viertel als „Dörfer in der Stadt", sondern entwickelte auch eine Perspektive auf die ganze Stadt, in der Stadtkultur gleichbedeutend ist mit der großen Vielfalt räumlich getrennter und kulturell unterschiedlicher Lebenswelten. Auf städtischer Ebene zeige sich deshalb eine strukturelle Verschränkung von *Segregation* und *Mobilität* (ebd: 261). Denn im Kontext der kulturellen Vielfalt einer Stadt finden auch Außenseiter und Exzentriker noch ein Milieu, das es ihnen ermöglicht, ihre Neigungen und Talente auszuleben: „It is in the bigger city, usually, that one finds not just the single pianist but a musicians' occupational culture, not one quiet political dissident but a sect or movement organized around an ideology, not a lone homosexual but gay culture" (Hannerz 1980: 115). Vielzahl und Nebeneinander homogener Milieus (Segregation) in der Großstadt ermöglicht es den Individuen relativ problemlos zwischen diesen Milieus zu wechseln (Mobilität). Auch in dieser Perspektive erscheint die Stadt als Möglichkeitsraum, als eine schier unbegrenzte Auswahl an beruflichen Orientierungen, an Experimentierfeldern, an sozialen Kreisen und Netzwerken. Für Park zeigt sich in der Gleichzeitigkeit der sich eigentlich zuwider laufenden Phänomene Segregation und Mobilität die eigentliche Qualität von Stadtkultur.

Habitus der Stadt   Mit Hilfe des Begriffes *Kultur einer Stadt* blickt Rolf Lindner schließlich auf das, was man Identität oder Stil oder auch – wie Martyn Lee es formuliert hat – den „Habitus einer Stadt" nennen könnte (vgl. Lee 1997; vgl. Kapitel 1.2.5). Dem liegt die Vorstellung zugrunde, dass jede Stadt einzigartig ist: Jede Stadt hat eine spezifische physische Geografie, ein spezifisches Klima, eine charakteristische Bevölkerungszusammensetzung, eine eigene Geschichte. Der niederländische Historiker Willem Frijhoff geht sogar so weit zu behaupten, die Identität einer Stadt existiere auch dann weiter, wenn ihre Gebäude und Infrastruktur nicht mehr fortbestehen, und zwar im Lebensstil, in den Gewohnheiten und im Gedächtnis ihrer BewohnerInnen (vgl. Lindner 2000: 262). Fest steht, dass sich Städte nicht erschöpfen in der bloßen Agglomeration und Infrastruktur, das heißt dem gebauten Raum. Vielmehr existiert ein komplexes Wechselverhältnis zwischen Gewohnheiten, Traditionen, Wertvorstellungen und Lebensweisen einer Bevölkerung und der physisch-materiellen Gestalt einer Stadt. Begreift man – wie Pierre Bourdieu dies getan hat (1991a/b) – den gebauten Raum als (je spezifisch) sozial konstruiert, als mit Eigenschaften und Markierungen versehen, dann lässt er sich als Objektivierung und Materialisierung vergangener und gegenwärtiger sozialer, ökonomischer und kultureller Aushandlungsprozesse lesen. Auf diese Weise entsteht der „Charakter" bzw. der „Stil" einer Stadt. „Damit kommt eine gewissermaßen anthropomorphe Vorstellung von Stadt ins Spiel, die sich mit einer Person vergleicht, die eine Biografie und einen (guten oder schlechten) Ruf hat" (Lindner 2000: 262). Um das Besondere eines Ortes bzw. einer Stadt theoretisch zu fassen, greift der Geograf Martyn Lee auf Pierre Bourdieus Begriff des „Habitus" zurück (1997). Habitus bezeichnet auf der Ebene des Individuums ein generatives Prinzip sozialer Praxis, ein „Einverleiben" sozialer Bedingungen, was zur Ausprägung typischer Handlungs-, Gefühls- und Wahrnehmungsmuster führt (vgl. Krais/Gebauer 2002). Lee überträgt den Habitusbegriff auf die Stadt und sieht darin eine relativ widerspruchsfreie, dauerhafte und generative kulturelle Disposition, durch die eine Stadt auf je spezifische Weise auf außerhalb ihres Einflussbereiches liegende (z.B. auf globale) Entwicklungen reagiert (ebd: 132). Eine Stadt wie Detroit, deren Geschichte vom Aufstieg der Automobilindustrie geprägt ist und dem damit zusammenhängenden Großkonzern General Motors, wird mit Deindustrialisierung und Tertiarisierung der Ökonomie anders umgehen als Los Angeles, die Welthauptstadt der Kulturindustrie. Mit dem Habitusbegriff gerät das Besondere eines Ortes/einer Stadt in ihrer Relation zur Welt in den Blick (vgl. Kapitel 1.2.5 und 2.2.2). Entscheidend ist für Lee der prozesshafte Charakter einer solchen Perspektive. Der Habitus ist immer Produkt von Geschichte, Geschichte aber wird fortwährend produziert (als Folge der Gegenwart), deshalb ist auch der Habitus, die Disposition einer Stadt in ihrem Weltbezug, nichts Abgeschlossenes, sondern immer in Wandlung begriffen. Eine Forschung, die die Besonderheiten einer Stadt in den Mittelpunkt stellt, das heißt, die Stadt selbst zum Gegenstand der Untersuchung macht, wird auch als „Anthropology *of* the City" (Hannerz 1980) bezeichnet, im Gegensatz zur „Anthropology *in* the City", welche beispielsweise eine in sich geschlossene und überschaubare Gemeinschaft in einem Stadtviertel in den Blick nimmt (vgl. Kapitel 1.2.5).

Prozesse

In der Forschungstradition der „Anthropology *of* the City" steht die eindrucksvolle Studie „City of Quartz", in der der amerikanische Stadtforscher Mike Davis das Wechselverhältnis von Vorstellungsbildern über eine Stadt und baulich-materieller Stadtentwicklung am Beispiel von Los Angeles untersucht (1999). Davis erforscht unter anderem, wie verschiedene Intellektuellenkreise über die Konstruktion bzw. Dekonstruktion von Mythen über Los Angeles zur tatsächlichen Entwicklung der Stadt beigetragen haben. Zwei Beispiele: Der so genannte „Arroyo-Kreis", ein Verbund von Schriftstellern, Antiquaren und Publizisten, schafft um 1900 umfassende literarische Werke, die Südkalifornien als gelobtes (und sonniges) Land am Meer entwerfen. „Sie hauchten den parfümierten Ruinen einer unschuldigen, aber minderwertigen ‚spanischen' Kultur ein mediterranisiertes Idyll neu-engländischen Lebens ein. Damit schrieben sie die Vorlage für die riesigen Immobilienspekulationen der Jahrhundertwende, die Los Angeles von einer Kleinstadt in eine Metropole verwandelten" (ebd: 38f.). Eine intellektuelle Gegenbewegung entwickelt sich nach der Depression der 1930er Jahre mit dem literarischen und filmischen Genre des „Noir". Der Noir arbeitet die metaphorische Figur der Stadt radikal um. Aus dem sonnigen Traum L. A. wird der schwarze Alptraum. Die Themen kreisen um Medienmacht, Korruption, Immobilienspekulation, Umweltverschmutzung und Verbrechen. Roman Polanski versammelt all diese Themen in seinem Film „Chinatown", der im Los Angeles des Jahres 1937 spielt und Jack Nicholson als Privatdetektiv zeigt, der den Tod des Chefingenieurs der Wasserwerke aufzuklären hat. „Der Noir hat (…) Los Angeles zur bestgehaßten Stadt der amerikanischen Intellektuellen gemacht. (…) Um dieses Image vor allem bei den Kultureliten zu reparieren, sponsorn die Konzernherren von Los Angeles eine dritte große Einwanderung von Intellektuellen, die (…) hauptsächlich aus Architekten, Designern, Künstlern und Kulturtheoretikern besteht" (ebd: 40). Es entwickelt sich eine Kulturoffensive der größten *developer* und Banken der Stadt, die Elite-Universitätsfakultäten, Museen und Stiftungen gründen und so der Stadt Los Angeles wiederum ein neues Gesicht verleihen.

Mike Davis

Die hier vorgestellten drei Facetten des Begriffes „Stadtkultur" machen deutlich, wie stark Stadt und Kultur miteinander verknüpft sind, obwohl – oder vielleicht gerade weil – „Kultur" dreimal als etwas völlig Unterschiedliches definiert ist: einmal als emanzipatorische (und städtische) Lebensweise, dann als Vielfalt kultureller Ausdrucks- und Lebensformen (in der Stadt) und zuletzt als Identität oder Stil (einer Stadt). Alle drei Bereiche stellen gleichermaßen wichtige Aspekte gegenwärtiger stadtsoziologischer Forschung dar. Untersucht man Stadtkultur heute, kommt man ohne die Thematisierung einer zunehmenden Verschränkung der vormals getrennt gedachten gesellschaftlichen Teilbereiche Kultur und Ökonomie nicht aus. Sharon Zukin hat mit dem

Begriff der „Ökonomie der Symbole" einen wichtigen theoretischen Zugang zur kulturalisierten Ökonomie bzw. ökonomisierten Kultur in Städten, welche sich auf vielfältige Weise zeigt (vgl. die Beispiele in Kapitel 3.2.2), formuliert und damit gleichzeitig das eingelöst, was frühen stadtökonomischen Ansätzen (vgl. Kapitel 3.2.1) fehlte: nämlich Städte auf unterschiedlichen räumlichen Ebenen als komplexe Systeme zu denken.

3.3 (Un)Sicherheiten

Fragen von Sicherheit und Unsicherheit beschäftigen BewohnerInnen wie StadtsoziologInnen seit geraumer Zeit in besonderem Maße: StadtpolitikerInnen gewinnen mit dem Versprechen, die Sicherheit zu erhöhen, zurzeit jede Wahl. Während die Soziologie besorgt eine zunehmende Kontrolle und Disziplinierung im öffentlichen Raum beobachtet, begrüßen viele Bürgerinnen und Bürger die Schritte zur Überwachung des öffentlichen Raumes. Obwohl junge Männer am stärksten Gewalt im öffentlichen Raum ausgesetzt sind, haben sie am wenigsten Angst. Obwohl die meisten Vergewaltigungen im Freundes- und Verwandtenkreis verübt werden, richtet sich die öffentliche Aufmerksamkeit auf die Stadt bei Nacht (Ruhne 2003). Das Themenfeld „Sicherheit/Unsicherheit" soll im Folgenden exemplarisch die Verwobenheit von Stadtpolitik und Gesellschaftspolitik verdeutlichen sowie an einem aktuellen Beispiel, der Videoüberwachung, den Anwendungsbezug stadtsoziologischen Wissens erläutern.

Stadt- und Gesellschaftspolitik

(Un)Sicherheit ist ein Thema, das sehr vielfältige Facetten hat. Allein auf den städischen Alltag bezogen, sind Kernthemen

- die Disziplinierung und Beobachtung (aktuell: Videoüberwachung),
- die Verräumlichung von Kriminalität
- Gefühle von Angst oder Sicherheit (je nach Personengruppe und Ort) beim Betreten einzelner Stadtgebiete/Straßen/Parks.

Eine tradierte Angst vor der Heterogenität der Stadt, die Spätfolgen der mit der Industrialisierung etablierten Ausgrenzung von Frauen aus öffentlichen Räumen, aktuelle Sorgen vor terroristischen Anschlägen sowie der Wunsch nach sozialer Homogenität (der durch die Privatisierung öffentlicher Räume leichter erreicht werden kann) greifen ineinander. Während einerseits öffentlicher Raum in Städten als Begegnungsort einander Fremder auch verunsichernd wirkt, ermöglicht andererseits gerade die Unübersichtlichkeit und die Anonymität urbaner Räume die Freiheit (auch von Beobachtung) im Handeln. Öffentliche Orte sind heute in der Regel frei zugänglich und nur aufgrund hoheitlicher Befugnisse kann in Ausnahmen der Zugang zu diesen untersagt oder beschränkt werden (Regelungen zu Demonstrationen, Betretungsverbote und Aufenthaltsverbote in den Polizeigesetzen der Länder). Die Privatisierung öffentlicher Flächen in der Stadt führt dazu, dass hoheitliche Regelungskompetenz (die nicht so leicht anpassbar ist) neben neuen rechtlichen Interventionsmöglichkeiten besteht: Der neue private Eigentümer eines zuvor städtisch verwalteten Areals kann einerseits eine Hausordnung erlassen, in der geregelt wird, was auf dem Grundstück geduldet wird und hat andererseits das Recht, Personen vom Grundstück zu weisen. Das hat weit reichende Konsequenzen, von der Gefahr der (Multi-)Exklusion von Personengruppen aus gesellschaftlichen Teilbereichen bis hin zur Herausbildung von bewachten, stark homogenen Wohnkomplexen und Innenstadtbereichen unter Kamerabeobachtung. Theorien über Disziplinierung, Raum und Kriminalität können helfen, diese gesellschaftlichen Veränderungen zu interpretieren.

Privatisierung

3.3.1 Disziplinierung und (Video)überwachung

„Meister" der Analyse der Normierung des sozialen Verhaltens sind Michel Foucault (1994, orig. 1975), Max Weber (1980[5], orig. 1920) und Norbert Elias (1976a, orig. 1939; 1976b, orig. 1939). Foucault analysiert die Verinnerlichung sozialer Verhaltenskodizes, die auf die *Möglichkeit* permanenter Beobachtung und möglicher Bestrafung bei Abweichung folgt – wobei zu keinem Zeitpunkt bekannt ist, ob eine Beobachtung auch tatsächlich erfolgt. Disziplinierung als Prinzip setzt bei dieser Unsicherheit an: Aufgrund der Möglichkeit der Beobachtung durch Dritte wird allmählich das eigene Verhalten in den Blick genommen und mit dem bestehenden Regelsystem verglichen. Historisches Beispiel für Foucault ist der Entwurf eines Gefängniskomplexes von Jeremy Bentham aus dem späten 18. Jahrhundert. Durch eine panoptische Beobachtungsmöglichkeit der Häftlinge, ohne dass diese untereinander Kontakt haben und herausfinden können, ob sie beobachtet werden, wird Überwachung als Prinzip, nicht nur als Tat denkbar (vgl. zur Übersicht über das Werk von Jeremy Bentham http://www.ucl.ac.uk/Bentham-Project/). Panopticon

Abbildung 3.3.1:   Plan für das Panopticon (Quelle: Foucault 1994: Abb. 17).

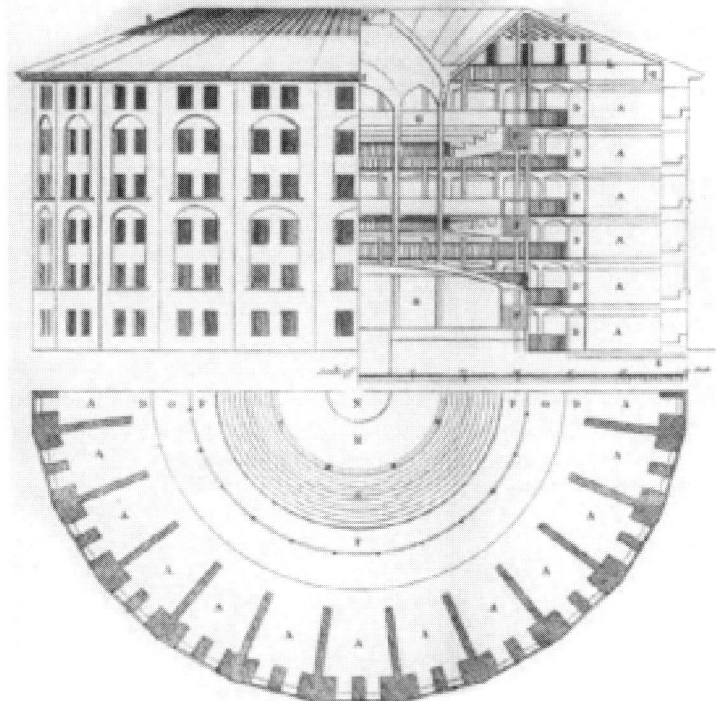

Verhaltensänderung durch Internalisierung der Beobachtung soll aus „Verbrechern" (wieder) „nützliche Mitglieder" der Gesellschaft machen. Die Strategie wird durch die derzeit vielerorts platzierten Überwachungskameras aufgegriffen: Moderne Überwachungs- und Disziplinarsysteme entwickeln die allzeit/allerorts mögliche Überwachung weiter, so dass Beobachtung stets einkalkuliert werden muss. Um den Preis der „Disziplinarmacht" (Foucault 1994, orig. 1975) wird „Sicherheit" erstmalig als urbane Eigenschaft in Szene gesetzt. Internalisierung der Beobachtung

Auch Norbert Elias, der die Herausbildung der westlich „zivilisierten" Gesellschaft über Jahrhunderte nachzeichnet, beschreibt den Prozess der Zivilisation als zunehmende Verinnerlichung von Normen. Selbstkontrolle scheint unerlässlich für die fabrikmäßige Organisation der Erwerbsarbeit, bei der die individuelle Arbeitskraft externen Abläufen unterworfen werden muss (z.B. zeitgleicher Beginn der Arbeit), aber auch für militärische Organisationsformen. Abläufe in Verwaltung, Militär und der ökonomischen Produktion werden so planbar, folgen einem rationellen Kalkül, sind (in Grenzen) prognostizierbar und werden einander zunehmend ähnlicher. Max Weber fasst diesen Rationalisierungsprozess (vgl. Kapitel 1.3.1) zusammen, wenn er schreibt, die „Gebundenheit des materiellen Schicksals der Masse an das stetige korrekte Funktionieren der zunehmend bürokratisch geordneten privat-kapitalistischen Organisationen nimmt stetig zu, und der Gedanke an die Möglichkeit ihrer Ausschaltung wird dadurch immer utopischer" (Weber 1980^5, orig. 1920: 570). Charakteristisch für „Disziplin" ist dabei die (kritiklose) Verinnerlichung von Abläufen, „die Chance, kraft eingeübter Einstellung für einen Befehl prompten, automatischen und schematischen Gehorsam bei einer angebbaren Vielheit von Menschen zu finden" (ebd: 28).

Charakteristikum der Disziplinierung ist, dass sie sich nicht nur auf einzelne Individuen und ihr Handeln bezieht, sondern eine Gesellschaft als Ganzes betrifft:

> „Sie ist inhaltlich nichts anderes als die konsequent rationalisierte, das heißt, planvoll eingeschulte, präzise, alle eigene Kritik bedingungslos zurückstellende Ausführung des empfangenen Befehls und die unablässige innere Eingestelltheit ausschließlich auf diesen Zweck. Diesem Merkmal tritt das weitere der Gleichförmigkeit des befohlenen Handelns hinzu; ihre spezifischen Wirkungen beruhen auf ihrer Qualität als Gemeinschaftshandeln eines Massengebildes, – wobei die Gehorchenden keineswegs notwendig eine örtlich vereinigte, simultan gehorchende oder quantitativ besonders große Masse sein müssen. Entscheidend ist die rationale Uniformierung des Gehorsams einer Vielheit von Menschen" (ebd: 681).

Macht und Herrschaft Für Weber steht *Disziplin* dabei im Kontext von *Macht* (soziologisch amorph und nicht dauerhaft) und *Herrschaft* (institutionalisiert und eine Folgebereitschaft des Beherrschten implizierend). Während Macht im Wesentlichen die Möglichkeit des Durchsetzen des eigenen Willens gegen Widerstände ist (ebd: 29), bezeichnet Herrschaft eine deutlich stärker fixierte soziale Beziehung, die um das Verhältnis von „Befehl" und „Gehorsam" herum organisiert ist. Erfolgreiche Disziplinierung setzt eine Rationalisierung und Internalisierung des Herrschaftsverhältnisses voraus, so dass Reaktionen (wie Gehorsam) reflexartig erfolgen und nicht mehr alleinig auf äußerer Überlegenheit, Zwangsmitteln oder Charisma beruhen, Herrschaft also „entsubjektiviert" wird (vgl. auch Breuer 1986: 47). Ursächlich sind für Weber bei diesem Transformations- und Rationalisierungsprozess die ethischen Vorstellungen des Calvinismus, Pietismus und Methodismus, die „als hervorragendstes Mittel die rastlose Berufsarbeit" (Weber 1993, orig. 1904/05: 71) propagieren, um sich des Gnadenzustandes zu versichern (vgl. Kapitel 1.2.3). Durch ihre Fähigkeit zu einer kontrollierten, asketischen Lebensführung und gewissenhaften Erfüllung der innerweltlichen Pflichten könnten die Menschen so erkennen, ob sie zum Heil oder zur ewigen Verdammnis vorbestimmt seien.

Die religiöse Ebene des Transformationsprozesses ist mit weiteren komplexen Entwicklungen verbunden, „so daß nicht eine Teilentwicklung allein, sondern nur die Kombination mehrerer, nicht notwendigerweise gleichzeitiger und aufeinander reduzierbarer Teilentwicklungen für den Rationalisierungsprozess verantwortlich ist" (Breuer 1986: 51). Materielle Grundlage für eine umfassende Rationalisierung ist das Ende der Selbständigkeit und der materiellen Eigenversorgung oder, in den Worten von Karl Marx, des Besitzes an den Produktionsmitteln. Das heißt, eine immer feiner werdende

Disziplinierung, gelebt als Selbstnormierung, ist eine grundlegende Dimension der Moderne. Sie hat ihre Wurzeln in der Arbeitsorganisation, der Religion und, wie Foucault (1994, orig. 1974) weiter ausführt, in der Humanisierung und Ökonomisierung des Strafrechts unter dem Aspekt der Nützlichkeit. Mit der Aufklärung setzt ein Prozess ein, der die Strafgewalt als diskursive Praxis etabliert. Nun sollen die Hintergründe und *Strafrecht* Motive der Rechtsverletzung analysiert werden, um über entsprechende Sanktionen zukünftigen Normverletzungen vorzubeugen und den/die RechtsbrecherIn wieder zu einem nützlichen Mitglied der Gesellschaft machen. Diese zunächst rein positiv erscheinende Entwicklung des neuen Strafsystems hat ihre Schattenseiten:

> „Auf der einen Seite beruht es auf einer Kodifizierung und Rationalisierung, die dem Untertanen zweifellos neue Sicherheiten bringt: die Macht wird an Regeln gebunden, das Individuum als Rechtssubjekt anerkannt, die Strafe in ein Mittel verwandelt, das die Rechtssicherheit wieder herstellen soll. Auf der anderen Seite aber wird gerade dadurch eine äußerste Verfeinerung der Unterwerfung und Disziplinierung erreicht" (Breuer 1986: 57).

Die Vielfalt der Strafen (z.B. rädern, steinigen, öffentlich bloßstellen) wird durch ein zentrales Disziplinierungsprinzip ersetzt: Gefängnisstrafe. Diese wiederum muss in Zeitsegmenten (Länge der Haftstrafe) klar auf die Straftat angepasst werden. Um diese Individualisierung des Strafmaßes zu erreichen, wird eine genaue Analyse der Lebensläufe, der Tatumstände etc. benötigt, also Überwachung normalisiert. Das Gefängnis- und Strafsystem ist nicht das einzige, in dem diese Kombination aus Diskursivierung und Unterwerfung greift. Foucault beschreibt den Wandel zur Disziplinargesellschaft *Disziplinar-* auch für die Institutionalisierung der Irrenhäuser (Foucault 1969) und die Geständnis- *gesellschaft* praxis bezüglich der Sexualität (Foucault 1992, orig. 1976: 67ff.). Die Registrierung und Vermessung menschlichen Lebens schreitet voran (Kontrolle der Heilmittel, Geburts-, Heirats- und Todesregister; der Krankheitsverläufe, z.B. Maßnahmen bei der Pest (Foucault 1994, orig. 1975: 251ff.)) und ermöglicht immer neue Formen der Wissensproduktion, die mit der Disziplinierung in einem gegenseitigen Wechselverhältnis steht: Jeder Erkenntnisgewinn über menschliches Leben und Gesellschaft führt so zu einer Intensivierung der Disziplin. Diese neue Machtform ist kein einseitiges Repressionsverhältnis, das gar von einer zentralen Instanz intentional gesteuert wird, sondern Disziplin hat, so Foucault, neben ihren ausschließenden und negierenden Formen auch „beachtliche Nützlichkeitseffekte erzielt" (Foucault 1994, orig. 1975: 176; vgl. auch ebd: 250). Wer an die Lust denkt, die es macht, ein Geständnis zu hören oder abzulegen; wer die Freude über das eigene Bild auf dem Videoband kennt; wer die Beruhigung, die Ordnung schaffen kann, erlebt hat, der wird verstehen, wie Diszplinierung gemeinschaftlich geschaffen wird, auch wenn die Konsequenzen nicht immer gewollt sind. SoziologInnen untersuchen inzwischen gar das gegenteilige Phänomen, die Lust an der Aufmerksamkeit, die sich auch darin zeigt, dass Menschen intime Geheimnisse als Geständnisse in Talkshows präsentieren. In der Medien- und Aufmerksamkeitsgesellschaft ist nicht mehr nur die Sichtbarkeit eine Falle, sondern mehr und mehr die Unsichtbarkeit (vgl. Crary 2002).

Das Benthamsche Panopticon und dessen Interpretation durch Michel Foucault ist eine wesentliche theoretische Ressource aus der die Forschung über Videoüberwachung *Videoüberwachung* in Städten ihre Argumente schöpft. Gleichzeitig bringen die neuen technischen Möglichkeiten auch Verlagerungen in den Beobachtungsweisen mit sich. Michael McCahill (1998) weist z.B. darauf hin, dass die Fähigkeit der (insbesondere digitalen) Videoüberwachung darin besteht, sowohl Raum als auch Zeit zu abhängigen Größen der Beobachtung zu machen. Videobilder können über digitale Netze an jeden beliebigen Ort, auch mit Hilfe des Internets, übertragen werden. Die Deutsche Bahn AG hat im August

2005 ein „Sicherheitszentrum" in Berlin eröffnet, in dem die jeweiligen Kamerabilder aller videoüberwachten Bahnhöfe neben den bestehenden Kontrollzentren (3S-Zentralen) vor Ort zusätzlich einer zentralen Einsatzleitung zur Verfügung stehen (Töpfer 2005). Die Speicherung der Bilder ermöglicht es, auch den Zeitpunkt der Beobachtung im Rahmen der Speicherfristen beliebig zu verschieben. Die gleichzeitige „Anwesenheit" eines Beobachters wird somit sowohl in der zeitlichen als auch in der räumlichen Dimension unerheblich.

In Deutschland gibt es seit 1996 Videoüberwachung öffentlicher Orte zur Prävention von Straftaten. Die Geschichte der Nutzung von Foto- und Videotechnik seitens der Strafverfolgung geht jedoch weit zurück. So wird bereits keine 50 Jahre nach der ersten Fotografie (1826 durch Joseph Nicéphore Niépce) diese genutzt, um Aufständige während der 1870er Revolte in Paris zu identifizieren (und die Personen, die aufgrund dieser Bilder festgenommen wurden, dann größtenteils zu exekutieren, vgl. Moran 1998: 277).

Closed Circuit TeleVision — International wird für Videoüberwachung der Begriff CCTV (Closed Circuit Television) verwendet, eine Ableitung aus den Anfängen dieser Technologie, als analoge Videosignale über spezielle, eigene Kabelsysteme übertragen werden und von einer geschlossenen Nutzergruppe angesehen werden können. Mit der modernen Digitaltechnik ist eine Steuerung von Kameras und deren Bildübertragung nicht mehr an fest verlegte Kabel gebunden, dies kann (verschlüsselt oder nicht) über das Internet erfolgen. Auch die Anbindung von Systemen per Funk ist möglich. Da sich CCTV im Sprachgebrauch eingebürgert hat, wird der Begriff beibehalten, auch wenn das Akronym selbst nicht mehr ohne weiteres zutreffend ist.

Großbritannien gilt als Pionier der Videoüberwachung im öffentlichen Raum und insbesondere in London ist die höchste Kameradichte der Welt zu finden. Der Ausbau dieser Technologie erfolgt insbesondere Mitte der 1990er Jahre. Die KriminologInnen und StadtforscherInnen Katherine S. Williams und Craig Johnstone berichten von einem Anstieg in 78 Städten 1994 auf mindestens 530 im Jahr 1999, die Videoüberwachung in öffentlichen Räumen einsetzen bzw. wo der Einsatz unmittelbar bevorsteht (2000: 184). Sie wird in Kleinstädten wie in Großstädten genutzt. Die dafür erforderliche Investition sei*Kosten der Videoüberwachung* tens des britischen Staates beträgt in diesen fünf Jahren geschätzte 120 Millionen Pfund, weitere Kosten entstehen jährlich durch den laufenden Betrieb dieser Einrichtungen. In der ersten Ausbauphase wird die Anschaffung einer Videoüberwachung des öffentlichen Raumes zur Hälfte aus Regierungsmitteln bestritten, die restliche Summe kann über Sponsoren aufgebracht werden. In einer zweiten Ausbauphase nach 1999 werden die Kosten sogar zu 100% vom Staat getragen. Das starke Engagement der britischen Labour-Regierung für Videoüberwachung sehen Williams/Johnstone dabei in Zusammenhang mit einem Wechsel im Selbstverständnis von der Kriminalitätskontrolle hin zur Regulierung der öffentlichen Ordnung (2000: 189). Die Dominanz neokonservativer Law-and-Order-Politik „harmonisiere" in diesem Kontext mit der Vorstellung, dass Videoüberwachung nicht nur Kriminalität, sondern auch antisozialem Verhalten in der Öffentlichkeit (z.B. Trunkenheit, Urinieren, „herumgammeln") entgegenwirken solle.

Fördermaßnahmen — Die Ausweitung der Videoüberwachung in Großbritannien erklärt sich durch eine Verkettung zweier unterschiedlicher Fördermaßnahmen: Lukrative staatliche Fördermöglichkeiten für Stadtsanierungen werden an die Bedingung geknüpft, dass die Stadtviertel auch Programme zur Kriminalitätsbekämpfung unterhalten, es sich quasi um „sichere" Quartiere handele. Da der Videoüberwachung generell genau dieser Effekt unterstellt wird und es für die Installation entsprechender Systeme eine großzügige staatliche Förderung bis hin zu den gesamten Anschaffungskosten gibt, ist die logische und ökonomische Konsequenz, über staatliche Förderung CCTV zu etablieren, um im nächsten Schritt die Mittel zur Stadtsanierung mit dem Hinweis auf eine erfolgreich etablierte Kriminalitätsprävention zu beantragen. Geprüft wird in der Regel nicht, ob andere Formen der Kriminalitätskontrolle und -reduktion nicht vielleicht effektiver oder angebrachter wären (vgl. Williams/Johnstone 2000). Auch der Vorschlag, die britischen Verkehrsüberwachungskameras zusätzlich zur Geschwindigkeitskontrolle auch noch zur Überprüfung weiterer Ordnungswidrigkeiten (Telefonate am Steuer, nicht angeschnallt) mit maschineller Rechnungsstellung zu nutzen (vgl. Campbell/Evans 2006), setzt auf eine quasi automatisierte Verbreitung des eingesetzten Systems, denn die Einnahmen durch die Bußgelder sollen dann in einen weiteren Ausbau dieser Technologie investiert werden. Das letzte Beispiel zeigt, wie soziale Kontrolle auf technische Systeme übertragen wird, die dann anhand der programmierten Eigenschaften eine Disziplinierung mit sich bringen.

Die Kameras, die allein am Hauptbahnhof Frankfurter am Main installiert sind (lt. Auskunft der DB Station&Service AG im Rahmen einer Bahnhofsführung im November 2004: 107 Kameras), liefern am Tag 2568 Stunden Videomaterial, das für 30 Tage aufbewahrt werden kann. So kann ex post das digitale Bild/Videoarchiv durchgesehen werden, um an Videoaufnahmen von mutmaßlichen Tätern zu kommen, die dann als Beweisführung oder im Rahmen weiterer polizeilicher Ermittlungen verwendet werden können. Bei diesen Zahlen wird offensichtlich, dass die Auswertung dieser „Datenhalde" nicht mehr von einzelnen MitarbeiterInnen in den Schaltzentralen erfolgen kann. Als Konsequenz bieten sich drei Verfahren an: Die eine Möglichkeit ist die der Ringspeicherung, bei der auf die aufgezeichneten Videos nur dann zurückgegriffen wird, wenn z.B. im Aufzeichnungsbereich Straftaten verübt werden. Ansonsten überschreiben die aktuellen Bilder die ältesten gespeicherten, wobei die Speicherfrist von der Leistungsfähigkeit der Speichersysteme abhängt. Ein solches System wird meist im öffentlichen Nahverkehr verwendet. Die Kameras sollen Vandalismus und Übergriffe auf Passagiere oder FahrerInnen verhindern bzw. die TäterInnen überführen helfen. Wird kein Vorfall gemeldet, überschreiben sich die Videos automatisch. *(Aufzeichnung)* *(Ringspeicher)*

Eine andere Möglichkeit besteht darin, nicht Videos aufzuzeichnen, sondern in kurzen Intervallen Standbilder zu speichern. Die Speicherkapazität eines einfachen PCs reicht dann schon für mehrere Wochen Bildmaterial aus. Für die „Auswertung" können einfache Programme zur Bildbetrachtung verwendet werden. Ein solches System wird beispielsweise von der Polizei in Darmstadt verwendet, was die Vorteile einer Ringspeicherung bietet, gleichzeitig aber wesentlich weniger Ansprüche an Rechner- und Speichertechnik stellt als das der 3S- und BGS-Zentrale in Frankfurt am Main, das bis zu 70.000 Stunden Videomaterial bereithalten darf. Die Anforderungen der Ermittlungsbeamten werden trotzdem erfüllt, eine Einzelbildaufzeichnung im Sekundenintervall reicht zur Identifizierung und Überführung eines Täters. Missbrauch der Kameras (Blick mit Zoomkameras in private Wohnungen) ließe sich ebenfalls mit diesem System leicht erkennen, da alle aufgezeichneten Bilder als Miniaturdarstellungen ein zügiges Durchsehen auf dem Bildschirm des verwendeten Computersystems ermöglichen. *(Einzelbilder)*

Als dritte Option bieten sich automatisierte, also computergestützte Auswertungen der Videobilder an. Dazu werden in der Regel biometrische Verfahren verwendet, die die Gesichter der Personen auf den Kamerabildern mit denen aus Datenbanken vergleichen oder die Wege verschiedener Personen im überwachten Bereich auf „verdächtiges Verhalten" hin analysieren. Das könnte z.B. ein „Umherschleichen" auf Parkplätzen sein oder ein vorsichtiges Drängen in die ersten Reihen bei einer öffentlichen Veranstaltung, um zur Bühne zu gelangen. Kompliziert ist es, allein aus dem Verhalten die Intentionen der Personen erkennen zu wollen. Schließlich kann man auch nur den eige- *(Automatisierte Auswertung)* nen PKW suchen oder aus Neugier oder Sympathie versuchen, so nahe an eine Bühne zu gelangen wie möglich. Eingesetzt werden solche automatisierten Systeme bereits bei mehreren großen Sportveranstaltungen (z.B. Super Bowl in den USA) in der Hoffnung, dass sich damit Personen finden lassen, die auf Fahndungslisten stehen. Problematisch ist dies insofern, als die bildliche Aufzeichnung verlassen wird und die Wege von beobachteten Personen im städtischen Raum individuell nachvollziehbar sind – auch wenn nicht auf jedem Kamerabild eine Person namentlich identifiziert werden kann, schließlich gibt es noch keine Vernetzung der Computersoftware zur Gesichterkennung zum Abgleich mit den Einwohnermeldeämtern, wird intensiv an der vollautomatischen Auswertung der Kamerabilder gearbeitet: Das Bundeskriminalamt hat ein Pilotprojekt zum automatisierten Abgleich mit Fahndungslisten abgeschlossen (BKA 2007) und auf europäischer Ebene wird im Forschungsnetzwerk „Integrated Surveillance of Crowded Areas for Public Security" (www.iscaps.reading.ac.uk; Stand 4.1.2008) u.a. daran gearbeitet, ein Computersystem den Weg von Personen in der Stadt über verschiedene Kameras hinweg automatisch nachverfolgen zu lassen.

Evaluation – methodische Probleme

Studien zur Auswirkung von Videoüberwachung finden sich erstaunlich wenige, methodisch akzeptable Forschungsarbeiten dazu sind noch seltener. Zu diesem Ergebnis kommt eine Vergleichsstudie im Auftrag des britischen Innenministeriums (Home Office), in der bereits durchgeführte Studien zur Videoüberwachung verglichen und evaluiert werden (Welsh/Farrington 2002a). Einbezogen werden Untersuchungen zur Kriminalitätsreduktion aus Großbritannien und den USA, die sich auf Videoüberwachung als zentrale Präventionsstrategie beziehen. Methodisch stehen Studien, die die Wirkung von Maßnahmen zur Senkung der Kriminalitätsrate untersuchen wollen, vor dem Problem, dass zum einen bereits vor der geplanten Einführung einer neuen Maßnahme genaue Daten vorliegen müssen (z.B. Anzahl verübter Straftaten, Art der Delikte etc.), zum anderen auch eine vergleichbare Kontrollgegend gefunden werden muss. Obwohl dies eigentlich methodische Selbstverständlichkeiten sind, ist es nicht immer leicht, sie einzuhalten (vgl. dazu ausführlich Welsh/Farrington 2002a).

Die unterstellte Wirkung der Videoüberwachung im privaten wie öffentlichen Bereich beruht auf Prävention – das Mittel selbst gehört somit zu den situativ-präventiven Ansätzen einer formalen Überwachung. Die Einschätzung der Wirksamkeit orientiert sich an vier möglichen Effekten für das untersuchte Gebiet: Ein *gewünschter Effekt* liegt vor, wenn die Kriminalität signifikant zurückgeht, steigt sie dagegen an, ist ein *unerwünschter Effekt* eingetreten. Möglich ist auch der Nachweis gar keines Effektes (*Nulleffekt*) oder eine genaue Aussage ist aufgrund der Datenlage nicht möglich (*unsicherer Effekt*). Neben den Auswirkungen auf den überwachten Bereich gibt es Effekte in benachbarten Gebieten (die aber nicht notwendigerweise Kontrollgebiete sein müssen), die dann als *Verdrängungseffekte* (displacement) bezeichnet werden, wenn es in diesen Bereichen zu einem nicht-intendierten Anstieg der Kriminalität kommt. Fünf verschiedene Verdrängungseffekte lassen sich unterscheiden:

- zeitliche (Veränderung der Tatzeit),
- taktische (andere Methode),
- Ziel/Opfer (andere Wahl des Opfers/der „Zielperson"),
- territoriale (andere Gegend wird aufgesucht) und
- funktionale (Änderung der Deliktart).

Die Studie von Brandon C. Welsh and David P. Farrington (2002a) unterscheidet drei verschiedene Anwendungsfelder von Videoüberwachung: 1. *Innenstadt und öffentliche Gebäude*, 2. *Transportwesen* und 3. *Parkplätze*. Um die Effektivität einschätzen zu können, wird das Verhältnis von beobachteten Straftaten im Untersuchungsgebiet zu denen im Kontrollgebiet(en) ins Verhältnis gesetzt – jeweils vor und nach der Einführung der Videoüberwachung. Der Quotient daraus ist eine Kenngröße, die Aufschluss gibt über die prozentuale Veränderung der Kriminalität und so über die Art des Effektes der eingesetzten Präventionsstrategie.

1. *Innenstadt und öffentliche Gebäude*

Gewünschte Effekte der Videoüberwachung lassen sich signifikant in drei von insgesamt neun Studien (5 UK, 4 USA) nachweisen (Birmingham, Doncaster, Burnley), in denen die Präventionsmaßnahme Videoüberwachung in Innenstädten oder öffentlichen Gebäuden untersucht wurde. In zwei weiteren Studien lassen sich gegenteilige Effekte nachweisen (unerwünschte Effekte nachgewiesen in Newcastle-upon-Tyne und Cambridge). Für die USA-Studien läßt sich nachweisen, dass keine Veränderung durch die Videoüberwachung eingetreten ist (Nulleffekt nachgewiesen). Für alle neun Studien zusammen ist die Veränderung sehr gering (Reduktion der Kriminalitätsrate um 2%) und darüber hinaus nicht signifikant, also statistisch nicht abgesichert.

<small>Innenstadt – geringer Präventionseffekt</small>

2. *Transportwesen*

Als weiteres Anwendungsfeld von Videoüberwachung wird der Kameraeinsatz im öffentlichen Personennahverkehr (U-Bahn) evaluiert. Hierfür werden vier einzelne Studien ausgewertet. Nur in einer Studie kann ein signifikanter Rückgang der Kriminalität nachgewiesen werden. Fasst man die vier Studien zusammen, so ergibt sich eine Senkung der Kriminalität im öffentlichen Personennahverkehr um 6% durch Videoüberwachung, die statistisch belegt werden kann.

Fragt man nach der Auswirkung von Videoüberwachung explizit auf die Senkung von Gewaltdelikten (nur fünf Studien liefern dafür auswertbare Informationen), so lässt sich ein Nulleffekt zeigen – *Videoüberwachung lässt sich also nicht zur Eindämmung von Gewaltdelikten nutzen* (vgl. Welsh/Farrington 2002a: 34).

<small>Gewaltdelikte und Videoüberwachung</small>

3. *Parkplätze*

Anders sieht die Frage nach der Sinnhaftigkeit von Videoüberwachung zur Eindämmung von Delikten auf Parkplätzen aus, hier geht es um Einbruchsdiebstahl in PKWs und Sachbeschädigung: Von den fünf Studien, bei denen eine Wirkung von Videoüberwachung überprüft werden können, zeigen vier einen signifikanten, gewünschten Effekt – alle fünf Studien zusammengefasst weisen einen deutlichen (und signifikanten) Rückgang der Kriminalität im Untersuchungsgebiet um 28% nach.

Als Resultat lässt sich festhalten, dass eine methodisch „saubere" Untersuchung zur Effizienz von Videoüberwachung schwierig zu konzipieren ist. Im Innenstadtbereich und bei öffentlichen Gebäuden kann ein schwacher Rückgang von Kriminalität bewiesen werden, etwas deutlicher ist dieser im Transportwesen. Sehr erfolgreich kann sie jedoch zur Minderung von Eigentumsdelikten wie Diebstahl oder Sachbeschädigung auf Parkplätzen eingesetzt werden, während sie zur Eindämmung von Gewaltdelikten ungeeignet ist, wie die Studien zeigen.

<small>Effizienz?</small>

Wenn man bedenkt, wie kostenintensiv die Einrichtung von Videoüberwachung ist (die Installation einer modernen digitalen und fernsteuerbaren Kamera kostet etwa 10.000 EUR zzgl. der Verlegearbeiten für Kabel), stellt sich schnell die Frage, ob Videoüberwachung als präventive Strategie zur Erhöhung der Sicherheit im Transportwesen und im Innenstadtbereich angebracht ist. Ermittlungserfolge, mit denen die Installation der Kameras gerechtfertigt werden, sind allenfalls ex post möglich, wenn eine Speicherung der Bilder erfolgt. Sie stellen keine präventive Strategie dar. In einer weiteren Evaluations-

Alternative: Straßenbeleuchtung

studie gehen Welsh/Farrington (2002b) ähnlich wie bei der Bewertung von Studien zur Videoüberwachung vor und untersuchen welche Effekte eine bessere Straßenbeleuchtung – eine einfache und wesentlich preiswertere Interventionsstrategie – auf die Kriminalitätsentwicklung hat. Deutlich wird, dass gerade im Hinblick auf Großbritannien, das eine Vorreiterrolle bei der Videoüberwachung einnimmt, eine verbesserte Straßenbeleuchtung Kriminalität um 30 Prozent reduziert. Zusammengefasst mit nordamerikanischen Studien ergibt sich immer noch eine Senkung der Kriminalitätsrate um 20 Prozent. Zwei der einbezogenen Studien belegen darüber hinaus, dass sich eine verbesserte Straßenbeleuchtung schnell selbst bezahlt machen kann: Der volkswirtschaftliche Schaden durch Kriminalität geht mit besserer Straßenbeleuchtung erheblich zurück. Die Kosten für die Einführung der besseren Beleuchtung (Baumaßnahmen) und deren Betrieb liegen unterhalb des Betrages, der durch sie eingespart werden kann.

Eine Erklärung der Effekte von Straßenbeleuchtung auf Kriminalitätsentwicklung sehen die Autoren dieser Meta-Evaluation eher in einer Erhöhung der informellen Kontrolle und der Identifikation mit der Gemeinde/Gegend, weniger in einem Verdrängungseffekt begründet – es war kein Unterschied zwischen einem Rückgang der am Tag oder in der Nacht begangenen Delikte auszumachen (Welsh/Farrington 2002b).

Polizeiarbeit

Eine im Hinblick auf Videoüberwachung wichtige Frage ist die nach den Auswirkungen dieser Maßnahme auf die Polizeiarbeit selbst. Benjamin J. Goold (2003) ist dieser Frage in einer Studie nachgegangen und hat in sechs Städten zwischen 1997 und 2000 die Praxis von Videoüberwachungszentralen analysiert, die entweder der Polizei direkt unterstellt waren (drei Städte) oder städtischer Kontrolle unterlagen (ebenfalls drei Städte) und die Auswirkungen auf das Verhalten von Polizeibeamten anhand von Interviews analysiert.

Goold stellt dabei fest, dass durch Videoüberwachung eine „traditionelle Autonomie", die die Beamten vor Ort in ihrem Handlungsspielraum haben („large degree of autonomy enjoyed by individual officers (…) such as stop-and-search or the power of arrest …", Goold 2003: 193) und die selten oder gar nicht einer (objektivierten) externen Kontrolle zugänglich ist, eingeschränkt wird. Zunächst wird ein Einfluss auf Polizeiarbeit in den unmittelbaren Interviewaussagen verneint (ebenbda: 193f.), auf Nachfrage geben aber mehr als zwei Drittel der befragten PolizistInnen an, aufgrund der Kameras bei ihrer Arbeit „vorsichtiger" zu sein (ebenda: 194) und den „Dienst nach Vorschrift" zu absolvieren oder zumindest diesen Eindruck zu erwecken. Auch psychosomatische Erscheinungen wie Nervosität und Unbehaglichkeit werden angegeben. Andererseits werden die Kameras auch in die tägliche Polizeiarbeit integriert: So können Aufnahmen durch die fernsteuerbaren Kameras vom Tatort angefertigt werden, bevor eine Polizeistreife eintrifft, was die Beamten vor dem Vorwurf schützen kann, ihr Verhalten hätte die Situation eskalieren lassen. Schlichtungen von Streits oder Festnahmen können vor Ort direkt mit Kameraaufzeichnung erfolgen, um die PolizistInnen vor Vorwürfen des Übergriffs oder der Unverhältnismäßigkeit der angewandten Sanktionen zu schützen (Goold 2003: 195). Auch das gezielte Wegschwenken von Kameras als Deeskalationsstrategie ist beschrieben worden. Dennoch bleiben Videoaufnahmen als Dokumentation sozialer Sachverhalte problematisch, da sie nur eine abstrakte Perspektive auf das Geschehene ermöglichen. In der Interviewstudie berichtet Goold beispielsweise von einem Fall, in dem Aufnahmen von Überwachungskameras gegen einen Polizeibeamten verwendet werden, dieser sich aber damit rechtfertigt, die Komplexität der Situation würde durch die Videos nur unzureichend wiedergegeben (2003: 196). Zudem sei die Judikative meist nicht genau über die Methoden und Techniken der Polizei informiert, was die Einschätzung der tatsächlich eingesetzten Gewalt erschwert. Der „dop-

(Un)Sicherheiten

pelte Blick", der so ermöglicht wird, kann auch zur Konsequenz haben, dass sich Polizeibeamte durch die Kameras unsicherer fühlen. Benjamin J. Goold verweist auf zahlreiche Beispiele aus drei Städten seiner Studie, bei denen die Polizei aufgrund dieser Sorge bei Konflikten vor laufender Kamera *nicht* eingegriffen hat (2003: 197).

Eine Konsequenz daraus ist, dass es in Städten, bei denen die Videoüberwachung durch die Polizei erfolgt, schneller zu Konflikten zwischen denen, die die Kamera bedienen und den Polizeibeamten kommt. Der Wunsch, missliebige Videos des eigenen Verhaltens (Überreaktion, Unterlassung) entweder gar nicht erst entstehen zu lassen (Wegschwenken der Kamera) oder ihre Löschung zu veranlassen, kann schneller zu einem Interessenkonflikt mit den Betreibern führen, so Benjamin J. Goold (2003: 199f.), wenn diese ebenfalls der Exekutive zuzurechnen sind.

Institutionalisierte Beobachtung ist nicht an fest installierte Videokameras gebunden. Die Möglichkeit der Beobachtung ist immer gegeben. Fest installierte Kameras und mobile, auf Kleinbussen montierte Systeme, ermöglichen eine Fernbeobachtung aus der horizontalen Perspektive – sozusagen auf Straßenebene. Einen Perspektivwechsel, nämlich die Beobachtung aus der Vogelperspektive, bieten dagegen Kamerasysteme, die in Flugzeugen eingebaut sind. Was für Polizeihubschrauber schon länger Realität ist (entsprechende Videos sind auch aus einschlägigen „Reality-TV-Sendungen" bekannt), wird nun auch für ferngesteuerte Flugzeuge erprobt. Die Technik dazu kommt aus dem militärischen Bereich, wo unbemannte Flugzeuge zur Fernbeobachtung eingesetzt werden. Dass dies nicht nur in Krisengebieten und in kriegerischen Konflikten eingesetzt wird, kann man in der Neuen Züricher Zeitung vom 23. Mai 2004 nachlesen: Die Luftwaffe testet ein ferngesteuertes Aufklärungsflugzeug, das auch über eine hochempfindliche Nachtsicht- und Infrarotkamera verfügt. Damit werden wiederholt PKWs und Passanten aus 1,5km Höhe beobachtet. Das Verhalten von zwei Männern in einem PKW im Wald in der Gemeinde Altbüron nach 20 Uhr erscheint dabei „verdächtig". Die von der Luftwaffe alarmierte Polizei kann schließlich feststellen, dass die beiden tatsächlich etwas Verbotenes tun, nämlich im Wald Cannabis zu konsumieren. Die Technik zur Fernbeobachtung kann in kleine Modellflugzeuge integriert werden. Die Polizeidirektion Los Angelos testet seit Sommer 2006 ein faltbares Modellflugzeug mit Bildübertragung und Satellitennavigation (Becker 2006). *Mobile Überwachung*

In der Vergangenheit, so zeigen Weber, Elias und Foucault, hat das Wissen um die Beobachtung eine freiwillige Unterwerfung unter Normierungen zur Folge. Videoüberwachung, so steht zu vermuten, wird diesen Prozess verstärken. Videoüberwachung in Städten wird aber nicht immer kritiklos hingenommen. Proteste dagegen formieren sich aus unterschiedlichen Lagern, zum Teil aus Bürgerrechtsbewegungen, Studentenprotesten (z.B. auch gegen Kameras in Hörsälen) oder Künstlergruppen. Sie finden Unterstützung durch Datenschutzbeauftragte oder Berufsgruppen, in deren Profession die Weiterentwicklung und Wartung dieser Technologie fällt, z.B. InformatikerInnen. Als Taktiken werden traditionell Demonstrationen eingesetzt, im Internet finden sich Kartierungen der Kamerastandorte, um die Überwachungsdichte und deren Alltäglichkeit einer breiteren Masse zu vermitteln. Vereinzelt werden kurze Theaterstücke vor Überwachungskameras aufgeführt. *Proteste*

3.3.2 Unsicherheit, Kriminalität und Raum

Die Durchsetzung von Videoüberwachung öffentlicher Räume erfolgt mit dem Hinweis auf „mehr Sicherheit" und Präventivwirkung der eingesetzten Maßnahmen, obwohl der

Nachweis der Effektivität nur im Bereich von Einbruchdiebstahl und Vandalismus wirklich möglich ist. Es ist daher sinnvoll, den gesellschaftlichen Hintergrund, der Kriminalität und Unsicherheit im öffentlichen Raum als eng verknüpften Themenkomplex betrachtet, theoretisch zu vertiefen. Bei genauer soziologischer Betrachtung zeigt sich, dass diese Verknüpfungen erstens deutliche geschlechts- und klassenspezifische Dimensionen aufweisen und zweitens vom Raumverständnis nicht unabhängig sind.

Geschlecht und Angst

In verschiedenen wissenschaftlichen Untersuchungen wird in den letzten Jahren der Nachweis geführt, dass viele Frauen in öffentlichen Räumen Angstgefühle entwickeln (vgl. zusammenfassend Ruhne 2003). Dies hat häufig zur Folge, dass Frauen sich in ihren Bewegungsmöglichkeiten einschränken, spezielle Orte in der Stadt meiden und nachts nicht allein auf die Straße gehen. Mit der Einrichtung von Frauen-Nachttaxis und der Umgestaltung unwirtlich wirkender Plätze, Unterführungen oder Straßenzüge sowie mit der Einrichtung von Frauen-Parkplätzen in Parkhäusern reagieren StädtpolitikerInnen auf die Bedrohungserfahrung von Frauen. Das Spüren von Sicherheit und Unsicherheit ist ein komplexes Gefüge. Nicht vorschnell kann von Angst auf Gefährdung geschlossen werden. Nicht immer sind die Orte, die beängstigend wirken, auch jene, an denen besonders häufig kriminelle Taten ausgeführt werden. Nicht immer sind diejenigen, die am meisten Sorge tragen, diejenigen, die am stärksten bedroht sind.

Für Frauen ist Sicherheit im öffentlichen Raum ein wichtiges Thema. Noch 1998 gab jede zweite Frau in Deutschland im Vergleich zu jedem sechsten Mann an, Angst davor zu haben, nachts allein auf die Straße zu gehen (Holm 1998). Die Ursachen für diese vermehrte Angst liegen in der Entwicklung der modernen Gesellschaft begründet. Im Zuge der Verstädterung (vgl. Kapitel 1.2.3) werden außerhäusliche Bereiche unüberschaubar und beängstigend. Soziale Kontrolle scheint zunächst nicht mehr möglich. Gleichzeitig entwickeln Männer wie Frauen die Angst, dass im Chaos der Städte ein Sittenverfall droht. Die Gemeinschaft reagiert auf solche Entwicklungen mit der strikten Trennung der privaten von den öffentlichen Räumen. Das Haus wird als sicherer Ort in einer unsicheren Stadt idealisiert. Es entsteht eine gesellschaftliche Arbeitsteilung, durch die Frauen in die privaten Räume verwiesen werden. Mit dem Versprechen der Sicherheit werden sie für die Einschränkungen und Beschränkungen in Bezug auf Hausarbeit und Kindererziehung entschädigt (Hausen 1976). In Folge wird der private Haushalt zum Ort der Frauen und die Stadt, insbesondere in der Nacht, als bedrohlich abgebildet. Dies geht bis zu Ausgangsverboten für bürgerliche Frauen in der Nacht und einem generalisierten Prostitutionsverdacht in Bezug auf alle Frauen, die sich nachts auf der Straße aufhalten (vgl. Schlör 1991). So reicht in Berlin Ende des 18. Jahrhunderts bereits der Aufenthalt nach Einbruch der Dunkelheit, um als Frau dem Verdacht der Prostitution ausgesetzt zu sein mit der Möglichkeit einer demütigenden, medizinischen Zwangsuntersuchung, „da ein gut beleumdetes Weib sich abends nicht blicken lässt" (Berliner Prostitution und Zuhältertum. Von Dr. X. Leipzig o.J.; nach Ruhne 2003: 175).

Das Haus als sicherer Ort?

Heute ist schwer zu sagen, ob Frauen deshalb weniger Opfer von Kriminalität in öffentlichen Räumen sind (als z.B. junge Männer), weil sie Vorsichtsmaßnahmen treffen und bestimmte Orte in der Stadt meiden oder ob es in erster Linie die in der Moderne verankerte Angst ist, die Frauen das Gefühl von Sicherheit raubt. Fest steht jedoch, dass es nicht einfach eine „neurotische Macke" von Frauen ist, sondern ein tief in der Kultur verankertes Gefühlsregime, das sich nur langsam von Generation zu Generation wird verändern lassen, wenn dazu Bereitschaft besteht.

Gewaltgefährdung

Die kulturell tradierte Angst vor Gewalt in öffentlichen Räumen wird durch eine hohe Gewaltgefährdung von Frauen in privaten Räumen ergänzt. In einer Untersuchung des Kriminologischen Forschungsinstituts Niedersachsen (KFN) kann gezeigt werden, dass beinahe jede siebte Frau mindestens einmal Opfer von sexueller Nötigung oder Vergewaltigung wurde (Wetzels/Pfeiffer 1995). Da sexuelle Übergriffe als Delikte viel stärker Opfererfahrungen auslösen als beispielsweise Körperverletzungen mit Waffen oder Wohnungseinbrüche, sind zwar Männer stärker von Körperverletzungen allgemein betroffen, Frauen jedoch erleben Gewalt in der sexualisierten Ausprägung sehr viel einschneidender für die Persönlichkeitsentwicklung. Gewalt gegen Frauen findet somit zwar vermehrt in privaten Räumen statt, das Unsicherheitsgefühl überträgt sich jedoch auf die öffentlichen Räume, da sexuelle Übergriffe/Vergewaltigungen auch hier immer wieder sich ereignen und die Opfererfahrungen die Bedrohungsgefühle stets aktivieren (vgl. Afanou/Löw 2005).

Die Zuweisungen von öffentlichen und privaten Räumen müssen insofern als „wirkmächtige, idealtypisch-normative und insbesondere räumlich manifestierte Konstruktionen angesehen werden" (Ruhne 2003: 93), deren Umsetzung zwar nie vollständig erfolgt – was ihrer normativen Kraft aber keinen Abbruch tut. Renate Ruhne schlägt deshalb vor, (Un)Sicherheiten „gleichzeitig als ein ‚Produkt' als auch ein ‚produzierendes' bzw. strukturgebendes Moment im Rahmen eines wechselseitigen, von Machtbeziehungen bestimmter Konstruktions- und Konstitutionsgefüges von Raum und Geschlecht aufzufassen" (Ruhne 2003: 164). Methodisch entsteht so das Dilemma: Die räumlichen Kategorien öffentlich/privat, mit denen bei der Analyse von Kriminalität und Gewaltphänomenen operiert wird, sind einerseits sozial konstruiert, also ein Effekt oder Resultat gesellschaftlicher Auseinandersetzung, andererseits beeinflussen sie als konkrete räumliche Materialisierungen gesellschaftliche Prozesse selbst. Da dieses Dilemma nicht zu lösen ist, kann es nur als Spannungsverhältnis soziologisch berücksichtigt werden. Die soziologische Untersuchung von (Un)sicherheit muss, so Ruhne, die Dynamik von Materialität, objektivierten Strukturen und deren soziale Konstruktion berücksichtigen (Ruhne 2003: 96).

Raum und Geschlecht

Die Konstruktion eines idealtypischen, per definitionem frei und allgemein zugänglichen öffentlichen Raumes, welche den Hintergrund für die Skandalisierung von Videoüberwachung und Privatisierung bietet, stellt sich historisch als eine deutlich geschlechtsspezifisch strukturierte Anordnung heraus. Die Frage nach (Un)Sicherheiten im urbanen Raum verweist vor dem Hintergrund „fundamentaler Unterschiede in der geschlechtsspezifischen Konzeptualisierung von Zugangsprinzipien zum öffentlichen Raum" (Ruhne 2003: 98) auf eine stete Reproduktion der Ausgrenzung. Durch die technische Innovation der Elektrizität wurde einst für viele Bürger der Stadt das Sicherheitsgefühl deutlich erhöht, gleichzeitig aber die sozialen Unterschiede manifestiert. Weil die Straßenbeleuchtung nicht flächendeckend eingeführt wird, sondern zunächst den reichen Vierteln, den Geschäftsstraßen und Prachtbauten vorbehalten bleibt, während Elendsquartiere weiterhin im Dunkeln liegen, schreibt sich in die Wahrnehmung von arm und reich auch die Wahrnehmung von gefährlich und sicher ein. Dieses Wahrnehmungsmuster wird durch das Geschlechterverhältnis ein zweites Mal entlang dem Muster öffentlich-privat überschrieben. Gefühle von Sicherheit und Unsicherheit, so lässt sich schlussfolgern, sind kein authentischer Ausdruck innerer Befindlichkeit, sondern eine durch „beständige Rück- und Voraussicht" (Elias 1976b, orig. 1939: 331) erlernte und tradierte Form der Verinnerlichung sozialer Ordnung (räumlicher, geschlechtsspezifischer, klassenspezifischer Art).

Soziale Unterschiede

Wenn die Verbindung von Raum und (Un)Sicherheitserfahrung ein komplexer Vorgang der Sozialisation ist, dann stellt sich die Frage wie die Kehrseite der Medaille, die Verbindung von Kriminalität und Raum, hergestellt wird. Diese Wechselwirkung ist traditionell Thema der Kriminalgeografie, formuliert als Frage nach der Verteilung und Kartierung von Delikten. Bernd Belina (2000) setzt sich mit dem Verhältnis von Kriminalität und Raum ideologiekritisch auseinander und bietet verschiedene Zugänge an. Er analysiert

Kriminalgeografie

die historische Entwicklung der Gegenstände der Kriminalisierung ausgehend von konkreten Handlungen, die verboten werden/sind bis hin zu „Raumausschnitten", bei denen bereits der Aufenthalt dort Verdacht erregt (beispielsweise „bekannte" Orte für Drogenhandel).

Tabelle 3.3.2a: Historische Entwicklung der Gegenstände der Kriminalisierung (Quelle: Belina 2000: 130; eigene Ergänzungen)

Gegenstand	Beispiel	Ideologie	Politik
Akt	Diebstahl, Mord etc.	konkret	a posteriori (Repression)
Individuum	DiebIn, MörderIn etc. („Delinquentin")		
Gruppe	AusländerInnen, Kinder/Jugendliche, Junkies, Obdachlose etc. („gefährliche Klassen")		
Raumausschnitt („Containerraum")	Innenstadt („gefährlicher Raum")		
		abstrakt	a priori (neue Prävention)
Relationale Räume	Kommunikationsräume, Internet (P2P-Netzwerke) etc.; soziale Netzwerke		Umkehrung Unschuldsvermutung

Kriminalisierung

Mit dieser Abstraktion geht eine veränderte Politik einher, die nicht mehr strafrechtlich relevante Normverstöße im Nachhinein sanktioniert, sondern diesen gar zuvorkommen will, dabei aber eine zunehmende Kriminalisierung Dritter in Kauf nimmt. Angefangen von der Bestrafung bestimmter Handlungen wird das Interesse als nächstes auf die Person als Ganzes ausgedehnt, um herauszufinden, welche Merkmale der Person für das Zustandekommen des abweichenden oder kriminellen Verhaltens verantwortlich seien: „Der Delinquent unterscheidet sich vom Rechtsbrecher dadurch, dass weniger seine Tat, sondern sein Leben für seine Charakterisierung entscheidend ist" (Foucault 1994, orig. 1975: 323).

„Gefährliche Klassen"

Der nächste Abstraktionsschritt erfolgt vom Individuum zu einer Gruppe, deren Mitglieder per definitionem „gefährlich" erscheinen – sie bedrohen die (bürgerliche) Ordnung allein durch ihre Existenz und die bloße Möglichkeit abweichenden Verhaltens ruft als Kompensation die präventive Kontrolle dieser Gruppen auf den Plan. Die Aufmerksamkeit für „gefährliche" Klassen prägt die Wahrnehmung großer Städte, insbesondere einzelner, dann auch als gefährlich klassifizierter Stadtteile (vgl. Berking 2002, de Marinis 2000, Wehrheim 2002). Der Rückschluss von „Raumausschnitten",

„Gefährliche Orte"

also Stadtteilen, auf die kriminogene Veranlagung ihrer Bewohner ist der nächste Abstraktionsschritt, mit dem die präventive Kontrolle eines „gefährdeten Ortes" oder Stadtteils legitimiert wird. Das können Erweiterungen polizeilicher Befugnisse sein, die automatische Erfassung von Kfz-Kennzeichen oder die Videoüberwachung des Stadtteils. Die Lösung von Containerraumvorstellungen erfolgt, wenn relationale Räume anhand ihrer kommunikativen „Erzeugung" ins Zentrum kriminologischer Überlegungen geraten: Mit Hilfe von Vorratsdatenspeicherung werden so sämtliche Telekommunikationsvorgänge (Telefon, Mobilfunk, SMS, E-Mail, Internet) aller EU-Bürger erfasst und für mindestens 6 Monate kontinuierlich gespeichert (vgl. Kapitel 2.3.3). Der Präventionsgedanke gerät mit dieser Abstraktionskette zunehmend in Widerspruch mit der Unschuldsvermutung: So kann bereits die vermutete Zugehörigkeit zu einer „gefährlichen" Klasse zu Sanktionen wie Exklusion aus gesellschaftlichen Teilbereichen oder auch Stigmatisierung führen. Ausgedehnt auf Raumausschnitte macht sich jeder tendenziell verdächtig, der diese Orte aufsucht, oder gar – übertragen auf relationale Kommunikationsräume – moderne, elektronische Kommunikationsmittel nutzt.

Raum, Kriminalität und die Sorge, Opfer von Gewalt zu werden, sind demnach durch zunehmende Abstraktionsleistungen komplex verwoben, wobei „Raum" in der Kriminalgeografie meist unkritisch als Territorium konzeptualisiert wird. Das Verhältnis von Raum und Kriminalität läuft in dieser Lesart dann auf eine Systematisierung hinaus, in der Raum entweder zur Erklärung der Verteilung von Kriminalität verwandt wird (Explanandum) oder diese ursächlich erklären soll (Explanans).

Für eine (stadt)soziologische Analyse sinnvoll ist diese Differenzierung, wenn sie um die Unterscheidung von täter- und tatorientierten Ansätzen erweitert wird – die wesentlichen Diskurse zur Kriminalität und Gewaltprävention in Städten lassen sich in dieser 4-Felder-Tafel dann wiederfinden:

Tabelle 3.3.2b: Theoretische Perspektiven zur Erklärung von Kriminalität in räumlichen Aggregaten (Belina 2000: 133)

		Erklärung der räumlichen Verteilung	
		Individualistische Perspektive: Raum als Explanandum	**Sozialökologische Perspektive:** Raum als Explanans
Erklärung der Kriminalität	**Täterorientierte Ansätze:** Räumliche Verteilung von Personen mit kriminellen Dispositionen	Personen werden durch Migration und Segregation unterschiedlich verteilt	Merkmale von sozial-räumlichen Aggregaten beeinflussen die Entstehung krimineller Persönlichkeitsmerkmale z.B.: *Chicagoer Schule der Sozialökologie*
	Tatorientierte Ansätze: Räumliche Verteilung von kriminellen Akten	Kriminelle Akte ereignen sich, wo Personen mit kriminellen Dispositionen mit potentiellen Opfern zusammenfallen	Merkmale von situativen (räumlichen) Kontexten beeinflussen die Wahrnehmung von kriminellen Akten. z.B.: *Defensible Space/Broken Windows-Ansatz*

Bei der individualistischen Perspektive wird versucht, Kriminalitätsverteilungen durch soziologische (z.B. Migration, Segregation) oder psychologische Merkmale zu erklären (*täterorientiert*) oder aufgrund der räumlichen Gegebenheiten, die ein Zusammentreffen von potenziellen Opfern und Personen mit kriminellen Dispositionen ermöglichen/erleichtern (*tatorientiert*). Einflussreicher aber sind die Legitimationen räumlicher Kontrollpolitik, die einer soziökologischen Perspektive entspringen und sich nicht nur damit begnügen „das ‚Wissen' von der Gefährlichkeit (…) bestimmter Gegenden zu produzieren", sondern diese „Gefährlichkeit auf den räumlichen Kontext selbst" zurückführen (Belina 2000: 133). Dazu versuchen sie, die sozial-räumliche Umgebung entweder für die Entstehung krimineller Persönlichkeitsmerkmale verantwortlich zu machen (täterorientiert) oder über die Spezifik der räumlichen Konstellation Wahrscheinlichkeiten für das Auftreten krimineller Handlungen anzugeben (tatorientiert). Zu den Ansätzen der täterorientierten, sozialökologischen Perspektive zählt die Chicagoer Schule, die die Existenz von „delinquency areas" behauptet (vgl. dazu auch Kap 1.2.4 und 1.3.1), zu den tatorientierten Ansätzen dieser Perspektive die Broken-Windows-Theorie oder der Defensible-Space-Ansatz. Die Broken-Windows-Theorie beschreibt kleinräumige Gemeinschaften, bei denen eine stabile, intakte Nachbarschaft die soziale Kontrolle gewährleistet. Sie geht „vom Bild einer räumlich verankerten, harmonischen Gemeinschaft aus, die durch störende Einflüsse von außen aus dem Gleichgewicht gebracht wird" (Belina 2000: 134). Mit der Analogie einer zerbrochenen Fensterscheibe wird eine Vermittlungsinstanz zwischen der physischen Materialität und Kriminalität beschrieben. Kriminalitätsfurcht wird aus Verwahrlosungserscheinungen der gebauten Umwelt wie Dreck, Unrat, Graffiti oder „auffälligen" Personen bzw. unsozialem Verhalten (social disorder) abgeleitet. Mit einer direkten Erfahrung muss diese nicht einhergehen. Eine Studie zu räumlichem Wissen und Kriminalitätsfurcht zeigt viel-

Täter oder Tatort

Broken-Windows-Theorie

mehr, dass Unsicherheit mit Unwissen einhergeht. Am Beispiel von Hamburg zeigt Nils Zurawski (2006), dass das subjektive Sicherheitsempfinden in der Stadt sich zwischen VorortbewohnerInnen und StadtbewohnerInnen deutlich unterscheidet. Während InnenstadtbewohnerInnen angeben, sich in der ganzen Stadt sicher zu fühlen, meiden die Menschen, die in Vororten wohnen, aus Furcht jene Stadtteile, die als gefährlich etikettiert werden, obwohl sie die räumliche und soziale Situation vor Ort gar nicht kennen (Zurawski 2006).

Defensible-Space-Ansatz

Der Defensible-Space-Ansatz geht davon aus, dass über die Gestaltung der physischen Umwelt (Materialität) konkret auf Gefahrenpotentiale eingewirkt werden kann (Newman 1972). Dabei wird auf eine klare Trennung von privaten und öffentlich zugänglichen Bereichen gesetzt – durch symbolische Barrieren wie Bepflanzungen, Beleuchtung oder reale Hindernisse wie Mauern, Zäune – und zugleich eine hohe Sichtbarkeit realisiert. Grundidee ist, dass Einwohner sich vermehrt für „ihre" Gegend einsetzten und diesen Raum visuell deutlich für sich in Anspruch nehmen; gleichzeitig werden Fremde damit als potenziell gefährlich charakterisiert. Die Architektur wird so zur Kriminalitätsprävention eingesetzt. Es ist eine Idee, die in konkreten Design-Überlegungen (vgl. auch Wehrheim 2002: 95ff.) mündet, die Handlungsoptionen beeinflussen sollen: Statt Bänken werden vermehrt Sitzschalen aneinander gereiht, auf denen sich zwar eine Wartezeit an einem Transitort, aber schlecht die Nacht verbringen lässt. Lars Frers demonstriert an mehreren Beispielen das Verhalten normierende Potential solcher gestalteten räumlichen Arrangements (Frers 2006, vgl. auch das Beispiel der Umgestaltung von Fußballstadien als Zivilisierungsstrategie in Kapitel 3.2.2).

Zusammenfassend lässt sich festhalten, dass die Möglichkeiten von Beobachtung, die eine Disziplinierung der Individuen nach Foucault einleiten soll, sich in der heutigen Zeit deutlich gewandelt haben. Sie sind nicht mehr ausschließlich in totalen Institutionen vorhanden, sondern haben eine alltägliche dezentralisierte Präsenz erlangt. Zwei wesentliche Veränderungen lassen sich festhalten: die *Loslösung* von Orten und Zeitpunkten sowie die Möglichkeit des Wechsels in die Vogelperspektive. Selbst einfache Geoinformationssysteme wie GoogleEarth bieten so für jeden weltweit Einblick in oder auf private Räume.

Die Auswirkungen alltäglicher Beobachtungsmöglichkeit müssen vor einem theoretischen Hintergrund analysiert werden, der Raum, Kriminalität und Geschlecht als komplex verwoben, gesellschaftlich produziert und daher historisch wandelbar akzeptiert. Festhalten lässt sich, dass der Zuwachs an Überwachungsmöglichkeiten keineswegs zu einer sicheren Gesellschaft geführt hat, sondern sich allmählich eine Aufmerksamkeitsgesellschaft herausbildet. Charakterisiert ist sie durch den ambivalenten Zustand, dass sowohl die Sichtbarkeit wie auch die Unsichtbarkeit problematische Folgen haben können. Sichtbarkeit in einer Überwachungsgesellschaft kann lähmende Effekte für die Dynamik öffentlichen Lebens haben, die Unsichtbarkeit kann zu verzweifelten Versuchen, die Aufmerksamkeit auf die eigene Person zu lenken, führen.

Sinnvoller als eine Polarisierung der Debatte weiter voranzutreiben, die von Verfallsgeschichte und Angstproduktion auf der einen sowie Sicherheitsversprechen auf der anderen Seite gekennzeichnet ist, erscheint es daher, den kritischen Blick auf die Leitbilder zu lenken, die noch zu oft in nostalgischen, romantisierenden oder polarisierenden Images Städte beschreiben (Schroer 2005, ausführlich auch Kapitel 3.1). Dazu gehört auch die Reflexion, inwieweit die die Stadt beschreibenden Begriffe normativ aufgeladen sind (z.B. der Begriff des „Ghettos", vgl. Kapitel 1.3.1) und in welcher Weise sie von den Akteuren unterschiedlicher wissenschaftlicher oder politischer Couleur verwendet werden.

4. Stadt und Raum: Empirische Studien

Städte sind komplexe Untersuchungsgegenstände. Gebäude und Straßen z.B. bilden die materielle Basis einer Stadt; bauliche (An)Ordnungen gliedern Räume und ermöglichen bzw. limitieren deren Nutzung. Gleichzeitig haben diese (An)Ordnungen auch eine symbolische Funktion: Sie bedeuten etwas, können Angst oder positive Gefühle hervorrufen und sie zeugen von der Identität einer Stadt im Vergleich zu anderen Städten. Warum wird in der einen Stadt modern gebaut, in der anderen vorwiegend historisch? Fühlen sich die EinwohnerInnen einer Stadt in dieser tatsächlich zu Hause? Identifizieren sie sich mit ihr? – In Städten leben Menschen, meist sind es sehr unterschiedliche. Arme und Reiche treffen aufeinander, Menschen unterschiedlicher ethnischer Herkunft, Menschen aus unterschiedlichen Religionen und Kulturkreisen. Was hält diese Menschen zusammen und was macht sie zu BewohnerInnen *einer* Stadt? Wo verlaufen die Konfliktlinien, die zwangsläufig durch eine heterogene Bevölkerung entstehen? Wie organisieren sich städtische Subgruppen? Grenzen sie sich räumlich in bestimmten Nachbarschaften oder Quartieren ab oder bilden sie Netzwerke, deren Inklusions- und Exklusionsmuster weniger deutlich sichtbar sind? – Städte verändern sich. Sie wachsen und schrumpfen und müssen auf Entwicklungen reagieren, die sie nicht beeinflussen können, seien es Naturkatastrophen oder ökonomischer Strukturwandel, der beispielsweise zu wachsender Arbeitslosigkeit in einer Stadt führt. Unter Bedingungen von Globalisierung stehen Städte in ständigem Austausch mit der Welt. Führt Globalisierung dazu, dass sich Städte immer ähnlicher werden oder tritt dann gerade das Besondere einer Stadt hervor?

Von Fragestellung und Ziel eines empirischen Stadtforschungsprojektes hängt die zu wählende Untersuchungsmethode ab. Prinzipiell sind in der Stadtforschung alle in den Sozialwissenschaften bekannten quantitativen wie qualitativen Untersuchungsmethoden denkbar. Oft werden verschiedene Methoden miteinander kombiniert, um einer komplexen Fragestellung Rechnung zu tragen. In vielen Fällen werden genuin sozialwissenschaftliche Instrumentarien um Methoden aus anderen Disziplinen wie der Geografie (z.B. die Methode der Kartierung) oder der Architektur (z.B. Nutzungsdiagramme) oder gar der Kunst (z.B. im Bereich der visuellen Stadtforschung) erweitert. Das Ziel dieses Kapitels ist es, unterschiedliche Möglichkeiten empirischer Stadtforschung an konkreten Beispielstudien zu verdeutlichen. Es werden drei Studien sehr detailliert vorgestellt, die aus verschiedenen historischen Kontexten stammen und methodisch auf unterschiedliche Weise vorgehen. Die erste Untersuchung – *Die Arbeitslosen von Marienthal* – stammt aus dem Jahr 1933 und thematisiert in einer Soziografie des Ortes Marienthal die Auswirkungen lang andauernder Arbeitslosigkeit auf die Gesamtheit einer Gemeinschaft (Jahoda/Lazarsfeld/Zeisel 1975, orig. 1933). Der zweite Abschnitt zeigt eine Längsschnittuntersuchung der Stadt Wolfsburg. Angelegt als Gemeindestudie beschäftigen sich ForscherInnen zwischen 1959 und 2000 in insgesamt drei Einzelunter-

Untersuchungsmethoden

suchungen mit der Entwicklung einer Stadt, die im 20. Jahrhundert neu gegründet wird (Schwonke/ Herlyn 1967; Herlyn/Schweitzer/Tessin u.a. 1982; Harth/Herlyn/Scheller u.a. 2000). Die letzte hier vorgestellte Studie ist eine *New Urban Ethnographie* aus den 1990er Jahren. Der Soziologe Loic Wacquant erforscht ein „Black Ghetto" in Chicago und erschließt sich dessen Funktionslogik aus der Untersuchung eines Boxclubs, in den er dazu selbst regelmäßig zum Training geht (Wacquant 2003).

4.1 Die Arbeitslosen von Marienthal (1931-33)

Marienthal ist ein kleines Fabrikdorf süd-östlich von Wien (vgl. Abb. 4.1). 1830 entsteht dort eine Textilfabrik, die sich in den Folgejahren stetig vergrößert, so dass immer mehr Arbeiter nach Marienthal ziehen. Die Geschichte des Ortes ist zugleich die Geschichte der Fabrik. Ihr Gründer, Hermann Todesko, herrscht in den Anfangsjahren in der Art eines Patriarchen über Werk und Ort, erweitert die Fabrik sukzessive, baut Arbeiterhäuser und richtet „Kinderbewahrungsanstalten" ein, um auch die Arbeitskraft der Frauen für die Fabrik nutzbar zu machen. Obwohl die Löhne knapp sind und selbst größere Kinder schon in drei Schichten acht Stunden am Tag arbeiten müssen, kommen die Leute gern nach Marienthal, da die Fabrikarbeit Nahrung und Wohnung sichert. Mit dem Wachstum der Fabrik entwickelt sich Ende des 19. Jahrhunderts eine organisierte Arbeiterschaft, deren überwiegender Anteil sozialdemokratisch eingestellt ist. Erste Lohnstreiks finden statt, eine Gewerkschaft wird gegründet, es entstehen Konsumverein, Arbeiterheim, Arbeitertheater, politische Organisationen und zahlreiche Vereine. Marienthal besteht aus einer sehr aktiven und engagierten Einwohnerschaft.

Die große Krise 1926 kommt es in der Fabrik zur ersten großen Krise, die eine Halbierung der Belegschaft nach sich zieht. Im Verlauf der folgenden zweieinhalb Jahre bessert sich die Lage wieder, neue Maschinen werden angeschafft, der Belegschaftsstand erreicht seinen Höhepunkt. Doch die überwunden geglaubte Krise schlägt Mitte 1929 mit voller Härte zu: zwischen Juli 1929 und Februar 1930 werden nacheinander die verschiedenen Teile der Fabrik geschlossen. Unmittelbar nach der letzten Schließung beginnen die Liquidationsarbeiten. Rund sechzig ehemalige Arbeiter bekommen die Aufgabe, Teile der Fabrik niederzureißen. Übrig bleiben Schuttfelder, verbeulte Kessel und halb verfallenes Mauerwerk.

Als Paul Lazarsfeld und seine MitarbeiterInnen im Herbst 1931 zur Durchführung einer Studie über die Auswirkungen von Arbeitslosigkeit nach Marienthal kommen, hat der Ort 1468 Einwohner, davon sind 318 unter 14 Jahre. Die Einwohner teilen sich auf 478 Haushalte auf. Weder der Altersaufbau der Marienthaler Bevölkerung noch die Größe der Haushalte weichen signifikant vom damaligen österreichischen Durchschnitt ab. Die Besonderheit Marienthals besteht einzig darin, dass es sich um eine dörfliche Gemeinschaft handelt, die in ihrer Gänze arbeitslos geworden ist.

Abbildung 4.1   Wien und Umgebung (mit Marienthal) (Quelle: http://www.sozpsy.
uni-hannover.de/marienthal/archiv/mathalk0.html#1)

4.1.1 Ein soziografischer Versuch über die Wirkung lang andauernder Arbeitslosigkeit

Untersuchungsgegenstand der Marienthalstudie ist das arbeitslose Dorf, nicht der einzelne Erwerbslose. Um mehr über Arbeitslosigkeit und die sozialpsychologischen Folgen des Lebens ohne Arbeit zu erfahren, als dies in amtlichen Statistiken jemals deutlich werden kann, beginnt Paul Lazarsfeld 1930 die Pläne zu einer umfassenden „Soziografie" des Ortes Marienthal zu entwerfen. Der Begriff „Soziografie" geht zurück auf den niederländischen Ethnologen und Soziologen Sebald Rudolf Steinmetz und bezeichnet eine Untersuchungsform, die auf die Darstellung der gesamten Sozialstruktur eines Gebietes (Stadt, Region) abzielt. Kurz nach dem Ersten Weltkrieg übernimmt Ferdinand Tönnies den Begriff, um die Notwendigkeit einer Verbindung von theoretischen Überlegungen einerseits und systematischen Beobachtungen andererseits für die Soziologie zu fordern. Eine gute Soziologie brauche, so Tönnies, die Kopplung an konkretes empirisches Material, das aber nach festgelegten Methoden gesammelt werden müsse (zum Begriff der Soziografie bei Tönnies vgl. Bellebaum 1966). Auf diese (heute unumstrittene) Einsicht Ferdinand Tönnies' bezieht sich auch das Team um Lazarsfeld, in dem Versuch, eine umfassende Darstellung des arbeitslosen Dorfes Marienthal zu entwickeln. Ihre Studie trägt deshalb den Untertitel „Ein soziografischer Versuch". Neben Paul Lazarsfeld, dem Leiter der Wirtschaftspsychologischen Forschungsstelle in

Soziografie

Wien, sind Marie Jahoda, die für die Formulierung des Hauptteils der Studie verantwortlich ist und Hans Zeisel, der den Anhang zusammengestellt hat, sowie während der Feldarbeit etwa zehn PsychologInnen an dem Forschungsprojekt beteiligt.

Abbildung 4.1.1: Die Spinnerei in Marienthal (Quelle: http://www.sozpsy.uni-hannover.de/marienthal/archiv/mathalp4.html#1)

Von Herbst 1931 bis zum Frühjahr 1932 wohnen die ForscherInnen teilweise vor Ort und verbringen zusammengerechnet etwa 120 Arbeitstage in dem Dorf. Um die Lücke zwischen „den nackten Ziffern der offiziellen Statistik und den allen Zufällen ausgesetzten Eindrücken der sozialen Reportage" (Jahoda/Lazarsfeld/Zeisel 1975, orig. 1933: 24) zu schließen, verwenden sie eine Kombination aus qualitativen und quantitativen Erhebungsmethoden. Ihr Ziel ist es dabei, die phänomenologische Reichhaltigkeit qualitativer Daten zu erhalten, „das subjektive Moment, das jeder Beschreibung eines sozialen Tatbestands anhaftet" (ebd: 25), aber auf ein Minimum zu reduzieren. Deshalb verwerfen sie alle Einzelbeobachtungen, die sie nicht zahlenmäßig belegen können. Eine wichtige Rolle spielt auch die Kombination aus objektiven Messungen (wie z.B. die Messung von Gehgeschwindigkeiten durch den Ort) und den subjektiven Einschätzungen der Messergebnisse (in diesem Fall: die Zeitwahrnehmung der untersuchten Personen).

Am Ende der Erhebungstätigkeit lagen folgende Datentypen zur Auswertung vor (ausführlich siehe Jahoda/Lazarsfeld/Zeisel 1975, orig. 1933: 26f.):

Untersuchungsziel

Datentypen
a) *Katasterblätter.* Die Marienthalstudie ist eine Totalerhebung. Das heißt: für jeden der 478 Haushalte wurde eine Kartei angelegt, in der jedes Familienmitglied ein Datenblatt erhielt. Vermerkt wurden darauf die Art der Unterstützung, Beobachtungen über Wohnverhältnisse, Familienleben, Haushaltsführung usw.
b) *Lebensgeschichten.* Es wurden biografisch-narrative Interviews mit 32 Männern und 30 Frauen geführt.
c) *Zeitverwendungsbögen.* 80 Personen haben in der Art eines Stundenplans ihre Beschäftigungen des Tages notiert.

d) *Anzeigen und Beschwerden*, die 1931/32 an die Industrielle Bezirkskommission Wiener Neustadt gerichtet wurden.
e) *Schulaufsätze*. Die Kinder der Volks- und Hauptschulklassen wurden gebeten je einen Aufsatz zu schreiben zu den Themen „Mein Lieblingswunsch", „Was will ich werden", „Was ich mir zu Weihnachten wünsche".
f) *Preisausschreiben unter den Jugendlichen* über die Frage: „Wie stelle ich mir meine Zukunft vor".
g) *Inventare der Mahlzeiten*. In 40 Familien wurden während einer Woche Aufzeichnungen über die Mahlzeiten gemacht. Das „Gabelfrühstück" (Pausenbrot) der Schulkinder wurde am Tag vor und am Tag nach der Auszahlung der Unterstützung notiert.
h) *Protokolle*. Die ForscherInnen schrieben Protokolle von Feldbeobachtungen. Außerdem wurden amtliche Protokolle (wie z.B. Auskünfte der Lehrer über die Schüler), Aufzeichnungen aus ärztlichen Untersuchungen, Auskünfte über Umsätze des örtlichen Kleingewerbes usw. ausgewertet.
i) *Statistische Daten* wie Wahlergebnisse, Entlehnungen aus der Bibliothek, Geschäftsbücher des Konsumvereins usw.
j) *Historische Angaben* über die Entwicklung der Gemeinde und die Geschichte der Fabrik.
k) *Bevölkerungsstatistik* (Altersaufbau, Zu- und Abwanderung, Geburten und Todesfälle).
l) *Ein Tagebuch*, das den ForscherInnen übergeben wurde.

Wie man sich leicht vorstellen kann, bedarf es bei der Erhebung mancher dieser Daten nicht nur einer geeigneten Technik, sondern auch einer besonderen methodischen Einstellung: „Es war unser durchgängig eingehaltener Standpunkt, daß kein einziger unserer Mitarbeiter in der Rolle des Reporters und Beobachters in Marienthal sein durfte, sondern daß sich jeder durch irgendeine, auch für die Bevölkerung nützliche Funktion in das Gesamtleben natürlich einzufügen hatte" (Jahoda/Lazarsfeld/Zeisel 1975, orig. 1933: 28). Diese Art von „action research" (Bob 1999) konkretisiert sich in einer von Wien aus organisierten Kleideraktion für die bedürftigsten Familien des Ortes, der Mitarbeit in politischen Gruppierungen vor Ort, einem Schnittzeichenkurs für die Frauen, der Durchführung ärztlicher Sprechstunden, Erziehungsberatung und einem Turnkurs für Mädchen. Der sicherlich honorablen Überlegung der ForscherInnen, den BewohnerInnen von Marienthal auch etwas bieten zu wollen und sie in ihrem schwierigen Alltag zu unterstützen, steht die aus forschungsethischer Sicht durchaus fragwürdige Absicht gegenüber, aus diesen Hilfsaktionen und „Serviceleistungen" jeweils Daten zu gewinnen. Besonders deutlich wird dies im Falle der ärztlichen Behandlungen, wo die Gespräche während der Ordination protokolliert und später ausgewertet wurden:

<small>Action Research</small>

> „Im Zusammenhang mit der ärztlichen Konsultation wurde am ehesten die Wahrheit über die persönlichen und materiellen Verhältnisse gesagt, weil davon ja für den einzelnen Sinn und Erfolg der Untersuchung abhing. Damit war eine gute Kontrollmöglichkeit für eine Reihe von Angaben gegeben, die oft nicht ganz wahrheitsgetreu waren, wenn sie an den Fürsorger, von dem man materielle Hilfe erwartete, gerichtet wurden" (ebd: 29).

Ein solches Vorgehen ist insofern fragwürdig, da es gegen den 1993 von der Deutschen Gesellschaft für Soziologie verabschiedeten Ethikkodex verstößt, der u.a. den Schutz der Persönlichkeitsrechte der Untersuchten (Recht auf Anonymität, freie Entscheidung hinsichtlich der Teilnahme an einer Untersuchung etc.) fordert.

4.1.2 Vier Haltungstypen

Eine der Stärken der Marienthalstudie ist, dass sie nicht nur eine mit vielen Beispielen angereicherte deskriptive Beschreibung eines arbeitslosen Ortes darstellt, sondern dass sie auch eine Theorie bildende Arbeit ist. In der Beschäftigung mit Marienthal wird dem ForscherInnenteam klar, dass es unterschiedliche Arten des Erlebens von Arbeitslosigkeit und mit deren Umgang gibt. Auf der Grundlage von 100 Marienthaler Familien, die zu Beginn des Untersuchungszeitraumes während der Kleideraktion als „besonders berücksichtigenswert" bezeichnet werden, bilden die ForscherInnen vier *idealtypische Haltungen* heraus: die „Ungebrochenen", die „Resignierten", die „Verzweifelten" und die „Apathischen".

Idealtypische Haltungen

Die zahlenmäßig stärkste Gruppe bilden die Resignierten (48%). Sie zeichnet eine erwartungslose Grundhaltung zum Leben aus, ein „man kann ja doch nichts gegen die Arbeitslosigkeit machen". Ihre Grundstimmung ist dabei relativ ruhig, ihr Alltag durchaus mit heiteren Augenblicken durchsetzt. Charakteristisch aber ist der völlige „Verzicht auf eine Zukunft, die nicht einmal mehr in der Phantasie als Plan eine Rolle spielt" (Jahoda/Lazarsfeld/Zeisel 1975, orig. 1933: 70). Man findet sich ab mit der Situation und richtet sich, so gut es geht, in ihr ein. Die Bedürfnisse werden maximal eingeschränkt, der Haushalt wird mit den vorhandenen Mitteln aufrechterhalten und die Kinder sind in einem gepflegten Zustand.

Von der Haltung der „Resignierten" hebt sich positiv die Gruppe der „Ungebrochenen" ab (16%). Sie zeichnen sich durch größere Aktivität aus, ihre Bedürfnisse sind weniger reduziert, ihr Horizont ist weiter. Vor allem aber haben sie noch Erwartungen an die Zukunft, erhalten sich ihre Lebenslust und machen immer wieder Versuche zur Arbeitsbeschaffung.

Die beiden anderen Haltungstypen werden beide als „gebrochen" bezeichnet. Sie unterscheiden sich aber in der Art des Gebrochenseins. Die Gruppe der „Verzweifelten" (11%) unterscheidet sich in der Art der Lebensführung (Haushalt und Kinder in gepflegtem Zustand) nicht von den beiden oben genannte Gruppen, jedoch im subjektiven Erleben der Situation. Verzweiflung, Depression, Hoffnungslosigkeit prägen die Stimmung. Es werden keine Versuche der Verbesserung der eigenen Lage mehr unternommen, stattdessen wird immer wieder auf die bessere Vergangenheit hingewiesen.

Die vierte Haltungsart weicht von den vorher genannten durch das Aufgeben des geordneten Haushalts ab. „Mit apathischer Indolenz läßt man den Dingen ihren Lauf, ohne den Versuch zu machen, etwas vor dem Verfall zu retten" (ebd: 71). Diese Gruppe heißt deshalb die „Apathischen" (25%). Das Hauptmerkmal für diese Haltung ist das tatenlose Zusehen wie Wohnung und Kinder verwahrlosen. Nicht nur für die Zukunft, sondern selbst für die nächsten Stunden und Tage herrscht völlige Planlosigkeit. Die Stimmung aber ist nicht verzweifelt, sondern gleichgültig. Die Wirtschaftsführung ist nicht mehr auf die Befriedigung der Grundbedürfnisse gerichtet, sondern unrationell. Viele der Apathischen sind Trinker. In den Familien gibt es oft Streit, Betteln und Stehlen sind häufige Begleiterscheinungen.

Eine methodische Frage, die sich aus dieser qualitativen Typenbildung ergibt, ist die nach der Repräsentativität der Haltungstypen für die Gesamtheit der Marienthaler Familien. Die Basis für die Typenbildung waren 100 für die Kleideraktion „besonders berücksichtigungswerte" Familien. Im Laufe der Untersuchung stellen die ForscherInnen fest, dass z.B. alle gebrochenen Familien in den 100 ausgewählten eingeschlossen waren. Für die Gesamtbevölkerung korrigieren sie deshalb die Zusammensetzung der Haltungen wie folgt: Ungebrochen 23%, Resigniert 69%, Verzweifelt 2,3%, Apathisch 5,3%.

4.1.3 Arbeitslosigkeit und Zeitverwendung

An Orten, die von hoher Arbeitslosigkeit geprägt sind, scheint es eine paradoxe Umkehrung in der Wertschätzung von Arbeit und Freizeit zu geben. Während die organisierte Arbeiterschaft stets um die Verkürzung der Arbeitszeit und damit um die Verlängerung der Freizeit gekämpft hat, wird „Zeit haben" in Situationen verbreiteter Arbeitslosigkeit nicht mehr als Luxus, sondern als Problem wahrgenommen (vgl. Engbersen/Schuyt/ Timmer u.a. 1993; Steets 2006). Zu dieser heute wieder diskutierten Einschätzung (vgl. Mayer 2003) kommen auch die Marienthal-ForscherInnen, nachdem sie Zeiterlebnis und Zeitverwendung der Marienthaler Bevölkerung studiert haben.

Zeit

Ihre Untersuchungsmethodik gründet sich auf zwei Erhebungsverfahren: zum einen bitten sie insgesamt 80 Männer und Frauen so genannte „Zeitverwendungsbögen" auszufüllen. Zeitverwendungsbögen ähneln tabellarischen Stundenplänen. Sie geben eine fixe Zeiteinteilung (im vorliegenden Falle eine stundenweise Einteilung) vor, in die eine Untersuchungsperson selbst die Aktivitäten des Tages eintragen muss. Zum zweiten beobachten die ForscherInnen das Geschehen auf der rund 300 Meter langen Ortsstraße, notieren, wie viele Menschen dort langgehen, wie oft sie stehen bleiben und mit welcher Gehgeschwindigkeit sie unterwegs sind. Die Ergebnisse dieser Erhebungen sind äußerst faszinierend. Sie zeigen, dass das Ausfüllen der Zeitverwendungsbögen insbesondere den Männern große Schwierigkeiten bereitet, nicht etwa deshalb, weil es sie intellektuell überfordert habe, sondern weil sie einfach nicht wissen, was sie eintragen sollen. Beschäftigungen, die nicht mehr als fünf Minuten gedauert haben können, füllen ganze Stunden aus. Der Arbeitslose erinnert sich an nur wenige zeitliche Eckpunkte oder Ereignisse des Tages wie etwa „aufstehen", „Buben waschen", „Mittag essen", „Hasen füttern".

Zeit und Geschlecht

> „Alles was sonst geschieht, steht mit der eigenen Existenz nicht mehr in sinnvollem Zusammenhang. Zwischen den wenigen wirklichen Beschäftigungen, dort, wo im Bogen steht: ‚Einstweilen wird es Mittag' – liegt das Nichtstun, der völlige Mangel einer sinnvollen Zeitausfüllung. Alles, was geschieht, geschieht gleichsam unabsichtlich. Irgendeine geringfügige Kleinigkeit bestimmt die Beschäftigung in der nächsten halben Stunde" (Jahoda/Lazarsfeld/Zeisel 1975, orig. 1933: 86).

Weniger ausgeprägt ist dieser „Zeitverfall" bei den Frauen, die durch die Aufgaben, die sie im Haushalt übernehmen (müssen), zwangsläufig einen strukturierteren Tagesablauf haben.

Dass die Zeitstrategien der Männer vor allem darin bestehen, die Zeit totzuschlagen, zeigen auch die Beobachtungen auf der Dorfstraße. Zwei Drittel der Männer bleiben auf einer Strecke von 300 Metern, mindestens zweimal stehen, während nur ein Sechstel der Frauen zweimal oder öfter Halt macht.

Zusammenfassend diagnostizieren die ForscherInnen also einen dramatischen Verfall zeitlicher Strukturen, nicht nur auf materieller, sondern auch und insbesondere auf mentaler Ebene:

> „Losgelöst von ihrer Arbeit und ohne Kontakt mit der Außenwelt, haben die Arbeiter die materiellen und moralischen Möglichkeiten eingebüßt, die Zeit zu verwenden. Sie, die sich nicht mehr beeilen müssen, beginnen auch nichts mehr und gleiten allmählich ab aus einer geregelten Existenz ins Ungebundene und Leere. Wenn sie Rückschau halten über einen Abschnitt dieser freien Zeit, dann will ihnen nichts einfallen, was der Mühe wert wäre, erzählt zu werden" (Jahoda/Lazarsfeld/Zeisel 1975, orig. 1933: 83).

Das homogene Bild, das die ForscherInnen hier von der Zeitverwendung in Marienthal zeichnen, verwundert allerdings vor dem Hintergrund der entwickelten vier Haltungstypen. Während es offensichtlich verschiedene Strategien des Umgangs mit Arbeitslosigkeit allgemein gibt – sie werden in den Figuren der „Ungebrochenen", der „Resignierten", der „Verzweifelten" und der „Apathischen" vorgestellt – unterscheiden die AutorInnen *nicht* hinsichtlich der Zeitverwendungsstrategien, sondern diagnostizieren einen allgemeinen Zeitverfall. Neuere Untersuchungen, die sich explizit auf die Marienthalstudie beziehen (vgl. Engbersen 2004), zeigen, dass es heute in der Gruppe der Langzeitarbeitslosen durchaus sehr unterschiedliche Zeitwahrnehmungen und -verwendungen gibt. Diese reichen vom (bekannten) „Zeit totschlagen" über die „Mitgliedschaft in Clubs und Vereinen, die das Führen eines Terminkalenders notwendig macht", bis hin zur Wertschätzung der „Frei-Zeit als autonom zu gestaltende Freiheit" (ebd: 110f.).

4.1.4 Auswirkungen der Arbeitslosigkeit auf Kinder

Der hohe Anteil der „Resignierten" an der Gesamtbevölkerung Marienthals (69%) lässt die ForscherInnen von einer „als Ganzes resignierenden Gemeinschaft" sprechen, „die zwar die Ordnung der Gegenwart aufrecht erhält, aber die Beziehung zur Zukunft verloren hat" (Jahoda/Lazarsfeld/Zeisel 1975, orig. 1933: 75). Vor diesem Hintergrund ist die Frage der Auswirkungen von Arbeitslosigkeit auf diejenigen Mitglieder der Gemeinde besonders interessant, die die meiste Zukunft noch vor sich haben: die Kinder.

Aufsatz als Methode Um deren Befindlichkeiten zu erheben, lassen die ForscherInnen Schulaufsätze schreiben zu Themen wie „Mein Weihnachtswunsch" oder „Was ich einmal werden will". In den Aufsätzen fällt auf, dass viele Formulierungen den Konjunktiv verwenden. Rund ein Drittel der Aufsätze zum Weihnachtswunsch beginnen mit Worten wie „wenn die Eltern Geld gehabt hätten, dann hätte ich mir gewünscht" oder „ich hätte an das Christkind viele Wünsche". Die tatsächlich geäußerten Wünsche bewegen sich deutlich unter dem Kostenniveau der Weihnachtswünsche von Kindern aus der nicht arbeitslosen Umgebung Marienthals. Trotzdem müssen rund 69% der Marienthaler Kinder die Erfahrung machen, dass ihre (schon eingeschränkten) Weihnachtwünsche unerfüllt bleiben (ebd: 76). Die Aufsätze zum Berufswunsch sind ebenfalls stark von der scheinbar erdrückenden Realität der eigenen Erlebnisse geprägt. Ein Zwölfjähriger schreibt: „Ich will ein Flieger, Unterseebootskapitän, Indianerhäuptling und ein Mechaniker werden. Aber ich fürchte, es wird schwer sein, einen guten Posten zu finden" (ebd: 78).

Die AutorInnen schließen aus der Analyse der Aufsätze ein Durchschlagen der resignativen Gesamthaltung der Gemeinde auf die Kinder, die dort in besonderem Maße sichtbar wird, da man gerade von Kindern alles andere als Resignation erwarten würde.

Zusammenfassend heißt das: Die Marienthalstudie gilt zu Recht als Klassiker der empirischen Sozialforschung, vor allem wegen ihrer Theorie bildenden Leistungen und ihrer gelungenen Verknüpfung von quantitativen und qualitativen Erhebungsmethoden. Für die Stadtsoziologie ist sie interessant, weil sie an dem überschaubaren Beispiel ei-

Arbeitslose ner Dorfgemeinschaft zeigt, wie man die *Gesamtheit* einer Gemeinde untersuchen kann,
Gemeinde denn ihr Gegenstand ist wie oben erwähnt die *arbeitslose Gemeinde*, nicht der einzelne Arbeitslose. Vor dem Hintergrund einer hohen Arbeitslosenquote ist die Studie gerade heute wieder aktuell. Besondere Relevanz hat sie dabei für die „schrumpfenden Städte" Ostdeutschlands (vgl. Oswalt 2004), deren Strukturprobleme zur Umwälzung ganzer Regionen und Flächen (ganzer Gemeinden) führen. In Leipzig beispielsweise, das am Rand der radikal industrialisierten Region Mitteldeutschlands liegt, wo sich Braunkohlebergbau, Energiegewinnung und Chemieindustrie ab Mitte des 19. Jahrhunderts kon-

zentrierten, werden zwischen 1990 und 1993 über 80 Prozent der industriellen Arbeitsplätze der Region abgebaut. Das sind allein in Leipzig etwa 90.000 Industriearbeitsplätze (Rink 2004: 636). Dieser Verlust kann in keiner Weise durch den erhofften Tertiarisierungsprozess aufgefangen werden. Die Stadt verliert in den 1990er Jahren etwa 63.000 Einwohner. 2005 leben knapp 500.000 Menschen in Leipzig, die Arbeitslosenquote liegt bei fast 20 Prozent (Steets 2006). Untersucht man in einer solchen Situation den Umgang mit Arbeitslosigkeit und die Auswirkungen auf städtischer Ebene, ist ein Blick in die Ergebnisse und Verfahrensweisen der Marienthalstudie äußerst gewinnbringend.

In der sozialwissenschaftlichen Literatur wird vor allem die Typologie der Umgangsweisen mit Arbeitslosigkeit und die Frage der Zeitverwendung von Arbeitslosen rezipiert. 1993 veröffentlichen die vier niederländischen Forscher Godfried Engbersen, Kees Schuyt, Jaap S. Timmer und Franz van Waarden eine Untersuchung über Langzeitarbeitslose und illegale MigrantInnen in den Niederlanden. In Erweiterung der Marienthalstudie mündet die Studie in der Herausbildung von sechs (statt vier) Haltungstypen: die Konformisten (36%), die Ritualisten (9%), die sozial Zurückgezogenen (25%), die Aktiven (10%), die Kalkulierenden (9%) und die Autonomen (10%) (vgl. ausführlich Engbersen 2004; Engbersen/Schuyt/Timmer u.a. 1993).

4.2 Die Wolfsburgstudien (1959-2000)

Die meisten Städte in Deutschland sind zwischen dem 11. und 14. Jahrhundert entstanden. Sie haben eine lange, oft wechselhafte Geschichte, die sich in der jeweiligen Stadtgestalt und räumlichen Organisation niedergeschlagen hat. In Wolfsburg ist das anders. Wolfsburg gehört zu den wenigen Stadtneugründungen des 20. Jahrhunderts in Europa (Ausnahmen bilden die sozialistischen Staaten: In der DDR entstehen u.a. die Planstädte Eisenhüttenstadt, einst „Stalinstadt", und Halle-Neustadt, in der Sowjetunion ist Magnitogorsk eines der bekanntesten Beispiele.). Diese Besonderheit ist Anlass für eine Reihe von ForscherInnen des Soziologischen Seminars der Universität Göttingen, den „Prozeß der Stadtwerdung" und „gemeindlichen Integration" (Herlyn/Schweitzer/Tessin u.a. 1982: 11) exemplarisch zu untersuchen. So entstehen zwischen 1959 und 2000 drei Gemeindestudien zu Entwicklung, Wachstum und Wandel der jungen Industriestadt. *Gemeindestudien* oder *community studies* – wie sie im angelsächsischen Forschungskontext heißen – sind Monographien der sozialen Struktur einzelner Städte oder Stadtteile, die mit einer großen Bandbreite an Erhebungs- und Auswertungsmethoden arbeiten (vgl. Kapitel 1.2.4). Ein Mix aus teilnehmender Beobachtung, teils offenen Interviews, gepaart mit standardisierten Befragungen und der Auswertung amtlicher Statistiken bilden im Falle der Wolfsburger Gemeindestudien die Datengrundlage. Das Ziel einer Gemeindestudie ist es, ein *umfassendes* Verständnis der Funktionsweise einer Stadt zu entwickeln. Eine Besonderheit im Fall der Wolfsburger Studien ist die Längsschnittperspektive, die der lange Untersuchungszeitraum von rund vierzig Jahren ermöglicht.

1959 bildet der damalige Leiter des Soziologischen Seminars der Universität Göttingen, Helmuth Plessner, ein ForscherInnenteam, das sich in wechselnder Besetzung über mehrere Jahre mit der jungen Stadt und dem Prozess der Urbanisierung beschäftigt. Die erste Wolfsburgstudie – Titel: „Wolfsburg. Soziologische Analyse einer jungen Industriestadt" – erscheint 1967, veröffentlicht von Martin Schwonke in Zusammenarbeit mit dem Diplomsoziologen Ulfert Herlyn. Wolfsburg wird darin einerseits exemplarisch als ein Stück deutscher Sozialgeschichte der 1950er und 60er Jahre unter-

Fokus der Untersuchungen

sucht, gleichzeitig soll die Studie Antworten auf wichtige Fragen der Stadtsoziologie allgemein liefern. Die zweite Wolfsburgstudie fokussiert auf den Aspekt der Transformation. Sie erscheint 1982 unter dem Titel: „Stadt im Wandel. Eine Wiederholungsuntersuchung der Stadt Wolfsburg nach 20 Jahren" herausgegeben neben Ulrich Schweitzer, Wulf Tessin, Barbara Lettko und von dem bereits an der ersten Studie beteiligten Ulfert Herlyn, der mittlerweile Professor für Planungsbezogene Soziologie an der Universität Hannover ist. Zentral ist die Frage nach den ökonomischen und gesellschaftlichen Veränderungen der 1970er Jahre und deren Auswirkungen auf die Lebensverhältnisse der WolfsburgerInnen. Die bislang letzte soziologische Untersuchung der VW-Stadt erscheint – wieder unter maßgeblicher Mitarbeit von Ulfert Herlyn (zusammen mit Annette Harth, Gitta Scheller und Wulf Tessin) – im Jahr 2000 unter dem Titel „Wolfsburg: Stadt am Wendepunkt. Eine dritte soziologische Untersuchung". Der im Titel angekündigte Wendepunkt bezieht sich auf eine schwere Strukturkrise im Volkswagenwerk 1992/93, der zahlreiche Arbeitsplätze zum Opfer fallen. Die Abhängigkeit der Stadt und ihrer Entwicklung vom VW-Werk bilden neben der neuerlichen Thematisierung von „lokaler Integration" den Schwerpunkt der Untersuchung. Parallel zur dritten Studie wird eine historisch orientierte Gesamtdarstellung der Stadtentwicklung Wolfsburgs publiziert (Herlyn/Tessin 2000).

4.2.1 Wolfsburg – die junge Industriestadt

Stadt des KdF-Wagens

Die Geschichte der Stadt Wolfsburg beginnt am 1. Juli 1938. An diesem Tag entsteht durch einen Erlass des Oberpräsidenten von Hannover 30 Kilometer nordöstlich von Braunschweig, direkt am Mittellandkanal gelegen, eine neue Gemeinde, die den vorläufigen Namen „Stadt des KdF-Wagens" erhält. Dieser eigenartige Name steht in Verbindung mit dem VW-Werk, dessen Errichtung der Grund für die Stadtneugründung war. Ferdinand Porsche stellt Adolf Hitler 1934 das Konzept seines Volkswagens vor. Hitler sieht in der Produktion eines preiswerten Kleinautomobils in Deutschland die Möglichkeit, das Zeitalter der Massenmotorisierung einzuleiten und so breite Bevölkerungsgruppen für den Nationalsozialismus zu gewinnen. Trotz des Widerstandes der Automobilindustrie will Hitler mit dem Volkswagenwerk das größte und modernste Automobilwerk Europas bauen. Die Deutsche Arbeiterfront (DAF), eine 1933 gebildete nationalsozialistische Organisation, die – ähnlich der Funktion einer Gewerkschaft – die Interessen der Arbeiter vertreten soll, erhält den Auftrag zum Bau des Werkes. Da die Freizeitorganisation der DAF „Kraft durch Freude" heißt, bekommt das Auto den Namen „Kdf-Wagen" und die dem Automobilwerk angeschlossene Stadt den Namen „Stadt des KdF-Wagens".

Während sich das Werk (die Grundsteinlegung erfolgt am 26. Mai 1938, also wenige Wochen vor der Stadtgründung) nördlich des Mittellandkanals in den ersten Kriegsjahren noch relativ rasch entwickelt, wächst die Wohnstadt südlich des Kanals nur mäßig. Anfang 1943 kommt die Bautätigkeit kriegsbedingt komplett zum Erliegen. Bis Kriegsende sind rund 3300 Wohneinheiten für über 17000 Einwohner fertig gestellt. Es fehlen öffentliche Bauten, Schulen, Kirchen; alle Behörden sind in Baracken untergebracht. Nach Kriegsende, genauer am 25.5.1945, erhält die Stadt auf Beschluss der neu eingesetzten Stadtverordnetenversammlung den Namen „Wolfsburg", benannt nach dem nahe gelegenen „Schloss Wolfsburg" aus dem 16. Jahrhundert. Während der ersten Nachkriegsjahre wird die Stadt Durchgangslager, aber auch Zielort für Tausende von Flüchtlingen. Nach der Währungsreform 1948 beginnt sich das Leben in Wolfsburg langsam zu stabilisieren, Produktion und Belegschaft des Werkes steigen kontinuierlich an, neue Wohnungen werden gebaut. Die größten Wachstumsraten in Bevölkerung, Wohnungsbau und VW-Belegschaft verbucht in dieser frühen Phase die erste Hälfte der 1950er Jahre.

Abbildung 4.2.1a: Blick vom Klieversberg über den Hohenstein auf das Kraftwerk des Volkswagenwerkes, um 1953 (Quelle: Reichold 1998: 37)

Abbildung 4.2.1b: Bevölkerungsentwicklung in der Stadt Wolfsburg von 1939 bis 2004 (Quelle: Stadt Wolfsburg 2005).

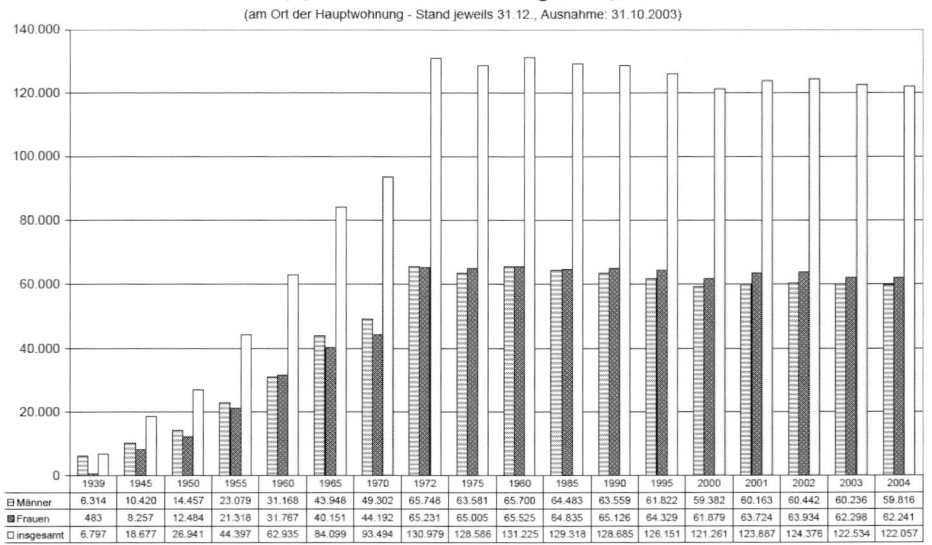

Rund zehn Jahre nach ihrer Gründung beginnt also die eigentliche Entwicklung der Stadt Wolfsburg. 1959 – weitere zehn Jahre danach – initiiert Helmuth Plessner die gemeindesoziologischen Untersuchungen Wolfsburgs.

4.2.2 Die erste Studie: „Wolfsburg. Soziologische Analyse einer jungen Industriestadt"

Den empirischen Untersuchungen des Wolfsburger ForscherInnenteams liegen wichtige stadtsoziologische Prämissen zugrunde. Anders als die Architektur, die ihre fachspezifische Aufmerksamkeit auf die Formensprache einzelner Gebäude einer Stadt richtet oder die Infrastrukturplanung, deren Ziel es ist, einzelne Teile einer Stadt möglichst effizient zu verbinden, beanspruchen die Wolfsburger ForscherInnen für ihre Untersuchung eine *umfassende Perspektive* auf die Stadt, deren Basis eine soziologische Definition des Gegenstandes „Stadt" ist: „Zuerst und in der Hauptsache ist eine Stadt, eine Gemeinde überhaupt, Lebens- und Aktionsraum für eine Gruppierung von Menschen, die, wie lose das auch immer sein mag, miteinander so verbunden sind, wie sie es mit anderen, nicht zur Stadt gehörenden Personen nicht sind" (Schwonke/Herlyn 1967: 3). Die Stadt wird also nicht – oder nicht in erster Linie – als bauliche Ordnung von Bebauungsart und Straßenführung angesehen, sondern als „soziales Gebilde", an das – so die Hauptannahme – eine spezifische Form der *Integration* geknüpft ist. Integration beschreibt hier die *Einheit des städtischen Gebildes*, welche sowohl durch die Beziehung der Bewohner zueinander geschaffen wird, als auch durch die Relation des/der Einzelnen zum Gesamtsystem „Stadt". Folgerichtig lauten die Forschungsfragen: Inwieweit funktioniert die junge Stadt Wolfsburg als *Ort der Integration* für ihre Bewohnerinnen und Bewohner? Welche Beziehungen zeichnen sich zwischen den einzelnen WolfsburgerInnen ab und inwiefern kann die junge Stadt „Heimat" und „Identität" stiften? Und: Inwiefern hängt die bauliche Gliederung städtischer Teilbereiche mit der Ausformung verschiedener *Formen der Integration* zusammen?

Stadt als soziologisches Gebilde

Um den räumlichen Aspekt der Fragestellung zu operationalisieren, unterscheiden die ForscherInnen drei verschiedene „Interaktionsbereiche" in der Stadt, die gleichzeitig räumliche Einheiten darstellen: die Stadtmitte, das Wohnviertel und die engere Nachbarschaft. Diese Interaktionsbereiche werden von privaten und öffentlichen Zonen durchkreuzt, die für unterschiedliche Formen der Integration stehen. Die Studie arbeitet mit der Vorstellung einer klaren Polarität von Privatheit und Öffentlichkeit, wie sie der Nachfolger von Helmuth Plessner am Soziologischen Seminar in Göttingen, Hans Paul Bahrdt, eingeführt hat (1961) (vgl. Kapitel 3.1.1). Bahrdt beschreibt die Stadt als „eine Ansiedlung, in der das gesamte, also auch das alltägliche Leben die Tendenz zeigt, sich zu polarisieren, das heißt, im sozialen Aggregatzustand der Öffentlichkeit oder in dem der Privatheit stattzufinden. Es bilden sich eine private und eine öffentliche Sphäre, die in engem Wechselverhältnis stehen, ohne daß die Polarität verlorengeht" (ebd: 38). Dieser urbanen Polarität von Öffentlichkeit und Privatheit folgend, gehen die ForscherInnen davon aus, dass Kommunikation und die Beziehung zwischen einzelnen Personen davon abhängen, ob sie sich in der Sphäre des Privaten oder der des Öffentlichen abspielen.

> „Form und Grad sozialer Interaktionen bestimmen Form und Grad der Integration der Interagierenden. Es gibt Interaktionen, die weitgehend unabhängig von der spezifischen Gestalt einer Stadt sind, auch wenn sie indirekt den Zusammenhalt einer Stadt fördern können. Das gilt für die Interaktionen innerhalb der Familie, im Freundeskreis, meistens auch für die am Arbeitsplatz. Interaktionen, die städtisches Leben, ‚Urbanität' charakterisieren, werden vor-

wiegend in den Bereichen stattfinden, die von der Struktur und der Anlage der Stadt geprägt sind" (Schwonke/Herlyn 1967: 12).

Kurz: Integration kann urban oder nicht-urban stattfinden. Als eine der wichtigsten öffentlichen Zonen und Ort urbaner Integration gilt den Wolfsburger ForscherInnenn die Stadtmitte, das Zentrum, das allen Stadtbewohnern theoretisch in gleicher Weise vertraut sein müsste, weil die dort lokalisierten Einrichtungen eine alltägliche Relevanz für alle Bewohner haben. Das Bescheidwissen um Art und Benutzung der Zentrumsfunktionen (Einkaufen, Behörden, Kultur, Nutzung von Parks und öffentlichen Plätzen usw.) unterscheidet sie auch von Besuchern aus anderen Städten und Gemeinden und gilt den ForscherInnen – ebenso wie der Grad der Informiertheit über städtische relevante Themen – als Indikator für die Teilhabe bzw. Integration eines Bewohners/einer Bewohnerin ins öffentliche Leben seiner/ihrer Stadt. Der Interaktionsbereich des Wohnviertels vereinigt anders als das Stadtzentrum nicht alle Bewohner, sondern nur die im betreffenden Viertel. Wohnviertel werden in der Studie als sozialstrukturell homogener vermutet als die Gesamtstadt. Das liege zum einen an der unterschiedlichen Wohnqualität und der damit verbundenen Miethöhe. Das Wohnviertel gelte darüber hinaus auch als Zeichen des sozialen Status. Demzufolge ist die Form der Integration im Wohnviertel eine andere als die im Zentrum. Die typische Beziehung zwischen BewohnerInnen desselben Viertels ist die, dass man sich „vom Sehen kennt". Der engste Interaktionsbereich bildet die Nachbarschaft im eigentlichen Sinne. Seinen Umfang bestimmen die ForscherInnen durch die Wege, die man zurücklegt, wenn man im und um das Haus zu tun hat. Obwohl dieser Bereich räumlich sehr eng am privaten Ort der eigenen Wohnung liegt, decke er sich nicht zwangsläufig mit dem Feld des Privaten. Nachbarn kann man sich in der Regel nicht aussuchen, die räumliche Nähe sei oft genug ein Grund mehr, eine höfliche Distanz zu wahren.

Integration

Ziel der Studie ist es die *spezifische Art der Integration* in den drei genannten Bereichen für Wolfsburg zu untersuchen und eine Aussage darüber zu treffen, welche Formen dominieren. Wie in jeder Stadt überlagern sich auch in Wolfsburg die Interaktionsbereiche und sozialen Verflechtungen. Doch ist es eher eine Vielzahl von Gebilden kleingruppenhafter Art (private Freundeskreise, Gruppen von Arbeitskollegen, Verwandtschaftsbeziehungen) oder eine sich entwickelnde städtische Öffentlichkeit (im Bahrdtschen Sinne), die die Stadt zusammenhalten? Wie urban sind diese Integrationsformen? Oder findet man vermehrt Formen von („un-urbanen") Gemeinschaftsbildungen? Gemeinschaften sind eine Form der Integration, die immer persönliche Bekanntschaft voraussetzen, ein eigenes Normensystem etablieren und klar die Mitglieder von den Nicht-Mitgliedern trennt. Gemeinschaften in diesem Sinne findet man typischerweise in ruralen Ansiedlungen, Bahrdt bezeichnet sie auch als un-urban.

Ziel der Studie

Um diesen Fragen auf den Grund zu gehen, kommt in Wolfsburg ein für Gemeindestudien typischer Mix aus unterschiedlichen Erhebungs- und Untersuchungsmethoden zum Einsatz. Über unstrukturierte teilnehmende Beobachtung des städtischen Zusammenlebens (von 1959 bis 1963 lebt mindestens einer der Untersuchenden ständig in der Stadt) entwickeln die ForscherInnen einen Eindruck vom Leben in Wolfsburg. Durch die Mitarbeit in der Volkshochschule und den Besuch von öffentlichen Veranstaltungen aller Art können sie Kontakte zu Schlüsselpersonen innerhalb der Stadt und zu unterschiedlichen sozialen Schichten herstellen. Hinzu kommt eine sekundärstatistische Materialauswertung, die zunächst durch den Umstand erschwert wird, dass die junge Stadt noch kein eigenes statistisches Amt besitzt, die Daten also sukzessive zur Verfügung gestellt werden. Als Vergleichsmaterial werden Zahlen aus anderen kreisfreien Städten Niedersachsens herangezogen. Haupterhebungsinstrument aber bilden mehrere Befragungen zwischen 1959 und 1962. 231 zufällig ausgewählte WolfsburgerInnen zwischen 18 und 65 sowie 490 Pendler nach Wolfsburg aus zwölf Orten der Umgebung werden mündlich befragt. Der Fragebogen besteht ausnahmslos aus offenen Fragen, um die Vielfalt der Antwortmöglichkeiten dieser ersten Befragung nicht zu beeinträchtigen. 1960 – basierend auf den Erfahrungen der ersten Befragung – wird ein repräsentatives Sample von 1100 InterviewpartnerInnen aus Wolfsburg und 405 Personen aus Umlandgemeinden zusammengestellt. Der Fragebogen besteht ebenfalls aus offenen Fragen. 1962 greift man auf Teile dieses bestehenden Samples erneut zurück mit dem Ziel den Wandel der Einstellungen und des Verhaltens über den Zeitraum von zwei Jahren zu erkunden. Befragt werden 228 Haushalte, die 1960 höchstens vier Jahre in ihrer Wohnung leben (Annahme: in den ersten Jahren des Zuzugs sind die Veränderungen am größten). Der Fragebogen stimmt weitgehend mit dem von 1960 überein. Der Inhalt des Fragebogens umfasst neben einem allgemeinen Fragenblock zu Alter und Beruf, zur sozialen wie geografischen Herkunft der WolfsburgerInnen oder zur Wohnungsgröße und -ausstattung, auch Fragen zum Grußverhalten und zu persönlichen Beziehungen in der Nachbarschaft sowie zu sozialen Beziehungen der Kinder und Erwachsenen. Außerdem werden Informationsquellen abgefragt und die Informiertheit über die städtische Politik, Besuch von Veranstaltungen in Wolfsburg, Kenntnisse über einzelne Stadtviertel, Sehenswürdigkeiten, Religiosität und Meinungen über Wolfsburg ermittelt.

Wandel der Einstellungen

Die Ergebnisse der ersten Wolfsburgstudie sind zunächst wenig überraschend. So verlaufe der Prozess des Einlebens in Wolfsburg wesentlich dynamischer und spannungsreicher als in älteren Städten. Aufgrund fehlender tradierter Verhaltensmuster sei der Freiheitsgrad bei der Gestaltung der nachbarlichen Verhältnisse größer als in alten Gemeinden. Bemerkenswert aber ist folgende Erkenntnis: „Vor allem können die Bewohner gleich von Anfang an jene schon skizzierte Leitvorstellung des relativ unverbindlichen und distanzierten Umgangs verwirklichen, den man als eine Voraussetzung der Selbstbehauptung und -bestimmung der Familie ansehen kann" (Schwonke/Herlyn 1967: 123). Diese bewusste Zurückhaltung oder „distanzierte Vertrautheit" (ebd: 125) trage Züge urbaner Integration bereits im Interaktionsbereich der Nachbarschaft. Mitverantwortlich für die beobachtete Distanz im Nahbereich der Nachbarschaft sei die Rolle des VW-Werkes: „Da man den Betrieb kennt und oft auch die Lohngruppen für die verschiedenen Arbeitsplätze, ist man über die Einkommensverhältnisse der Mitbewohner meist recht gut orientiert" (ebd: 120). Das Stadtzentrum als der eigentliche Ort urbaner Integration sei hingegen noch im Werden begriffen; Symbole und Gebäude, die die Gesamtstadt repräsentieren, entstünden nach und nach. Doch das Potenzial des Stadtzentrums, als Ort der Integration auch über die Stadtgrenzen Wolfsburgs hinaus zu wirken, sei unbestritten: unabhängig davon, ob sich ein VW-Arbeiter einen Wohnplatz im Zentrum, in einem der zentrumsfernen Stadtviertel, in den Kleinstädten um Wolfsburg oder in einem nahe liegenden Dorf suche, er „wird, wie er auch wählen mag, in einem umfassenden Sinne ‚Wolfsburger' sein, und zwar hauptsächlich deshalb, weil er den Interaktionsbereich mit der stärksten urbanen Atmosphäre und der stärksten städtischen Integrationswirkung, nämlich das Zentrum von Wolfsburg, regelmäßig in Anspruch nimmt" (ebd: 193).

Distanzierte Vertrautheit

Probleme des Integrationsbegriffs

Aus heutiger Sicht problematisch ist die in den Ergebnissen der Studie deutlich werdende normative Verwendung des Integrationsbegriffs. Stadtwerdung geht hier automatisch einher mit Integration. Neuere Ansätze hingegen (vgl. Honneth 1994; Heitmeyer 1997; Nassehi 1999; Stehr 2000) beschreiben moderne Gesellschaften nicht mehr als Erfolgsmodelle gelungenen integrativen Zusammenlebens, sondern als desintegrierte, konflikthafte und zerbrechliche Gebilde. Genau jener Aspekt des Differenten innerhalb der neu entstehenden Stadt wird über den verwendeten Integrationsbegriff systematisch ausgeblendet.

Tabelle 4.2.2: Herkunftsgebiete der befragten WolfsburgerInnen 1959, 1960 und 1962 (Quelle: Schwonke/Herlyn 1967: 64)

Herkunftsgebiet	Befragung 1959 (nur Verheiratete)	Befragung 1960		Befragung 1962	
		männl.	weibl.	männl.	weibl.
Einheimische aus den Nachbarkreisen	8,5	6,9	8,6	10,0	10,6
Übriges Niedersachsen	7,9	7,2	9,8	13,6	8,3
Überiges Bundesgebiet	10,2	16,9	15,9	13,4	15,7
Ostzone	24,5	19,1	21,1	21,2	24,6
Östl. Oder-Neiße	35,8	42,2	38,1	36,2	33,6
Österreich, Sudentenland, Volksdeutsche	13,0	6,4	5,4	4,3	6,5
Ausländer	0,1	1,3	1,1	0,7	1,3

Die ForscherInnen fragen einzig danach, ob und wo sich „urbane" oder „ländliche" Formen der Integration in Wolfsburg herausbilden, nicht jedoch nach Kräften, die Formen von Integration überhaupt verhindern. Betrachtet man die Tabelle, die die Herkunft der Neu-Wolfsburger zeigt (vgl. Tabelle 4.2.2), so fällt auf, wie groß das „Einzugsgebiet" für Hinzuziehende war und wie unterschiedlich die mitgebrachten lokalen, sozialen und kulturellen Hintergründe gewesen sein müssen. Es wäre spannend gewesen, zu erfahren, wie diese differenten Lebenslagen auch desintegrative Aspekte des Alltags produzieren und was das für eine im Werden begriffene Stadt bedeutet.

4.2.3 Die zweite Studie: Eine „Stadt im Wandel"

Von der Wiederaufnahme der gemeindesoziologischen Forschung in Wolfsburg nach zwanzig Jahren in Form einer Wiederholungsuntersuchung verspricht sich ein neu gebildetes ForscherInnenteam um den Stadtsoziologen Ulfert Herlyn die große Chance, Langzeitwirkungen von Stadtentwicklungsprozessen auf soziale Handlungsabläufe zu erfassen. Ausgangspunkt für die erneute Untersuchung ist eine ökonomische und gesellschaftliche Transformation, die sich bereits während der Niederschrift der ersten Studie abzeichnete. Wolfsburg ist gewachsen auf der Welle des Wirtschaftswunders der Nachkriegszeit, mit dem VW-Käfer wird in der Stadt gar dessen Symbol produziert. Doch bereits 1966/67 erlebt die Bundesrepublik ihre erste große Rezession; wenige Jahre später zeichneten sich auf globaler Ebene eine strukturelle Krise des Kapitalismus und infolge dessen die „Grenzen des Wachstums" (Meadows/Meadows/Zahn u.a. 1972) ab. Zum Zeitpunkt der zweiten Studie hat das VW-Werk und in dessen Folge auch die Stadt Wolfsburg mehrere Krisen durchlebt. In der Zeit der schwersten Krise, zwischen 1973 und 1975, verliert Wolfsburg rund 10.000 Arbeitsplätze, woraufhin sich in der Bevölkerung eine spürbare Resignation breit macht. Die Wiederaufnahme der gemeindesoziologischen Fragestellung nach 20 Jahren versucht ursprünglich gesteckte Ziel einzulösen: die Untersuchung des Prozesses der Stadtwerdung in der Verschränkung von Stadtentwicklung und persönlicher Lebensentfaltung der Bewohner. Die zentrale Frage der Studie lautet:

Transformation

> „In welcher Weise haben sich die verändernden lokalen Bedingungen auf die realen Lebensentwicklungen, die Wertvorstellungen, Erwartungen, Interessen und Einstellungen der Stadtbewohner auswirkt oder einfacher ausgedrückt: Was tut die sich verändernde Stadt den sich im Lebenslauf wandelnden Individuen an, wobei nicht die Umkehrung aus dem Blick verlo-

Stadt in Veränderung

ren werden darf, daß die Stadtbewohner auch in Grenzen ihre Stadt durch Aneignungsprozesse im wörtlichen Sinne ‚beleben'" (Herlyn/Schweitzer/Tessin u.a. 1982: 19).

Aufgrund der veränderten Ausgangssituation in Wolfsburg zwanzig Jahre nach der ersten Studie und der „Weiterentwicklung stadtsoziologischer Forschungsthemen" (ebd) werden zentrale Thematiken der ersten Studie wie die „nachbarschaftlichen Verflechtungen" oder die „Stadt-Umland-Beziehungen" wesentlich knapper behandelt. Dafür treten andere Themenbereiche in den Vordergrund, z.B. der Zusammenhang von betrieblichen Strukturen und außerbetrieblicher Lebensweise sowie der Einfluss des VW-Werkes auf die Kommunalpolitik. Ist man in der ersten Studie, der Bahrdt'schen Theorie folgend noch von der relativen Bedeutungslosigkeit des Arbeitsplatzes für den Integrationsgrad städtischer Gemeinden ausgegangen, blickt man nun verstärkt auf die Beziehung zwischen Werk und Stadt. Ein zweiter Schwerpunkt der Untersuchung ist die Frage nach dem Einfluss stadträumlicher Arrangements auf das Verhalten der BewohnerInnen. Die Stadt hat sich im Vergleich zu 1960 räumlich-materiell weiterentwickelt, ist in der Fläche expandiert und hat an EinwohnerInnen gewonnen. Die ForscherInnen fassen die charakteristischen Merkmale der stadträumlichen Organisation Wolfsburgs wie folgt zusammen (ebd: 22):

Stadträumliche Organisation

a) Dezentrale Siedlungsstruktur (die Wolfsburger Stadtteile bildeten keine zusammenhängende Fläche, sondern waren von zahlreichen Grünzügen durchzogen),
b) Autogerechtes Verkehrssystem (verkehrsplanerische Ausrichtung der Stadt auf das Auto, strikte räumliche Trennung der verschiedenen Verkehrsarten),
c) Trennung von Arbeits- und Wohnbereich (das VW-Werk liegt nördlich des Mittellandkanals, die Stadt südlich davon),
d) Modern-monotoner Wohnungsbau,
e) Verändertes Stadtzentrum (die zentrale Porschestraße wird Fußgängerzone),
f) Hohes Ausstattungsniveau mit sozialen Infrastruktureinrichtungen (worin sich der relative Reichtum der Stadt widerspiegelt),
g) „Zonenrandlage" (1938 als Stadt in zentraler deutscher Lage geplant, rückte Wolfsburg mit der Teilung Deutschlands in die östliche Peripherie der BRD).

Wie in der ersten Studie kommt auch 1982 ein Mix aus quantitativen und qualitativen Erhebungs- und Auswertungsmethoden zum Einsatz. Die gewünschte Längsschnittperspektive zur Rekonstruktion von Verlaufsmustern der städtischen und individuellen Entwicklung setzt das Wolfsburger ForscherInnenteam durch zwei methodische Instrumente um: zum einen durch eine *Panel-Befragung*, zum zweiten durch die sog. *biografische Methode*. Bei einer Panelstudie wird ein identischer Personenkreis zu verschiedenen Zeitpunkten mit möglichst gleichen Fragen konfrontiert, wobei die Antworten zu den unterschiedlichen Zeitpunkten ad personam ermittelt werden, ohne dass auf Aspekte des Datenschutzes verzichtet werden muss. Der Vorteil liegt darin, dass Umfang, Richtung und Ursachen intrapersonalen Wandels ermittelt werden können. Panelstudien sind damit ein gutes Instrument, um sozialen Wandel zu untersuchen.

Panelstudie

Die Wolfsburgstudien (1959-2000)

Tabelle 4.2.3a: „Sterblichkeit" im Wolfsburger PANEL (Quelle: Herlyn/Schweitzer u.a. 1982: 42)

	Panel Wolfsburg 1960		Panel Rand- gemeinden 1960	
1. Zahl der 1960 durchgeführten Interviews	1100		405	
2. Von Befragung 1960 noch erhaltene Datensätze und Adressen	951	(100%)	368	(100%)
davon:				
– verzogen	214	(22,5%)	76	(20,7%)
– verstorben	186	(19,6%)	107	(29,1%)
– *in Wolfsburg verbliebene verfügbare Adressen*	551 = 100%	(57,9%)	185 = 100%	(50,3%)
davon:				
– Verweigerung	110	(20,0%)	38	(20,5%)
– offen gebliebene Adressen	46	(8,3%)	19	(10,3%)
– *durchgeführte Interviews*	395	(71,7%)	128	(69,2%)
3. Verwertbare Interviews	387		121	

Ein gravierender Nachteil aber ist zunächst ein organisatorischer: mit jedem Jahr, dass zwischen zwei Erhebungszeiträumen liegt, wächst die Zahl der Ausfälle aus dem Panel (durch Sterbefälle, Wegzug, nicht-rekonstruierbare Adressen, Verweigerung; zur „Sterblichkeit" im Wolfsburger Panel vgl. Tabelle 4.2.3a). Darin liegt ein Grund für die fehlende Repräsentativität des Panels zum Erhebungszeitpunkt der zweiten Wolfsburgstudie. Ein weiterer liegt in der Logik der Sache: „Wenn auch die Befragung 1960 als annähernd repräsentativ gelten konnte (…), so ist die wiederholte Befragung heute allein schon aus dem Grund nicht mehr repräsentativ, weil *alle befragten Personen über 40 Jahre alt sein müssen und schon mindestens 20 Jahre in der Stadt wohnen*" (Hervorhebung im Original) (Herlyn/Schweitzer/Tessin u.a. 1982: 41). Um dieses Manko zu beheben, wurde die Panelstudie um folgende Erhebungsformen erweitert:

Tabelle 4.2.3b: Übersicht über Formen und Umfang der durchgeführten Befragungen (Quelle: Herlyn/Schweitzer u.a. 1982: 41)

Bezeichnung	Grundgesamtheit	Verwertete Interviews	Interviewform
1. Panel	Alle Wolfsburger und Bewohner aus Randgemeinden, die schon 1960 befragt wurden und heute noch in Wolfsburg leben	508	Standardisierte Interviews
2. Gebürtige Wolfsburger	In Wolfsburg geborene Kinder (über 18 Jahre) der im Panel befragten Personen	99	Standardisierte Interviews
3. Neuzugezogene	Alle Personen über 18 Jahren, die in den Jahren 1977/78 nach WOB gezogen sind	212	Standardisierte Interviews
4. Intensiv befragte Wolfsburger	Teilgruppe aus dem Panel-Sample	30	Biografisch orientierte, narrative Interviews
5. Experten	Schlüsselpersonen aus Politik, Wirtschaft, Kultur und Verwaltung	50	Leitfaden

Biografieforschung Die oben erwähnte biografische Methode, ebenfalls ein Instrument, um sozialen Wandel intrapersonal abzubilden, kommt in Tabelle 4.2.3b unter Punkt 4 zum Einsatz. Aus dem Panel-Sample werden dreißig Personen ausgewählt, die zwischen der ersten und der zweiten Befragung einen gravierenden (positiven oder negativen) Einstellungswandel zur Identifikation mit Wolfsburg durchlaufen. Mit diesen Personen wird jeweils ein etwa zweistündiges „biografisches Interview" (Schütze 1978) durchgeführt. In biografischen Interviews versucht der Interviewer/die Interviewerin eine biografische *Erzählung* seitens des/der Befragten aus dem Stegreif zu generieren. Entscheidend für das Gelingen solcher offener Interviews ist vor allem der *Eingangsstimulus*, der zum Erzählen anregen soll und keine vorgefertigte Darstellungen der eigenen Person ähnlich der eines tabellarischen Lebenslaufen abfragen soll, weiterhin das Geschick des Interviewers, die Erzählung vor allem nonverbal zu unterstützen und aufrecht zu erhalten, ohne sich selbst aktiv zum Thema selbst zu positionieren. Im Fall der Wolfsburgstudie bildet die Frage nach dem in Wolfsburg entwickelten Heimatgefühl den Ausgangspunkt.

Die Ergebnisse der Studie zeichnen ein detailliertes Bild Wolfsburgs zwischen Kontinuität und Wandel, zwischen Spezialfall einer neugegründeten Stadt und Paradigma zeitgeschichtlicher Stadtentwicklung. Zu Beginn der 1980er Jahre hat sich die räumlich-materielle Stadtorganisation soweit entwickelt bzw. „normalisiert", dass die ForscherInnen Wolfsburg nun als „richtige Stadt" (ebd: 258) bezeichnen, „wo alles da ist" (ebd). Dies gilt zum einen für die Komplettierung der städtischen Infrastruktur (Kulturzentrum, Theater, Krankenhauserweiterung, Baumaßnahmen im Schul-, Sport- und Freizeitbereich); doch den Ausschlag dafür, dass Wolfsburg sich von einer bloßen Wohn-(Werks-)Siedlung zu einer „richtigen Stadt" wandelt, sieht das ForscherInnenteam in der Entwicklung eines Stadtzentrums, einer „City". Die Porschestraße, einst Hauptverkehrs- und zugleich Hauptgeschäftsstraße, wird in eine Fußgängerzone umgewandelt, was den ortsansässigen Geschäften die Möglichkeit zur Expansion gibt und neue Kaufhäuser und Banken, „das typische City-Kapital" (ebd: 257) anlockt. Dennoch fehlt die typische Atmosphäre einer Großstadt, was die ForscherInnen trotz der Größe der Stadt – Wolfsburg hat mittlerweile die 100.000-Einwohner-Schwelle überschritten – auf die Eigentümlichkeiten der Stadtstruktur zurückführen: Dadurch, dass sich die Stadterweiterung wesentlich im Neubau von Trabantensiedlungen vollzieht, entsteht ein „aufgelockerter", „dezentraler", „durchgrünter" Stadtkörper, der auch in der Innenstadt eine geringe Baudichte aufzuweisen hat. Zudem machen die ForscherInnen den Einfluss des VW-Werkes auf die „Stadtkultur" für die fehlende urbane Atmosphäre mitverantwortlich: das VW-Werk lasse „die für urbanes Leben konstitutive Bevölkerungsheterogenität ebenso wenig zu (...) wie die Trennung von Privatheit und Öffentlichkeit", vielmehr schaffe es einen Zwischenbereich, „der weder als ‚privat' noch als ‚öffentlich' zu bezeichnen ist" (ebd: 258). Urbanität, das schwingt in diesen Zeilen implizit mit, wird gleichgesetzt mit baulicher Dichte, Heterogenität der Bevölkerung und einer klaren Trennung zwischen Privatheit und Öffentlichkeit. Zu fragen bleibt, ob es sinnvoll ist, dieses Urbanitätskonzept, das der Idee der (historisch gewachsenen) europäischen Stadt (vgl. Kapitel 3.1.1) entspringt, auf eine neu geplante Stadt wie Wolfsburg zu übertragen oder ob es nicht sinnvoller gewesen wäre, eine – womöglich spezifische Wolfsburger – Ausformung von Urbanität zu erforschen.

Intrapersonaler Wandel Die zweite Studie schließt ab mit einer kritischen Reflexion über Chancen und Schwierigkeiten der unternommenen Panel-Befragung über den langen Zeitraum von rund zwanzig Jahren. Eine wesentliche Erwartung, die sich damit verbindet, ist die Darstellung von Umfang, Richtung und Ursachen des *intrapersonalen* Wandels von Verhaltensweisen (z.B. nachbarschaftliche Verflechtungen) und Einstellungen (z.B. Hei-

Normalisierung

matgefühl, Identifikation mit Wolfsburg). Dieser positive Paneleffekt aber kommt aus verschiedenen Gründen nicht voll zur Geltung. Ein Grund liegt im langen Zeitraum zwischen den beiden Befragungen, wodurch sich die Personen im Panel hinsichtlich ihrer beruflichen und familiären Situation so stark verändert haben, dass die vorgefundenen Verhaltens- oder Einstellungsveränderungen nicht auf isolierbare Einflussfaktoren zurückzuführen sind. Zum zweiten zeichnet sich das Panel als stark selektiv aus. Die wiederholt befragte Personengruppe besteht vorwiegend aus Vorkriegsjahrgängen, die Krieg und Vertreibung erfahren haben, meist mit fortgerücktem Alter nach Wolfsburg gekommen sind, dort eine „zweite Heimat" finden und ihren Frieden mit der prosperierenden Nachkriegsgesellschaft der BRD gemacht haben. Die Ergebnisse der Panel-Befragung spiegeln somit diese spezielle Lebenssituation wider, machen aber keine Aussage über die Situation in Wolfsburg allgemein. Drittens stelle die methodische Konsequenz, mit der ein Panel durchgeführt werden muss (Konstanthaltung der angewandten Methoden) offensichtlich ein Problem dar. Viele Fragen und Antwortkategorien des Fragebogens von 1960 sind zwanzig Jahre später nicht mehr sinnvoll; neue Auswahlfragen und -antworten aber bringen die Auswertung durcheinander, da Unvergleichbares aufgenommen wird. Folgerichtig kommen die ForscherInnen zu dem Schluss, dass es eventuell besser gewesen wäre, eine *repräsentativ angelegte* Wiederholungsbefragung (Follow-Up) mit modifiziertem Fragebogen durchzuführen. Eine äußerst positive Erfahrung bescheinigen sie hingegen der biografischen Methode und plädieren für eine fruchtbare Verquickung qualitativer und quantitativer Erhebungs- und Auswertungsverfahren.

4.2.4 Die dritte Studie: Eine „Stadt am Wendepunkt"

Zwischen 1982, dem Erscheinungsjahr der zweiten Wolfsburgstudie, und 1998, dem Jahr, in dem die Daten für die dritte Studie erhoben werden, hat sich viel verändert. Unter dem Stichwort der „Globalisierung" zusammengefasst, hat sich ein verschärfter internationaler Wettbewerb auf den Gütermärkten entwickelt, der auf städtischer Ebene zu scharfen und lang andauernden Strukturkrisen führt. Arbeitsplatzverlust, geringe Neuinvestitionen, hohe Arbeitslosigkeit, knapper werdende öffentliche Finanzmittel und wachsende Armut kennzeichnen die Situation nicht nur in Wolfsburg. Wie wird sich eine Stadt, die auf Gedeih und Verderb mit einem global agierenden Industrieunternehmen verbunden ist, in Zeiten gravierender ökonomischer Umbrüche bewähren? Auch auf politischer und gesellschaftlicher Ebene hat sich einiges verändert seit den 1980er Jahren. Aus DDR und BRD wurde ein gemeinsamer Staat, Wolfsburg rückt so vom innerdeutschen Grenzgebiet in die Mitte des wiedervereinigten Deutschlands. Geplante urbane Großprojekte, die Wolfsburg fit machen sollen für die internationale Städtekonkurrenz, werfen ihre Schatten voraus. Mehr denn je begreift sich das VW-Werk selbst als städtischer Akteur und plant auf dem Werksgelände ein prestigeträchtiges Projekt namens „Neue Autostadt". Zum Zeitpunkt der Datenerhebung der dritten Studie existiert es nur als Planung, zur Expo 2000 wird es fertig gestellt. Auf einer Fläche von 25 Hektar entsteht ein Mix aus Kunden-Center, Konzernforum, Kongresszentrum, Automuseum, „Marken-Pavillons" (VW hatte bis dahin die Aktienmehrheit der Automobilhersteller und Automarken Seat, Skoda, Bentley, Lamborghini und Bugatti erworben), Auto-Stapeltürmen und einem Luxushotel. Eingerahmt ist das Ganze in eine japanische Garten-Seen-Landschaft. Die zu vermittelnde Message lautet: VW soll Spaß machen, der Autokauf selbst soll zum Erlebnis werden.

VW als global agierendes Unternehmen

So liegt es nahe, dass diese neue Art der Kommunal- und Stadtentwicklungspolitik zu einem der Forschungsschwerpunkte der dritten Wolfsburgstudie wird. Unter dem Begriff „neue urbane Regimes" (Harth/Herlyn/Scheller u.a. 2000: 39) wird untersucht, welche unterschiedlichen Formen formeller und informeller Kooperationen zwischen öffentlichen und privaten Akteuren in Wolfsburg zu finden sind, die den Zweck haben, die politische Handlungsfähigkeit der Stadt zu sichern. Unterschieden werden das „Bewahrungsregime", das „lokale Bündnis" und das „Globalisierungsregime" (ebd). Zugleich gehen die ForscherInnen der Frage nach, wie sich die Strukturbrüche innerhalb der Stadt niederschlagen: Welche Folgen haben die Flexibilisierung der Arbeitszeit auf die Auslastung der städtischen Infrastruktur? Der Hintergrund: 1994 wird bei VW das neue Arbeitszeitmodell „atmende Fabrik" eingeführt, dessen Ziel es ist, die Arbeitsleistung an die schwankende Auftragslage anzupassen. Welche Folgen hat die Krise auf das Bewusstsein der BewohnerInnen? Glauben sie daran, dass trotz der Globalisierungsprozesse VW langfristig in Wolfsburg produzieren wird? Welche Auswirkungen hat dies auf die Berufswahl der Kinder?

(Marginalie: Urbane Regime)

Den zweiten Forschungsschwerpunkt bildet erneut die Frage nach der städtischen Integration in Wolfsburg. Vor dem Hintergrund der Diskussion um soziale Differenzierungsprozesse, Individualisierung und Pluralisierung der Lebensstile, die ein Divergieren gesellschaftlicher Milieus suggerieren, fragen die ForscherInnen nach den Kräften, die Kohäsion, also Zusammenhalt auf städtischer Ebene überhaupt noch herstellen können. Begrifflich unterscheiden sie dieses mal zwischen der „sozialen Integration" über Netzwerke und Kommunikation, der „systemischen Integration", die sich auf den Grad der Benutzung städtischer Einrichtungen bezieht und der „symbolischen Integration" als Identifikation mit der Stadt (ebd: 34). Die Begriffe sind freilich alte Bekannte in neuen Gewändern. „Soziale Integration", die die privaten Kommunikationsverflechtungen in Bekanntschaft und Verwandtschaft untersucht, wird 1967 unter dem damals gängigen Konzept der „Verkehrskreise" untersucht, hinter der „symbolischen Integration" steckt die emotionale Bindung an eine Stadt, vormals als „Heimat" betitelt. Lediglich die Kategorie der „systemischen Integration" beschreibt etwas Neues. Hiermit soll untersucht werden wie die BewohnerInnen Wolfsburgs an der „Stadt als Ressourcesystem" teilhaben, das heißt, in wieweit sie Arbeits- und Wohnbereich, aber auch die städtische Infrastruktur, Freizeit- und Kulturangebote *nutzen* bzw. *konsumieren*. Diese Kategorie spiegelt die Diskussion um Individualisierung und Lebensstile wider.

(Marginalie: Soziale, systemische und symbolische Integration)

Wie die beiden vorangegangenen Studien basiert auch die dritte Untersuchung zu Wolfsburg auf einem Methodenmix aus der Auswertung sekundärstatistischen Materials, einer quantitativ angelegten, teilstandardisierten Befragung auf der Basis eines repräsentativen Samples, qualitativen Intensivgesprächen und ExpertInneninterviews.

Tabelle 4.2.4: Übersicht über Formen und Umfang der durchgeführten Befragungen (Quelle: Harth/Herlyn u.a. 2000: 42f.)

Bezeichnung	Grundgesamtheit	Verwertbare Interviews	Interviewform
repräsentatives Sample	1637	1010 = 62 %	standardisierter Fragebogen mit überwiegend geschlossenen Fragen
Intensivgespräche	Nach theoretischen Gesichtspunkten aus dem Sample ausgewählte Personen	20	Leitfadeninterviews
ExpertInnenbefragung	Schlüsselpersonen aus Politik, Verwaltung, Management sowie VertreterInnen lokaler Organisationen	35	Leitfadeninterviews

Die lokale Integration der Wolfsburger Bevölkerung wird zunächst anhand der drei Unterkategorien „soziale", „systemische" und „symbolische" Integration untersucht, um im zweiten Schritt auf der Grundlage einer Clusteranalyse (vgl. Bacher 1996) das Verhältnis der drei Integrationsformen zueinander zu bestimmen. Hinsichtlich der sozialen Integration diagnostizieren die ForscherInnen ein Sich-Auflösen des Wolfsburger Sonderfalls. Das Spezifikum der Stadtneugründung – massive Zuwanderung und wenig ausgeformte Kontaktnetzwerke – sei nicht mehr spürbar. Die Defizite im sozialen Umfeld seien rund 60 Jahre nach der Stadtgründung verschwunden. Interessant sind die Ergebnisse hinsichtlich der systemischen Integration. Während das ForscherInnenteam einen tendenziellen Rückgang der Integrationskraft für den Erwerbs- und Wohnbereich feststellt, scheint es im Freizeitinfrastrukturbereich Hinweise auf einen gewachsenen Stellenwert zu geben.

Ende des Sonderfalls

> „Dieser Gesamttrend wird aber immer gebrochen durch einzelne gegenläufige Entwicklungen: so ist z.B. für Frauen die Einbindung über den Erwerbsarbeitsbereich bedeutsamer geworden, und für die Arbeiterschaft hat die Integration über Wohneigentum an Stellenwert gewonnen. Im Infrastrukturbereich zeichnet sich ein Bedeutungswandel ab, bei dem die reine Versorgungsfunktion allmählich durch einen Zusatznutzen (Erlebnis) ergänzt wird. Dieser Wandel führt zu einem gewachsenen Stellenwert der Infrastruktur für die Integration Jüngerer und Statushöherer" (Harth/Herlyn/Scheller u.a. 2000: 98).

Die dritte Form der Integration, die „symbolische Integration" bzw. die Identifikation mit Wolfsburg als Heimat wird 60 Jahre nach der Stadtgründung als gelungen bezeichnet: „Alles in allem kann man von einer recht starken symbolischen Integration der WolfsburgerInnen ausgehen, die im Zeitverlauf sogar noch leicht angestiegen ist" (ebd: 111).

Hinsichtlich der strategischen Ausrichtung städtischer Politik konstatieren die ForscherInnen Wolfsburg eine „Hinwendung zum Globalisierungsregime" (ebd: 160). Unter dem Druck einer internationalen Städtekonkurrenz innerhalb einer globalisierten Ökonomie wandelte sich die lokale Politik grundlegend. Die AutorInnen machen dies anhand dreier, für das Globalisierungsregime charakteristischen Merkmale aus: Erstens würden städtische Ressourcen (und hier insbesondere der städtische Raum) dem Primat global orientierten Wirtschaftens unterworfen. Als Beispiel dafür dient die Fokussierung der Stadtentwicklung auf städtebauliche Großprojekte wie der Neuen Autostadt. Damit verbunden sei zweitens die Betonung der emotional-affektiven Qualitäten (Erlebnischarakter) von solchen städtebaulichen Projekten. Und drittens sei das Globalisierungsregime gekennzeichnet durch neue Durchsetzungsstrategien wie die Etablierung von Public-Private-Partnerships, die in Wolfsburg mit der „Wolfsburg AG", einer Kooperationsbeziehung zwischen VW-Werk und Stadt, ihren Ausdruck findet.

Globalisierungsregime

Das bedeutet zusammenfassend: Die Wolfsburg-Studien stellen ein herausragendes Beispiel empirischer Stadtforschung in Deutschland dar. Über einen Zeitraum von vierzig Jahren beschäftigten sich insgesamt drei soziologische Untersuchungen mit der Gesamtentwicklung einer Stadt. Beim Lesen dieser Studien eröffnet sich eine Längsschnittperspektive, die nicht nur Kontinuität und Wandel der Stadt Wolfsburg, sondern auch Kontinuität und Wandel stadtsoziologischer Fragestellungen und empirischer Stadtforschung beschreiben. Jede der Studien arbeitet mit unterschiedlichen thematischen Schwerpunkten, deren Begründungen entweder in gesellschaftlichen bzw. ökonomischen Umbrüchen oder in der jeweils aktuellen soziologischen Debatte zu finden sind. Primär versuchten die unterschiedlichen ForscherInnenteams das Spezifische der Stadt Wolfsburg herauszuarbeiten. Trotzdem stellten sie auch die Frage danach, ob in der Gemeindeforschung die untersuchte Stadt, in diesem Falle die äußerst junge Stadt Wolfsburg, als *Paradigma* dienen könne, bzw. in wieweit sich die vorgefundenen Ergebnisse verallgemeinern ließen (siehe dazu auch Herlyn/Schweitzer/Tessin u.a. 1982: 265). Die AutorInnen kommen schließlich zu dem Ergebnis, „daß nicht die Entwicklung Wolfsburgs *insgesamt* als Paradigma begriffen werden kann, wohl aber einzelne Aspekte bzw. Teilprozesse dieser Entwicklung paradigmatischen Charakter haben. Dies in doppelter Weise: einmal im Sinne des Repräsentativen, des Durchschnittlichen, des Typischen, zum anderen, wenn man so will, im Sinne idealtypischer Entwicklungen, also in ‚reiner' oder ‚extremer' Form" (ebd; Hervorhebung im Original). So gelte Wolfsburg als Lehrbeispiel für den modernen Städtebau und die ihm zugrunde liegenden Ideen und Konzepte. Außerdem habe die Stadt in paradigmatischer Weise die Wirtschaftsentwicklung der BRD vollzogen, von den Nachkriegsjahren des Wirtschaftswunders, über die Rezessionsphase zu Beginn der 1970er Jahre, bis hin zu den Auswirkungen einer globalisierten Ökonomie auf Stadtentwicklung.

Wie ein roter Faden zieht sich die Frage nach der Integration einer Stadt durch die drei Studien. Trotz einiger Besonderheiten, die die (immer noch) junge Stadt Wolfsburg bis heute aufweist – wie eine heterogene Herkunftsstruktur der Bevölkerung (was die soziale Integration erschwert) oder die fehlende Präsenz historischer Bauten in der Stadt (was Auswirkungen auf das Heimatgefühl, das heißt auf die symbolische Integration hat), beschreiben Herlyn/Tessin den Stadtwerdungsprozess Wolfsburgs als Erfolgsgeschichte:

> „Nach der gelungenen gesellschaftlichen Integration der Flüchtlinge und Vertriebenen in den 50er Jahren, der Bewältigung des Ausländerschubs in den 60er Jahren, kann die Eingliederung der Neubürger nach der Gebietsreform (Eingemeindung von 20 Umlandortschaften 1972; Anmerkung d. Verf.) als die dritte große Leistung der Integrationsmaschine der Stadt Wolfsburg gelten. Hiermit werden die integrativen Aufgaben aber nicht zu Ende sein, wenn man an die erwartet hohen Besucherströme im Zusammenhang mit der Autoabholung in der ‚Neuen Autostadt' denkt, die nicht ohne Auswirkungen auf die gesellschaftliche Lebenssituation in Wolfsburg bleiben werden" (Herlyn/Tessin 2000: 167).

Obwohl sich der verwendete Begriff der „Integration" über den Zeitraum von vierzig Jahren immer stärker ausdifferenziert hat, bleibt eine aus heutiger Sicht wichtige Frage unbeantwortet: Was sind die desintegrativen Momente von Stadtwerdung? Erscheint Wolfsburg als Erfolgsmodell integrativen Beisammenseins, weil die Frage nach den auseinander treibenden Kräften nie gestellt wurde? Vielleicht wäre eine solche Fragestellung ein guter Ausgangspunkt für eine vierte Wolfsburgstudie. Diese könnte dann zusätzlich die städtebaulichen wie sozialen Folgen der viel diskutierten „Neuen Autostadt" untersuchen.

4.3 Leben für den Ring (1988-1991)

Die ethnografischen Studien des französischen Soziologen Loic Wacquant nehmen die Alltagswirklichkeit eines schwarzen Ghettos der Chicago South Side Ende der 1980er Jahre in den Blick. Damit setzt Wacquant die Forschungstradition der „Black Ghetto Ethnographie" fort, die mit Studien wie *Tally's Corner* (Liebow 1967) oder *Soulside* (Hannerz 1969) in den 1960er Jahren ihre Blütezeit erlebt (vgl. Lindner 2004). Ethnografische Studien zeichnen sich dadurch aus, dass sie die in den Sozialwissenschaften klassische Top-Down-Perspektive gegen die Bottom-Up-Perspektive eintauschen. Das

Ziel einer Ethnografie ist es, die Lebenswirklichkeit einer schwer zugänglichen ethnischen Gruppierung, eines speziellen Milieus oder einer sozialen Gruppe aus deren *Innensicht* zu rekonstruieren. Ursprünglich in der Kulturanthropologie zur Erforschung fremder Kulturen entwickelt, findet diese Methode mittlerweile auch in europäischen Städten ihre Anwendung. Kennzeichnend für die Ethnografie ist die Kombination verschiedener methodischer Zugänge. Als Kernmethode gilt die reflektierende Teilnahme am alltäglichen Leben der zu untersuchenden Gruppe, die sog. „teilnehmende Beobachtung" (vgl. Girtler 2001).

Loic Wacquant, ein Schüler Pierre Bourdieus, ist Ende der 1980er Jahre an die University of Chicago gewechselt, um mit einer Arbeit über den Zustand der schwarzen Armenviertel in Chicago zu promovieren. Als vermeintliches Nebenprodukt dieser Ghetto-Studie entsteht die Ethnografie eines Boxklubs in einem dieser Armenviertel, was mit den Schwierigkeiten der Annäherung an das Untersuchungsfeld zu tun hat. Den Zugang zu seinem Forschungsgegenstand beschreibt der weiße Mittelschichtsfranzose Loic Wacquant selbst als Verkettung glücklicher Umstände: Die Universität von Chicago hat Wacquant in ein Appartement direkt an der Grenze zum Schwarzenviertel Woodlawn einquartiert. Nach mehreren Monaten erfolgloser Suche nach einem Ort, an dem er das lokale Geschehen teilnehmend beobachten kann, nimmt ihn ein französischer Freund und Judoka in das „gym", die Trainigshalle, des „Woodlawn Boys Club" in der 63. Straße mit, das keine zwei Blocks von Wacquants Wohnung entfernt ist, trotzdem aber in einer ganz anderen Welt zu liegen scheint. Wacquant wird sofort Mitglied im Boxklub. Das gym bietet ihm die Möglichkeit, sich aus legitimem Grund im Viertel aufzuhalten und mit jungen Leuten in Kontakt zu treten. Bereits nach seinem ersten Besuch beginnt er ein ethnografisches Tagebuch zu führen, in dem er seine Aufenthalte in der Boxhalle, die Ereignisse, Interaktionen und Gespräche des jeweiligen Tages festhält. Es wächst im Laufe der mehr als drei Jahre andauernden Feldforschung auf insgesamt fast 2.300 Seiten an. Erst nach 16 Monaten beharrlicher Präsenz und nachdem er als Mitglied im engeren Zirkel des Boxklubs akzeptiert ist, trifft er die Entscheidung, das Boxen selbst und den Beruf des Boxers zu untersuchen. Ergänzt werden seine ethnografischen Beobachtungen zusätzlich durch die Erhebung der Lebensgeschichte der wichtigsten Mitglieder des Woodlawn Boys Club sowie durch über 100 Tiefeninterviews mit Berufsboxern aus Illinois, ihren Trainern und Managern. Die Durchsicht von Fachzeitschriften, historiografischen Erzählungen und (Auto)Biografien von Boxern vervollständigten das empirische Material. Während der dreijährigen Feldforschung nimmt Wacquant drei- bis sechsmal pro Woche an den Trainingseinheiten der Amateur- und Berufsboxer im Club teil und unterzieht sich allen Teilen ihres Trainingsprogramms, vom Schattenboxen vor dem Spiegel über das Sparring im Ring bis hin zur Teilnahme an den „Chicago Golden Gloves", einem der bedeutendsten Amateurboxturniere der Stadt.

Das Resultat dieser „leiblichen Feldforschung" ist ein leidenschaftliches Buch, das auf faszinierende Art die soziale und symbolische Welt der Boxer beschreibt und unter dem Titel „Leben für den Ring" 2003 erstmals auf Deutsch erschienen ist. Es ist in drei Abschnitte unterteilt. Der erste, soziologisch ausgerichtete Teil, beschreibt die komplexen Beziehungen zwischen Straße und Boxhalle und entschlüsselt die Praxis des Boxens als Prozess der Herausbildung eines „boxerischen Habitus", der sich praktisch und kollektiv auf der Grundlage einer „mimetischen Pädagogik" (Wacquant 2003: 13) vollzieht. Teil zwei besteht aus der „dichten Beschreibung" (vgl. Geertz 1987) einer Boxveranstaltung im Studio 104, einem Nachtclub in der Chicago South Side. Den dritten Teil bezeichnet Wacquant selbst als „soziologische Novelle" (Wacquant 2003: 14).

(Marginalien: Feldzugang; Leibliche Feldforschung)

Darin schildert er – jenseits soziologischer Kategorisierungen – die Vorbereitungen auf seinen Auftritt als Boxer und seinen Kampf bei den Chicago Golden Gloves.

4.3.1 Die Straße und das gym

Der Woodlawn Boys Club liegt in der 63. Straße, einer der heruntergekommensten der Chicago South Side, zwischen verfallenen und ausgebrannten Ladengeschäften, Brachflächen und leer stehenden Gebäuden direkt unter der hochgeständerten S-Bahn der Stadt (vgl. Abb. 4.3.1). Im Viertel sind Straßenraub, Überfälle und Mord an der Tagesordnung und schaffen ein Klima der permanenten Angst und Unsicherheit. Wohnungen werden verbarrikadiert, um sich vor der Gewalt der Straße zu schützen, unbewaffnet bewegen sich nur wenige im öffentlichen Raum.

Abbildung 4.3.1: Ruinen: eine Ladenkirche und ein Jugendclub unter der Hochbahn von Chicago (Loic Wacquant/Quelle: Wacquant 2003: 27)

Boxhalle Wacquant erklärt die Bedeutung des Boxgym über eine symbiotische Oppositionsbeziehung zum Ghetto: einerseits stellt eine Mehrzahl der Mitglieder des gyms zum Boxer konvertierte Straßenkämpfer dar – das Ghetto ist also eine Art Rekrutierungsgebiet für den Klub –, andererseits bildet die Boxhalle eine „Insel der Ruhe und Ordnung" (Wacquant 2003: 31), in der die Möglichkeit zum Aufbau sozialer Beziehungen in geschützter Gesellligkeit besteht. Zum Ausdruck kommt diese Funktion im Untertitel des Klubnamens: „The Club that Beats the Streets" (ebd: 35).

Die Boxhalle ist also die Schmiede, die den Boxer hervorbringt, sie ist „Dreh- und Angelpunkt des boxerischen Universums" (ebd: 19) und deshalb für Wacquant *der* strategische Ort seiner Untersuchung. Dort werden nicht nur technisches Können, Kondition und strategisches Wissen weitergegeben, es werden auch die inneren Werte der „noblen Kunst des Boxens" (ebd: 13) und der Glaube an die Rechtmäßigkeit dieser Werte vermittelt, es wird kollektiv geschwitzt, geatmet und geduscht. Die ausnahmslos männlichen Körper werden dort durch die Einübung von Jabs, Haken und Geraden zu

"Waffen" geformt, die durch gezieltes Bauchmuskeltraining schützende „Rüstungen" erhalten. In der Beschreibung der Rituale und Verhaltensregeln dieses Ortes wird deutlich, wie im sicheren Raum der Boxhalle Gewalttätigkeit gesteuert wird. Dort geht es nicht darum, einen Menschen zusammenzuschlagen, sondern darum, eine bestimmte Technik zu erlernen und die strengen Regeln für den Schlagabtausch einzuhalten. Einige der von Wacquant portraitierten Boxer berichten, sie seien heute entweder tot, drogenabhängig oder im Knast, wenn sie nicht irgendwann mit dem Boxsport begonnen hätten. Neben dem – zumindest temporären – Ausbrechen aus dem Ghetto, ermöglicht das Boxgym auch eine Art

> *„Entbanalisierung des Alltags*, indem (es), mittels Trainingsroutine und Körpermodellierung, Zugang zu einer distinktiv anderen Welt bietet, in der sich Abenteuer, männliche Ehre und Prestige mischen. Das mönchische ‚Lebensprogramm' des Boxers (genauer Ernährungsplan, Gewichtskontrolle, sexuelle Enthaltsamkeit vor dem Kampf, Anmerkung d. Verf.), das teilweise auch an den Strafvollzug erinnern kann, ist eine Herausforderung für den Einzelnen und lädt ihn ein, sich selbst zu entdecken oder, besser, zu schaffen" (ebd: 20, Hervorhebung im Original).

Entbanalisierung des Alltags

Die Zugehörigkeit zum sozialen und symbolischen Männerbund einer Boxhalle vermittelt Anerkennung innerhalb der lokalen Gesellschaft.

4.3.2 Die Herausbildung des boxerischen Habitus

Der Begriff des „Habitus" geht auf den französischen Soziologen Pierre Bourdieu zurück. „Habitus" bezeichnet das generative Prinzip sozialer Praxis, das „Einverleiben" sozialer Bedingungen, was zur Ausprägung typischer Handlungs-, Gefühls- und Wahrnehmungsmuster führt (vgl. Krais/Gebauer 2002). Bourdieu zufolge gehorcht die Praxis einer Logik, die sich in der körperlichen Übung unmittelbar und unter Umgehung des diskursiven Bewusstseins vollzieht. Wacquant sieht im Boxen ein idealtypisches Beispiel für diesen Vorgang:

Habitus

> „Die ‚Kultur' des Boxens besteht nicht aus einer endlichen Summe versteckter Informationen, sprachlich vermittelbarer Begriffe und normativer Modelle, die unabhängig von ihrer Umsetzung existieren, sondern aus einem diffusen Komplex von Haltungen und Gesten, die kontinuierlich durch das *gym* und die darin stattfindenden Abläufe (re)produziert werden: es handelt sich somit um Akte und um die Spuren, die diese Akte im und am Körper hinterlassen. (…) Daraus folgt, dass die Verinnerlichung der Dispositionen, die den Boxer ausmachen, im Wesentlichen auf einen Prozess körperlicher Erziehung und auf eine besondere Sozialisation der Physiologie zurückzuführen sind, wobei die ‚pädagogische Arbeit' darin besteht, den ‚wilden Körper' durch einen ‚habitualisierten Körper', das heißt, temporär strukturierten und entsprechend den Erfordernissen des Feldes physisch ‚umgebauten' zu ersetzen (sic)" (Wacquant 2003: 62f.).

Abbildung 4.3.2: „Busy Louie" im Ring (Jimmy Kitchen/Quelle: Wacquant 2003: 244)

Dichte Beschreibung   In einer Art Auto-Ethnografie schildert Wacquant die Herausbildung des „boxerischen Habitus" über eine „dichte Beschreibung" (vgl. Geertz 1987) seines täglichen Trainingsprogramms in der Boxhalle von Woodlawn. Seilspringen, die Arbeit am Sandsack, Schattenboxen vor dem Spiegel, die Bearbeitung des jab bag, Dehn- und Lockerungsübungen, Bauchmuskeltraining – Wacquant legt minutiös die teils extrem monotonen

Abläufe, die zu einem Erfolg versprechenden Training gehören, dar. Untersuchungsinstrument und Erkenntnisquelle gleichermaßen ist dabei sein eigener Körper, über den er den Prozess des mimetischen Lernens der Bewegungsabläufe, die Vermittlung von Disziplin, Ausdauer, Routine, Mut und die Fähigkeit Schmerzen auszuhalten (unter anderem dokumentiert durch einen Nasenbein- und einen Rippenbruch Wacquants) schildert. Deutlich wird der Wert einer „leiblichen Soziologie". Die methodischen wie theoretischen Grenzen dieses Experiments werden allerdings im abschließenden Erfahrungsbericht „‚Busy Louie' bei den Golden Gloves" (Wacquant 2003: 245ff.) deutlich. Wacquant stellt darin seinen eigenen Weg vom Boxanfänger bis zum ersten (und einzigen) Amateurkampf seiner Karriere (vgl. Abb. 4.3.2) als Habitualisierungsprozess dar. Damit suggeriert er, dass auch der weiße Bürgersohn und Absolvent französischer Eliteuniversitäten den typisch proletarischen Habitus schwarzer Boxer ausbilden kann, sofern er sich den sozialen und symbolischen Gesetzen des Kollektivs unterwirft. Wacquant selbst bricht mit dieser Vorstellung erst am Ende seines Berichtes, als er sich von seinem Trainer DeeDee Armour als privilegierten Weißen dekonstruieren lässt, der sich mit wissenschaftlichem Voyeurismus unter die schwarzen Athleten gemischt hat: Nach einem fulminanten Auftritt bei den Golden Gloves verliert Wacquant unglücklich seinen Kampf. Die Clubmitglieder feiern ihn trotzdem als Helden und fragen nach seinem nächsten Auftritt. Da unterbricht DeeDee und sagt zu Wacquant: „Es gibt kein nächstes Mal. Du hast deinen Kampf gehabt. Das reicht, um dein verdammtes Buch zu schreiben. Du brauchst nicht in den Ring zu steigen. Du nicht" (ebd: 267). So endet das Buch in einer Art Ernüchterung über die Unmöglichkeit der Teilhabe. Wacquants Ziel, eine „körperliche Soziologie" zu betreiben, das heißt, sich dem Forschungsgegenstand soweit zu nähern, dass er am „eigenen Leib erfahrbar" wird, gelingt ihm insofern als er körperlich selbst zum Boxer wird. Dennoch kann er nicht aus der Haut des Soziologen.

Ernüchterung

4.3.3 Das Ghetto im postfordistischen Amerika

Die urbane Dimension von Wacquants Arbeit wird in mehreren Aufsätzen über die schwarzen Ghettobezirke im postfordistischen Amerika deutlich, die er in den 1990er Jahren veröffentlicht (vgl. exemplarisch Wacquant 1994). In diesen Aufsätzen stellt Wacquant die Ergebnisse seiner ethnografischen Feldforschung in einen größeren theoretischen und politischen Zusammenhang. Hauptansatzpunkt ist seine Auseinandersetzung sowohl mit Bedeutung und Verwendung des Ghettobegriffs als auch mit der klassischen Black-Ghetto-Forschung der 1960er Jahre, die er einer radikalen Kritik unterzieht. Der Begriff des „Ghettos" werde darin schlicht gleichgesetzt mit einem rassifizierten Slum, also einem ethnischen Wohngebiet, in dem äußerste Armut herrsche. Dadurch werde der rassische Charakter dieser Armut verschleiert und der Begriff des „Ghettos" jeder historischen Bedeutung enthoben. Für Wacquant ist das Ghetto eine Art ethnorassisches Gefängnis, ein Territorium, das die auf diesem Territorium eingeschlossenen (und vom Rest der Gesellschaft ausgeschlossenen) Menschen nicht so einfach verlassen können. Zu kurz griffen deshalb Ethnografien, die die (Sub)Kulturen der Armut lediglich als spezifischen Lebensstil beschreiben. Betont werden müssten vielmehr auch die ökonomischen und gesellschaftlichen Prozesse, die das Ghetto hervorbringen. In dem Aufsatz „The New Urban Color Line: The State and Fate of the Ghetto in PostFordist America" (1994) analysiert er die Herausbildung von so genannten „Hyperghettos" in den US-amerikanischen Städten als Folge postfordistischer Transformationsprozesse sowie stadtplanerischer und somit politischer Eingriffe in die städtische

Ghettoverständis

Urban Color Line

Realität. Einer der größten Faktoren für die wachsende Armut in den Schwarzenvierteln sieht Wacquant im dramatischen Rückgang der arbeitenden Bevölkerung während der letzten drei Jahrzehnte, der durch zwei sich gegenseitig verstärkende Prozesse verursacht wird: Einmal durch den Wegzug aufstrebender mobiler Mittelschichtsfamilien und zum anderen durch die wachsende Arbeitslosigkeit der Zurückgebliebenen. Dieser Effekt hat zu tun mit der Re-strukturierung der US-amerikanischen Wirtschaft. Von 1950 bis 1980 sank die Zahl der Arbeitsplätze für (Fabrik)Arbeiter und Handwerker sowie im Bereich der einfachen Dienstleistungen dramatisch. Ebenso sank die Zahl der Angestellten, Manager und High-Professionals innerhalb des Stadtzentrums, was zum Wegzug der schwarzen Mittelklasse führte. Wacquants Argumentation mündet in die These einer „Verschiebung" der „Urban Color Line", der städtischen Trennungslinie zwischen Schwarzen und Weißen. Während das Ghetto der unmittelbaren Nachkriegszeit noch ein kompaktes, klar umgrenztes, alle schwarzen Schichten umfassendes und durch eine einheitliche, kollektive schwarze Identität geprägtes „kommunales Sozialgebilde" darstellt, funktioniert die Ausgrenzung im „Hyperghetto" vielmehr entlang von Armut, Ausbildungs- und Arbeitslosigkeit.

Eine raumsoziologisch versierte Übersetzung der Erkenntnisse Loic Wacquants findet man in den Schriften seines Mentors Pierre Bourdieu (vgl. Bourdieu 1991a/b; 1998). Ähnlich wie Wacquant ist auch Bourdieu davon überzeugt, dass „das Wesentliche des vor Ort zu Erlebenden und zu Sehenden, das heißt, die erstaunlichsten Einblicke und überraschendsten Erfahrungen, ihren Kern ganz woanders haben" (Bourdieu 1998: 17). Die Ursache für das, was man an einem Ort beobachtet, liege innerhalb gesellschaftlicher Verhältnisse begründet; ummittelbar vor Ort könnten deshalb nur deren Effekte beobachtet werden. Bourdieu zufolge kann man „mit den falschen Plausibilitäten und der substantialistischen Verkennung von *Orten* nur mittels einer stringenten Analyse der Wechselbeziehungen zwischen den Strukturen des Sozialraums und jenen des physischen Raumes brechen" (ebd: 18, Hervorhebung im Original). Bourdieu geht in seinen raumtheoretischen Überlegungen von einer Gegenüberstellung von *Sozialraum* und *angeeignetem physischem Raum* aus. Der Sozialraum ist bei Bourdieu nur metaphorisch ein Raum. Er bezeichnet die Beziehung zwischen Menschen als permanenten Verteilungskampf, der auf der Grundlage gleicher oder unterschiedlicher Verfügungsmöglichkeiten über ökonomisches, soziales und kulturelles Kapital ausgefochten wird. Im angeeigneten physischen Raum schlagen sich diese Beziehungen nieder (Bourdieu 1991b). In der Verbindung der ethnografischen Forschungsmethodik mit der Bourdieuschen Sozialtheorie durch Loic Wacqaunt entsteht – wie Sighard Neckel ausführt – eine „new urban ethnography" (1997), die die Blindheit klassischer Ghetto-Ethnografien gegenüber den Konstitutionsverhältnissen des Ghettos korrigiert, indem sie verdeutlicht, unter welchen sozialen und habituellen Bedingungen soziale Gruppen ihre kollektiven Handlungen organisieren.

Resümierend bedeutet dies: Loic Wacquants Studie „Leben für den Ring" ist ein faszinierendes Beispiel für die Kraft ethnografischer Untersuchungen. Auf packende Art erfahren die LeserInnen etwas über die Alltagswirklichkeit in einem schwarzen Ghetto der Chicago Southside. Doch die Leidenschaft für sein Feld, die sich in der erzählerischen Stärke der Studie abbildet, ist – methodisch gesehen – gleichzeitig eine Schwäche. Wacquants Begeisterung für das Boxen und die Boxer geht soweit, dass sich der Untersuchungsgegenstand des Forschers bemächtigt und nicht, wie es eigentlich sein sollte, umgekehrt. Eine Feldnotiz vom August 1990 verdeutlicht dies:

„Heute habe ich es so genossen, im *gym* zu sein, mit DeeDee und Curtis im Hinterzimmer zu sitzen, zu lachen, zu reden und einfach mit ihnen zu leben, zu atmen und, wie ein Schwamm die Atmosphäre der Halle aufzusaugen, dass mir die Vorstellung, bald nach Harvard zu gehen (wohin ich einen Ruf erhalten hatte), plötzlich die Kehle zuschnürte. Ich habe ein solches Vergnügen an der bloßen *Teilnahme*, dass die *Beobachtung* zweitrangig wird und ich bei mir schon gedacht habe, dass ich meine Studien, die Forschung und alles, was damit zusammenhängt, gern dafür aufgeben würde, um hier weiter boxen zu können und ,*one of the boys*' zu bleiben. Ich weiß, dass sich das vollkommen verrückt und auch unrealistisch ausnimmt, aber in diesem konkreten Augenblick erscheint mir, angesichts des schieren und lebhaften körperlichen Wohlgefühls, das mir dieses verdammte *gym* vermittelt (…), die Perspektive eines Umzugs nach Harvard, der geplante Vortrag bei der ASA (Jahreskongress der American Sociological Association), das Verfassen von Artikeln, das Lesen von Büchern, die Teilnahme an Konferenzen und das ganze universitäre *tutti frutti* so sinnentleert, deprimierend, trübselig und leblos, das ich alles aufgeben möchte, nur um in Chicago zu bleiben. Es ist wirklich *crazy*. PB (Pierre Bourdieu) hat neulich gesagt, er fürchte, dass ich mich ,von meinem Objekt verführen lasse', was er nicht weiß: ich bin schon weit über die Verführung hinaus!" (Wacquant 2003: 10; Hervorhebungen im Original).

Bei aller notwendigen Warnung vor dem Verlust der Distanz zum eigenen Forschungsgegenstand und bei allen Problemen, die daraus methodisch folgen können, sind die Gefahren, die entstehen, wenn sich SoziologInnen ihr Wissen über die Welt ausschließlich über Bücher oder neuerdings über Google und Wikipedia aneignen, als deutlich größer einzustufen. In diesem Sinne soll der Abschnitt über die empirische Stadtforschung enden mit einem Plädoyer dafür, das Studierzimmer zu verlassen und das ungesicherte Terrain des ,wirklichen Lebens' zu betreten, um ,echte Erfahrungen' zu machen: „Get into the District", „Get the feeling", „Become acquainted with people" waren Anweisungen, so schreibt Rolf Lindner (2004: 117), die Robert E. Park seinen Studierenden immer wieder mit auf den Weg gegeben hat. Dem ist nichts hinzuzufügen.

5. Tipps für Studierende

Informationen und Hinweise zum Studium der Soziologie und zur Vertiefung „Raumbezogene Soziologie/Stadtsoziologie" unterliegen einem Alterungsprozess. Wichtige Neuerscheinungen, Veränderungen bei Webseiten, Hinweise zu Stellenausschreibungen (während des Studiums oder im Anschluss) oder neue Studienmöglichkeiten müssen regelmäßig aufgenommen werden. Diesen Anforderungen wird eher das Internet als Medium gerecht. Daher wird dieses Kapitel auch auf der Internetseite www.raumsoziologie.de abrufbar sein – um so aktuell wie möglich bleiben zu können.

Die Tipps erstrecken sich auf die folgenden Bereiche:
- Studienmöglichkeiten mit raumbezogenen Schwerpunkten in Forschung und Lehre
- Literatur (Recherche, Beschaffung, Verwaltung)
- Empirische Forschung (Praktische Tipps, Forschungseinrichtungen)
- Berufseinstieg (Verbände, Organisationen und Institutionen)

5.1 Studienmöglichkeiten

Studienmöglichkeiten für *Soziologie als grundständiges Studium* können über den Hochschulkompass (*www.hochschulkompass.de*), einen Service der Hochschulrektorenkonferenz, bundesweit recherchiert werden. Auch die Suche nach weiterführenden Angeboten ist möglich.

Einen stadtbezogenen Schwerpunkt – regional unterschiedlich als Stadt-, Stadt- und Regionalsoziologie oder räumliche Soziologie bezeichnet – bieten die folgenden Hochschulen an:

Bamberg, U (Diplom/Bachelor): Professur für Urbanistik und Sozialplanung,
Prof. Dr. Richard Pieper *(www.uni-bamberg.de/fakultaeten/sowi/fachgebiete/soziologie/)*

Berlin, HU (Diplom): Stadt- und Regionalsoziologie bei Prof. Dr. Hartmut Häußermann, PD Dr. Christine Hannemann *(www.social.sience. hu-berlin.de/lehrbereiche/ stadtsoz/)* sowie Stadtforschung (Studiengang Europäische Ethnologie) bei Prof. Dr. Rolf Lindner *(www2.hu-berlin.de/ethno/seiten/institut/mitarbeiter/ lindner.htm)* und bei Prof. Dr. Wolfgang Kaschuba *(www.kaschuba.com)*

Berlin, TU (Magister/Diplom): Fachgebiet Stadt- und Regionalsoziologie bei Prof. Dr. Uwe-Jens Walther und PD Dr. Thomas Hafner *(www.tu-berlin.de/~soziologie/SRSoz/)*

Bochum, U (Bachelor): Stadt- und Regionalsoziologie bei Prof. Dr. Klaus Peter Strohmeier *(www.ruhr-uni-bochum.de/staresoz/)*

Bremen, U (Bachelor): Stadt- und Regionalsoziologie bei Prof. Dr. Thomas Krämer-Badoni *(www.ifs.uni-bremen.de)*

Chemnitz, TU: (Diplom, Bachelor): Professur Soziologie des Raumes bei Prof. Dr. Christine Weiske *(www.tu-chemnitz.de/phil/soziologie/weiske/home.htm)*

Darmstadt, TU (Diplom): Stadt- und Regionalsoziologie, Raumbezogene Gesellschaftsanalyse bei Prof. Dr. Martina Löw; Forschungsschwerpunkt Stadt, Raum und Ort bei Prof. Dr. Helmuth Berking, Prof. Dr. Martina Löw, PD Dr. Markus Schroer, PD Dr. Peter Noller *(www.raumsoziologie.de)* *(www.ifs.tu-darmstadt.de/stadtforschung/)* sowie Geschichte und Theorie der Architektur bei dem Stadtsoziologen und Architekten Prof. Dr. Werner Durth *(www.architektur.atu-darmstadt.de/gta/)*

Dortmund (Bachelor): Stadt- und Regionalsoziologie als Modul im Studiengang Raumplanung bei Prof.in Dr. Susanne Frank *(www.raumplanung.uni-dortmund.de/soz/srs/de/index.html)*

Eichstätt-Ingolstadt, U (Diplom/Bachelor): Stadt- und Regionalsoziologie bei Prof. Dr. Rainer Greca *(www.ku-eichstaett.de/Fakultaeten/GGF/fachgebiete/Soziologie/lehrstuehle/Soziologie3/ueberblick.de)*

Frankfurt, U (Diplom/Magister): Regional-, Stadt- und Gemeindeforschung bei Prof. Dr. Marianne Rodenstein *(www.gesellschaftswissenschaften.uni-frankfurt.de/mrodenstein/)*

Freiburg, U (Magister): Stadt, Region und soziale Sicherheit bei Prof. Dr. Baldo Blinkert *(www.soziologie.uni-freiburg.de/)*

HafenCity Universität Hamburg (Stadtplanung BA/MA), Stadt- und Regionalökonomie sowie Stadt- und Regionalsoziologie u.a. bei Prof. Dr. Ingrid Breckner *(www.hcu-hamburg.de/Stadtplanung.html)*

Kaiserslautern, TU (Diplom): FB ARUBI (Architektur, Raum- und Umweltplanung, Bauingenierwesen); Studiengang Raum- und Umweltplanung, Lehrgebiet Stadtsoziologie bei Prof. Dr. Annette Spellerberg *(www.uni-kl.de/wcms/946.html)*

Oldenburg, U (Diplom/Magister): Stadt- und Regionalsoziologie, AG Stadtforschung; Dr. Norbert Gestring *(www. uni-oldenburg.de/stadtforschung/)*

Trier, U (Diplom/Magister): Schwerpunkt Siedlungs-, Umwelt und Planungssoziologie bei Prof. Dr. Bernd Hamm *(www.bernd-hamm.uni-trier.de/)*

In der deutschsprachigen Schweiz kann Soziologie mit einem raumtheoretischen Schwerpunkt (Gemeindesoziologie) an der Universität Zürich studiert werden *(www.suz.unizh.ch/)*.

In Österreich bieten die folgenden Hochschulen für SoziologInnen raumbezogene Schwerpunkte an:

Linz (U), Institut für Soziologie – Abteilung für Wirtschaftssoziologie und Stadt- u. Regionalforschung Prof. Dr. Hanns Peter Euler und Ass. Prof. Dr. Josef Lins *(www.soz.jku.at/ wsr/content/index_ger.html)*

Salzburg (U), Fachbereich Erziehungswissenschaft und Kultursoziologie bei Prof. Dr. Brunhilde Scheuringer und Ass. Prof. Dr. Wolfgang Rose *(http://www.uni-salzburg.at/erz_soz)*

Wien (TU), Fachbereich Soziologie, Prof. Dr. Jens S. Dangschat *(http://isra.tuwien.ac.at/)*

Im Studium sollten Sie auf interdisziplinäre Angebote achten, die die Soziologie mit anderen Disziplinen vernetzten. Insbesondere das Thema „Raum" ist nicht nur Spezialwissen einer Disziplin, sondern umfasst plurale Perspektiven: So beschäftigen sich z.B. Architektur, Erziehungswissenschaften, Planungswissenschaften, Geografie, Bauingenieurwesen, Philosophie, Geschichtswissenschaft und Informatik auch mit räumlichen Phänomenen, haben aber disziplinspezifische Zugänge. Gerade im Hinblick auf eine spätere Berufstätigkeit sind neben der Verortung in der eigenen Disziplin Schlüsselkompetenzen wie Vermittlungsfähigkeit zwischen verschiedenen Fachkulturen und den damit einhergehenden unterschiedlichen Perspektiven auf soziale und urbane Phänomene gefragt. Diese lassen sich bereits im Studium durch den Besuch ausgewählter interdisziplinärer Seminare zu raumbezogenen Themen oder über eine entsprechende Projektarbeit, die auch von Studierenden selbst initiiert werden kann, erwerben.

Auf den Homepages der Hochschulen finden Sie weitere Informationen zur jeweiligen Studienorganisation, zum Prüfungsablauf und zu den Studien- und Prüfungsordnungen. Viele Institute stellen auch Richtlinien zur formalen Gestaltung von wissenschaftlichen Arbeiten ins Netz, z.B. unter: *www.ifs.tu-darmstadt.de/fileadmin/soziologie/docs/Richtlinien.wiss.Arbeiten.pdf*. Einen Hochschulwechsel können Sie gut für die Zeit nach dem Grundstudium/Bachelor ins Auge fassen, z.B. wenn Sie sich für einen Studienort entscheiden, der einen raumbezogenen Schwerpunkt im Soziologiestudium anbietet. Informieren Sie sich dann rechtzeitig über die Studien- und Prüfungsordnung sowie bei den örtlich zuständigen Prüfungssekretariaten und Studienberatungen über die Modalitäten der Anerkennung Ihrer bisherigen Studienleistungen. Über die Vorlesungsverzeichnisse, die in der Regel auch für die vergangenen Semester online zugänglich sind, können Sie sich bereits einen Einblick in die angebotenen Themen verschaffen.

5.2 Literaturrecherche

Wesentlich in jedem Hochschulstudium ist die Auseinandersetzung mit Fachliteratur. Während sich früher Gelehrte noch rühmen konnten, alle wesentliche Literatur zu einem Themengebiet gelesen zu haben, ist dies aufgrund der enormen Ausdifferenzierung der Wissenschaften schon lange nicht mehr möglich. Hinzu kommt, dass „raumzeitliche Effekte der Globalisierung" auch die Wissenschaften erreicht haben. Die internationale Vernetzung von Bibliotheken ermöglicht es, einen schnellen Zugriff auch auf fremdsprachige Fachliteratur zu erhalten – entsprechend hoch sind auch die Erwartungen in der Soziologie, über den eigenen Tellerrand hinauszuschauen.

Ein wichtiger Orientierungspunkt in dieser Fülle von Publikationen sind Leselisten, die einen systematischen Überblick über einzelne Themengebiete geben. Von Soziologischen Instituten, Berufsverbänden oder Sektionen der Deutschen Gesellschaft für Soziologie (vgl. Kapitel 5.4) erarbeitet, bieten sie eine wertvolle Orientierung über Themengebiete und Lektüreumfang. Gleichzeitig ermöglichen sie die Einschätzung, welche Literatur für ein Themengebiet in der scientific community als wesentlich betrachtet wird. An den einzelnen Hochschulen finden Sie darüber hinaus Zusammenstellungen von Literatur, die häufig in Seminaren verwendet werden und weiterführende Texte zu

Schwerpunktthemen (Handapparat; kopierte Reader). Die Recherche nach Literatur für eine Studienarbeit sollte mit einer/m Dozentin/Dozenten abgesprochen werden und in der Hochschulbibliothek durchgeführt werden. Universitätsbibliotheken oder die den jeweiligen Instituten oder Fakultäten zugeordneten Teilbibliotheken bieten für die Literaturrecherche Einführungen und auch spezialisierte Recherche-Dienste an, die von MitarbeiterInnen der Bibliothek in ansonsten kostenpflichtigen Datenbanken durchgeführt werden können.

Nicht immer ist die gewünschte Literatur in den Bibliotheken vor Ort vorhanden, auch zwingen Sparmaßnahmen die Hochschulen oft dazu, wichtige Fachzeitschriften nur noch an einzelnen Standorten vorrätig zu halten. Um dennoch an benötigte Literatur zu kommen, bieten die Bibliotheken Fernleihen an – online bestellbar oder „klassisch" über ein Formular. Die bestellte Literatur wird dann in zwei bis vier Wochen in die gewünschte Bibliothek geliefert; Eilbestellungen sind möglich. Wenn lediglich einzelne Aufsätze aus Fachzeitschriften oder Monographien benötigt werden, können Dokumentenlieferdienste wie z.B. Subito beauftragt werden (*www.subito-doc.de*). Subito ist ein Service der wissenschaftlichen Bibliotheken in Deutschland, Österreich und der Schweiz. Die bestellten Aufsätze werden entweder in Kopie per Post oder elektronisch versandt, bezahlt wird per Rechnung, wobei die Preise nur knapp über denen von Kopierkosten in öffentlichen Bibliotheken liegen. Weiterhin haben die Universitätsbibliotheken Lizenzabkommen mit Verlagen und Dienstleistern, die Volltexte von Zeitschriftenaufsätzen als PDF anbieten oder auch den Zugriff auf Online-Ausgaben ermöglichen. Außerhalb der Universitätsrechennetze sind diese Zugänge zu Katalogen oder Zeitschriften nur kostenpflichtig möglich (zum Teil bis zu 50 € pro Aufsatz als PDF-Datei, Kosten für die Einzelnachweise bei Literaturrecherche und zeitgebundener Aufwand). Mit der Zeit lassen sich Recherchestrategien erlernen und die Literatursuche kann auch von außerhalb der Bibliothek durchgeführt werden, wenn ein spezieller Datenzugang zur Universität für die Abfragen verwendet wird (VPN-Zugang, Z39.50 Gateway; Infos beim jeweiligen Rechenzentrum der Hochschule). Suchmaschinen wie Google hingegen sind zur Literaturrecherche ungeeignet.

Neben der traditionellen Veröffentlichungspraxis – Buch, Fachzeitschrift – etabliert sich zunehmend ein Markt für elektronische Publikationen, angefangen von der Vermarktung von Hausarbeiten bis zu elektronischen Pendants etablierter Fachzeitschriften, Vorab-Publikationen auf Homepages der Fachautoren oder frei zugänglichen Zeitschriften. Kostenlos muss hier nicht mit niedrigem Niveau gleichgesetzt werden, denn viele der elektronischen Zeitschriften nehmen Artikel erst dann zur Veröffentlichung an, wenn sie von einem Fachgremium positiv bewertet wurden („peer-review"; Evaluation der Veröffentlichung anonym durch Fachkollegen).

Für die Anfertigung von Studienarbeiten (Hausarbeiten, Abschlussarbeiten) ist es sehr sinnvoll, sich frühzeitig im Studium mit Recherchemöglichkeiten und Literaturverwaltung auseinander zu setzen. Es gibt spezialisierte Programme, die die Einpflegung von Literaturhinweisen ermöglichen, so dass es zu keinen Diskrepanzen zwischen den Hinweisen und Zitatbelegen im Text und den Literaturangaben im Anhang einer Studien- oder Abschlussarbeit kommen kann. Literaturverwaltungen gibt es als kostenlose (Opensource/Freeware, z.B. Bibtex) und als kommerzielle Software (mit Studentenversionen) für alle gängigen Betriebssysteme (Windows, Mac OS X, Linux). Einen Überblick und Test der verschiedenen Programme bietet Wiegand (2006).

5.3 Empirische Forschung

Die Erforschung von raumbezogenen Phänomenen ist auf Theorie und auf empirische Arbeiten gleichermaßen angewiesen. Im vierten Kapitel werden dazu exemplarisch Studien vorgestellt, die qualitative und quantitative Methoden einsetzten. Für die empirische Sozialforschung gibt es im Internet zahlreiche wertvolle Informations- und Datenquellen. Für den Bereich der qualitativen Sozialforschung finden sich Anleitungen zur Aufzeichnung und Transkription von Interviews, Tests und Vergleiche von Auswertungssoftware für qualitative Analysen und zahlreiche Hinweise für den Feldzugang. Für den Bereich der quantitativen Methodik gibt es Hinweise auf Open-Source Statistikprogramme, die kostenlos verwendet werden können, Anleitungen für Umfragen im WWW und Verfahren einer automatisierten Datengewinnung und -auswertung (z.B. Netzwerkanalyse von chats).

Wichtige Informationsquellen sind weiterhin Forschungsverbünde oder Forschungsinstitute. Hierzu zählt die *Gesellschaft Sozialwissenschaftlicher Infrastruktureinrichtungen e.V., GESIS*, die Datenbanken zu sozialwissenschaftlichen Forschungsprojekten und Literatur unterhält, Umfragedaten bereithält, Methodenberatung anbietet und selbst auch Methodenforschung betreibt. Wichtige Daten und Auswertungen sind auch beim Statistischen Bundesamt *(www.statistik-bund.de)* und den jeweiligen Landesämtern *(www.destatis.de/jetspeed/portal/cms/Sites/destatis/Internet/DE/Content/Service/Links/National.psml)* zu finden.

Eine Auswahl an Forschungsinstituten, die sich mit stadt- und raumsoziologischen Fragen beschäftigen, bietet folgende Auflistung:

außeruniversitär

- Leibniz-Institut für Regionalentwicklung und Strukturplanung in Erkner bei Berlin, IRS *(www.irs-net.de)*
- Institut für Stadtforschung und Strukturpolitik GmbH in Berlin, IfS Berlin *(www.ifsberlin.de)*
- Deutsches Institut für Urbanistik *(www.difu.de/)*
- Bundesamt für Bauwesen und Raumordnung *(www.bbr.bund.de)*
- UFZ-Umweltforschungszentrum Leipzig-Halle, Department Ökonomie, Soziologie und Recht *(www.ufz.de/index.php?de=1445)*
- Leibniz-Institut für Länderkunde Leipzig *(www.ifl-leipzig.com)*
- Stiftung Bauhaus Dessau *(www.bauhaus-dessau.de)*

Institute an Universitäten

- Carl-von-Ossietzky-Universität Oldenburg, Arbeitsgruppe Stadtforschung *(www.uni-oldenburg.de/stadtforschung)*
- Humboldt-Universität zu Berlin, Institut für Sozialwissenschaften; Stadt- und Regionalsoziologie *(www2.rz.hu-berlin.de/inside/stadtsoz/)*
- Leibniz-Institut für ökologische Raumentwicklung e.V. (IÖR), Dresden *(www.tu-dresden.de/ioer)*
- Otto-Friedrich-Universität Bamberg, Professur Urbanistik und Sozialplanung *(web.uni-bamberg.de/sowi/sozialplanung/)*
- Technische Universität Berlin, FG Stadt- und Regionalsoziologie, Institut für Soziologie *(www.tu-berlin.de/~soziologie/)*
- Technische Universität Chemnitz, Regionalforschung und Sozialplanung *(www.tu-chemnitz.de/phil/soziologie/weiske/home.htm)*

- Technische Universität Darmstadt, Institut für Soziologie *(www.raumsoziologie.de)*
- Universität Bremen, Forschungsinstitut Stadt und Region (ForStaR) *(www.forstar.uni-bremen.de)*
- HafenCity Universität Hamburg, Department Stadtplanung *(www.hcu-hamburg.de/stadtplanung.html)*
- Universität Kassel, Sozio-ökonomische Grundlagen urbaner Systeme *(www.uni-kassel.de/fb6/fachgebiete/soziooekonomie.htm)*
- Universität Kassel, Stadt- und Regionalsoziologie *(www.uni-kassel.de/fb6/fachgebiete/stadt_regionalsoziologie.htm)*
- Universität Köln, Forschungsinstitut für Soziologie *(www.uni-koeln.de/wiso-fak/fisoz/)*
- Humboldt-Universität zu Berlin, Georg-Simmel-Zentrum für Metropolenforschung *(www.gsz.hu-berlin.de)*
- Bauhaus-Universität Weimar, Institut für Europäische Urbanistik *(www.uni-weimar.de/cms/architektur/ifeu/menue-links/home.html)*

Online abrufbare Fachliteratur zu dem Thema bieten das Zentrum für qualitative Bildungs-, Beratungs- und Sozialforschung *(www.zbbs.de)* und das Online-Portal „Qualitative Sozialforschung", das auch die Fachzeitschrift „Forum Qualitative Sozialforschung" herausgibt (Peer-review, freier Zugang zu den Publikationen).

Eine sehr gute Anleitung zur Aufnahme und Transkription von Interviews bieten Jan Kruse und Hildegard Wenzler-Crämer (2006) an. Sie zeigen, mit welchen Techniken sich Interviews aufzeichnen lassen – Kassette, MiniDisk, DAT oder MP3 – und geben praktische Hinweise für die Aufzeichnung von Gesprächen im Feld. Eine gute Ergänzung dazu ist die Webseite *www.audiotranskription.de*: Sie bietet einen Überblick über die Möglichkeiten, die aufgezeichneten Gespräche in Text umzuschreiben, der dann weiter analysiert werden kann. Auf Software, die kostenfrei verwendet werden kann, wird extra hingewiesen. Eine interdisziplinäre Einführung in die Auswertung von „Texten" mit einer Übersicht und Kurzdarstellung der dazu vorhandenen Software bietet die Webseite *www.textanalysis.info* von Harald Klein.

Die gängigen Statistik-Programme, die in der Methodenausbildung verwendet werden (SPSS, SAS) bieten über die Hersteller-Homepage in der Regel zeitlich befristete Demoversionen oder Studentenversionen an. Nicht immer haben diese Versionen jedoch den Funktionsumfang einer Vollversion, sodass im Einzelfall vorher geprüft werden muss, ob eine Studentenversion den geforderten Ansprüchen (Zahl der Fälle und Variablen, Skriptprogrammierung, statistische Auswertungsverfahren) entspricht.

Eine gute Alternative sind frei verfügbare Statistikprogramme wie das von der FU-Berlin entwickelte „Statistiklabor" *(www.statistiklabor.de)*. Es bietet einen datenorientierten, didaktisch aufbereiteten Zugang und steht für Windows-Betriebssysteme zum kostenlosen Download bereit (Portierung auf andere Betriebssysteme läuft). Zur statistischen Berechnung und Visualisierung nutzt es die Programmiersprache „R", die von einer weltweiten Entwickler- und Nutzercommunity, dem „R Project for Statistical Computing" bereitgestellt und ständig weiterentwickelt wird *(www.r-project.org)*. „R" ist im Wesentlichen eine Skriptsprache, das heißt, die Analyseprozeduren werden in ihrer Reihenfolge festgelegt und dann nacheinander ausgeführt. Sehr praktisch ist dies, wie die Erfahrung lehrt, wenn im Auswertungsprozess noch Nachzügler antworten: Wenn sichergestellt ist, dass die späten Antworten sich nicht systematisch von dem bisherigen Sample unterscheiden, kann die gesamte Auswertungsprozedur mit einem einzigen Befehl neu gerechnet werden – anstatt jeden einzelnen Auswertungsschritt über Menüauswahl erneut auszuführen.

5.4 Berufseinstieg: Verbände, Organisationen und Institutionen

In der Deutschen Gesellschaft für Soziologie *(www.soziologie.de)* sind entsprechend der Ausdifferenzierung der Soziologie Arbeitsgruppen und Sektionen mit speziellen inhaltlichen Themen beschäftigt – für die Stadtforschung ist dies die Sektion „Stadt- und Regionalsoziologie *(www.sektion-stadtsoziologie.de/)*. Dort werden Informationen zu Veranstaltungen wie Tagungen, Neuerscheinungen und Forschungsprojekten sowie zur personalen Situation (Stellenausschreibungen, aber auch Änderungen innerhalb der Sektion) veröffentlicht – auch Leselisten finden sich dort, die die wesentliche Literatur des Fachgebietes zusammenstellen.

Der Berufsverband Deutscher Soziologinnen und Soziologen e.V. *(www.bds-soz.de)* veranstaltet im 2-Jahres-Rhythmus die „Tagung für angewandte Soziologie". Er gibt die Zeitschrift „Sozialwissenschaften und Berufspraxis – SuB" heraus, die als wissenschaftliche Fachzeitschrift für angewandte Soziologie eine Plattform für den Austausch zwischen universitärer und außeruniversitärer Praxis bietet. Online-Texte der SuB-Themenhefte widmen sich auch dem Thema Berufseinstieg, Arbeitsmarktinformationen und Verbleib von Absolventen (Absolventenbefragung) im Arbeitsmarkt.

Forschungspraktika („Lehrforschungsprojekte") während des Studiums sind in mehreren Hochschulen, u.a. an der TU Darmstadt, vorgeschrieben. Ziel ist es, bereits im Studium forschungspraktische Erfahrungen im Rahmen eines einjährigen empirischen Forschungsprojektes zu sammeln. Darüber hinaus vermitteln die Praktikumsbüros oder -beauftragten auch außeruniversitäre Praktika. Ein solcher zusätzlicher Aufwand ist durchaus sinnvoll, um Eindrücke aus einem möglichen späteren Berufsfeld zu gewinnen und erste Kontakte zu knüpfen. Abschlussarbeiten, die konkrete Probleme aus dem Praktikumsumfeld aufgreifen, sind dabei hilfreich.

Häufige Berufsfelder für StadtsoziologInnen sind

- Öffentliche Verwaltungen: Stadtplanungsämter oder Planungsbüros
- Beratung in Planungsverfahren bei internationalen InvestorInnen
- Immobilienberatung (Erkundung und Beurteilung von Standortfaktoren)
- Marktforschung (Stadtkultur(en), NutzerInnengruppen, Erforschung von anvisierten Zielgruppen)
- ReferentIn/LeiterIn in Verbänden für Themen wie Stadtökonomie, Stadtpolitik, Migration und Stadt, Geschlecht und Raum
- Erwachsenenbildung
- Forschung (Hochschule, außeruniversitäre Einrichtungen)

Einen Eindruck über das Stellenangebot für (Stadt)SoziologInnen bietet auch die Bundesagentur für Arbeit. Stellenangebote werden außerdem auf den Seiten der Sektionen der Deutschen Gesellschaft für Soziologie annonciert und über Mailinglisten verschickt, z.B. über URBANTH-L *(http://lists.ysu.edu/mailman/listinfo.cgi/urbanth-l)* oder H-SOZ-KULT *(http://hsozkult.geschichte.hu-berlin.de/)*.

Literaturverzeichnis

(N)ONLINER Atlas 2006. Eine Topographie des digitalen Grabens durch Deutschland. Nutzung und Nichtnutzung des Internets, Strukturen und mögliche Verteilung. http://www.nonliner-atlas.de/kontakt-bestellen/download_nonliner.asp?dfile=dl_NONLINER-Atlas2006.pdf [Stand: 19.09.2006].
Abu-Lughod, Janet (1999): New York, Chicago, Los Angeles. Minneapolis.
Afanou, Marie-Renée/Löw, Martina (2004): Darmstädter Frauenbarometer-Sicherheit. Forschungsbericht. http://raumsoz.ifs.tu-darmstadt.de/pdf-dokumente/Sicherheit.pdf [Stand: 30.09.2006].
Ahrens, Daniela (2003): Die Ausbildung hybrider Raumstrukturen am Beispiel technosozialer Zusatzräume. In: Funken, Christiane/Löw, Martina (Hrsg): Raum – Zeit – Medialität. Interdisziplinäre Studien zu neuen Kommunikationstechnologien. Opladen, S. 173-190.
Alisch, Monika/Dangschat, Jens S. (1993): Die solidarische Stadt. Ursachen von Armut und Strategien für einen sozialen Ausgleich. Darmstadt.
Amin, Ash/Thrift, Nigel (2002): Cities. Reimagining the Urban. Bristol.
Amin, Ash/Thrift, Nigel (Hrsg) (2004): The Blackwell Cultural Economy Reader. Malden/Oxford/Victoria.
Arendt, Hannah (1981, orig. 1958): Vita activa oder vom tätigen Leben. München.
Aries, Pilippe (1975, orig. 1960): Geschichte der Kindheit. München.
Aurigi, Alessandro (2000): Digital City or Urban Simulator? In: Ishida, Toru/Isbister, Katherine (Hrsg): Digital Cities. Technologies, Experiences, and Future Perspectives. Berlin u.a., S. 33-44.
Bacher, Johann (1996): Clusteranalyse: Anwendungsorientierte Einführung. München u.a. 2., ergänzte Auflage.
Baecker, Dirk (2002): Platon, oder die soziale Form der Stadt. In: polis: Zeitschrift für Architektur und Stadtentwicklung 14, 1, S. 12-16.
Bahrdt, Hans Paul (1961): Die moderne Großstadt. Soziologische Überlegungen zum Städtebau. Reinbek bei Hamburg.
Barlow, John Perry (1996): Unabhängigkeitserklärung des Cyberspace. In: Bollmann, Stefan/Heibach, Christine (Hrsg): Kursbuch Internet. Anschlüsse an Wirtschaft und Politik, Wissenschaft und Kultur. Mannheim, S. 110-115.
Barnes, Sandra T. (1988): Patrons and Power. Creating a Political Community in Metropolitan Lagos. Manchester.
Beaverstock, Jon/Smith, Richard/Taylor, Peter (1999): A Roster of World Cities. In: GAWC – Publications vom 28.07.1999. http://www.lboro.ac.uk/gawc/rb/rb5.html [Stand: 19.09.2006].
Becker, Cornelia (2004): Raum-Metaphern als Brücke zwischen Internetwahrnehmung und Internetkommunikation. In: Budke, Alexandra/Kanwischer, Detlef/Pott, Andreas (Hrsg): Internetgeographien. Beobachtungen zum Verhältnis von Internet, Raum und Gesellschaft. Stuttgart, S. 109-122.
Becker, Jochen/Burbaum, Claudia/Kaltwasser, Martin, u.a. (Hrsg) (2003): Learning from* – Städte von Welt, Phantasmen der Zivilgesellschaft, informelle Organisation. Berlin.
Becker, Markus (2006): Lautloser Späher über Los Angeles. In: Spiegel Online vom 20.06.2006. http://www.spiegel.de/wissenschaft/mensch/0,1518,druck-422403,00.html [Stand: 18.09.2006].
Beckmann, Svante (1991): Professionalization. Borderline Authority and Autonomy in Work. In: Burrage, Michael/Torstendahl, Rolf (Hrsg): Professions in Theory and History. Rethinking the Study of Professions. London, S. 115-138.
Beeck, Sonja (2001): Theming: Mode oder Methode? In: Bittner, Regina (Hrsg): Die Stadt als Event. Zur Konstruktion urbaner Erlebnisräume. Frankfurt a.M./New York, S. 245-251.

Belina, Bernd (2000): „Kriminalität" und „Raum". Zur Kritik der Kriminalgeographie und zur Produktion des Raums. In: Kriminologisches Journal 32, 2, S. 129-147.
Bell, Michael Mayerfeld (1997): The Ghosts of Place. In: Theory and Society 26, S. 813-836.
Bellebaum, Alfred (1966): Das soziologische System von Ferdinand Tönnies unter besonderer Berücksichtigung seiner soziographischen Untersuchungen. Meisenheim am Glan.
Benevolo, Leonardo (2000): Die Geschichte der Stadt. Frankfurt a.M. 8. Auflage.
Berking, Helmuth (1998): „Global Flows and Local Cultures". Über die Rekonfiguration sozialer Räume im Globalisierungsprozeß. In: Berliner Journal für Soziologie 8, 3, S. 381-392.
Berking, Helmuth (2002): Local Frames and Global Images – Nation State and New Urban Underclass: Über die Globalisierung lokaler Wissensbestände. In: Löw, Martina (Hrsg): Differenzierungen des Städtischen. Opladen, S. 107-123.
Berking, Helmuth/Löw, Martina (2005): Wenn New York nicht Wanne-Eickel ist … Über Städte als Wissensobjekt der Soziologie. In: Berking, Helmuth/Löw, Martina (Hrsg): Die Wirklichkeit der Städte. Baden-Baden, S. 9-22.
Bianchi, Paolo/Folie, Sabine (1997): Atlas Mapping – Ausstellungskatalog. Wien.
Bieber, Alain (2004): Nikeground: Rethinking Space. In: Onlineausgabe der Zeitschrift NEON vom 30.01.2004. http://www.neon.de/kat/politik/929.html [Stand: 29.08.2006].
Binnie, Jon/Skeggs, Beverley (2004): Cosmopolitan Knowledge and the Production and Consumption of Sexualized Space: Manchester´s Gay Village. In: The Sociological Review 52, 1, S. 39-61.
Bittner, Regina/Hackenbroich, Wilfried/Vöckler, Kai (2006): Transiträume/Transit Spaces. Berlin.
Bittner, Regina/Vöckler, Kai (2003): Die postsozialistische Stadt. In: UmBau 20, S. 91-102.
Blankertz, Herwig (1982): Die Geschichte der Pädagogik. Wetzlar.
Blasius, Jörg (1993): Gentrification und Lebensstile: eine empirische Untersuchung. Wiesbaden.
Blasius, Jörg/Dangschat, Jens S. (Hrsg) (1990): Gentrification. Die Aufwertung innenstadtnaher Wohnviertel. Frankfurt a.M./New York.
Bob, Dick (1999): What is action research? http://www.scu.edu.au/schools/gcm/ar/whatisar.html [Stand: 21.08.2006].
Bollnow, Otto Friedrich (1989, orig. 1963): Mensch und Raum. Stuttgart.
Boltanski, Luc/Chiapello, Ève (2003): Der neue Geist des Kapitalismus. Konstanz.
Booth, Charles (1889): Labour and Life of the People. Band 1: East London. London.
Booth, Charles (1967): On the City. Physical Pattern and Social Structure. Herausgegeben von Harold W. Pfautz. Chicago/London.
Booth, Charles (1969, orig. 1902): Life and Labour of the People in London. New York.
Börner, Katy (2002): Architectures for Digital Cities – Twin Worlds: Augmenting, Evaluating, and Studying Three-Dimensional Digital Cities and Their Evolving Communities. In: Tanabe, Makoto/Besselaar, Peter van den/Ishida, Toru (Hrsg): Digital Cities. Lecture Notes in Computer Science 2362. Berlin/Heidelberg, S. 257-269.
Borries, Friedrich von (2004): Wer hat Angst vor Niketown? Nike-Urbanimus, Branding und die Markenstadt von morgen. Rotterdam.
Borst, Renate (1990): Die zweite Hälfte der Stadt. Suburbanisierung, Gentrifizierung und frauenspezifische Lebenswelten. In: Borst, Renate/Krätke, Stefan/Mayer, Margit, u.a. (Hrsg): Das neue Gesicht der Städte: Theoretische Ansätze und empirische Befunde aus der internationalen Debatte. Basel/Boston/Berlin, S. 235-268.
Bourdieu, Pierre (1982): Die feinen Unterschiede. Frankfurt a.M.
Bourdieu, Pierre (1991a): Sozialer Raum und „Klassen". Frankfurt a.M.
Bourdieu, Pierre (1991b): Physischer, sozialer und angeeigneter physischer Raum. In: Wentz, Martin (Hrsg): Stadt-Räume. Die Zukunft des Städtischen. Frankfurt a.M./New York, S. 25-34.
Bourdieu, Pierre (1994): Praktische Vernunft. Zur Theorie des Handelns. Frankfurt a.M.
Bourdieu, Pierre (1996): Die Praxis der reflexiven Anthropologie. Einleitung zum Seminar an der École des hautes études en sciences sociales. Paris. Oktober 1987. In: Bourdieu, Pierre/Wacquant, Loic J. D. (Hrsg): Reflexive Anthropologie. Frankfurt a.M., S. 251-294.
Bourdieu, Pierre (1997): Die männliche Herrschaft. In: Dölling, Irene/Krais, Beate (Hrsg): Ein alltägliches Spiel. Geschlechterkonstruktion in der sozialen Praxis. Frankfurt a.M., S. 153-217.
Bourdieu, Pierre (1998): Ortseffekte. In: Kirchberg, Volker/Göschel, Albrecht (Hrsg): Kultur in der Stadt. Stadtsoziologische Analysen zur Kultur. Opladen, S. 17-25.
Bourdieu, Pierre/Boltanski, Luc/de Saint Martin, Monique, u.a. (1981): Titel und Stelle. Über die Reproduktion sozialer Macht. Frankfurt a.M.

Bourdieu, Pierre/Wacquant, Loic J.D. (1996): Reflexive Anthropologie. Frankfurt a.M.
Breckner, Ingrid (2005): Stadt und Geschlecht. In: Berking, Helmuth/Löw, Martina (Hrsg): Die Wirklichkeit der Städte. Soziale Welt, Sonderband 16. Baden-Baden, S. 241-256.
Breckner, Ingrid/Sturm, Gabriele (2002): Kleiderwechsel – Sackgassen und Perspektiven in der patriarchalen Öffentlichkeit. In: Löw, Martina (Hrsg): Differenzierungen des Städtischen. Opladen, S. 157-186.
Brenner, Claus/Kolbe, Thomas H. (2005): Neue Perspektiven. Wie 3D-Stadtmodelle erstellt und verwendet werden. In: c't, 15, S. 106-111.
Brenner, Neil (1997): Globalisierung und Reterritorialisierung: Städte, Staaten und die Politik der räumlichen Redimensionierung im heutigen Europa. In: WeltTrends, 17, S. 7-30.
Brenner, Neil (1999): Beyond State-centrism? Space, Territoriality, and Geographical Scale in Globalization Studies. In: Theory and Society 28, 1, S. 39-78.
Breuer, Stefan (1986): Sozialdisziplinierung. Probleme und Problemverlagerungen eines Konzepts bei Max Weber, Gerhard Oestreich und Michel Foucault. In: Sachße, Christoph/Tennstedt, Florian (Hrsg): Soziale Sicherheit und soziale Disziplinierung: Beiträge zu einer historischen Theorie der Sozialpolitik. Frankfurt a.M., S. 45-69.
Bridge, Gary/Watson, Sophie (2003): City Economics. In: Bridge, Gary/Watson, Sophie (Hrsg): A Companion to the City. Oxford, S. 101-114.
Brown, Michael P. (2000): Closet Space: Geographies of Metaphor from the Body to the Globe. London/New York.
Bryant, Christopher G. A./Jary, David (2001): Anthony Giddens: a Global Social Theorist. In: Bryant, Christopher G. A./Jary, David (Hrsg): The Contemporary Giddens: Social Theory in a Globalizing Age. Basingstoke, S. 3-39.
Bundesgesetzblatt 2007, Teil I Nr. 70, ausgegeben zu Bonn am 31. Dezember 2007. http://www.bglportal.de/BGBL/bgbl1f/bgbl107s3198.pdf [Stand 4.1.2008]
Bundeskriminalamt (2007): Gesichtserkennung als Fahndungshilfsmittel. Abschlussbericht. http://www.bka.de/kriminalwissenschaften/fotofahndung/pdf/fotofahndung_abschlussbericht.pdf [Stand 4.1.2008]
Bundeszentrale für Politische Bildung (Hrsg) (2006): Kulturwirtschaft. Aus Politik und Zeitgeschichte, 34-35/2006. Beilage zur Wochenzeitung Das Parlament vom 21.08.2006.
Burawoy, Michael (Hrsg) (2000): Global Ethnography. Forces, Connections and Imaginations in a Postmodern World. Berkley.
Burckhardt, Jakob (1958, orig. 1904): Die Kultur der Renaissance in Italien. Stuttgart.
Bürger, Peter (1995): Theorie der Avantgarde. Frankfurt a.M. 10. Auflage.
Burgess, Ernest Watson (1974, orig 1925): The Growth of the City. In: Park, Robert Ezra/Burgess, Ernest Watson (Hrsg): The City. Chicago, S. 47-62.
Burke, Peter (1987): Die Renaissance. Berlin.
Butler, Judith (1991): Das Unbehagen der Geschlechter. Frankfurt a.M.
Button, Kenneth (1998): Where did the 'New Urban Economics' go after 25 years? (ERSA conference papers ersa98p358, European Regional Science Association). http://www.ersa.org/ersaconfs/ersa98/papers/358.pdf [Stand: 14.09.2006].
Byrne, David (2001): Understanding the Urban. Houndmills/Basingstoke.
Caldeira, Teresa P.R. (2000): City of Walls. Crime, Segregation, and Citizenship in Sao Paulo. Berkeley/Los Angeles/London.
Campbell, Duncan/Evans, Rob (2006): Surveillance on Drivers May be Increased. In: The Guardian vom 07.03.2006. http://www.guardian.co.uk/print/0,,329428332-117700,00.html [Stand: 01.09.2006].
Cancik-Kirschbaum, Eva (2002): Babylon im Globalisierungsdiskurs? Über mesopotamische Stadtkulturen. In: Berking, Helmuth/Faber, Richard (Hrsg): Städte im Globalisierungsdiskurs. Würzburg, S. 171-189.
Cancik-Kirschbaum, Eva (2005): Babylon, die vielen Wirklichkeiten einer Stadt. In: Berking, Helmuth/Löw, Martina (Hrsg): Die Wirklichkeit der Städte. Soziale Welt, Sonderband 16. Baden-Baden, S. 227-240.
Cassirer, Ernst (1954, orig. 1929): Philosophie der symbolischen Formen. Dritter Teil. Phänomenologie der Erkenntnis. Darmstadt.
Castells, Manuel (1976): Theory and Ideology in Urban Sociology. In: Pickvance, Chris G. (Hrsg): Urban Sociology – Critical Essays. London, S. 60-84.

Castells, Manuel (1994): Space of Flows. Raum der Ströme. Eine Theorie des Raumes in der Informationsgesellschaft. In: Noller, Peter (Hrsg): Stadt-Welt. Frankfurt a.M./New York, S. 120-134.
Castells, Manuel (2001): Das Informationszeitalter. Teil 1 der Trilogie. Der Aufstieg der Netzwerksgesellschaft. Opladen.
Castronova, Edward (2003): On Virtual Economics. In: Game Studies (Onlinejournal) 3, 2 vom Dezember 2003. http://www.gamestudies.org/0302/castronova/[Stand: 19.09.2006].
Chattopadhyay, Swati (2005): Representing Calcutta: Modernity, Nationalism, and the Colonial Uncanny. London u. a.
Cheswick, Bill/Burch, Hal/Branigan, Steve (2000): Mapping and Visualizing the Internet. 000 USENIX Annual Technical Conference. http://www.usenix.org/publications/library/proceedings/usenix2000/general/full_papers/cheswick/cheswick_html/mapping.html [Stand: 01.09.2006].
Christoffel, Michael/Schmitt, Bethina (2002): Accessing Libraries as Easy as a Game. In: Börner, Katy/Chen, Chaomei (Hrsg): Visual Interfaces to Digital Libraries. Lecture Notes in Computer Science. S. 25-38.
CIAM. Charta von Athen – Lehrsätze (Auszüge). (1975): In: Conrads, Ulrich (Hrsg): Programme und Manifeste zur Architektur des 20. Jahrhunderts. Braunschweig/Wiesbaden, S. 129-138.
Cohen, Robin B. (1981): The New International Division of Labour, Multinational Corporations and Urban Hierarchy. In: Dear, Michael/Scott, Allen J. (Hrsg): Urbanisation and Urban Planning in Capitalist Society. London, S. 287-315.
Cooper, Frederick (1983): Urban Space, Industrial Time, and Wage Labor in Africa. In: Cooper, Frederick (Hrsg): Struggle for the City. Migrant Labor, Capital, and the State in Urban Africa. Beverly Hills, S. 7-50.
Corinth, Ernst (2000): Carnivore im FBI-Test. In: Telepolis – Magazin der Netzkultur vom 19.11.2000. http://www.telepolis.de/r4/artikel/4/4288/1.html [Stand: 19.09.2006].
Crary, Jonathan (1993): Techniques of the Observer: On Vision and Modernity in the Nineteenth Century. Cambridge, Ma.
Crary, Jonathan (2002): Aufmerksamkeit. Wahrnehmung und moderne Kultur. Frankfurt a.M.
Crow, Kimberly Ann (2001): Ausgleichs- versus Wachstumsziel. Eine Effektivitätsanalyse der Gemeinschaftsaufgabe „Verbesserung der regionalen Wirtschaftsstruktur" am Beispiel Sachsen-Anhalt. Halle, Univ., Diss.
Dangschat, Jens S./Friedrichs, Jürgen (1988): Gentrification in der inneren Stadt von Hamburg: eine empirische Untersuchung des Wandels von 3 Wohnvierteln. Hamburg.
Davis, Mike (1999): City of Quartz. Ausgrabungen der Zukunft in Los Angeles und neuere Aufsätze. Berlin u.a. 3. Auflage.
de Marinis, Pablo (2000): Überwachen und Ausschließen. Machtinterventionen in urbanen Räumen der Kontrollgesellschaft. Pfaffenweiler.
Department for Culture, Media, and Sport, (2004): Creative Industries Economic Estimates. Statistical Bulletin (pdf), http://www.culture.gov.uk/creative_industries/default.htm [Stand: 30.04.2005].
Department of Defence (2003): Information Operations Roadmap. Freigegebene Version vom 26.01.2006. http://www.gwu.edu/~nsarchiv/NSAEBB/NSAEBB177/info_ops_roadmap.pdf [Stand: 19.09.2006].
Der Beginn einer Epoche. Texte der Situationisten. (1995): Hamburg.
Derudder, Ben/Taylor, Peter/Witlox, Frank, u.a. (2003): Beyond Friedmann's World City Hypothesis: Twenty-Two Urban Areas Across the World. In: GAWC – Publications vom 02.01.2003. http://www.lboro.ac.uk/gawc/rb/rb97.html [Stand: 19.09.2006].
Deutscher Bundestag (2006): Antrag der Fraktionen der SPD und CDU „Speicherung mit Augenmaß – Effektive Strafverfolgung und Grundrechtswahrung". Drucksache 16/545. http://dip.bundestag.de/btd/16/005/1600545.pdf [Stand: 07.02.2006].
Die soziale Situation in Deutschland (2005). Herausgegeben von der Bundeszentrale für politische Bildung (in Zusammenarbeit mit der Universität Duisburg-Essen und der Köln International School of Design), Bonn (Kapitel „Lebensformen, Familie und Familienpolitik"). http://www.bpb.de/files/E61AH6.pdf [Stand: 14.09.2006].
Doetsch, Hermann (1999): Baudelaires Pariser Topographien (am Beispiel von „Les Veuves"). In: Mahler, Andreas (Hrsg): Stadt-Bilder. Allegorie, Mimesis, Imagination. Heidelberg, S. 197-228.
Dörhöfer, Kerstin/Terlinden, Ulla (1998): Verortungen. Geschlechterverhältnisse und Raumstrukturen. Basel/Boston/Berlin.

Doßmann, Axel/Wenzel, Jan/Wenzel, Kai (2006): Architektur auf Zeit. Baracken, Pavillons, Container. Berlin.
Drakakis-Smith, David (2000): Third World Cities. London u.a.
Droste, Magdalena (1991): bauhaus. 1919-1933. Köln.
du Gay, Paul/Pryke, Michael (Hrsg) (2002): Cultural Economy. Cultural Analysis and Commercial Life. London/Thousand Oaks/New Delhi.
Durkheim, Emile (1999, orig. 1893): Über die Teilung der sozialen Arbeit. Frankfurt a.M. 3. Auflage.
Durth, Werner/Düwel, Jörn/Gutschow, Niels (1999a): Ostkreuz: Personen, Pläne, Perspektiven. Architektur und Städtebau in der DDR. Band 1. Frankfurt a.M./New York. 2. Auflage.
Durth, Werner/Düwel, Jörn/Gutschow, Niels (1999b): Aufbau: Städte, Themen, Dokumente. Architektur und Städtebau in der DDR. Band 2. Frankfurt a.M./New York. 2. Auflage.
Eckert, Andreas (1996): 'Unordnung' in den Städten. Stadtplanung, Urbanisierung und koloniale Politik in Afrika. In: Rothermund, Dietmar (Hrsg): Periplus: Jahrbuch für außereuropäische Geschichte. Münster, S. 1-20.
Einstein, Albert (1960): Vorwort. In: Jammer, M. (Hrsg): Das Problem des Raumes. Die Entwicklung der Raumtheorien. Darmstadt, S. XII-XVII.
Elias, Norbert (1976a, orig. 1939): Über den Prozeß der Zivilisation. Bd.1 Wandlungen des Verhaltens in den westlichen Oberschichten des Abendlandes. Frankfurt a.M.
Elias, Norbert (1976b, orig. 1939): Über den Prozeß der Zivilisation. Bd. 2: Wandlungen der Gesellschaft. Entwurf zu einer Theorie der Zivilisation. Frankfurt a.M.
Ellrich, Lutz (2002): Die Realität virtueller Räume. Soziologische Überlegungen zur ‚Verortung' des Cyperspace. In: Maresch, Rudolf (Hrsg): Raum – Wissen – Macht. Frankfurt a.M., 1. Auflage, S. 92-113.
Engbersen, Godfried (2004): Zwei Formen der sozialen Ausgrenzung: Langfristige Arbeitslosigkeit und illegale Immigration in den Niederlanden. In: Häußermann, Hartmut/Kronauer, Martin/Siebel, Walter (Hrsg): An den Rändern der Städte. Armut und Ausgrenzung. Frankfurt a.M., S. 99-121.
Engbersen, Godfried/Schuyt, Kees/Timmer, Jaap, u.a. (1993): Cultures of Unemployment. A Comparative Look at Long-Term Unemployment and Urban Poverty. Boulder/San Francisco/Oxford.
Engelmann, Christine/Schädlich, Christian (1991): Die Bauhausbauten in Dessau. Berlin. 1. Auflage.
Engels, Friedrich (1948, orig. 1878): Herrn Eugen Dührings Umwälzung der Wissenschaft [„Anti-Dühring"]. Berlin.
Engels, Friedrich (1972, orig. 1845): Die Lage der arbeitenden Klasse in England. In: Karl Marx – Friedrich Engels – Werke. Band 2. Berlin, S. 225-506.
Engler, Wolfgang (2002): Die Ostdeutschen. Kunde von einem verlorenen Land. Berlin.
Europäisches Parlament (2005): Vorratsspeicherung von Daten bei der Bereitstellung öffentlicher elektronischer Kommunikationsdienste. (Legislative Entschließung des Europäischen Parlaments zu dem Vorschlag für eine Richtlinie des Europäischen Parlaments und des Rates über die Vorratsspeicherung von Daten, die bei der Bereitstellung öffentlicher elektronischer Kommunikationsdienste verarbeitet werden, und zur Änderung der Richtlinie 2002/58/EG) vom 14.12. 2005. http://www.europarl.europa.eu/sides/getDoc.do?pubRef=-//EP//TEXT+TA +20051214+ITEMS+DOC+XML+V0//DE&language=DE#title2 [Stand: 01.10.2006].
Farwick, Andreas (2001): Segregierte Armut in der Stadt. Ursachen und soziale Folgen der räumlichen Konzentration von Sozialhilfeempfängern. Opladen.
Feagin, Joe R./Smith, Michael Peter (1987): Cities and the New International Division of Labour. In: Feagin, J R/P, Smith M (Hrsg): The Capitalist City. Oxford, S. 3-36.
Featherstone, Mike/Burrows, Roger (1995): Cultures of Technological Embodiment. An Introduction. In: Featherstone, Mike/Burrows, Roger (Hrsg): Cyberspace, Cyberbodies, Cyberpunk. Cultures of Technological Embodiment. London/Tousand Oaks/New Delhi, S. 1-19.
Fenster, Tovi (2004): The Global City and the Holy City. Narratives on Knowledge, Planning and Diversity. Harlow u. a.
Fischer-Rosenthal, Wolfram (1995): Zum Konzept der subjektiven Aneignung von Gesellschaft. In: Flick, Uwe/Kardorff, Ernst von/Keupp, Heiner, u.a. (Hrsg): Handbuch qualitative Sozialforschung. Weinsheim, 2. Auflage, S. 78-89.
Floeting, Holger (2004): Internet und Stadt. Geht den Kommunen der Ort verloren? In: Budke, Alexandra/Kanwischer, Detlef/Pott, Andreas (Hrsg): Internetgeographien. Beobachtungen zum Verhältnis von Internet, Raum und Gesellschaft. Stuttgart, S. 79-90.

Florida, Richard (2004): The Rise of the Creative Class: and How It's Transforming Work, Leisure, Community and Everyday Life. New York.
Foucault, Michel (1969): Wahnsinn und Gesellschaft. Frankfurt a.M.
Foucault, Michel (1991): Andere Räume. In: Wentz, Martin (Hrsg): Stadt-Räume. Die Zukunft des Städtischen. Frankfurt a.M./New York, S. 65-72.
Foucault, Michel (1992, orig. 1976): Sexualität und Wahrheit. Band 1: Der Wille zum Wissen. Frankfurt a.M. 6. Auflage.
Foucault, Michel (1994, orig. 1975): Überwachen und Strafen. Die Geburt des Gefängnisses. Frankfurt a.M.
Frank, Susanne (2003): Stadtplanung im Geschlechterkampf. Opladen.
Frank, Sybille (2005): Grenzwerte. Zur Formation der Heritage Industry am Berliner Checkpoint Charlie. In: Berking, Helmuth/Löw, Martina (Hrsg): Die Wirklichkeit der Städte. Soziale Welt, Sonderband 16. Baden-Baden, S. 279-295.
Frerichs, Petra/Steinrücke, Magareta (1997): Kochen – ein männliches Spiel? Die Küche als geschlechts- und klassenstrukturierter Raum. In: Dölling, Irene/Krais, Beate (Hrsg): Ein alltägliches Spiel. Geschlechterkonstruktionen in der sozialen Praxis. Frankfurt a.M., S. 231-255.
Frers, Lars (2006): Pacification by Design: An Ethnography of Normalization Techniques. In: Berking, Helmuth/Frank, Sybille/Frers, Lars, u.a. (Hrsg): Negotiating Urban Conflicts. Interaction, Space and Control. Bielefeld, S. 247-260.
Freudenthal, Gideon (1982): Atom und Individuum im Zeitalter Newtons. Frankfurt a.M.
Frey, Hans (2004): Augmented Reality im OP. Wenn virtueller und realer Patient verschmelzen. In: Telepolis – Magazin der Netzkultur vom 30.01.2004. http://www.telepolis.de/r4/artikel/16/16599/1.html [Stand: 19.09.2006].
Friedmann, John (1986): The World City Hypothesis. In: Development and Change 17, S. 69-83.
Friedmann, John/Wolff, Goetz (1982): World City Formation: An Agenda for Research and Action. In: International Journal of Urban and Regional Research 3, S. 309-344.
Friedrich, Malte (1999): Die räumliche Dimension städtischer Armut. In: Dangschat, Jens S. (Hrsg): Modernisierte Stadt – gespaltene Gesellschaft: Ursachen von Armut und sozialer Ausgrenzung. Opladen, S. 263-287.
Friedrichs, Jürgen (1977): Stadtanalyse. Reinbek bei Hamburg.
Friedrichs, Jürgen (1995): Stadtsoziologie. Opladen.
Friedrichs, Jürgen (2001): Die sozialistische Stadt. In: Allmendinger, Jutta (Hrsg): Gute Gesellschaft? Verhandlungen des 30. Kongresses für Soziologie der DGS. Opladen, S. 304-319.
Friese, Marianne (2002): Dienstbotin. Genese und Wandel eines Frauenberufs. In: Geissler, Birgit/Gather, Claudia/Rerrich, Maria (Hrsg): Weltmarkt Privathaushalt. Bezahlte Haushaltsarbeiten im globalen Wandel. Münster, S. 223-237.
Fritsch, Michael (1991): „Exportbasistheorie". In: Wirtschaftswissenschaftliches Studium. Band 10. S. 527-529.
Funken, Christiane/Löw, Martina (2003): Ego-Shooters Container. Raumkonstruktionen im elektronischen Netz. In: Funken, Christiane/Löw, Martina (Hrsg): Raum – Zeit – Medialität. Interdisziplinäre Studien zu neuen Kommunikationstechnologien. Opladen, S. 69-91.
Gall, Lothar (1997): Europa auf dem Weg in die Moderne 1850-1890. München.
Gdaniec, Cordula (2005): Kommunalka und Penthouse. Stadt und Stadtgesellschaft im postsowjetischen Moskau. Münster.
Geddes, Patrick (1915): Cities in Evolution. London.
Geertz, Clifford (1987): Dichte Beschreibung. Beiträge zum Verstehen kultureller Systeme. Frankfurt a.M.
Gehrke, Achim (2006): Die Raumwahrnehmung im archaischen Griechenland. Erscheint in: Galsterer, Hartmut/Rathmann, Michael (Hrsg): Raumwahrnehmung in der Antike. Mainz.
Gender Datenreport. Herausgegeben Waltraud Cornelißen im Auftrag des Bundesministeriums für Familie, Senioren, Frauen und Jugend. (2005): http://www.bmfsfj.de/Publikationen/genderreport/root.html [Stand: 30.09.2006].
Giddens, Anthony (1988): Die Konstitution der Gesellschaft. Grundzüge einer Theorie. Frankfurt a.M./New York.
Giddens, Anthony (1989): A Reply to my Critics. In: Held, David/Thompson, John B. (Hrsg): Social Theory of Modern Societies: Anthony Giddens and his Critics. Cambridge, S. 249-302.
Giddens, Anthony (1995): Konsequenzen der Moderne. Frankfurt a.M.

Gildemeister, Regine/Wetterer, Angelika (1992): Wie Geschlechter gemacht werden. Die soziale Konstruktion der Zweigeschlechtlichkeit und ihre Reifizierung in der Frauenforschung. In: Knapp, Gudrun Alexi/Wetterer, Angelika (Hrsg): Traditionen Brüche. Entwicklungen feministischer Theorie. Freiburg i. Br., S. 201-254.

Gille, Martina/Marbach, Jan (2004): Arbeitsteilung von Paaren und ihre Belastung im Zeitstress. In: Statistisches Bundesamt (Hrsg): Alltag in Deutschland – Analysen zur Zeitverwendung. Band 43 der Schriftenreihe Forum der Bundesstatistik. Wiesbaden, S. 86-113.

Girtler, Roland (2001): Methoden der Feldforschung. Wien/Köln/Weimar. 4. Auflage.

Glasze, Georg (2003): Die fragmentierte Stadt. Ursachen und Folgen bewachter Wohnkomplexe im Libanon. Opladen.

Goold, Benjamin J. (2003): Public Area Surveilance and Police Work: the Impact of CCTV on Police Behaviour and Autonomy. In: Surveillance & Society 1, 2, S. 191-203.

Gradow, Georgij A. (1971): Stadt und Lebensweise. Berlin.

Graham, Stephen (2006): Homeland/Target: Cities and the 'War on Terror'. In: Berking, Helmuth/Frank, Sybille/Frers, Lars, u.a. (Hrsg): Negotiating Urban Conflicts. Interaction, Space and Control. Bielefeld, S. 279-289.

Graham, Stephen/Marvin, Simon (2001): Splintering Urbanism. Networked Infrastructures, Technological Mobilities and the Urban Condition. London/New York.

Gregory, Derek (1989): Presences and Absences: Time-space Relations and Structuration Theory. In: Held, David/Thompson, John B. (Hrsg): Social Theory of Modern Societies: Anthony Giddens and his Critics. Cambridge, S. 185-215.

Gropius, Walter (1957): Architektur. Wege zu einer optischen Kultur. Frankfurt a.M.

Grothe, Nicole (2005): InnenStadtAktion – Kunst oder Politik? Künstlerische Praxis in der neoliberalen Stadt. Bielefeld.

Gugutzer, Robert (2002): Leib, Körper und Identität. Eine phänomenologisch-soziologische Untersuchung personaler Identität. Opladen.

Habermas, Jürgen (1962): Strukturwandel der Öffentlichkeit: Untersuchungen zu einer Kategorie der bürgerlichen Gesellschaft. Neuwied.

Hackenbroich, Wilfried (2001): Entwerfen aus Bildern. In: Bittner, Regina (Hrsg): Die Stadt als Event. Zur Konstruktion urbaner Erlebnisräume. Frankfurt a.M./New York, S. 233-242.

Hall, Peter (1966): The World Cities. London.

Hamm, Bernd (1982): Einführung in die Siedlungssoziologie. München.

Hamm, Bernd/Neumann, Ingo (1996): Siedlungs-, Umwelt- und Planungssoziologie. Opladen.

Hannemann, Christine (2000): Die Platte: industrialisierter Wohnungsbau in der DDR. Berlin. 2., durchges. und erw. Auflage.

Hannerz, Ulf (1969): Soulside. Inquiries into Ghetto Culture and Community. New York.

Hannerz, Ulf (1980): Exploring the City. Inquiries Toward an Urban Anthropology. New York.

Hard, Mikael (1994): Machines are Frozen Spirit. The Scientification of Refrigeration and Brewing in the 19th century. A Weberian Interpretation. Frankfurt a.M./Boulder.

Hardach-Pinke, Irene/Hardach, Gerd (Hrsg) (1981): Kinderalltag. Deutsche Kindheiten in Selbstzeugnissen 1700-1900. Hamburg.

Harley, John Brian (1988): Maps, Knowledge, and Power. In: Cosgrove, Denis/Daniels, Stephen (Hrsg): The Iconography of Landscape: Essays on the Symbolic Representation, Design and Use of Past Environments. Cambridge/New York, S. 277-313.

Harley, John Brian (2004): Das Dekonstruieren der Karte. In: An Architektur. Produktion und Gebrauch gebauter Umwelt, 11, S. 4-19.

Harth, Annette/Herlyn, Ulfert/Scheller, Gitta, u.a. (2000): Wolfsburg: Stadt am Wendepunkt. Eine dritte soziologische Untersuchung. Opladen.

Harvey, David (1973): Social Justice and the City. Cambridge, Ma.

Harvey, David (1982): The Limits to Capital. Oxford/New York.

Harvey, David (1989): The Condition of Postmodernity. Oxford.

Harvey, David (1991): Geld, Zeit, Raum und die Stadt. In: Wentz, Martin (Hrsg): Stadt-Räume. Die Zukunft des Städtischen. Frankfurt a.M., S. 149-168.

Harvey, David (1995): Die Postmoderne und die Verdichtung von Raum und Zeit. In: Kuhlmann, Andreas (Hrsg): Philosophische Ansichten der Kultur der Moderne. Frankfurt a.M., S. 48-78.

Haslam, Dave (2004): Mythos Hacienda. Eine Clubgeschichte. In: Oswalt, Philipp (Hrsg): Schrumpfende Städte. Band 1: Internationale Untersuchungen. Ostfildern-Ruit, S. 392-397.

Hassenpflug, Dieter (2002): Die europäische Stadt – Mythos und Wirklichkeit. Münster u.a. 2. Auflage.
Hausen, Karin (1976): Die Polarisierung der „Geschlechtscharaktere". Eine Spiegelung der Dissoziation von Erwerbs- und Familienleben. In: Conze, Werner (Hrsg): Sozialgeschichte der Familie in der Neuzeit Europas. Stuttgart, S. 363-393.
Häußermann, Hartmut (1994): Urbanität. In: Brandner, Birgit/Luger, Kurt/Mörth, Ingo (Hrsg): Kulturerlebnis Stadt. Theoretische und praktische Aspekte der Stadtkultur. Wien, S. 67-80.
Häußermann, Hartmut (2001): Die europäische Stadt. In: Leviathan 29, 2, S. 237-255.
Häußermann, Hartmut/Kemper, Jan (2005): Die soziologische Theoretisierung der Stadt und die ‚New Urban Sociology'. In: Berking, Helmuth/Löw, Martina (Hrsg): Die Wirklichkeit der Städte. Soziale Welt, Sonderband 16. Baden-Baden, S. 25-53.
Häußermann, Hartmut/Siebel, Walter (1987): Neue Urbanität. Frankfurt a.M. 1. Auflage.
Häußermann, Hartmut/Siebel, Walter (Hrsg) (1993): Festivalisierung der Stadtpolitik. Stadtentwicklung durch große Projekte. Opladen.
Häußermann, Hartmut/Siebel, Walter (1994): Stadt- und Gemeindesoziologie. In: Kerber, Harald/ Schmieder, Arnold (Hrsg): Spezielle Soziologien. Reinbek bei Hamburg, S. 344-362.
Häußermann, Hartmut/Siebel, Walter (1995): Dienstleistungsgesellschaften. Frankfurt a.M.
Häußermann, Hartmut/Siebel, Walter (2000): Stadt und Urbanität. http://www.kommunale-info.de/ Themen/Stadtplanung/urban.htm [Stand: 14.03.2003].
Häußermann, Hartmut/Siebel, Walter (2002): Die Mühen der Differenzierung. In: Löw, Martina (Hrsg): Differenzierungen des Städtischen. Opladen, S. 29-68.
Heinecke, Katja/Krehl, Reinhard/Steets, Silke (2003): Leben mit Walter. Kleines Glück im großen Plan. In: Bittner, Regina (Hrsg): Bauhausstil. Zwischen International Style und Lifestyle. Berlin, S. 142-157.
Heitmeyer, Wilhelm (1997): Bundesrepublik Deutschland: Auf dem Weg von der Konsens- zur Konfliktgesellschaft (2 Bde). Frankfurt a.M.
Henley, Nancy (1988): Körperstrategien. Geschlecht, Macht und nonverbale Kommunikation. Frankfurt a.M.
Herlyn, Ulfert/Schweitzer, Ulrich/Tessin, Wulf, u.a. (1982): Stadt im Wandel. Eine Wiederholungsuntersuchung der Stadt Wolfsburg nach 20 Jahren. Frankfurt a.M./New York.
Herlyn, Ulfert/Tessin, Wulf (2000): Faszination Wolfsburg. 1938-2000. Opladen.
Heuer, Hans (1977): Sozioökonomische Bestimmungsfaktoren der Stadtentwicklung. Stuttgart.
Hilberseimer, Ludwig (1978, orig. 1927): Groszstadtarchitektur. Stuttgart.
Hilpert, Thilo (1978): Die Funktionelle Stadt. Le Corbusiers Stadtvision – Bedingungen, Motive, Hintergründe. Braunschweig/Wiesbaden.
Hoffmann, Justin/von Osten, Marion (Hrsg) (1999): Das Phantom sucht seinen Mörder. Ein Reader zur Kulturalisierung der Ökonomie. Berlin.
Holm, Carsten (1998): Szene, Piste, Milieu: Deutschland bei Nacht. Der Spiegel, Special Nr. 8. Hamburg.
Honneth, Axel (1994): Desintegration. Bruchstücke einer soziologischen Zeitdiagnose. Frankfurt a.M.
Hosagrahar, Jyoti (2005): Indigenous Modernities: Negotiating Architecture and Urbanism. London u.a.
Huizinga, Johan (1969): Der Herbst des Mittelalters. Stuttgart.
Humboldt, Wilhelm von (1960, orig. 1794): Theorie der Bildung des Menschen. Bruchstück. In: Humboldt, Wilhelm von (Hrsg): Werke in fünf Bänden, Bd. III. Schriften zur Sprachphilosophie. Darmstadt, S. 234-240.
Hymer, Stephen (1972): The Multinational Corporation and the Law of Uneven Development. In: Bhagwati, J. (Hrsg): Economics and World Order from the 1970s to the 1990s. New York, S. 113-140.
Isenmann, Eberhard (1988): Die deutsche Stadt im Spätmittelalter. Stadtgestaltung 1250-1500. Stuttgart.
Jacobs, Jane (1996): Edge of Empire. Postcolonialism and the City. London.
Jahn, Richard/Kuhlmann, Ulrike (2004): Fremde Welten. Head Mounted Displays im Test. In: c't, 3, S. 110.
Jahoda, Marie/Lazarsfeld, Paul F./Zeisel, Hans (1975, orig. 1933): Die Arbeitslosen von Marienthal. Frankfurt a.M.
Jameson, Fredric (1989): Postmoderne – Zur Logik der Kultur im Spätkapitalismus. In: Huyssen, Andreas/Scherpe, Klaus R. (Hrsg): Postmoderne. Zeichen eines kulturellen Wandels. Reinbek bei Hamburg, S. 45-102.

Literaturverzeichnis

Jay, Martin (1993): Downcast Eyes. The Denigration of Vision in Twentieth Century French Thought. Berkeley/Los Angeles.
Jencks, Charles (1988): Die Sprache der postmodernen Architektur. Entstehung und Entwicklung einer alternativen Tradition. Stuttgart. 3., erw. Auflage.
Joas, Hans (1988): Symbolischer Interaktionismus. Von der Philosophie des Pragmatismus zu einer soziologischen Forschungstradition. In: Kölner Zeitschrift für Soziologie und Sozialpsychologie 40, 3, S. 417-446.
Kaelble, Hartmut (2001): Die Besonderheiten der europäischen Stadt. In: Leviathan 29, 2, S. 256-274.
Kalberg, Stephen (1981): Max Webers Typen der Rationalität. Grundsteine für eine Analyse von Rationalisierungs-Prozessen in der Geschichte. In: Sprondel, W.M./Seyfarth, C. (Hrsg): Max Weber und die Rationalisierung sozialen Handelns. Stuttgart, S. 9-38.
Kant, Immanuel (1784): Beantwortung der Frage: Was ist Aufklärung? In: Berlinische Monatsschrift, Dezember, S. 481-494.
Karaflogka, Anastasia (2002): Religious Discourse and Cyberspace. In: Religion, 32, S. 279-291.
Kaufmann, Stefan (2005): Soziologie der Landschaft. Wiesbaden.
Kemp, Martin (1990): The Science of Art: Optical Themes in Western Art from Brunelleschi to Seurat. New Haven.
Kemp, Wolfgang (1992): Der Betrachter ist im Bild: Kunstwissenschaft und Rezeptionsästhetik. Berlin/Hamburg.
Kessl, Fabian/Reutlinger, Christian/Maurer, Susanne , u.a. (Hrsg) (2005): Handbuch Sozialraum. Wiesbaden.
King, Anthony (1998): The End of the Terraces: the Transformation of English Football in the 1990s. London.
King, Anthony D. (1990): Urbanism, Colonialism and the World-Economy. Cultural and Spatial Foundations of the World Urban System. New York.
King, Anthony D. (2003): Actually Existing Postcolonialism. Colonial Urbanism and Architecture after the Postcolonial Turn. In: Bishop, Ryan/Phillips, John/Jeo, Wei Wei (Hrsg): Postcolonial Urbanism. London/New York, S. 167-186.
King, Anthony D. (2004): Spaces of Global Cultures: Architecture, Urbanism, Identity. London u.a.
Kirchberg, Volker (1998): Stadtkultur in der Urban Politcal Economy. In: Kirchberg, Volker/Göschel, Albrecht (Hrsg): Kultur in der Stadt. Stadtsoziologische Analysen zur Kultur. Opladen, S. 41-54.
Klein, Naomi (2002): No Logo! Der Kampf der Global Players um die Markenmacht. Ein Spiel mit vielen Verlierern und wenigen Gewinnern. München.
Konrad, György (1986): Die Herausforderung der Großstadt. In: Bernen, Peter/Brix, Emil/Mantl, Wolfgang (Hrsg): Wien um 1900. Aufbruch in die Moderne. München, S. 259-275.
Koolhaas, Rem (2003): KOOLWORLD. In: wired, 06/2003, S. 117-169.
Krais, Beate/Gebauer, Gunter (2002): Habitus. Bielefeld.
Krämer-Badoni, Thomas (1991): Die Stadt als sozialwissenschaftlicher Gegenstand. In: Häußermann, Hartmut/Ipsen, Detlev/Krämer-Badoni, Thomas, u.a. (Hrsg): Stadt und Raum: Soziologische Analysen. Pfaffenweiler, S. 1-29.
Krätke, Stefan (1995): Stadt – Raum – Ökonomie: Einführung in aktuelle Problemfelder der Stadtökonomie und Wirtschaftsgeographie. Basel u.a.
Krätke, Stefan (2002): Global Media Cities in a Worldwide Urban Network. In: GAWC – Publications vom 15.03.2002. http://www.lboro.ac.uk/gawc/rb/rb80.html [Stand: 19.09.2006].
Kreckel, Reinhard (1992): Politische Soziologie der sozialen Ungleichheit. Frankfurt a.M./New York.
Krüger, Alfred (2004): Kanäle im Netz. Geolocation-Software kanalisiert den Informationsfluss im gar nicht mehr so weltweiten Web. In: Telepolis – Magazin der Netzkultur vom 03.08.2004. http://www.heise.de/tp/r4/artikel/18/18005/1.html [Stand: 19.09.2006].
Kruse, Jan/Wenzler-Crämer, Hildegard (2006): Interviews auf Computer überspielen und transkribieren: Ein Manual für die Aufnahme und Transkription von Interviews mit einfachen EDV-basierten Lösungen, 7/2006. http://www.soziologie.uni-freiburg.de/Personen/kruse/Manual.pdf [Stand: 27.09.2006].
Läpple, Dieter (1991): Gesellschaftszentriertes Raumkonzept. Zur Überwindung von physikalisch-mathematischen Raumauffassungen in der Gesellschaftsanalyse. In: Wentz, Martin (Hrsg): Stadt-Räume. Frankfurt a.M./New York, S. 35-46.
Läpple, Dieter (1992): Essay über den Raum: für ein gesellschaftswissenschaftliches Raumkonzept. In: Häußermann, Hartmut/Ipsen, Detlev/Krämer-Badoni, Thomas, u.a. (Hrsg): Stadt und Raum: Soziologische Analysen. Pfaffenweiler, 2. Auflage, S. 157-207.

Läpple, Dieter (1998): Ökonomie der Stadt. In: Häußermann, Hartmut (Hrsg): Großstadt. Soziologische Stichworte. Opladen, S. 193-207.
Läpple, Dieter (2005): Phönix aus der Asche. Die Neuerfindung der Stadt. In: Berking, Helmuth/Löw, Martina (Hrsg): Die Wirklichkeit der Städte. Soziale Welt, Sonderband 16. Baden-Baden, S. 397-413.
le Goff, Jocques (1984): Für ein anderes Mittelalter. Frankfurt a.M.
Le Monde diplomatique (Hrsg) (2003): Altas der Globalisierung. Berlin.
Lee, Martyn (1997): Relocating Location: Cultural Geography, the Specificity of Place and the City Habitus. In: McGuigan, Jim (Hrsg): Cultural Methodologies. London/Thousand Oaks/New Delhi, S. 126-141.
Lefèbvre, Henri (1972): Die Revolution der Städte. München.
Lefèbvre, Henri (1977): Kritik des Alltagslebens. Kronberg/Taunus.
Lefèbvre, Henri (1978): Einführung in die Modernität. 12 Präludien. Frankfurt a.M.
Lefèbvre, Henri (1991, orig. 1974): The Production of Space. Oxford/Cambridge, Ma.
Lenger, Friedrich (1999): Großstadtmenschen. In: Frevert, Ute/Haupt, Heinz-Gerhard (Hrsg): Der Mensch im 19. Jahrhundert. Frankfurt a.M./New York, S. 261-291.
Lenin, Wladimir Iljitsch (1960, orig. 1916): Werke. Band 22. Berlin.
Lewitzky, Uwe (2005): Kunst für alle? Kunst im öffentlichen Raum zwischen Partizipation, Intervention und Neuer Urbanität. Bielefeld.
Liebow, Elliot (1967): Tally's Corner. A Study of Negro Streetcorner Men. Boston/Toronto.
Lindemann, G. (1993): Das paradoxe Geschlecht. Transsexualität im Spannungsfeld von Körper, Leib und Gefühl. Frankfurt a.M.
Lindner, Rolf (1990): Die Entdeckung der Stadtkultur. Soziologie aus der Erfahrung der Reportage. Frankfurt a.M.
Lindner, Rolf (2000): Stadtkultur. In: Häußermann, Hartmut (Hrsg): Großstadt: Soziologische Stichworte. Opladen, 2. Auflage, S. 258-264.
Lindner, Rolf (2004): Walks on the Wild Side. Eine Geschichte der Stadtforschung. Frankfurt a.M./New York.
Lindner, Rolf (2005): Die Kultur der Metropole. In: Humboldt Spektrum 12, 2, S. 22-28.
Lober, Andreas/Weber, Olaf (2005): Money for Nothing? Handel mit Spiel-Accounts und virtuellen Gegenständen. In: c't, 20, S. 178-180.
Löw, Martina (1993): Raum ergreifen. Alleinwohnende Frauen zwischen Arbeit, sozialen Beziehungen und Kultur des Selbst. Bielefeld.
Löw, Martina (2001a): Raumsoziologie. Frankfurt a.M.
Löw, Martina (2001b): Gemeindestudien heute: Sozialforschung in der Tradition der Chicagoer Schule? In: Zeitschrift für Qualitative Bildungs-, Beratungs- und Sozialforschung, 1, S. 111-131.
Löw, Martina (Hrsg) (2002): Differenzierungen des Städtischen. Opladen.
Löw, Martina (2003): Einführung in die Soziologie der Bildung und Erziehung. Opladen.
Löw, Martina (2004): Geschlechterverhältnisse. In: Krüger, H.- H./Grunert, C. (Hrsg): Wörterbuch Erziehungswissenschaft. Wiesbaden, S. 221-227.
Löw, Martina (2005): Die Rache des Körpers über den Raum? Über Henri Lefèbvres Utopie und Geschlechterverhältnisse am Strand. In: Schroer, Markus (Hrsg): Soziologie des Körpers. Frankfurt a.M., S. 241-270.
Löw, Martina (2006a): Blickfänge. Räumlich-geschlechtliche Inszenierungen am Beispiel der Prostitution. In: Berking, Helmuth (Hrsg): Die Macht des Lokalen – in einer Welt ohne Grenzen. Frankfurt a.M., S. 181-198.
Löw, Martina (2006b): Immer einzig und überall gleich. Chancen und Risiken moderner Städte. In: Experimentale e.V. (Hrsg): Heimat Moderne. Berlin, S. B27-B34.
Luhmann, Niklas (1977): Differenciation of Society. In: The Canadian Journal of Sociology, 2, S. 29-53.
Luhmann, Niklas (1988): Reflexionsprobleme im Erziehungssystem. Frankfurt a.M.
Luhmann, Niklas (1993): Soziale Systeme. Grundriß einer allgemeinen Theorie. Frankfurt a.M.
Luhmann, Niklas (1994): Inklusion und Exklusion. In: Berding, Helmut (Hrsg): Nationales Bewußtsein und kollektive Identität. Studien zur Entwicklung des kollektiven Bewußtseins in der Neuzeit. Frankfurt a.M., 1. Auflage, S. 15-45.
Lütke Daldrup, Engelbert/Doehler-Behzadi, Marta (Hrsg) (2004): Plusminus Leipzig 2030. Stadt in Transformation. Wuppertal.
Lynch, Kevin (2001, orig. 1960): Das Bild der Stadt. Basel/Boston.

Lyotard, Jean-François (1999, orig. 1979): Das postmoderne Wissen: ein Bericht. Wien. 4., unveränd. Auflage.
MacWilliams, Mark W. (2002): Virtual Pilgrimages on the Internet. In: Religion, 32, S. 315-335.
Marotzki, Winfried (2003): Online-Ethnographie — Wege und Ergebnisse zur Forschung im Kulturraum Internet. In: Jahrbuch Medienpädagogik, 3, S. 149-166.
Marx, Karl (1977, orig. 1867): Das Kapital. Kritik der politischen Ökonomie. Erster Band. In: Karl Marx – Friedrich Engels – Werke. Band 23. Berlin.
Massey, Doreen (1996): Masculinity. Dualisms And High Technology. In: Duncan, Nancy (Hrsg): BodySpace. New York/London, S. 109-126.
Massey, Doreen (1999a): Power-Geometries and the Politics of Space-Time. Heidelberg.
Massey, Doreen (1999b): Spaces of Politics. In: Massey, Doreen/Allen, John/Sarre, Philip (Hrsg): Human Geography Today. Cambridge/Oxford/Malden, S. 279-294.
Massey, Doreen (2006): Keine Entlastung für das Lokale. In: Berking, Helmuth (Hrsg): Die Macht des Lokalen in einer Welt ohne Grenzen. Frankfurt a.M./New York, S. 25-31.
Massey, Doreen/Allen, John/Pile, Steve (Hrsg) (1999): City Worlds. London/New York.
Mayer, Verena (2003): Freizeit für alle! In: Frankfurter Rundschau vom 08.07.2003. S. 7.
Mayhew, Henry (1967, orig.1861): London Labour and the London Poor. New York.
McCahill, Michael (1998): Beyond Foucault: Towards a Contemporary Theory of Surveillance. In: Norris, Clive/Moran, Jade/Armstrong, Gary (Hrsg): Surveillance, Closed Circuit Television and Social Control. Aldershot, S. 41-65.
McRobbie, Angela (1999): Kunst, Mode und Musik in der Kulturgesellschaft. In: Hoffmann, Justin/von Osten, Marion (Hrsg): Das Phantom sucht seinen Mörder. Ein Reader zur Kulturalisierung der Ökonomie. Berlin, S. 15-42.
Meadows, Dennis L./Meadows, Donella/Zahn, Erich, u.a. (1972): Die Grenzen des Wachstums. Berichte des Club of Rome zur Lage der Menschheit. München.
Mendelssohn, Moses (1784): Ueber die Frage: was heißt aufklären? In: Berlinische Monatsschrift, September, S. 193-200.
Menger, Pierre-Michel (2006): Kunst und Brot. Die Metamorphosen des Arbeitnehmers. Konstanz.
Merleau-Ponty, Maurice (1966, orig. 1945): Phänomenologie der Wahrnehmung. Berlin.
Miljutin, Nikolaj A. (1992): Sozgorod: die Planung der neuen Stadt. Basel/Berlin/Bosten.
Mitscherlich, Alexander (1996, orig. 1965): Die Unwirtlichkeit unserer Städte. Anstiftung zum Unfrieden. Frankfurt a.M.
Moechel, Erich (2001): Die ETSI-Dossiers. Europäische Schnittstellen zur Überwachung sämtlicher digitaler Netze. In: Telepolis – Magazin der Netzkultur vom 26.03.2001. http://www.telepolis.de/r4/artikel/7/7220/1.html [Stand: 19.09.2006].
Moran, Jade (1998): A Brief Chronology of Photographic and Video Surveillance. In: Norris, Clive/Moran, Jade/Armstrong, Gary (Hrsg): Surveillance, Closed Circuit Television and Social Control. Aldershot, S. 277-287.
Müller, Ursula (2000): Asymmetrische Geschlechterkultur in Organisationen und Frauenförderung als Prozeß mit Beispielen aus Betrieben und der Universität. In: Lenz, I./Nickel, Hildegard/Riegraf, Birgit (Hrsg): Geschlecht – Arbeit – Zukunft. Münster, S. 126-149.
Mumford, Lewis (1979): Die Stadt. Geschichte und Ausblick. München.
Münzberg, Josef/Richter, Gerhard/Findeisen, Peter (1977): Architekturführer DDR. Bezirk Halle. Berlin.
Nassehi, Armin (1999): Differenzierungsfolgen. Beiträge zur Soziologie der Moderne. Opladen.
Neckel, Sieghard (1997): Zwischen Robert E. Park und Pierre Bourdieu. Eine dritte „Chicagoer Schule"? Soziologische Perspektiven einer amerikanischen Forschungstradition. In: Soziale Welt 47, 1, S. 71-84.
Nelissen, N. J. M. (1973): Robert Ezra Park (1864-1944). Ein Beitrag zur Geschichte der Soziologie. In: Kölner Zeitschrift für Soziologie und Sozialpsychologie 25, 3, S. 515-529.
Newman, Oscar (1972): Defensible Space: Crime Prevention through Urban Design. New York.
Nissen, Hans J. (1986): Mesopotamia Before 5000 Years. Rom.
Noever, Peter (Hrsg) (1992): Die Frankfurter Küche von Margarete Schütte-Lihotzky: die Frankfurter Küche aus der Sammlung des MAK – Österreichisches Museum für Angewandte Kunst, Wien. Berlin.
Noller, Peter (2000): Globalisierung, Raum und Gesellschaft: Elemente einer modernen Soziologie des Raumes. In: Berliner Journal für Soziologie 10, 1, S. 21-48.
Noller, Peter/Ronneberger, Klaus (1995): Die neue Dienstleistungsgesellschaft. Berufsmilieus in Frankfurt am Main. Frankfurt a.M./New York.

North, Douglass C. (1955): Location Theory and Regional Economic Growth. In: Journal of Political Economy 63, S. 243-258.
Novak, Mirko (1999): Herrschaftsform und Stadtbaukunst. Programmatik im mesopotamischen Residenzstadtbau von Agade bis Surra Man Ra'a. Saarbrücken.
Nowarra, Nico (2004): Terror in den Tropen. In: c't, 9, S. 224.
Oswalt, Philipp (Hrsg) (2004): Schrumpfende Städte. Band 1: Internationale Untersuchungen. Ostfildern-Ruit.
Palm, Goedart (2001): Willkommen im Virtual Sniper Park. US-Militärausbilder propagieren P2P-Technologien mit dem Werbeslogan: „Simulation on Demand". In: Telepolis – Magazin der Netzkultur vom 04.09.2001. http://www.telepolis.de/r4/artikel/9/9458/1.html [Stand: 19.09. 2006].
Palm, Goedart (2002): Virtuelle Passagen. Das Museum hofft auf seine Zukunft. In: Telepolis – Magazin der Netzkultur vom 09.03.2002. http://www.telepolis.de/r4/artikel/12/12033/1.html [Stand: 19.09. 2006].
Panofsky, Erwin (1992): Die Perspektive als symbolische Form. Aufsätze zu Grundfragen der Kunstwissenschaft. Berlin.
Park, Robert Ezra (1904): Masse und Publikum. Eine methodologische und soziologische Untersuchung. Bern.
Park, Robert Ezra (1925): The City. Suggestions for the Investigation of Human Behavior in the Urban Environment. In: Park, Robert Ezra/Burgess, Ernest Watson/McKenzie, Roderick Duncan (Hrsg): The City. Chicago, S. 1-46.
Park, Robert Ezra (1950): Race and Culture. Glencoe.
Park, Robert Ezra (1974, orig.1925): Die Stadt als räumliche Struktur und als sittliche Ordnung. In: Atteslander, Peter/Hamm, Bernd (Hrsg): Materialien zur Siedlungssoziologie. Köln, S. 90-100.
Park, Robert Ezra/Burgess, Ernest Watson (1921): Introduction to the Science of Sociology. Chicago.
Park, Robert Ezra/Burgess, Ernest Watson/McKenzie, Roderick Duncan (Hrsg) (1984, orig. 1925): The City. Chicago.
Peters, Arno (2002): Peters-Atlas. Alle Länder und Kontinente in ihrer wirklichen Größe. Frankfurt a.M. Vollst. überarb., aktualisierte Neuausgabe.
Petzoldt, Joseph (1924): Das Weltproblem vom Standpunkt des relativistischen Positivismus aus. Leipzig/Berlin.
POLIS Group (1999): iCISS Tilburg Case Study. Summary Report. http://www.mipc.mmu.ac.uk/iciss/cas_tilb.htm [Stand: 29.08.2006].
Pott, Andreas (2002): Ethnizität und Raum im Aufstiegsprozess. Opladen.
Prigge, Walter (1994): Urbi et orbi. In: Noller, Peter/Prigge, Walter/Ronneberger, Klaus (Hrsg): Stadt-Welt. Über die Globalisierung städtischer Milieus. Frankfurt a.M./New York, S. 63-73.
Prigge, Walter (Hrsg) (1998): Peripherie ist überall. Frankfurt a.M./New York.
Rabe-Kleberg, Ursula (1993): Verantwortlichkeit und Macht. Ein Beitrag zum Verhältnis von Geschlecht und Beruf angesichts der Krise traditioneller Frauenberufe. Bielefeld.
Rabinowitz, Dan (1997): Overlooking Nazareth. The Ethnography of Exclusion in Galilee. Cambridge.
Rau, Susanne/Schwerhoff, Gerd (Hrsg) (2004): Zwischen Gotteshaus und Taverne. Köln.
Raushenbush, Winifred (1979): Robert E. Park: Biography of a Sociologist. Durham, N.C.
Reich-Ranicki, Marcel (1999): Mein Leben. Stuttgart.
Reichertz, Jo/Marth, Nadine (2004): Abschied vom Glauben an die Allmacht der Rationalität? oder: Der Unternehmensberater als Charismatiker. In: ZBBS, 1, S. 7-27.
Reichold, Ortwin (Hrsg) (1998): ...erleben, wie eine Stadt entsteht. Städtebau, Architektur und Wohnen in Wolfsburg 1938-1998. Braunschweig.
Reulecke, Jürgen (1985): Geschichte der Urbanisierung. Frankfurt a.M.
Riemenschneider, Dieter (2004): Postcolonial Theory. The Emergence of a Critical Discourse. Tübingen.
Ries, Marc (2006): Reflections on a Cartography of the Non-Visible. Urban Experience and the Internet. In: Berking, Helmuth/Frank, Sybille/Frers, Lars, u.a. (Hrsg): Negotiating Urban Conflicts. Interaction, Space and Control. Bielefeld, S. 167-175.
Rink, Dieter (2004): Aufbau und Verfall einer Industrieregion. In: Oswalt, Philipp (Hrsg): Schrumpfende Städte. Band 1: Internationale Untersuchungen. Ostfildern-Ruit, S. 632-639.
Rodenstein, Marianne (1988): Mehr Licht, mehr Luft. Gesundheitskonzepte im Städtebau seit 1750. Frankfurt a.M.
Rodenstein, Marianne (1990): Feministische Stadt- und Regionalforschung. Ein Überblick über Stand, aktuelle Probleme und Entwicklungsmöglichkeiten. In: Dörhöfer, K. (Hrsg): Stadt – Land – Frau. Soziologische Analysen feministischer Planungsansätze. Freiburg i. Br., S. 199-228.

Rodenstein, Marianne (1994): Mehr als ein Dach über dem Kopf. Feministinnen wollen „Raum greifen und Platz nehmen". In: Brückner, M./Meyer, B. (Hrsg): Die sichtbare Frau. Die Aneignung der gesellschaftlichen Räume. Freiburg i. Br., S. 234-269.

Rodenstein, Marianne (1998): Frauen. In: Häußermann, Hartmut (Hrsg): Großstadt. Soziologische Stichworte. Opladen, S. 47-57.

Rodenstein, Marianne/Bock, Stephanie/Heeg, Susanne (1997): Reproduktionskrise und Stadtstruktur. Zur Entwicklung von Agglomerationsräumen aus feministischer Sicht. In: Bauhardt, Christine /Becker, Ruth (Hrsg): Durch die Wand! Feministische Konzepte zur Raumentwicklung. Pfaffenweiler, S. 33-52.

Roost, Frank (2000): Die Disneyfizierung der Städte. Großprojekte der Entertainmentindustrie am Beispiel des New Yorker Times Square und der Siedlung Celebration in Florida. Opladen.

Rötzer, Florian (2005): Von nun an wird zurückgeschossen. In einer Kampfsimulation für das US-Militär erhalten die Spieler starke Elektroschocks, wenn sie von ihren virtuellen Gegnern getroffen werden. In: Telepolis – Magazin der Netzkultur vom 03.04.2005. http://www.telepolis.de/r4/artikel/ 19/19810/1.html [Stand: 19.09.2006].

Rötzer, Florian (2006): Das Internet zum „Feindesland für Terroristen" machen. In: Telepolis – Magazin der Netzkultur vom 17.08.2006. http://www.heise.de/tp/r4/artikel/23/23358/1.html [Stand: 19.09.2006].

Ruhne, Renate (2003): Raum Macht Geschlecht. Zur Soziologie eines Wirkungsgefüges am Beispiel von (Un)Sicherheiten im öffentlichen Raum. Opladen.

Salin, Edgar (1960): Urbanität. In: (Hrsg): Erneuerung unserer Städte: Vorträge, Aussprachen und Ergebnisse der 11. Hauptversammlung des Deutschen Städtetages, Augsburg, 1.-3. Juni 1960. Stuttgart/Köln, S. 9-34.

Samers, Michael (2002): Immigration and the Global City Hypothesis: Towards an Alternative Research Agenda. In: International Journal of Urban and Regional Research 26, 2, S. 389-403.

Sassen, Saskia (1993): Global City: Internationale Verflechtungen und ihre innerstädtischen Effekte. In: Häußermann, Hartmut (Hrsg): New York – Strukturen einer Metropole. Frankfurt a.M., 1. Auflage, S. 71-90.

Sassen, Saskia (1996): Metropolen des Weltmarktes. Die neue Rolle der Global Cities. Frankfurt a.M./New York.

Saunders, Peter (1989): Space, Urbanism and the Created Environment. In: Held, David/Thompson, John B. (Hrsg): Social Theory of Modern Societies: Anthony Giddens and his Critics. Cambridge, S. 215-235.

Schimank, Uwe (1996): Theorien gesellschaftlicher Differenzierung. Opladen.

Schlögel, Karl (2001): Promenade in Jalta und andere Städtebilder. München/Wien.

Schlögel, Karl (2003): Im Raume lesen wir die Zeit. Über Zivilisationsgeschichte und Geopolitik. München/Wien.

Schlör, Joachim (1991): Nachts in der großen Stadt. Paris, Berlin, London 1840-1930. . München/Zürich.

Schöllgen, Gregor (1986): Das Zeitalter des Imperialismus. München.

Schott, Dieter (1995): Die Vernetzung der Stadt. Kommunale Energiepolitik, öffentlicher Nahverkehr und die „Produktion" der modernen Stadt. Darmstadt – Mannheim – Mainz 1880-1918. Darmstadt.

Schroer, Markus (2005): Stadt als Prozess. Zur Diskussion städtischer Leitbilder. In: Berking, Helmuth/Löw, Martina (Hrsg): Die Wirklichkeit der Städte. Baden-Baden, S. 327-344.

Schroer, Markus (2006): Räume, Orte, Grenzen. Auf dem Weg zu einer Soziologie des Raumes. Frankfurt a.M.

Schütze, Fritz (1978): Die Technik des narrativen Interviews in Interaktionsfeldstudien: dargestellt an einem Projekt zur Erforschung von kommunalen Machtstrukturen. Bielefeld. 2. Auflage.

Schwarting, Andreas (2001): Die Siedlung Dessau-Törten. Dessau.

Schwonke, Martin/Herlyn, Ulfert (1967): Wolfsburg. Soziologische Analyse einer jungen Industriestadt. Stuttgart.

Seefeldt, Katja (2004): Der Monitor geht ins Auge. Ein neues Mini-Display schreibt Bilder direkt auf die menschliche Netzhaut. In: Telepolis – Magazin der Netzkultur vom 29.04.2004. http://www. telepolis.de/r4/artikel/17/17313/1.html [Stand: 19.09.2006].

Sennett, Richard (1995): Fleisch und Stein. Der Körper und die Stadt in der westlichen Zivilisation. Berlin.

Shields, Rob (1991): Places on the Margin: Alternative Geographies of Modernity. New York.
Shields, Rob (1999): Lefèbvre, Love & Struggle. Spatial Dialectics. New York.
Siebel, Walter (2000): Urbanität als Lebensweise ist ortlos geworden. In: Frankfurter Rundschau vom 29.07.2000. S. 7.
Siebel, Walter (Hrsg) (2004): Die europäische Stadt. Frankfurt a.M. 1. Auflage.
Sieverts, Thomas (1997): Zwischenstadt: zwischen Ort und Welt, Raum und Zeit, Stadt und Land. Braunschweig/Wiesbaden.
Simmel, Georg (1905): Kant. Sechzehn Vorlesungen gehalten an der Berliner Universität. Leipzig.
Simmel, Georg (1958, orig. 1900): Die Philosophie des Geldes. Berlin. 6. Auflage.
Simmel, Georg (1984, orig. 1903): Die Großstädte und das Geistesleben. In: Das Individuum und die Freiheit. Stuttgart, S. 192-204.
Simmel, Georg (1992, orig. 1903): Soziologie des Raumes. In: Rammstedt, Otthein (Hrsg): Schriften zur Soziologie. Eine Auswahl. Frankfurt a.M., 4. Auflage, S. 221-242.
Simmel, Georg (1995a, orig. 1908): Die Kreuzung sozialer Kreise. In: Rammstedt, Otthein (Hrsg): Georg Simmel – Soziologie: Untersuchungen über die Formen der Vergesellschaftung. Gesamtausgabe Band 11. Frankfurt a.M., 2. Auflage, S. 456-511.
Simmel, Georg (1995b, orig. 1908): Der Raum und die räumliche Ordnung der Gesellschaft. In: Rammstedt, Otthein (Hrsg): Georg Simmel – Soziologie: Untersuchungen über die Formen der Vergesellschaftung. Gesamtausgabe Band 11. Frankfurt a.M., S. 687-790.
Smith, Michael Peter (2000): Transnational Urbanism: Locating Globalization. Malden.
Smith, Neil (1992a): Contours of a Spitalized Politics. Homeless Vehicles and the Production of Geographical Space. In: Social Text 33, S. 54-81.
Smith, Neil (1992b): Geography, Difference and the Politics of Scale. In: Doherty, Joe/Graham, Elspeth/Malek, Mo (Hrsg): Postmodernism and the Social Sciences. London, S. 57-79.
Smith, Neil (1993): Homeless/global. Scaling Places. In: Bird, Jon (Hrsg): Mapping the Futures, Local Cultures, Global Change. London, S. 87-119.
Smith, Neil (1996): The New Urban Frontier: Gentrification and the Revanchist City. London u.a.
Smith, Neil (2001): Rescaling Politics. Geography, Globalism and the New Urbanism. In: Minca, Claudio (Hrsg): Postmodern Geography. Theory and Praxis. Malden, S. 147-168.
Smith, Neil/Williams, Peter (Hrsg) (1986): Gentrification of the City. Boston/London/Sydney.
Soja, Edward W. (1996): Thirdspace. Journeys to Los Angeles and Other Real and Imagined Places. Malden/Oxford.
Sorokin, Pitirim (1959, orig.1927): Social Mobility. New York.
Southall, Aidan (1998): The City in Time and Place. Cambridge.
Stadt Wolfsburg (2005): Bevölkerung. Statistisches Jahrbuch 2003-2004. http://www.wolfsburg.de/verwaltung/strategischeplanung/statistik/info/ [Stand: 11.09.2006].
Steets, Silke (2006): Orbit Palace. Locations and Cultures of Redundant Time. In: Berking, Helmuth/Frank, Sybille/Frers, Lars, u.a. (Hrsg): Negotiating Urban Conflicts. Interaction, Space and Control. Bielefeld, S. 235-246.
Steets, Silke/Vöckler, Kai/Wenzel, Jan (2006): Karten und Modelle – Ein Email-Interview zwischen dem 20. September und 10. Oktober 2005. In: Experimentale e.V. (Hrsg): Heimat Moderne. Berlin, S. G15-G30.
Stegeman, Thorsten (2004): Netz unter Kontrolle. Die Organisation „Reporter ohne Grenzen" konstatiert eine zunehmende Einschränkung der Pressefreiheit im Internet. In: Telepolis – Magazin der Netzkultur vom 23.06.2004. http://www.telepolis.de/r4/artikel/17/17722/1.html [Stand: 19.09.2006].
Stehr, Nico (2000): Die Zerbrechlichkeit moderner Gesellschaften. Die Stagnation der Macht und die Chancen des Individuums. Weilerswist.
Stoob, Heinz (1970): Forschungen zum Städtewesen in Europa. Räume, Formen und Schichten der mitteleuropäischen Städte. Köln.
Sturm, Gabriele (2000): Wege zum Raum: methodologische Annäherungen an ein Basiskonzept raumbezogener Wissenschaften. Opladen.
Sudjic, Deyan (1992): The 100 Mile City. London.
Suleiman, Susan R./Crosman, Inge (1980): The Reader in the Text. Essays on Audience and Interpretation. Princeton.
Sünker, Heinz (1989): Bildung, Alltag und Subjektivität. Elemente zu einer Theorie der Sozialpädagogik. Weinheim.

Swyngedouw, Erik (1992): The Mammon Quest. Glocalization, Interspital Competition and the Monetary Order. In: Dunford, Michael/Kafkalas, Grigoris (Hrsg): Cities and Regions in the New Europe. London, S. 39-67.
Swyngedouw, Erik (1997): Neither Global nor Local: 'Glocalization' and the Politics of Scale. In: Cox, Kevin (Hrsg): Spaces of Globalization. New York, S. 137-166.
Szelényi, Ivan (1996): Cities under socialism – and after. In: Andrusz, Gregory/Harloe, Michael/Szelényi, Ivan (Hrsg): Cities after Socialism. Urban and Regional Change and Conflict in Post-Socialist Societies. Oxford/Cambridge, S. 286-336.
Taft, Jessi (1921): Mental Hygiene Problems of Normal Adolescene. In: Annals of the American Academy of Political and Social Science, November Heft, S. 61-67.
Taylor, Frederick W. (1911): The Principles of Scientific Management. New York.
Taylor, Laurie (2003): When Seams Fall Apart. Video Game Space and the Player. In: Game Studies (Onlinejournal) 3, 2 vom Dezember 2003. www.gamestudies.org/0302/taylor [Stand: 19.09.2006].
Taylor, Peter (1997): Hierarchical Tendencies amongst World Cities: A Global Research Proposal. In: GAWC – Publications vom. http://www.lboro.ac.uk/gawc/rb/rb1.html [Stand: 19.09.2006].
Taylor, Peter (1999): So-called „World Cities": The Evidential Structure within a Literature." In: GAWC – Publications vom 06.05.1999. http://www.lboro.ac.uk/gawc/rb/rb10.html [Stand: 19.09.2006].
Taylor, Peter/Catalano, Gilda/Walker, David (2002a): Exploratory Analysis of the World City Network. In: GAWC – Publications vom 22.04.2002. http://www.lboro.ac.uk/gawc/rb/rb50.html [Stand: 19.09.2006].
Taylor, Peter/Catalano, Gilda/Walker, David (2002b): Measurement of the World City Network. In: GAWC – Publications vom 22.04.2002. http://www.lboro.ac.uk/gawc/rb/rb43.html [Stand: 19.09.2006].
Taylor, Peter/Lang, Rob (2004): The Shock of the New: 100 Concepts Describing Recent Urban Change. In: GAWC – Publications vom 12.01.2004. http://www.lboro.ac.uk/gawc/rb/rb130.html [Stand: 19.09.2006].
Taylor, Peter/Walker, David/Beaverstock, Jon (2002): Firms and their Global Service Networks. In: GAWC – Publications vom. http://www.lboro.ac.uk/gawc/rb/rb6.html [Stand: 19.09.2006].
Terlinden, Ulla (1990): Gebrauchswirtschaft und Raumstruktur. Ein feministischer Ansatz in der soziologischen Stadtforschung. Stuttgart.
Terlinden, Ulla (2002): Räumliche Definitionsmacht und weibliche Überschreitungen. Öffentlichkeit, Privatheit und Geschlechterdifferenzierung im städtischen Raum. In: Löw, Martina (Hrsg): Differenzierungen des Städtischen. Opladen, S. 141-156.
Thomas, William Isaac (1907): Sex and Society. Studies in the Social Psychology of Sex. Chicago.
Thomas, William Isaac (Hrsg) (1908): Source Book for Social Origins. Ethnological Materials, Psychological Standpoint, Classified and Annotated Bibliographies for the Interpretation of Savage Society. Chicago.
Thomas, William Isaac (1925): The Unadjusted Girl with Cases and Standpoint for Behavior Analysis. Boston.
Thomas, William Isaac/Znaniecki, Florian Witold (1918-1920): The Polish Peasant in Europe and America. Monograph of an Immigrant Group. Boston.
Thompson, Tony (2005): They Play Games for 10 Hours – and Earn £2.80 in a 'Virtual Sweatshop'. In: The Observer vom 13.03.2005. http://observer.guardian.co.uk/international/story/0,6903,1436411, 00.html [Stand: 19.09.2006].
Thrasher, Frederic M. (1927): The Gang. A Study of 1.313 Gangs in Chicago. Chicago.
Thrift, Nigel (1989): The Geography of International Economic Disorder. In: Johnston, R/Taylor, P J (Hrsg): A World in Crisis? Geographical Perspectives. Oxford, S. 16-78.
Thünen, Johann Heinrich von (1826): Der isolirte Staat in Beziehung auf Landwirthschaft und Nationalökonomie, oder Untersuchungen über den Einfluß, den die Getreidepreise, der Reichthum des Bodens und die Abgaben auf den Ackerbau ausüben. Hamburg.
Töpfer, Eric (2005): „Jeden Bahnhof erfassen". Neues DB-Sicherheitszentrum, Videoüberwachung und „Wohlfühlbahnhöfe". In: Telepolis – Magazin der Netzkultur vom 31.08.2005. http://www.telepolis.de/r4/artikel/20/20832/1.html [Stand: 12.09.2006].
Treue, Wilhelm (1970): Mittelalterliche Residenz- und Handelsstädte. In: Haseloff, Otto Walter (Hrsg): Die Stadt als Lebensform. Berlin, S. 60-72.
United Nations (2004): World Urbanization Prospects: The 2003 Revision. New York.

Urry, John (1991): Time and Place in Giddens Social Theory. In: Bryant, C./Jary, D. (Hrsg): Giddens Theory of Structuration. A critical Appreciation. London/New York, S. 160-175.
Urry, John (2002): The Tourist Gaze. London. 2. Auflage.
Vail, Leroy (Hrsg) (1989): The Creation of Tribalism in Southern Africa. Berkeley/London.
van Bon, Saskia (1999): The Cultural Industries – Fostering the Local in the Network Economy: a Case Study of the Northern Quarter in Manchester. http://www.poptel.org.uk/nqn/nqn_rese.htm [Stand: 29.08.2006].
van Buuren, Jelle (2001): Holländisches Internet kaum geschützt. In: Telepolis – Magazin der Netzkultur vom 08.04.2001. http://www.telepolis.de/r4/artikel/7/7328/1.html [Stand: 19.09.2006].
van den Besselaar, Peter/Koizumi, Satoshi (Hrsg) (2005): Digital Cities III, Information Technologies for Social Capital: Cross-cultural Perspectives.
Vasari, Giorgio (2000): Lebensläufe der berühmtesten Maler, Bildhauer und Architekten. München.
Venturi, Robert (1978): Komplexität und Widerspruch in der Architektur. Braunschweig.
Verdery, Kathrine (1994): What Was Socialism and What Comes Next? Princton.
Vickery, Ben (2006): Stadium Architecture: Current Influences. Vortrag am 14.06.2006 im Rahmen der Ringvorlesung Stadionwelten – Fußball als Tor zur Gesellschaft an der TU Darmstadt.
Vinken, Gerhard (2005): Die neuen Ränder der alten Stadt. Modernisierung und „Altstadt- Konstruktion" im gründerzeitlichen Basel. In: Lampugnani, V. M./Noell, M. (Hrsg): Stadtformen. Die Architektur der Stadt zwischen Imagination und Konstruktion. Zürich, S. 131-141.
Virilio, Paul (1994): Im Würgegriff der Zeit. In: DIE ZEIT vom 11.11.1994. S. 63.
Vöckler, Kai (2005): Die Kunst der Kartierung. In: Krehl, Reinhard/Steets, Silke/Wenzel, Jan (Hrsg): Leipzig Protestatlas. Text Bild Karte. Leipzig, S. 47-69.
Vöckler, Kai (2006): Mikrorayons, Smolensk – Von der kollektiven Hoffnung zum Traum vom privaten Glück. In: Bittner, Regina/Hackenbroich, Wilfried/Vöckler, Kai (Hrsg): Transiträume/Transit Spaces. Berlin, S. 382-407.
Wacquant, Loic J. D. (1994): The New Urban Color Line: The State and Fate of the Ghetto in PostFordist America. In: Calhoun, Craig (Hrsg): Social Theory and the Politics of Identity. Oxford, Cambridge, S. 231-276.
Wacquant, Loic J. D. (2003): Leben für den Ring. Boxen im amerikanischen Ghetto. Konstanz.
Weber, Max (1972, orig 1920): Gesammelte Aufsätze zur Religionssoziologie. Tübingen. 6. Auflage.
Weber, Max (1980, orig. 1920): Wirtschaft und Gesellschaft. Grundriss der verstehenden Soziologie. Tübingen. 5. Auflage.
Weber, Max (1993, orig. 1904/05): Die protestantische Ethik und der „Geist" des Kapitalismus. Bodenheim.
Wehrheim, Jan (2002): Die überwachte Stadt. Sicherheit, Segregation und Ausgrenzung. Opladen.
Weich, Horst (1999): Prototypische und mythische Stadtdarstellung. Zum Image von Paris. In: Mahler, Andreas (Hrsg): Stadt-Bilder. Allegorie, Mimesis, Imagination. Heidelberg, S. 37-54.
Weichhart, Peter (1999): Die Räume zwischen Welten und die Welt der Räume. In: Meusburger, Peter (Hrsg): Handlungszentrierte Sozialgeographie. Benno Werlens Entwurf in kritischer Disskussion. Stuttgart, S. 67-94.
Weizsäcker, Carl Friedrich von (1986): Aufbau der Physik. München/Wien.
Wellmer, Albrecht (1988): Kunst und industrielle Produktion: Zur Dialektik von Moderne und Postmoderne. In: Welsch, Wolfgang (Hrsg): Wege aus der Moderne: Schlüsseltexte der Postmoderne-Diskussion. Weinheim, S. 247-261.
Welsh, Brandon C./Farrington, David P. (2002a): Crime Prevention Effects of Closed Circuit Television: a Systematic Review. Home Office Research, Development and Statistics Directorate. http://www.homeoffice.gov.uk/rds/pdfs2/hors252.pdf [Stand: 19.09.2006].
Welsh, Brandon C./Farrington, David P. (2002b): Effects of Improved Street Lighting on Crime: a Systematic Review. Home Office Research, Development and Statistics Directorate. http://www.homeoffice.gov.uk/rds/pdfs2/hors251.pdf [Stand: 19.09.2006].
Weltkarten. Eine Vermessenheit. (2005): In: «du» – Zeitschrift für Kultur 762, 11/12, S. 18-86.
Werlen, Benno (1987): Gesellschaft, Handlung und Raum. Grundlagen handlungstheoretischer Sozialgeographie. Stuttgart.
Werlen, Benno (1997): Sozialgeographie alltäglicher Regionalisierung II: Globalisierung, Region und Regionalisierung. Stuttgart.
Werlen, Benno (1999): Sozialgeographie alltäglicher Regionalisierung I: Zur Ontologie von Raum und Gesellschaft. Stuttgart. 2. Auflage.

Werlen, Benno (2000): Alltägliche Regionalisierungen unter räumlich-zeitlich entankerten Lebensbedingungen. In: Informationen zur Raumentwicklung, 9/10, S. 611-622.
Werlen, Benno (2001): Sozialgeographie alltäglicher Regionalisierung III: Geographien des Alltags – Empirische Befunde. Stuttgart.
Wetterer, Angelika (1995): Die soziale Konstruktion von Geschlechtern in Professionalisierungsprozessen. Frankfurt a.M./New York.
Wetzels, Peter/Pfeiffer, Christian (1995): Sexuelle Gewalt gegen Frauen im öffentlichen und privaten Raum. Ergebnisse einer KFN-Opferbefragung 1992. . In: Kriminologisches Forschungsinstitut Niedersachsen. Forschungsberichte Nr. 37. Hannover, S.
Wex, Corell (1998): Lefebvres Raum – Körper, Macht und Raumproduktion. In: Fecht, Tom/Kamper, Dietmar (Hrsg): Umzug ins Offene. Vier Versuche über den Raum. Wien/NewYork, S. 32-40.
Wiegand, Dorothee (2006): Gut zitiert ist halb geschrieben. Bibliografieprogramme erstellen korrekte Zitate und Anhänge. In: c't, 7, S. 160-165.
Williams, Katherine S./Johnstone, Craig (2000): The Politics of Selective Gaze: Closed Circuit Television and the Policing of Public Space. In: Crime, Law and Social Change 34, 2, S. 183-210.
Wirth, Louis (1974, orig. 1938): Urbanität als Lebensform. In: Herlyn, Ulfert (Hrsg): Stadt- und Sozialstruktur. Arbeiten zur sozialen Segregation, Ghettobildung und Stadtplanung; 13 Aufsätze. München, S. 42-67.
Wirz (1980): Malaria-Prophylaxe und kolonialer Städtebau: Fortschritt als Rückschritt? In: Gesnerus 37, 3, S. 215-234.
Worsley, Peter (1964): The Third World. Chicago.
Wundram, Manfred (2004): Renaissance und Manierismus. In: Wetzel, C. (Hrsg): Belser Stadtgeschichte. Stuttgart, S. 11-216.
Yeoh, Brenda S. A. (1996): Contesting Space: Power Relations and the Urban Built Environment in Colonial Singapore. Kuala Lumpur u. a.
Yiftachel, Oren (1998): Planning and Social Control. Exploring the "Dark Side". In: Journal of Planning Literature 12, 2, S. 395-406.
Zimmermann, Clemens (2000): Die Zeit der Metropolen. Urbanisierung und Großstadtentwicklung. Frankfurt a.M.
Zöllner, Joahnn Friedrich (1783): Ist es rathsam, das Ehebündniß ferner durch die Religion zu sancieren? In: Berlinische Monatsschrift, Dezember, S. 508-516.
Zukin, Sharon (1989): Loft Living. Culture and Capital in Urban Change. New Brunswick.
Zukin, Sharon (1998): Städte und die Ökonomie der Symbole. In: Kirchberg, Volker/Göschel, Albrecht (Hrsg): Kultur in der Stadt. Stadtsoziologische Analysen zur Kultur. Opladen, S. 27-40.
Zukin, Sharon (2002): The Cultures of Cities. Malden. Reprinted.
Zurawski, Nils (2006): Gefährliche Stadtviertel. In: Telepolis – Magazin der Netzkultur vom 29.05.2006. http://www.heise.de/tp/r4/artikel/22/22732/1.html [Stand: 19.09.2006].

Verzeichnis der Abbildungen

1.2.1a	Szenen aus dem städtischen Leben, dargestellt in assyrischen Basreliefs (Quelle: Benevolo 2000: 29; Abb. 49).	15
1.2.1b	Ansicht des Hauses in der Nähe des Tempels der Istar (Quelle: Benevolo 2000: 34; Abb. 67)	16
1.2.2	Die wichtigsten Städte und Straßenverbindungen in Deutschland zu Beginn des 13. Jahrhunderts (Quelle: Benevolo 2000: 339; Abb. 553)	18
1.2.3	Die Dudley Street in einem Armenviertel Londons; Stich von Gustave Doré 1872 (Quelle: Benevolo 2000:793, Abb.1156).	26
1.2.4	The Growth of the City (Quelle: Burgess 1974, orig. 1925: 51)	35
1.3.2	Elternzeit in den ersten beiden Lebensjahren des Kindes (Quelle: Die soziale Situation in Deutschland 2005: 55).	47
2.1.1a	Triade Lefèbvre. © Silke Steets.	53
2.1.1b	The shrinking map of the World through innovations in transport which 'annihilate space through time' (Quelle: Harvey 1989:241).	58
2.1.3	Modell Raumsoziologie © Sergej Stoetzer	65
2.2.1a	Anamorphotische Weltkarte (Wladimir Tichunow/Quelle: Le Monde diplomatique 2003: 47)	67
2.2.1b/c	Radkarte von Hereford (Abb. 2.2.1b: Quelle: http://12koerbe.de/henkaipan/mundus-h.htm#Gesamtkarte/Abb. 2.2.1c: Quelle: Weltkarten. Eine Vermessenheit 2005: 57)	68
2.2.1d	Mercatorkarte (Stefan Kühn (Ausschnitt)/Quelle: http://de.wikipedia.org/wiki/Bild:Mercator-projektion.png)	69
2.2.1e	Peterskarte (Quelle: Peters 2002: 230f.)	70
2.2.2	New Politics (AMO/Rem Koolhaas, Markus Schaefer, Reinier de Graaf, Theo Deutinger, Nanne du Ru/Quelle: Koolhaas 2003: 126)	75
2.3.1a	Quelle: www.funcity.de (Zugriff 4.9.2006)/Virtuelle Community mit Stadtcharakter, Bildschirmfoto	86
2.3.1b	Quelle: www.funcity.de (Zugriff 4.9.2006)/Virtuelle Community mit Stadtcharakter, Navigationssystem	86
3.1.1	Blockrandbebauung (Schwarzplan) © Silke Steets.	96
3.1.2a	Die Zonierung der Stadt in unterschiedliche Funktionsbereiche (Quelle: Filmstill aus: bauhaus – mythos der moderne von Nils Bolbrinker und Kerstin Stutterheim (1998))	99
3.1.2b	Frankfurter Küche (Margarete Schütte-Lihotzky/Quelle: http://de.wikipedia.org/wiki/Bild:Frankfurterkueche.jpg)	101
3.1.2c/d	Siedlung Dessau-Törten (Abb. 3.1.2c: Otto Wedekind/Quelle: Droste 1991: 133/Abb. 3.1.2d: © Silke Steets 1997.	102

3.1.3a	Haukommune für 1680 Personen (M. Barschtsch und W. Wladimirow/ Quelle: Gradow 1971: 56	104
3.1.3b	Halle-Neustadt (Quelle: Münzberg/Richter/Findeisen 1977: 56)	105
3.1.3c	Marktcontainer am Rande eines Mikrorayons in Smolensk. © Silke Steets (2003)	106
3.1.4	Ein Bild der Zwischenstadt: Gründau-Lieblos, Gewerbegebiet an der A66, ca. 35 km östlich von Frankfurt a.M. © Silke Steets (2006)	109
3.1.5a	GaWC Inventory of World Cities (Quelle: Taylor/Walker/Beaverstock (2002)/http://www.lboro.ac.uk/gawc/rb/images/rb6f1.gif)	116
3.1.5b	Global Media Cities as Central Nodes of Global Media Firms' Locational Networks (Quelle: Krätke (2002)/ http://www.lboro.ac.uk/gawc/rb/images/rb80f2.jpg)	117
3.1.6a	Anteil von städtischen und ländlichen Gegenden am Bevölkerungswachstum 1950 bis 2030 (Quelle: United Nations 2004: 10, Fig. 2).	120
3.1.6b	Städtische und ländliche Bevölkerung in mehr bzw. weniger stark entwickelten Regionen 1950 bis 2030 (Quelle: United Nations 2004: 11, Fig. 3).	121
3.1.6c	Die Region Hongkong-Shenzhen-Guangzhou-Perlfluss-Delta-Macau-Zhuhai (Quelle: Castells 2001: 462).	122
3.2.2a	"The NEW Times Square". © Silke Steets (1998)	129
3.2.2b	Checkpoint Charlie Berlin: Schauspielstudenten, hier in Uniformen der westlichen Alliierten. © Sybille Frank (2004)	131
3.2.2c/d	Nike Ground (Abb. 3.2.2c: Project for the fake Nike Monument in Karlsplatz 2003/Abb. 3.2.2d: Fake Nike Infobox 2003 (0100101110101101.org/Quelle: http://www.0100101110101101.org/home/nikeground/download.html)	134
3.3.1	Plan für das Panopticon (Quelle: Foucault 1994: Abb. 17).	143
4.1	Wien und Umgebung (mit Marienthal) (Quelle: http://www.sozpsy.uni-hannover.de/marienthal/archiv/mathalk0.html#1)	159
4.1.1	Die Spinnerei in Marienthal (Quelle: http://www.sozpsy.uni-hannover.de/marienthal/archiv/mathalp4.html#1)	160
4.2.1a	Blick vom Klieversberg über den Hohenstein auf das Kraftwerk des Volkswagenwerkes, um 1953 (Quelle: Reichold 1998: 37)	167
4.2.1b	Bevölkerungsentwicklung in der Stadt Wolfsburg von 1939 bis 2004 (Quelle: Stadt Wolfsburg 2005).	167
4.3.1	Ruinen: eine Ladenkirche und ein Jugendclub unter der Hochbahn von Chicago (Loic Wacquant/Quelle: Wacquant 2003: 27)	180
4.3.2	„Busy Louie" im Ring (Jimmy Kitchen/Quelle: Wacquant 2003: 244)	182

Die trotz intensiver Nachforschungen unbekannt gebliebenen Copyright-InhaberInnen bitten die HerausgeberInnen um Mitteilung an den Verlag.

Verzeichnis der Tabellen

1.2.3	Die Verstädterung im 19. und 20. Jahrhundert. Anteil der Bevökerung in Orten über 5000 Einwohnern in % (Quelle: Zimmermann 2000: 16)	24
2.1.2	Typen von Regionalisierungen (Quelle: Werlen 1997:272)	62
3.3.2a:	Historische Entwicklung der Gegenstände der Kriminalisierung (Quelle: Belina 2000: 130; eigene Ergänzungen)	154
3.3.2b:	Theoretische Perspektiven zur Erklärung von Kriminalität in räumlichen Aggregaten (Belina 2000: 133)	155
4.2.2:	Herkunftsgebiete der befragten WolfsburgerInnen 1959, 1960 und 1962 (Quelle: Schwonke/Herlyn 1967: 64)	171
4.2.3a:	„Sterblichkeit" im Wolfsburger PANEL (Quelle: Herlyn/Schweitzer u.a. 1982: 42)	173
4.2.3b:	Übersicht über Formen und Umfang der durchgeführten Befragungen (Quelle: Herlyn/Schweitzer u.a. 1982: 41)	173
4.2.4:	Übersicht über Formen und Umfang der durchgeführten Befragungen (Quelle: Harth/Herlyn u.a. 2000: 42f.)	176

Gesellschaft – aktuelle Titel

Christoph Butterwegge & Gudrun Hentges (Hrsg.)
Rechtspopulismus, Arbeitswelt und Armut
Befunde aus Deutschland, Österreich und der Schweiz. 2008.
308 S. Kart. 24,90 € (D), 25,60 € (A), 44,70 SFr
ISBN 978-3-86649-071-0
Dieses Buch trägt den objektiven Veränderungen in der Arbeitswelt und politischen Interessen der gesellschaftlichen Eliten an einer Popularisierung extrem rechter Einstellungen ebenso Rechnung wie den subjektiven Reaktionen auf die Umbrüche in der Arbeitswelt und untersucht auf empirischer Grundlage die Situation in Deutschland, Österreich und der Schweiz.

Petra C. Gruber (Hrsg.)
Nachhaltige Entwicklung und Global Governance
Verantwortung. Macht. Politik.
2008. 182 S, Kart. 19,90 € (D), 20,50 € (A), 35,90 SFr
ISBN 978-3-86649-153-3
Klimawandel, Terroranschläge, Flüchtlingsdramen – keine nationale Regierung kann derartige Probleme alleine bewältigen. Global brauchen wir eine neue Kooperationskultur – Global Governance – um solche Weltprobleme und Zukunftsfragen erfolgreich zu meistern. Im Buch wird das Konzept „Global Governance" diskutiert, Verantwortliche werden ausgemacht und deren Rolle und Möglichkeiten ausgelotet.

Gerhard Schmied
Das Rätsel Mensch – Antworten der Soziologie
2007. 253 S. Kart. 19,90 € (D), 20,50 € (A), 34,70 SFr
ISBN 978-3-86649-075-8
Was ist der Mensch? Das Buch führt ein in grundlegende Fragestellungen über das Menschenbild und bringt einen Überblick über einschlägige soziologische Strömungen in Geschichte und Gegenwart.
„… ein echter Schmied. … anspruchsvolles Thema, kompakt und nicht ausufernd, differenzierend, gelehrsam, ..., sprachlich vorbildlich."

Alfred Bellebaum

In Ihrer Buchhandlung oder direkt bei

Verlag Barbara Budrich
Barbara Budrich Publishers
Stauffenbergstr. 7. D-51379 Leverkusen Opladen
Tel +49 (0)2171.344.594 • Fax +49 (0)2171.344.693 • info@budrich-verlag.de
28347 Ridgebrook • Farmington Hills, MI 48334 • USA •

www.budrich-verlag.de • www.barbara-budrich.net